本书为国家自然科学基金项目（71673176）“基于就业促进和生活保护的社会保险制度费率调整与保障功能优化研究”课题成果。

本书研究还得到国家自然科学基金项目（71373152）“基于公平分配与就业促进的社会保障待遇标准、待遇梯度及其调整机制研究”的资助。

同时，本书还得到中央高校建设世界一流大学学科和特色发展引导专项资金、中央高校基本科研业务费的资助。

对以上资助均表示感谢！

中国社会保险制度费率水平及调整研究

Research on the Contribution Rate Level and Adjustment of China's Social Insurance System

杨翠迎 汪润泉 程煜 ※ 著

上海人民出版社

自　序

提笔作序，不仅意味着本书研究成果暂时可以画上句号，也意味着积压良久的心绪终于有所释怀。回顾本书研究的初心和写作历程，感慨良多，立项时的激动夹裹着恐慌与担忧，研究时的寂寞搅和着煎熬与难耐，成果渐出时的喜悦激荡着更多的灵感与期待。

本书为国家自然科学基金项目研究成果。2015 年底至 2016 年初，由我牵头，带领团队成员就“基于就业促进和生活保护的社会保险制度费率调整与保障功能优化研究”选题申请国家自然科学基金项目，很幸运地得到了评审专家的认可及基金委的批准。时至今日三年过去了，课题组成员始终不忘初心，以当初的内容设计及计划任务为己任，对该项目进行了较为全面系统的研究，基本完成了预期目标。课题组成员公开发表了系列期刊论文、多数成员参与了各类型的学术会议并报告论文，取得了一定的成效，但是更值得骄傲的是该项目培养了两名博士研究生和一名硕士研究生，其中汪润泉博士的学位论文《中国职工社会保险制度费率水平与降费空间研究》和程煜硕士研究生的论文《基于老年人筹资能力的我国长期护理保险费率研究》为本项目的主体研究成果，鲁於博士的学位论文《成本应对视角下的企业社会保险缴费行为及降费效果研究》为本项目研究议题的拓展研究。本书是在汪润泉博士学位论文和程煜硕士学位论文基础上的凝练与总结，完整地展现了本项目研究的最终成果。

本书研究议题的产生源于两个方面的考虑：一是我国社会保险长期“高费率”运行，政府对其采取多轮阶段性降费；二是在人生纵贯风险链条中唯独缺失失能失智风险的保障。为弥补这一制度缺失，多地积极开展长期护理保险试点，为此，将社会保险降费与增加护理风险保障功能结合起来综合研究，成为本书研究的核心。众所周知，改革开放40年来，我国社会保险制度建设取得了巨大的成就，建立了覆盖全人口的社会保险制度体系，令世界瞩目。然而，伴随着社会经济发展，我国社会保险制度不断地受到来自国内外新形势和新要求的挑战，现行制度逐渐暴露出诸多的不适应，如法定费率标准偏高，增加了企业与个人的参保成本，对社保制度可持续运行及企业的运营均产生负面影响；社保制度的高费率标准与低保障功能的错配，使其无法有效抵御老龄化社会中因人口长寿带来的健康与护理服务风险；甚至因为社会保险缴费率的调整未能与其保障功能相关联，导致社会保险缴费率的适应性存疑等。2012年青岛市在全国率先试行长期护理保险，利用医疗保险统筹基金为失能老人提供长期医疗护理服务，其后上海、南通、长春等城市也陆续开展长期护理保险试点。这些地方的试点很好地扩展了社会保险制度的保障功能，弥补了现行社会保险制度功能的欠缺，但是各地试点普遍依赖医疗保险基金，使处于降费过程中的社会保险改革处于两难境地。

2015年，国家“十三五”规划建议提出要“完善社会保险体系”，并同时提出“探索建立长期护理保险制度”和“适当降低社会保险费率”，把两个非常迫切而又艰难的改革议题关联在一起。“探索建立长期护理保险制度”就意味着对现行社会保险制度进行扩建。那么如何实现“社会保险制度扩建”与“社会保险费率适当降低”看似矛盾的两大目标，需要我们系统地思考。社会保险制度承载着促进就业与防范生活风险之重任，不同保险项目由于应对的风险性质不同，其缴费标准与保障功能亦有所差异。从社会保险功能出发，各项保险制度是否存在符合社会经济发展要求的费率标准即适度费率？在适度费率标准下，如何优化、扩展制度的保障功能？不同层次、范围的制度功能对费率的要求如何？如果建立长期护理保险制度，费率水平应当定位在何等水平？长期护理保险中老年人是否应当缴费？职工和企业的费率水平达到多少才能契合精算平衡下的降费空间？诸如此类问题，均成为本研究所关注的重点。

本书以探索和尝试回答上述问题为出发点，按照理论演绎与经验归纳相结合的方法思路，综合运用多学科理论和方法，在对我国社会保险制度缴费标准及其影响进行现状评估的基础上，通过理论模型的建构与实证，探索和揭示既符合社会经济发展规律又与社会保险保障目标与功能相适应的费率体系，同时尝试将试点中的长期护理保险制度纳入社会保险体系中，考察其费率结构和费率水平。这项研究不仅有助于丰富现有的社会保险理论，有助于规范社会保险费率调整机制，促进社会保险制度缴费与保障功能之间协调发展，也有助于规范企业与个人的参保行为，促进我国实现积极的劳动就业和健康的生活保护政策。

本书由四部分内容构成。第一部分为绪论，由1—4章组成。着重对本书的研究背景、目的意义等进行阐述，在对与本书相关的国内外文献系统梳理的基础上，确定了本研究的理论依据及基础，并对本书所涉及的重点概念即政策费率、实际费率、均衡费率、长期护理保险等进行内涵界定。第二部分是中国社会保险制度费率水平及降费空间分析，由5—8章组成。着重从时间和空间维度对当前我国社会保险政策费率进行比较，指出其制度困境，并基于对现行费率水平的计量分析提出不同指标下的适度性评价，在此基础上运用精算平衡理论探讨我国社会保险的适度费率及其降费空间。第三部分是基于社会保险功能扩展的LTCI制度定位及费率分析，由9—11章组成。着重对国内长期护理保险制度的试点与国外实践经验进行对比分析，提出老年人同样应当缴费的观点，并以此为依据，对我国失能老人的长期护理需求及其是否具备长期护理保险缴费能力进行考察，尝试测算老年人承担长期护理风险时的费率水平，综合研究结果认为在本书计算的降费空间下可以将长期护理保险制度纳入社会保险体系中。第四部分为相关结论与建议，即为本书的第 12 章内容。着重对本书的研究成果进行归纳总结，并提出建设性的建议。

本书在费率研究上取得了一些突破。我国社会保险制度的实际缴费比例远低于政策费率，从基金推算的缴费看，2010—2015 年间，社会保险基金实际缴费比例仅在 24%左右，比政策费率低了近 17 个百分点，且政策费率和实际缴费比例呈倒 U 形关系；从企业缴费层面看，2010 年我国社会保险的企业实际缴费比例均值为 17.75%，比企业政策缴费比例低了近 12 个百分点；从职工缴费层面看，2012 年职工社会保险实际缴费比例均值为 6.31%，2014 年企业职工社会保险实际缴费比例的均值为 7.03%，均低于职工个人缴费的政策费率。以长期精算平衡费率为例，若养老保险制度在 2016—2050 年间保持 50%的替代率水平，则财政补贴可为基准情形提供 4.0—5.1 个点的降费空间，为优化情形提供 3.2—4.1 个点的降费空间。进一步考察长期护理保险费率水平时，综合考虑老年人养老金、非保障性收入、职工平均工资等因素计算所得，2016 年 ADL 标准、IADL 标准和 MMSE 标准下的长期护理保险费率分别为 0.147%、0.398%和 0.392%，均远低于当前存在的降费空间，为此利用社会保险降费契机建立缴费型长期护理保险具有可行性。

本书凝结着众多人的智慧和辛劳。本书在选题、开展研究、实地调研及成果发表等各个环节都得到了很多单位和个人的支持与帮助，在此一并致谢。首先要感谢国家自然科学基金委员会、上海财经大学科研处、上海财经大学公共经济与管理学院、上海财经大学公共政策与治理研究院、上海财经大学公共经济与管理学院社会保障研究中心、上海市民政局、上海市老龄科学研究中心、上海市人力资源和社会保障局等相关单位及领导的大力支持和帮助！感谢本书写作过程中引用及参考的大量文献及资料的作者！感谢上海人民出版社的编辑在本书出版过程中所付出的工作和辛劳！也感谢本项目课题组全体成员的辛勤努力与付出！

本研究以完善社会保险制度体系及费率研究为重点，对与其紧密关联的就业促进与生活保护效能的研究浅尝辄止，实属遗憾，但愿本书研究能起到抛砖引玉作用，但愿未尽之处能够引发广大同仁之士继续关切与探究。此外，受时间、精力及能力限制，本书不能尽善尽美，甚至存在些许疏漏，都将恳请广大读者同仁包含、批评与指正。

杨翠迎

上海财大凤凰楼

2020 年 1 月 20 日

目　录

第二部分　中国社会保险制度费率水平及降费空间分析

第三部分　基于社会保险功能扩展的 LTCI 制度定位及费率分析

第四部分　结论与政策建议

第一部分

绪　论

关于社会保险高费率和长期护理保险试点的理论探讨和实践探索由来已久，本书聚焦于我国社会保险的费率水平和降费空间，在此基础上通过对老年人长期护理服务需求和筹资能力的考察，厘定我国长期护理保险的适度费率。本部分主要针对本书的背景、目的和意义等展开阐述，并对研究过程中所涉及的国内外相关文献和理论基础进行梳理，由此提出本书的研究框架和研究逻辑等。

第一章
研究背景、目的及意义

在社会保险领域，中国目前面临两大难题，一方面，社会保险制度存在政策费率高、待遇水平低、基金失衡严重问题；另一方面，自2012年开始，部分省市开展长期护理保险制度试点，试点地区长期护理保险的资金筹集存在较大差异，至今尚未形成独立的险种，由此构成本书研究的大背景，并在此基础上介绍了本书研究的目的与意义。

第一节　中国社会保险制度费率之困局

20世纪50年代，以《中华人民共和国劳动保险条例》(以下简称《劳动保险条例》)的出台为起点，中国政府为城镇就业人员建立了劳动保险制度，经过半个多世纪的发展，劳动保险制度已转变成了现代社会保险制度，其保障内容和保障对象都得到了扩展。然而，当前中国城镇职工社会保险制度依然存在诸多矛盾，着实令人费解。

一方面，中国城镇职工社会保险制度的政策缴费比例[1]很高，但相对待遇水平持续缩水。20世纪80年代以来，国家通过出台相关

〔1〕 政策缴费比例即政策费率，也称为名义费率，或法定费率，是指由国务院或社会保障部门以条例或政策文件等形式公布的社会保险缴费比例标准。

政策文件，逐步建立起了包含养老、医疗、失业、生育、工伤五大保险项目的社会保险体系，并明确了各保险项目的缴费比例与待遇领取标准。至20世纪末五大保险项目的总计缴费比例超过了40%，且在随后的十几年里一直维持着高费率标准，部分地区甚至还有所上升，如上海市的社会保险费率曾一度高达48%。然而，在如此之高的缴费水平下，制度的相对待遇水平却逐年下降，以养老保险为例，尽管2005年以来，政府连年提高退休职工的养老金，但依然无法遏制养老金替代率下降的趋势。如图1.1所示，20世纪末城镇职工养老保险的平均工资替代率在80%左右，进入21世纪后，替代率一度下降至接近49%。[1]养老金平均工资替代率反映了退休职工相对于在岗职工的收入水平，这一指标的下降意味着老年贫困风险的上升。因此可以看出，我国高费率的社会保险制度却无法维持稳定的待遇水平，这无疑是让人失望的。

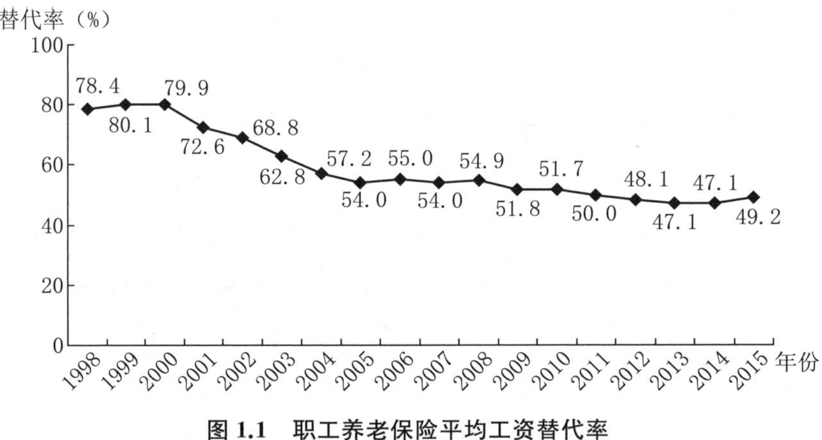

图1.1　职工养老保险平均工资替代率

资料来源：笔者根据《中国人力资源和社会保障年鉴》《人力资源和社会保障事业发展统计公报》相关数据计算得到。

---

〔1〕 养老金平均工资替代率等于退休职工人均养老金除以上年度在岗职工人均工资，若以本年度职工工资作为替代率的计算依据，则2015年职工养老金平均替代率为45.5%。

另一方面，中国职工社会保险制度覆盖率逐年提高，但同时基金失衡现象也日益严重。中国职工社会保险制度覆盖对象从最初的公有制单位职工扩展到私有制单位职工，而2011年7月1日《中华人民共和国社会保险法》(以下简称《社会保险法》)正式实施后，灵活就业人员也可以参加职工社会保险，这极大地扩充了制度的潜在参保人群。从养老保险制度的参保率来看，21世纪初，参加养老保险的职工人数占城镇就业人数的比重在45%左右，至2015年该比重接近65%，如图1.2所示。同时，根据中国人力资源和社会保障部历年公布的统计公报数据，社会保险基金对财政补贴的依赖性逐年增强，2007年在养老保险基金收入中有14.8%来自财政补贴，至2015年有16.1%来自财政补贴。从各省的情况来看，扣除财政补贴后，2010年有14个省(自治区、直辖市)当年度养老保险基金收入低于养老保险基金支出，至2015年，有23个省(自治区、直辖市)出现当年度养老保险基金收不抵支(参见图1.3)。在“高费率”以及“全覆盖、保基本”的制度设计下，社会保险基金却出现了如此严重的失衡现象，这无疑是令人费解的。

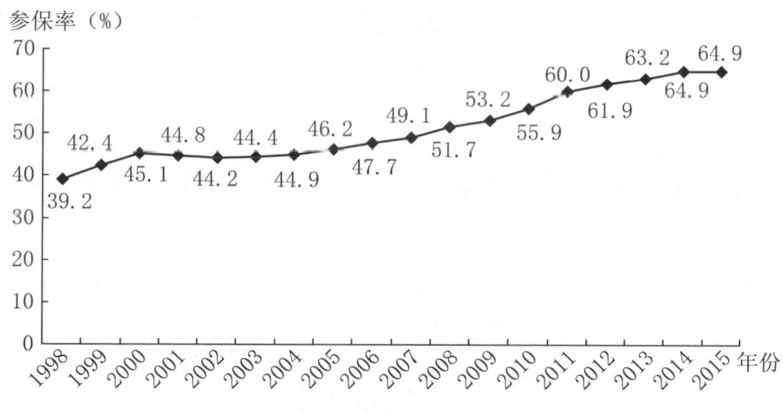

图1.2 职工基本养老保险参保率

资料来源：《中国统计年鉴》(1999—2016)，参保率等于养老保险缴费职工人数除以城镇就业人数。

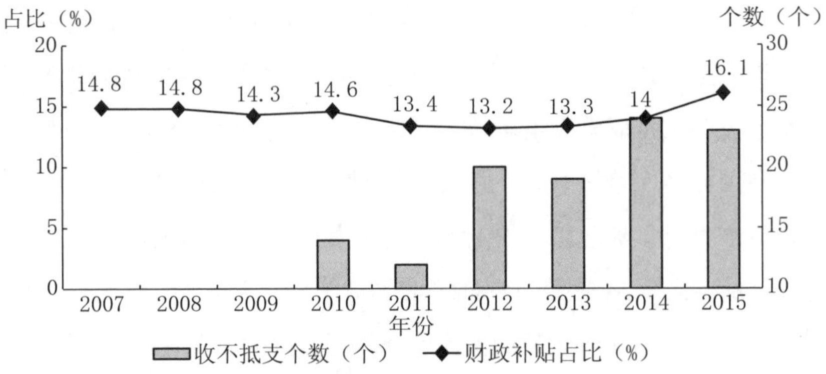

图 1.3　养老保险财政补贴与基金失衡省份数量情况

注：财政补贴比重，是根据历年《人力资源和社会保障事业发展统计公报》公布的数据计算得到的；收不抵支省市数，是根据郑秉文教授主编《中国养老金发展报告》（2016）相关统计数据计算得到的。

中国城镇职工社会保险制度高费率已持续运行了十几年，且其待遇水平以及基金平衡状况都难以让人满意，是何原因导致中国社会保险费率尤其是养老保险费率“居高不下”？除了日渐加剧的人口老龄化因素之外，是否还存在其他因素迫使中国社会保险制度维持着“高费率”？2015 年国家“十三五”规划建议提出“完善社会保险体系”和“适当降低社会保险费率”的现实要求。随后，国家针对失业、工伤、生育和养老保险制度提出了费率调整方案，在原先费率标准的基础上进行了小幅度的下调，并于 2019 年将养老保险的企业缴费费率下调至 16%。然而，在当前制度背景下，社会保险降费改革并不容易，合理降低社会保险缴费比例需要破解一系列冲突与矛盾。

第一，社会保险降费与维持待遇水平间的矛盾。根据 1997 年国发 26 号文件，在 35 年缴费期限下，职工基本养老保险的目标替代率为 58.5%，2005 年国发 38 号文件将目标替代率调整为 59.2%，而当前企业职工养老保险的平均替代率仅在 49%左右，比目标替代率低了 10.2 个百分点。因此，在当下的制度改革中应寻求改善养老金替代率水平的方法与途径，事实上，近些年里政府也一直致力于提高养老金水平。但提高养老金待遇意味着更多的基金支出，在现收现付制下也意味着需要更多的基金收入，从而有着提高费率的内在要求，这与当前的降费改革是背道而驰的。即便是维持当前的待遇水平，在老龄化日渐加剧的人口环境下，也难以达到降低费率的目标。如何在维持制度待遇水平甚至进一步提高待遇水平的条件下，有效降低社会保险制度的费率标准，这是社会保险降费改革中必须解决的问题。

第二，社会保险降费与基金平衡间的矛盾。基金失衡已是中国社会保险制度无法掩盖的事实。通常情况下，改善基金收支状况，主要有两种途径：一是提高制度的缴费收入；二是增加制度外的收入，如财政补贴。从理论上看，要提高缴费收入，可以通过提高缴费基数，或者提高缴费比例来实现，但是无论是提高缴费基数还是提高缴费比例，都与当前降低参保人缴费负担的改革目标相冲突。同样的，如果仅依靠财政补贴来维持基金平衡，也会面临基金支出的可持续性挑战。在当前的社会保险制度安排下，财政仅承担托底责任，暂且不考虑托底的限度如何，倘若以财政补贴来长期维持基金平衡，那么随着社会保险的降费，基金失衡规模可能会进一步扩大，不可避免地促使财政将由托底责任演变为无限责任。由此看来，社会保险降费与维持基金平衡成了难以调和的两大任务。

鉴于上述分析的“困惑”与“矛盾”，社会保险降费改革是一项十分艰难的任务。不过，这一难题须依赖于一个假设条件，即上文所述的“高费率”等同于参保人的实际缴费负担。但事实上，两者并不相等，与“高费率”相对的是中国社会保险制度缴费失实。2001 年至 2003 年的三年间，上海市人力资源和社会保障局分别抽查了 2 600 家、5 000 家、5 000 家企业的社会保险缴费情况，结果发现在三次抽查中各有 71％、81％、35％的企业没有按政策规定如实缴纳社会保险费用(J. Elsen and R. Smyth, 2008)。无独有偶,2011 年 11 月至 12 月,河南郑州对本市社会保险缴费的稽查发现,在所稽查的 121 家用人单位中有 92%的单位存在缴费不实现象,而全年社会保险费用少缴金额达到 1.76 亿元。[1]如此看来,当前社会保险制度参保人缴费负担是实高还是虚高,其与制度政策费率间的关系如何,既是当前中国社会保险制度中亟须厘清的事实,也是破解上述困惑与矛盾的关键所在。因此本书立足于上述典型事实以及当前制度中存在的困惑与矛盾,探讨中国城镇职工社会保险费率的适度性问题,极具现实意义。

第二节　中国长期护理保险制度之试点

1999 年我国正式进入老龄化社会,而且老龄化正在逐年加剧。其中,2013 年中国 60 岁及以上老年人口数量已达到 2.02 亿人,对应的人口老龄化水平为 14.8%,[2]根据预测,中国在 2020 年该比例将达到 17.5%;在 2022 年前后会出现一个稍微平缓的缓冲期,之后将继续保持较快速度的增长;在 2026 年将超过 20%;到 2050 年,可能达到 33.1%,届时中国近三分之一的人口将是老年人口。[3]

为了积极应对人口老龄化及其带来的老年人对长期护理服务需求增多的挑战,中国多省市均在开展长期护理保险制度的探索与试点。例如,青岛市于 2012 年 7 月开始长期医疗护理保险制度探索,资金主要来源于医保基金的划拨。2013 年 7 月,上海市在部分街镇启动高龄老人医疗护理计划试点并于 2014 年扩大试点范围,2016 年

[1] 《河南郑州超九成用人单位社保缴纳违法违规》,http://cpc.people.com.cn/GB/64093/82429/83083/17539231.html。

[2] 中国社会科学院 2013 年发布的《中国老龄事业发展报告(2013)》。

[3] 国家发展和改革委员会 2014 年发布的《人口和社会发展报告 2014——人口变动与公共服务》。

在全市范围内推广实施,为2017年推行的老年人长期护理保险制度积累了工作经验。南通市于2015年在全市启动基本照护保险制度,并试图将基本照护保险打造成在现有的养老保险、医疗保险等五大社会保险之外的第六个社会保险项目,并将其作为一个新险种纳入社会保险体系之中。[1]而在国家层面上,2016年6月27日,中国人力资源和社会保障部发布《关于开展长期护理保险制度试点的指导意见》(人社厅发〔2016〕80号),提出在15个省市开展长期护理保险制度的试点,这意味着中国长期护理保险制度建设的正式开启。

从当前各地试点情况来看,多数地区长期护理保险制度的资金主要来源于医保基金划拨、财政补贴等方面,资金构成比例多基于经验而非精算得出。此外,当前各试点地区护理保险制度的资金筹集或保险费率未能体现老人的责任,在强调老人的失能风险和护理需求的同时,并未关注老年人对可能遭受到的失能风险存在一定的自我防范和保障能力,这一点,也与国际惯例有所不同。

因此有必要考察我国老年人是否具有为长期护理保险筹资的能力,以及如果老年人缴纳长期护理保险费,那么老年人承担的费率应当定位在何等水平?这些都是不可忽视的问题。同时,考虑到本书重点研究的社会保险费率水平和降费空间问题,有必要将长期护理保险费率的研究纳入当前对我国社会保险费率调整的框架之下进行综合考量。

第三节　研究目的

在"高费率、低待遇与基金失衡"的制度背景下,如何在"不降低

〔1〕 南通文明网:《南通制度创新走在全国前列112万人参加基本照护保险》,http://www.ntwenming.com/html/2016/wmdt_0309/37862.html。

职工待遇、不降低基金收入、维持基金收支平衡”的约束条件下，有效降低社会保险制度的费率水平？这是横亘在中国当前社会保险制度改革中的难题。本书研究的目的在于思考如何化解上述难题，为中国当前的社会保险降费改革提供可行建议。此外，在研究降费空间的基础上，本书进一步围绕中国正在试点的长期护理保险制度，探讨其制度定位和费率构成等问题。具体而言，本书致力于回答以下问题：

第一，中国城镇职工社会保险制度在近几十年的时间里一直维持着“高费率”，其内在机制何在？是什么原因导致中国社会保险制度同时存在着“高费率”“低待遇”和“基金失衡”这种看似相互矛盾的现象。厘清上述现象存在的原因，有助于理解中国社会保险制度运行的内在规律，为当下的改革提供综合建议。

第二，越来越多的证据表明，中国社会保险制度缴费失实，那么，其实际缴费水平如何？实际缴费水平背离政策费率的程度如何？这都是本书将要回答的现实问题。我们应该充分认识到，参保人的实际缴费水平背离了政策费率标准，是破解中国当前社会保险改革困境的事实所在。澄清制度的真实缴费情况以及参保人的实际缴费水平是中国社会保险费率改革中的第一要务。

第三，如何评价当前中国城镇职工社会保险制度缴费水平及其费率改革？从参保人的负担能力以及制度自身运行的角度看，当前社会保险费率标准的设定是否合理？

第四，在当前社会保险制度面临的现实约束下，中国城镇职工社会保险制度适宜的缴费水平是多少？回答这一问题，需要考察满足一定的待遇水平和维持基金平衡对社会保险费率的要求，以及相关的影响因素。同时，还需明确制度的适度费率标准，以便为社会保险降费改革提供方向与目标。

第五，基于适度费率与政策费率的比较，中国城镇职工社会保险制度是否存在降费空间？如果存在，那么有多大的降费空间？只有厘清中国社会保险制度可能的降费空间，才能在降费改革中做到有的放矢，切实降低社会保险制度的费率标准。

第六，中国人社部2016年的指导意见已初步确定了我国长期护理制度构建的方向，明确了长期护理保险基金的筹集在很大程度上需要依靠用人单位和职工的缴费。在该定位上，长期护理保险的适宜费率应当在何等水平上，值得深入研究。

第七，当前各试点地区护理保险制度的资金筹集或保险费率未能体现老年人的责任，与国外普遍的做法有所不同。那么，在我国是否有必要探讨老年人在长期护理保险中承担供款的责任？我国老年人是否具有为长期护理保险筹资的能力？如果老年人有缴费责任，那么老年人、职工和用人单位承担的缴费比例应当定位在何等水平上？这些问题，都是本书关注的重点。

此外，本书还将考察社会保险有财政补贴的情形下，现有降费空间能否覆盖长期护理保险的费率水平。

第四节　研究意义

一、理论意义

本书立足中国制度现实，探讨在以现收现付为主要筹资模式的制度设计下，社会保险制度的适度费率标准。其理论意义体现在以下几方面：一是通过构建待遇水平与缴费标准间的关联模型，提出"均衡费率"概念，为评价社会保险制度费率标准的合理性与适度性提供可行依据；二是从缴费能力的角度讨论参保人费率水平的限度，为合理制定费率标准提供理论依据；三是明确在既定待遇与基金平衡条件下社会保险费率的相关影响因素，强化对社会保险费率的理性认知；四是在长期护理保险费率测算研究方面，本书突破现有文献普遍侧重于运用ADL单一标准测算费率的做法，采取ADL标准、

IADL 标准和认知功能障碍标准三种方法测算，并从老年人服务费用支出及筹资能力的角度出发，探讨老年人、职工和用人单位三者在长期护理保险中的缴费水平及其贡献边界。以上研究，不仅丰富和充实了现有的社会保险制度及其费率理论，而且也为学术界提出了可以进一步探讨的系列议题。

二、 实践意义

本书研究议题源于中国社会保险制度实践，研究成果也终将服务于中国社会保险制度实践。主要体现在如下三个方面：

第一，缴费是社会保险制度运行的重要环节，优化费率标准对社会保险制度健康运行至关重要。当前中国社会保险制度费率标准偏高，但实际缴费存在失实现象，本书系统梳理了我国社会保险制度缴费政策，理清了参保人的实际缴费负担，对客观认识中国社会保险制度运行特征具有现实意义。与此同时，本书从制度改革面临的现实约束条件出发，讨论了中国社会保险制度适度费率水平及现行费率的降费空间，对中国当前的社会保险费率改革具有重要的参考价值。

第二，中国的长期护理保险制度正在试点之中，迫切需要确定长期护理保险的筹资方式及其相关参数的确定依据。恰逢其时，本书重点对我国试点中的长期护理保险制度进行总结评价，并结合国际经验，尝试探讨长期护理保险制度的筹资机制及其适度缴费率，特别是综合老年人对护理服务的需求及由此产生的护理费用支出，以及老年人的收入水平并由此决定的缴费负担能力等因素后，所确定的各缴费主体所能承担的筹资责任和负担比例。该研究对于正在试点中的长期护理保险制度参数确定有着重要的指导意义。

第三，将社会保险降费改革与长期护理保险制度的构建关联在一起，并实证分析了长期护理保险制度的费率水平完全能够被当前的社会保险降费空间所覆盖，也就是说，中国的长期护理保险完全可以同社会保险降费改革同步推进，用降下来的部分费率构建长期护理保险制度，不仅在实践操作上是可行的，而且在经济上也是成本最低的，在行政管理上也是最有效率的。此研究结论，对完善中国社会保险制度体系、优化社会保险费率以及构建长期护理保险制度均具有重要的现实指导意义。

第二章 文献综述

本章主要从国内外两个层面对已有研究文献进行系统梳理和总结，以考察本研究议题在学术界的最新研究进展。国内文献研究部分，主要包括社会保险缴费负担、制度激励与参保者缴费不实、不同视角下的适度费率水平、长期护理服务需求及模式选择、长期护理保险筹资方式与费率构成五个方面；国外文献研究部分，主要包括社会保险缴费负担的转嫁与归宿、社会保险供款不足与企业避费、最优社会保险规模与制度设计、长期护理服务需求与制度定位、长期护理保险制度运行与费率确定五个方面。

第一节　国内相关研究进展及述评

一、社会保险缴费负担

社会保险是改进社会福利的重要工具，但社会保险缴费会给参保者带来一定的经济负担，尤其是在中国较高的政策费率下，社会保险制度的缴费负担问题备受关注。在参保者的缴费负担方面，企业是社会保险制度最主要的缴费主体，因而企业的负担问题最早受到学者的重视。李珍和王向红（1999）以养老保险为例，对国内外企业社会保险缴费的分析表明，中国社会保险费率标准过高，压缩了企业的利润空间，故而对企业竞争力产生了不利的影响。周小川（2001）认为中国企业的利润率并不高，而社会保险缴费挤占了企业利润，在24%的费率基础上，如果费率再提高10个百分点，将会导致近半企业出现亏损。孙博（2010）利用工业企业数据以及企业的政策费率标准计算出企业应缴纳的社会保险费用，其测算结果认为我国工业企业社会保险缴费支出占企业增加值的8.2%，占企业利润的36.6%，若考虑企业的住房公积金缴费，则总费用占企业利润的比重高达50%，并由此认为企业社会保险供款负担过高。与以上研究不同，郑雄飞（2013）认为，在中国的收入分配中劳动分配所占的比重过小，因此社会保险缴费标准是“虚高”的，它抬高了职工的社会保险参保价格，而并没有增加企业的参保成本。

社会保险缴费除给参保者带来直接的负担外，还会对参保者的行为造成扭曲，进而损失效率并造成社会负担。在这方面，学者关注较多的是社会保险缴费对就业和工资水平的影响，多数研究认为中国社会保险制度的缴费对就业具有挤出效应。如杨俊（2008）利用2002年至2006年中国省级面板数据，通过模型分析认为，养老保险缴费对工资和就业增长率具有显著的负向影响，养老保险费率每提高1%，会导致工资增长率下降0.71个百分点，就业增长率下降3个百分点。同样基于省级面板数据，朱文娟等（2013）的研究发现，在2004年至2010年间，中国社会保险缴费降低了就业水平，平均而言，社会保险费率每增加1个百分点，总就业水平下降0.153个百分点、城镇就业水平下降0.06个百分点，但在低收入地区，上述作用不显著。与此不同的是，一项基于有限期连续时间世代交叠模型的研究指出，在现收现付的养老保险制度中，若养老金替代率保持不变而政策费率标准增加时，劳动者会延长工作时间（林忠晶、龚六堂，2007）。

在上述研究文献中，学者通过基金收入占工资总额的比重来测算缴费率，或者使用各省的政策费率标准来衡量缴费水平，但由于真实缴费水平往往低于政策费率标准，这对估计社保缴费的就业效应存在一定的偏误。近年来的研究则通过企业的实际缴费情况来考察缴费对就业的影响，如马双等（2014）通过制造业企业的报表数据，测算出企业的实际缴费水平，进而考察企业缴费对就业的影响，研究发现，在低技术水平以及低工资水平产业中，企业养老保险费率的上升对就业有显著的挤出作用。另一项基于制造业企业数据的研究发现，企业社会保险缴费率每提高1%，会导致企业雇佣人数将下降6.9%，这一挤出水平需要0.04%的人均GDP才能弥补（刘苓玲、慕欣芸，2015）。

除了就业效应外，缴费对工资的影响也受到众多学者的关注。多数研究认为，社会保险缴费降低了职工的收入水平，企业会通过降低职工的工资水平，从而将社会保险缴费负担转嫁给职工。杨俊和龚六堂（2009）通过一般均衡模型，在理论层面上分析了养老保险制度改革对工资增长率的影响，并通过数值模拟认为，1997年的改革提高了缴费率水平，抑制了国有企业工资总额的增长率；而2005年的制度改革增强了激励效应，对国有企业工资总额的增长率有促进作用。国外学者尼尔森和史密斯（Nielsen and Smyth，2008）利用2002年和2003年上海社保审计数据，考察了企业社会保险缴费对员工工资的影响，结果表明，2002年企业将9.1%的社会保险缴费转嫁给了员工，而2003年转嫁比例提高到了33.8%。李和吴（Li and Wu，2011）采用2004年至2006年规模以上企业数据，发现并非所有企业都能够将缴费转嫁给职工，其研究表明在企业集聚程度低的地区，存在企业将部分缴费转嫁给职工的现象，而在企业集聚程度较高的地区，企业较难转嫁社保缴费。封进（2014）利用个体层面的追踪调查数据，考察了有无社会保险职工在工资水平上的差距，其结论认为，总体上企业社会保险缴费对职工工资的影响不显著，但低受教育程度以及非技术型员工，在一定程度上承担了企业的社会保险缴费转嫁，转嫁的程度在10％—15％。

二、 制度激励与参保者缴费不实

中国社会保险制度的政策费率水平很高，但其基金平衡情况却不容乐观，因而其真实缴费水平是受到质疑的。事实上，早在2000年就有学者提出，由于职工收入的非工资化以及企业少报工资总额等因素，中国社会保险制度的真实缴费水平要低于名义缴费比例（李珍，2000）。国外学者费尔德斯坦（Feldstein，2003）对中国的分析指出，企业通过调整工资结构来降低社会保险缴费基数的现象非常普遍，从而导致社会保险缴费的实际收入不到应征收入的三分之一。尼兰等（Nyland et. al.，2006）利用上海市企业审计数据考察企业的参保缴费情况，其研究发现2002年有80％左右的企业没有足额缴纳社会保险费用。基于同样的数据，在其随后的一项研究中发现，员工的参保状况存在较大的群体差异，企业更有激励为本地农村劳动力缴纳社会保险，而没有为外来农村劳动力缴纳社会保险。在我国《社会保险法》出台前，农民工的社会保险问题并没有统一的解决方案，而企业也多会选择不为其参保，以降低社会保险缴费负担。

针对中国社会保险制度中存在的缴费不实现象，学者们从制度层面分析了中国社会保险制度设计中存在的激励缺陷。如有学者指出，养老保险制度的缴费主要用于再分配而个人账户的回报率过低，国家将转轨成本转嫁给了企业与职工，这些都不利于激励企业和职工参保和缴费（赵耀辉等，2001；章萍，2007）。当企业面临过高的成本时，往往将低技能、高流动性的职工登记为非正式职工，以逃避缴费责任，且对该职工群体而言，当社会保险缴费影响到自身的收入时，也会愿意接受企业的安排（袁志刚等，2009）。另外，彭宅文（2010）和刘军强（2011）从地方利益和部门利益的角度分析了中国社会保险制度中存在的激励扭曲，认为地方政府和征收部门的监管不力以及缴费懈怠纵容且助长了企业的逃费行为。除了制度成本、地方利益外，社会保险制度的费率设定也是影响企业参保缴费决策的重要因素。封进和张素蓉(2012)利用上海社会保险体系的内部差异，考察了费率标准对企业参保缴费的影响，其结果指出，高费率是导致企业参保不足的重要原因，降低费率能够提升企业的参保程度，但降费的效用仅在较低人力资本企业中有效。

近些年的研究具有实证化的倾向，学者利用中国经验数据分析了参保者的逃费与实际缴费问题。如杨波(2013)对842家上市公司2007年的社会保险实际缴费负担作了测算，结果指出中国企业的社会保险平均负担比例为21.08%，低于企业的法定费率标准，在经过会计核算分流和扣除企业所得税后，其实际负担则会更低。基于2004—2007年中国四省制造业企业数据，封进(2013)的分析发现，在养老和医疗这两项保险制度中，企业的实际缴费比例之和仅为10.82%。赵静等(2015)采用城镇住户微观调查数据的分析发现，职工的社会保险实际缴费比例同样低于法定费率，且高教育水平、高职位、国企职工的实际缴费更低。赵绍阳和杨豪(2016)对中国工业企业社会保险缴费的分析发现，高工资水平企业的养老保险实际缴费比例更低。

三、 不同视角下的适度费率水平

立足于中国社会保险制度的政策费率标准过高而实际缴费不足的现实，学者们从不同角度探讨了中国社会保险制度的适度费率问题，从现有文献来看，大体可归为以下几类：

第一，参保主体视角下的适度费率水平研究。刘鑫洪(2009)立足于企业的资本价值组成，认为在企业利润中扣除投资后的剩余即可作为社会保险缴费，通过测算后得出，中国企业有能力承受的最高费率为18.68%，修正社会保险缴费基数后，得出企业最高费率可达

44.0%，适宜水平应在38.0%左右。王增文和邓大松(2009)利用柯布道格拉斯生产函数，测算了企业和个人的缴费能力，认为中国国有工业企业最高能够承受的社会保障统筹缴费率为24.51%，适度缴费率为20.56%；对于农民而言，若同时包含养老保险(收入总额的5%)、新农合(1%左右)、失业保险(假定未来建立，且缴费比例为1%)三项险种，则其能够承受的最高费率为7%。刘钧(2004)以国有工业企业为对象，通过对1990年至1999年间我国企业的财务状况进行分析，认为在不考虑企业所得税、营业税的情况下，企业的最高缴费限度为30%，适宜费率为20%，而职工缴费的合理比例不应高于15%左右。边恕等(2005)以辽宁省国有工业企业为例，认为在保持既定的财政补贴下，企业能够承受的社会保险统筹缴费的最高限度为28.3%，适度缴费限度为20.9%。在随后的一项研究中，边恕(2007)以个人消费水平稳定为条件，认为个人有能力承受的养老保险最高缴费率为16%，高于当前8%的政策费率标准，并建议将超出部分纳入统筹账户。刘畅(2007)以天津市国有企业为例，通过对1991年至2003年历史数据的分析认为，企业能够承受的最高缴费比例为7%，而个人能够承受的最高缴费比例为11%—24%。这两项研究均以国有企业为例，试图寻找企业与个人可以承受的合理费率范围，但两者得出的结果存在较大的差距。还有一项研究以江苏省小微企业为调查样本，认为小微企业的缴费负担过重，该研究采用模型分析指出小微企业最高能够接受的社会保险缴费比例为26.94%，适宜限度为18.78%(詹长春等，2013)。

第二，福利最大化视角下的适度缴费比例。边恕和穆怀中(2007)认为当前职工养老保险的个人账户缴费比例低于福利最大化时的最优费率水平，并依据行业的不同，认为个人养老保险最优费率应在5.53%—15.52%之间，加权平均后的最优费率应为10.05%。孙雅娜等(2009)应用费尔德斯坦的世代交叠模型，认为企业养老保险的最优缴费率因行业工资水平的不同而存在差异，理论上各行业的最优费率在8.78%—39.58%之间，对各行业进行加权平均后，认为达到社会福利最大化时企业的最优缴费比例为20.48%。李含伟等(2011)综合考虑了个人效用最大化以及经济增长，认为上海市养老保险制度的最优缴费比例应为20.8%，低于当期制度28%的费率标准。柳清瑞等(2013)引入修正的两期世代交叠模型，认为社会福利最大化条件下企业养老保险的最优缴费率水平为15%。景鹏、胡秋明(2016)从社会福利最大化出发，模拟了五种生育情景下的一般均衡，并测算了不同退休年龄对应的最优缴费比例，认为在二孩政策下，退休年龄为60岁时，统筹账户的最优缴费比例为19.18%—19.63%，当退休年龄为65岁时，统筹账户的最优缴费比例为10.77%—11.64%。

第三，基金平衡视角下的适度费率研究。韩伟(2010)模拟了不同费率方案下的基金运行情况，认为中国企业、个体户以及灵活就业人员的最优养老保险缴费比例为18%，并针对不同主体设计了费率调整路径。何文炯等(2010)从基金平衡角度出发，建立了医疗保险纵向均衡费率计算模型，并以杭州市为例进行了实证测算，认为维持基金平衡所需的最低费率为7.79%，高于当地的实际费率水平。张勇(2012)认为我国的失业保险费率明显低于发达国家，过低的费率既影响保险资金的筹集，也影响失业保险金支付标准的提高，建议将失业保险缴费比例提高到6%。而曾丽红和杜选(2014)认为，现阶段可以适当降低失业保险费率，建议将企业费率降为1%—1.5%，个人费率降为0.5%，如此既可以实现基金收支平衡，还可以减轻企业和个人的缴费压力，鼓励其参保从而扩大制度的覆盖面。穆怀中等(2015)提出养老保险缴费率膨胀系数指标，通过对中国2007年至2014年的经验数据进行分析认为，养老保险制度统筹账户的合意缴费率为9.8%，而由于参保率不足、提前退休等原因使得制度费率的膨胀系数达到9.98%，故而需要20%的政策费率标准。路锦非

(2016)通过构建基本养老保险基金平衡模型和长期精算模型，模拟了制度赡养率变动下的最优养老保险缴费，认为基本养老保险缴费比例可以降低到20%，其中企业缴费比例为15%、个人缴费比例为5%，但必须同时加强缴费力度，扩大制度覆盖面并开始执行延迟退休政策。

第四，人口结构视角下的适度费率研究。刘小兵(2002)从医疗需求角度出发，认为职工基本医疗保险的合理费率水平应为2.66%左右，但其前提是医疗保险仅支付急、危重症且假设费用支付不封顶。邓大松和杨红燕(2003)认为在人均费用占人均工资比重不变的情况下，人口老龄化高峰期所需的医疗保险费率为6.78%—7.41%；而在人均费用占比变化的情况下，人口老龄化高峰所需费率为16.28%—17.8%。贾洪波(2010)对医疗保险适度费率的分析则立足于国民收入再分配和劳动力供求，其测算了2001—2050年间不同年龄群体的适度缴费比例，其中劳动适龄人口的基本医疗保险费率应为3.01%—6.03%。林宝(2010)研究了人口老龄化与缴费率之间的变动关系，发现可以通过提高覆盖率以及降低替代率的方式来缓解人口老化对养老保险基金可持续性的挑战，当前养老保险制度存在适当降低缴费率的可能性。韩伟和朱晓玲(2011)从农民工群体的失业风险需求出发，认为应当采取灵活的失业保险缴费率，并为农民工设计了0、0.5%、1%三个梯度的缴费比例。彭浩然和陈斌开(2012)发现养老保险费率和待遇具有“倒U形”关系，并指出中国最优的基本养老保险缴费比例在15.6%左右。康传坤和楚天舒(2014)通过一般均衡世代交叠模型，测算出全国统筹情况下，养老保险统筹账户的最优缴费率为10.22%—19.04%。

四、长期护理服务需求及保障模式选择

关于长期护理服务需求、护理服务费用支出及其保障等问题的

研究，在国内起步较晚，但这几年发展较快，也已取得了一定成果。具体来说，在服务需求方面，胡宏伟等(2015)运用微观数据对我国老年人的长期护理服务需求进行评估和预测，结果显示，2014—2050年老年护理服务的潜在需求、有效需求等均有显著增加。部分学者通过对具体地区的调查来分析当地的服务需求，如杜本峰和沈航(2008)认为随着北京市老年人中患有多种疾病及失能数量增多，对专业化护理服务的需求增加，还有戴卫东(2011)对苏皖两地服务需求进行了分析，王维等(2011)、陈冬梅和袁艺豪(2015)、张强和高向东(2016)分析上海市长期护理服务的需求，孙正成(2013)研究浙江省 17 个县市的长期护理服务需求。部分学者从宏观层面研究长期护理服务需求的影响因素，如章琦琴等(2015)利用马尔科夫循环树结构、安德森行为模型等理论，将需求的影响因素分为供给因素、经济因素、认知因素、替代因素、固定资产和遗赠等几个层面，类似研究还有荆涛等(2011)、谢筱璐(2012)等。而曹信邦和陈强(2014)则利用微观调查数据研究长期护理服务需求的影响因素。王雪辉(2016)、汪群龙和金卉(2017)等选取特定地区或特定对象研究需求的影响因素。

当前国内在长期护理服务费用支出方面的专项研究较少，仅有的相关研究也多是在介绍国外长期护理保险制度或国内医疗、健康等支出中有所涉及。陈璐和刘绘如(2016)发现日本长期护理保险支出随着老年人需求增加而不断增长，导致基金的持续性出现危机，由此介绍日本“开源”“节流”的改革，认为日本 2005 年照护预防体系的建立减轻了政府财政的压力，提出我国应当在试点之初就引入“护理预防”的理念。如阳义南(2016)利用微观数据研究照料支出和医疗支出对老年人健康产出效率的影响程度，认为照料支出效率更高，因此建议健康支出向照料支出倾斜。

国外特别是经济合作与发展组织(OECD)国家大多建立起了长

期护理保险制度，但在制度设计、模式选择上存在着多种差异，国内学者对该制度的介绍及划分亦不同。如冯鹏程和荆涛(2014)认为长期护理保障模式具有四种类型：一是以德国、日本等为代表的单独法定的护理保险制度；二是以英国、澳大利亚为代表的依靠公费负担的护理津贴制度；三是以美国为代表的自愿投保的商业保险制度；四是以新加坡为代表的“选择退出”的准社会医疗保险模式。曹艳春(2016)认为当前国外长期护理保障模式有四类：一是英国、瑞典、奥地利等二十多个国家的津贴模式；二是德国、日本等的社会保险模式；三是美国的商业保险模式；四是法国的混合模式。〔1〕此外，陈晓安(2010)、侯立平(2012)、乐章和陈志(2014)、谭睿(2014)等亦对其进行了分类研究。在对国内长期护理保险制度探索和保险定位方面，戴卫东(2011)、吕国营和韩丽(2014)、王东进(2015)等支持社会保险模式，陈红(2012)和张立龙(2015)等主张商业保险模式，韩俊江和张友(2011)等更倾向于分情况的混合模式。

五、 长期护理保险筹资方式与费率构成

在筹资方式方面，国内学者通过分析国外及我国试点地区的筹资模式，对我国长期护理保险制度的筹资模式提出多角度思考。如刘金涛和陈树文(2011)通过借鉴国外经验，认为我国应当实行“个人缴付＋企业缴付＋政府财政补贴”，采用部分累积制的筹资模式，并通过ILO筹资模型计算出我国长期护理保险的筹资比例为3.3％。雷晓康和冯雅茹(2016)通过分析国内外的筹资渠道，认为我国应建立“以政府补贴和个人缴费为主，医疗保险和住房公积金为辅，社会支持为补充的社会长期护理保险筹资渠道”。谭睿(2017)在对德日韩长期护理保险制度筹资模式分析的基础上，对我

〔1〕 本观点来源于曹艳春于2016年4月在华东师范大学长期护理保险论坛的发言。

国13个试点地区的筹资渠道、方式、责任分担和筹资水平进行对比，认为我国长期护理保险筹资仍存在诸多争议，因此应当建立多渠道独立的筹资机制，科学厘定筹资水平，明确各方筹资义务，确保各方合理负担，类似研究还有邓文燕和邓晶(2016)、张俊良和杨成洲(2017)等。

当前国内对于养老保险和医疗保险筹资能力的研究较多，但关于长期护理保险筹资的研究主要集中于筹资主体的确定和筹资责任的承担上，而关于筹资能力的研究相对较少，如陈垦(2010)、胡晓宁等(2016)利用生命周期消费理论或基金长期收支平衡的精算模型对个体缴费能力进行分析，考察个体的缴费负担。其中较为典型的是，魏华林和何玉东(2012)在对我国长期护理保险供给的动态测算中，从个人筹资责任的最小和最大边界来分析个人的筹资能力，认为从2020年开始形成个人筹资的最小边界，且完全基于个人支付能力的筹资机制也具有一定的可行性。尽管这篇文章对筹资主体的筹资能力进行了研究，尤其是提出个人完全缴费，但仍缺乏对老年人群体筹资能力的聚焦。

从对测算方法的借鉴来看，国外学者对费率精算的研究比较成熟，因此国内学者通常借鉴其方法，并结合我国人口结构、老年人收支情况等进行长期护理保险费率的测算。如何林广(2007)综合比较三大模型，并利用国外相关数据测算保费；陈岱婉(2008)根据多减因模型，结合身体状态的转移概率建立精算模型，增加生存和死亡的给付责任，来解决我国长期护理保险产品只有保障功能而缺乏死亡给付责任的矛盾；荆涛等(2016)运用老年人失能状况转移概率矩阵及护理费用等数据，通过多状态Markov模型对政策性长期护理保险的保费进行定价，认为其比非政策性长期护理保险具有优势。还有李庆霞(2007)、周海珍和杨馥忆(2014)等也积极运用国外成熟理论进行长期护理保险费率的测算和估计。从费率测算模型构建和测算过程看，部分学者通过运用国内相关微观和宏观数据，对不同年龄段、不同群体及不同缴费对象的费率进行测算。如陈垦（2010）通过分析给付方式和水平，建立纵向平衡模型，测算不同年龄段下的费率水平。赵亚男（2012）通过横向平衡模型得到了在不同给付水平下2011—2015年长期护理保险的费率，通过纵向平衡模型得到了不同年龄的参保人员长期护理保险的精算现值，并测算出企业和个人的年均缴费额及保险费率，常彩（2014）等也通过精算平衡对费率进行测算。可以看出，国内学者对费率的研究主要在借鉴国外测算方法以及运用数据进行费率测算上。

六、国内研究述评

针对中国的社会保险费率改革和长期护理保险的试点，国内学者已开展了大量的研究，取得丰富的成果，对完善和推进我国社会保险制度体系具有重要的作用。但整体上看，这些研究仍存在一些欠缺，甚至有些研究还可进一步探讨。

第一，在强调社会保险给企业带来高昂成本时，对中国社会保险制度实际缴费情况认识不足，已有研究多从政策费率的角度来讨论社会保险制度“高费率”所造成的影响，却忽视了“社会保险缴费不实”这一中国制度中的典型事实。

第二，对中国社会保险制度的企业和职工实际缴费实证研究不多，仅有少数研究考察了中国企业的社会保险实际缴费问题。从结构上看，中国社会保险制度包含五项内容、两大缴费主体，不同项目的实际缴费应该有差异，不同参保人的缴费行为应该也有所不同，然而针对五大险各自的缴费及参保行为尚未有系统的研究。

第三，缺乏对中国社会保险制度费率体系的评价。社会保险费率由养老保险费率、医疗保险费率、失业保险费率、生育保险费率和工伤保险费率五部分组成，各自的制度目标以及费率要求均有所不同。如何评价各项制度的费率水平，当前中国社会保险费率调整的重点应在哪？这些问题从现有研究中得不到理想的答案，以至于现有研究的结论不足以为社会保险费率改革指明方向。

第四，探讨适度费率标准时忽略了中国制度改革面临的现实约束。“费率调整”是中国社会保险制度现阶段的工作重点，而社会保险费率调整面临着“不降低职工待遇”“不减少基金收入”“维持制度精算平衡”等现实要求。在已有研究中，学者从不同视角出发，探讨制度的适度费率标准，但往往难以兼顾制度面临的上述现实约束，因而其结论对制度改革的适用性不足。

第五，研究长期护理保险制度绕不开对长期护理服务问题的研究。在这个问题上，国内学者更多地侧重失能人员（尤其是老人）对服务的主观需求及影响需求的个体、社会经济等因素，在服务支出方面的研究相对较少；且在需求及影响因素的研究中，学者们倾向于利用社会经济发展的宏观数据来研究总体状况，基于微观个体的需求及其支出对长期护理保险制度的构建影响研究相对较少。

第六，在长期护理保障制度模式选择研究上，学者们较为一致地关注社会保险模式、商业保险模式和福利津贴模式三种类型，也有部分学者根据筹资方式、国家制度特征等进行更为细致的划分。综合已有的研究，结合我国的现实，本书认为我国长期护理保险采取社会保险模式更加符合我国实际。

第七，纵观已有研究可以看出，失能老人对长期护理保险需求非常迫切，这方面的研究也很多。但是在制度建设与实践方面，国内外差异较大，学者们关注的重点也有所不同。国外学者更多地关注制度运行的效果和未来改进完善的方案，而国内学者侧重于对长期护理保险制度建设的模式、制度参数等问题研究。在现有研究中，关于长期护理保险的筹资、缴费率等研究争议较大，尚未有一致的看法。

第二节　国外相关研究进展及述评

一、社会保险缴费负担的转嫁与归宿

关于税负归宿和转嫁的经典文献认为，税负归宿取决于需求和供给弹性，弹性小的一方承担着更多的税收负担。遵循这一分析思路，已有研究认为在社会保险等职工福利计划的供款中，企业同样会通过降低工资将缴费负担转嫁给员工，但在转嫁程度方面，学者们的结论存在差异。如在一项跨国研究中，布里顿(Brittain, 1972)发现，在给定生产率条件下，企业的社会保险缴费负担完全通过降低工资而转嫁给了员工。霍姆伦德(Holmlund, 1983)通过时间序列数据，对瑞典福利项目缴费率改革的研究发现，当企业面临的职工福利计划的缴费率从14%上升到40%时，企业在短期内便将50%的缴费负担转嫁给了员工。哈默梅什(Hamermesh, 1979)利用不同福利项目间的费率差异，考察了社会保障缴费的归宿问题，其结果发现，雇主将社会保障供款负担转嫁给员工的比例为35%。

不同于以往研究，萨默斯(Summers, 1989)发现，在社会保险等强制性员工福利计划中，由于存在员工对福利计划的效用评价问题，社会保险等缴费负担的归宿与传统税收的归宿存在差异，企业缴费转嫁的程度与员工对福利计划的评价有关。遵照萨默斯的分析范式，格鲁伯和克鲁格(Gruber and Krueger, 1991)对美国工伤保险的研究发现，由于员工对工伤保险存在一个正面的评价，相比于无保险高工资的工作，员工更偏好有保险低工资的工作，因而企业能够将大部分的缴费负担转嫁给员工，其转嫁程度高达56%—86%，并且工伤保险费率每提高1%，将导致就业率下降0.11%。

在随后的研究中，越来越多的学者通过实证方法考察了社会保险制度的费用归宿和转嫁问题，但针对不同国家以及不同项目的研

究结论存在一定的差异。如,在格鲁伯(Gruber, 1994, 1997)对美国生育保险计划以及智利养老金改革的研究中都发现,企业通过降低工资将缴费负担完全转嫁给了员工。利用华盛顿1985年失业保险费率改革这一"准自然实验",安德森和迈耶(Anderson and Meyer, 2000)对13年跨期经验数据的分析表明,企业的转嫁现象非常明显,在很大程度上雇员才是保险费用的真正承担者,且企业失业保险缴费转嫁和所得税转嫁间的差异较小。伍格等(Ooghe et al., 2003)利用欧盟统计局公布的数据,分析了各成员国社会保障供款的归宿问题,指出超过一半的缴费负担都被转嫁给了员工,且当社会保障缴费与待遇间的关联越紧密时,缴费转嫁的程度越高。凯文(Kevin, 2007)利用职工层面数据,对美国50个州1992年至2002年失业保险制度运行状况的分析表明,确实存在雇主将缴费负担转嫁给员工,但雇主转嫁的程度在不同员工群体中存在差异。

小村康平和山田敦宏(Kohei and Atsuhiro, 2004)对日本健康保险以及长期护理保险的研究发现,雇主将大部分的健康保险缴费负担转嫁给了雇员,而在长期护理保险中未发现转嫁现象。另一项基于日本企业经验数据的分析表明,在社会保险缴费中未发现支持企业缴费转嫁的证据,也即该研究认为企业如实承担了社会保险缴费(Tachibanaki and Yokoyama, 2008)。然而,这一结论受到了滨木淳弥和岩本靖(Junya and Yasushi, 2010)的质疑,其在修正了橘立俊昭和横山幸子(Tachibanaki and Yokoyama, 2008)研究模型中的误差后发现,在短期内社会保险费率每上升1个百分点,市场工资将下降1.8个百分点,而在长期经济模型中,社会保险费率每增加1个百分点,将导致市场工资下降6.8个百分点。

二、 社会保险供款不足与企业避费

缴费转嫁只是改变了社会保险费用的分担,对社会保险缴费收入不会产生影响，然而，在制度运行中除了存在缴费转嫁现象外，还存在大量的逃费、避费问题，进而导致社会保险的缴费收入不足。在20世纪90年代，许多国家都暴露出了社会保险缴费不实问题。如科塔尼和德马科(Cottani and Demarco, 1998)对阿根廷社会保险制度的考察发现，由于存在避费现象，尤其是众多的自雇者拒绝参与缴费，阿根廷现收现付制的保险制度面临严峻的筹资问题，故而开始了积累制改革。吉里恩等(Gillion et al., 2000)的研究发现，拉美国家大约有50%—60%的社会保险缴费未能入账，中欧和东欧国家大约有20%—30%的社会保险缴费未能入账，其重点分析了雇主和雇员逃避缴费的原因，认为在竞争性环境下，政府有动机吸引资本、提高就业和税收收入以及维护本地企业的竞争力，这会导致其放松对企业缴费的监管，纵容企业的逃费行为。

社会保险缴费率的低下，表明政府对于社会保险缴费缺乏执行力，这也是发展中国家普遍存在的问题(Enoff and Mckinnon, 2011)。斯塔诺夫尼克(Stanovnik, 2004)同样发现，20世纪90年代中欧以及东欧国家存在严重的社会保险避费问题，指出这些国家存在两种普遍的社会保险费用损失，包括通过缩小收入核计范围来降低缴费基数、拖欠的缴费额因通胀等原因而贬值。社会保险缴费侵蚀现象普遍存在，对制度运行乃至经济发展都会产生负面影响，并造成社会福利的损失(Manchester, 1999)。针对各国社会保险制度缴费中存在的问题，贝利和特纳(Bailey and Turner, 2001)专门讨论了降低避费和缴费不足的措施，建议加强制度激励、提高征收效率、利用宏观经济政策工具控制通胀提高就业率。

在社会保险制度中，企业和职工是主要的缴费责任主体，企业与职工因对社会保险效用的评价不同，故参与社会保险的意愿和行为也有差异。现有研究表明，技术创新型企业更有动机吸引高技能劳动者，因而也更愿意为职工缴纳社会保险(Mares, 2003)。杰克等

(Jackle et al., 2006)对秘鲁 5 688 家微型企业 1994—1997 年跨期数据的分析发现,企业规模是影响企业参保程度的重要因素,大型企业的定价与转嫁能力更强,因而为员工缴纳社会保险的可能性更大。阿尔梅达和卡内罗(Almeida and Carneiro, 2012)对巴西的研究发现,正规部门受到更多的劳动监察,因而其在社会保险等强制福利方面的遵从度更高,也因此比非正规部门更能吸引员工。

除了不参保和降低缴费基数这两种避费方式外,企业还会通过减少劳动力需求来降低缴费支出。征收社会保险费用相当于提高了劳动力的价格,因此企业有动机减少对劳动力的雇佣。1994 年至 1996 年哥伦比亚养老、医疗相关的工薪税上升了 10.5 个百分点,对此,鲁格勒和库格勒(Rugler and Kugler, 2002)利用制造业企业的调查数据分析了税率变化对就业的影响,其结果表明,工薪税上升 10 个百分点将导致就业率下降 4 个百分点。针对 20 世纪 80 年代初智利的养老保险降费改革,塞巴斯蒂安和亚历杭德拉(Sebastian and Alejandra, 2000)发现,当费率从原来的 50%下降到 20%后,智利的失业率从 17.3%下降到了 5.8%,其中由于降费改革带来的失业率下降幅度为 1%—1.5%。这间接表明,当社会保险费率提高时会降低劳动力需求。

如何避免社会保险费用损失,是各国在设计社会保险制度时必须考虑的问题。现有研究表明,在不同的制度设计下,参保主体的避费程度存在差异。奎斯塔和奥利维拉(Cuesta and Olivera, 2010)指出,不合理的社会保险税费结构与负担会造成扭曲,导致不同就业类型人员的缴费责任和保障权益之间不匹配,进而弱化了缴费激励。卡尔德隆和马里恩斯库(Calderon and Marinescu, 2011)对哥伦比亚养老、医疗保险制度改革的研究也表明,统一的制度设计有利于提高参保率以及企业的遵从度。库姆勒等(Kumler et al., 2012)基于墨西哥养老保险制度改革的研究发现,通过强化养老保险制度收益与缴费的关联性能够降低企业低报工资的概率，从而在一定程度上缓解了逃费现象。

三、 最优社会保险规模与制度设计

社会保险费(税)与所得税或商品税的主要区别在于，社会保险的缴费与待遇之间存在关联性，因而确定了社会保险待遇水平也即确定了社会保险费率标准，反之，亦如此。萨缪尔森(Samuelson, 1975)利用生命周期模型提出了求解最佳社会保险缴费比例的一般思路，其将资本回报率等于黄金律条件下的人口增长率时所对应的缴费比例作为最优供款比例。费尔德斯坦(Feldstein, 1985)在个人完全短视和部分短视两种情况下，构建了最优社会保障模型，其结果表明，养老保险制度的最优缴费率取决于人口增长率以及资本的边际回报率。霍纳(Arjona, 2000)在一般均衡分析框架内，考察了西班牙的最优社会保险费率，并指出现收现付社会保险制度的最优缴费率与个人效用的贴现率有关。波克豪瑟和特纳(Burkhauser and Turner, 2010)通过分析缴费对劳动力供给和储蓄的影响，提出了判定养老保险缴费水平是否适度的一般标准。柴提和赛斯(Chetty and Saez, 2010)通过模型分析了在私人保险与社会保险共存的市场上如何设定社会保险的最优税率。

在关于最优社会保险的讨论中，不完全信息条件下的道德风险与逆向选择问题最为常见。如费尔德斯坦(Feldstein, 1973)对美国健康保险制度的分析发现，健康保险使得人们过度使用医疗资源，进而造成了社会福利损失，降低健康保险规模后能够提高社会福利水平。而在对失业保险制度的分析中，费尔德斯坦(Feldstein, 1974)发现，大多数失业者领取的失业保险金毛替代率超过了50%，且失业津贴延长了失业者的待业周期。这一现象也被其他学者的研究所证实(Ehrenburg and Oaxaca, 1976)。

健康保险具有风险分散功能，进而能够增进社会福利，而道德风险则会造成社会福利损失，因此最优的健康保险水平需要对两者进行平衡。针对这一问题，学者们开展了大量的实证研究，有的研究侧重于分析其中的某一方面，如曼宁等(Manning et al., 1987)通过随机实验考察了道德风险引发的过度医疗需求问题。类似的研究还有艾希纳(Eichner, 1998)和杜阿尔特(Duarte, 2010)等。而另一类研究则同时考察了健康保险制度的风险分担和道德风险，如曼宁和马奎斯(Manning and Marquis, 1996)认为提供健康保险能够降低家庭成员在发生疾病时的医疗支出，进而降低家庭经济风险，但是也会导致医疗资源的过度利用，最优的健康保险制度需要平衡风险分担带来的好处和道德风险带来的弊处。其利用家庭调查数据，估计了家庭对健康保险以及卫生保健的需求，发现需求的价格弹性为－0.18、收入弹性为0.22。而彼得雷托(Petretto, 1999)则在一个混合健康保险体系框架下，从道德风险与风险防范间的权衡出发，讨论了最优社会健康保险和最优私人健康保险的结构组合问题。科瓦尔斯基和阿曼达(Kowalski and Amanda, 2015)则基于非线性费用分摊结构，在一个统一的模型框架中，同时考察健康保险制度的风险分担和道德风险，其分析结果表明，在美国当前的健康保险计划中，道德风险带来的无谓损失要大于风险分担带来的福利改进。

失业保险能够降低职工遭遇失业时的收入不确定性，但也引发了劳动者对失业津贴的依赖以致不再积极寻找工作。针对这一问题，贝利(Baily, 1978)在工作搜寻理论的基础上最早针对失业保险制度构建了道德风险模型，并从理论层面探讨了最优失业保险制度设计以及最优的失业保险规模。该研究认为，最优的失业保险金水平应当在平滑消费和延长失业时间之间形成平衡，而平衡点取决于失业期限对失业保险金水平的弹性、失业期间消费下滑的幅度，以及相对风险厌恶系数。针对贝利(Baily)提出的理论模型，学者对相关参数作了实证分析。迈耶(Meyer, 1990)和格鲁伯(Gruber, 1997)以及布朗宁和克罗斯利(Browning and Crossley, 2001)利用对失业者的调查数据,估计了前两个决定失业保险金水平的参数,并对第三个参数作了假定,其研究表明,最优的失业保险金不应超过失业前工资的10%。柴提(Chetty, 2004)则对相对风险厌恶系数作了估计,并分解了收入弹性和替代弹性,认为收入效应解释了70%的失业期限变动,且最优的失业保险水平应为失业前工资的50%左右。在随后的研究中,柴提(Chetty, 2006、2008)分离了失业保险制度中的道德风险和流动性效应,前者会造成社会福利损失,而后者则为失业者搜寻更好的工作提供了支撑,并指出最优的失业保险水平应设置在两者的平衡点上。除了最优规模外,失业保险的最优支付模式也受到学者的关注,对该问题的研究始于夏维尔和维斯(Shavell and Weiss, 1979),他们认为如果失业者可以自行决定工作搜寻强度和保留工资,那么应该采取递减的方式支付失业保险。费雷迪克森和霍姆伦德(Fredriksson and Holmlund, 2001)讨论了雇主行为对失业者的影响,其分析结果同样支持递减支付失业保险金。支持这一支付模式的还有霍本海恩和尼科利尼(Hopenhayn and Nicolini, 1997)。这类研究认为,递减的失业保险金降低了领取失业保险金者的效用水平,为了维持一定的消费水平,失业者不得不提高寻找工作的努力程度,进而提高了再就业的概率。与此不同的观点则认为,由于存在劳动力市场分割,递减支付模式更容易提高经济中的均衡失业率,因为受到工会保护的“内部人”更有机会享受失业保险待遇,当其不满于当前的工资收入时会选择短期失业行为,以此来增强工会的工资议价能力(Cahuc and Lehman, 2000)。

四、 长期护理服务需求与护理费用保障模式

国外学者对长期护理服务需求已有一定的研究,内容主要集中

于服务及需求影响因素方面。杰维斯等(Jervis et al., 2002)对108个美国联邦认可的美洲印第安人社区农村老年人的长期护理服务需求及可用性进行全国调查,并将所列出的十类服务进行分类,划分为经常需要、偶尔需要和基本不需要三种程度,其中基本健康护理、重大疾病与健康预防、法律援助、经济支持、精神慰藉等为经常需要的服务,临终关怀、个人护理和专业治疗等是偶尔需要的服务,不存在基本不需要的服务。布洛克等(Blok et al., 2010)使用探索模块化原则在老年人长期护理领域的工作实践和使用流程,对38名重要的知情人员进行深入的半结构式访谈,研究适应客户需求的护理服务。沃拉尔和查萨莱特(Worrall and Chaussalet, 2015)出于对人口和社会因素变化引起的现行长期护理制度可持续性的担忧,通过长期护理需求研究中的长期政策模型(long-term policy model, LTPM)和短期操作模型(short-term operational model, STOM)建模来进行结构性评估,以增加对长期护理及其服务需求影响因素的理解。类似对服务需求的研究还有诺里斯(Norris, 2009)、卡多佐等(Cardoso et al., 2012)等。从研究对象来看,部分学者选取某个国家(或地区)来具体探讨当地失能老人对长期护理服务的需求,如巴特里扬和拉格伦(Batljan and Lagergren, 2005)使用瑞典已有的服务信息对个体性别和年龄进行分组,预测瑞典2000—2030年65岁及以上老年人口对正式长期护理的需求,并提出通过亲属、邻居、朋友等提供的社会照顾和援助等非正式护理来替代正式护理,以满足老人的服务需求。墨菲和马丁卡宁(Murphy and Martikainen, 2010)分析芬兰在人口老龄化现状下,老年人对长期护理和重症护理服务需求的影响因素,认为年龄在决定两类服务的选择上有着重要作用,(卧床天数)周期、社会经济地位、婚姻状况的改变均是需要考虑的影响因素。还有埃雷拉等(Herrera et al., 2012)研究墨西哥籍老人对长期护理服务的需求。

在长期护理服务费用支出方面，学者更多地还是探讨政府在长期护理中提供的公众支出，如莫利等（Malley et al., 2011）预测寿命延长对英国长期护理公共支出在2007—2032年的影响，认为长期护理公共支出占GDP的比重将从2007年的0.9%上升到2032年的1.6%，还有拉西拉和瓦尔科宁（Lassila and Valkonen, 2004）等的研究。但对老年人护理支出的研究相对较少，如奥利瓦雷斯-蒂拉多等（Olivares-Tirado et al., 2011）基于对日本862名长期护理保险使用者的调查，研究长期护理服务支出的影响因素，认为失能程度是主要影响因素，服务利用率以及机构护理等是重要影响因素。可以看出，国外学者更加关注长期护理服务支出中政府职能的履行，而对个体为满足护理需求而承担的费用支出关注较少。

在对长期护理保障制度分类的研究中，安东宁和斯皮拉（Anttonen and Sipila, 1999）从福利多元主义的视角分析护理服务获得的途径，根据筹资体系将长期护理保障制度划分为志愿主义、商业主义、灰色市场、社会保险、公共的边际主义、普遍主义、付费方式和家庭主义八类。宫泽等（Miyazawa et al., 2000）利用世代交叠模型（OLG）框架分析了采用公共长期护理保险的必要性，认为在私人长期护理保险制度中，个人的健康投资行为是无效率的，而引入公共长期护理保险可以改变这种无效率。克劳斯等（Kraus et al., 2010）根据各国特征将建立长期护理保障制度的欧盟国家分为四类：一是比利时、德国、捷克和斯洛伐克等大陆国家，主要特点是低支出、低个人缴费和适当的现金补贴；二是丹麦、瑞典等斯堪的纳维亚国家和荷兰，特点是高待遇水平的正式护理、低使用率、较少的现金补贴；三是介于前两者之间，包括奥地利、法国和西班牙的西欧国家以及英国和芬兰，特点是高待遇水平的正式护理、中等的公共支出、高水平的个人缴费和现金补贴；四是波兰和意大利等国家，特点是低公共支出、正式护理的低支持率、高水平的个人缴费和中等的现金补贴。

五、 长期护理保险制度运行与费率确定

麦克纳马拉和李(McNamara and Lee，2004)利用美国健康与退休三期调查数据构建长期护理保险覆盖率的回归模型，发现虽然相当一部分50岁及以上的美国人购买长期护理保险，但这些购买者中的许多人在接下来五年内可能会退保，这给护理保险筹资带来巨大挑战，并就此提出遏制参保率下降的政策建议。卡尔松等(Karlsson et al.，2007)比较英国、日本、瑞典和德国长期护理制度筹资带来的税收负担和分配效应，英国经济状况是经过审查的，因此自付支出取决于收入、储蓄和资产水平；瑞典完全由税收资助，服务的使用基本是免费的；德国和日本尽管最近实施的强制性保险计划的经费来自基金，但各项计划的运作细节和分配后果有所不同。科马斯·赫雷拉等(Comas-Herrera et al.，2010)认为当前英国长期护理保险制度可以被看作是一个残补制度，质疑其仅对不能支付护理费用的人员免费，而对那些需求较高、缺乏非正式照顾的人则需要经过严格的评估才能接受家庭护理服务的做法。由此衍生出在实现普惠性的长期护理服务道路上其对长期护理筹资的担忧，并进一步认为社会对长期护理制度的争论主要集中在资金的未来可持续性和当前筹资体系的公平给付上，最关键的问题是个人在多大程度上该承担自己的护理资金，而公共资金又能提供多大的帮助。而科伦坡和梅西埃(Colombo and Mercier，2012)通过长期护理支出和相关预测数据分析OECD国家在公共和私人长期护理的筹资安排，认为各国在追求普惠型长期护理的过程中既要保证费用支出的价值，也应增加护理服务的供给。多蒂等(Doty et al.，2015)介绍法国2002年为60岁及以上老年人推出的根据收入调整的普惠型公共长期护理保险，以及作为补充的私人护理保险销售持续增长的问题，将法国公共和私人护理保险资金筹集与美国进行对比，认为美国私人保险者对法国式的公私结合的护理保险更加感兴趣。

进一步地，国外学者对长期护理保险费率的研究主要集中于测算费率的方法，尤其在长期护理商业保险费率测算理论的研究方面较为成熟，常见的有减量表模型、曼联方法和多状态马尔科夫模型三类。运用减量表模型的学者主要是哈伯曼（Haberman），他在1983年和1984年连续发表关于递减表和发病率的测量的两篇文章，主要介绍疾病发病率和流行率的测量，通过观察人数变动来计算健康状态转移概率。拉索阿尼沃（Rasoanaivo，2001）采用曼联方法来测算长期护理保险的费率，主要是建立随机模型，重点关注死亡率、发病率和失效行为等责任风险，该方法试图衡量长期护理保险的定价波动以及由这些责任风险波动引起的变动。最后一种马尔科夫模型的应用较为广泛，如赫尔姆斯（IIelms，2005）使用多状态马尔科夫模型来模拟长期护理患者的生活史，从而测算在长期护理制度下的保费情况，还有罗宾逊（Robinson，1996）等做过类似的研究。可以看出，国外对长期护理保险费率的测算已有一定的研究深度。

六、 国外研究述评

纵观国外相关研究文献可以发现，各国社会保险制度的运行具有一定的共性，社会保险缴费不实现象在国际范围内普遍存在。相比于国内学者的研究，国外相关研究在范式上具有一定的差异，如在考察企业社会保险逃费时，国外研究多从税负转嫁角度出发；在讨论社会保险适度费率标准时，多从成本—收益平衡的角度出发，建立经济模型，且多数没有给出明确的适度费率标准。

而在长期护理服务及保险制度方面，无论是通过护理津贴的模式，还是社会保险或商业保险的模式，通过长期护理保障制度应对人口老龄化是世界多国所采取的积极有效策略。国外学者对长期护理保险筹资方式及老年人筹资能力的介绍主要是以具体国家为研究对象，分析国家在制度运行、政策变革等方面的筹资问题。

由于中外社会保险制度设计存在差异，面临的制度环境也不同，国外相关研究的结论无法直接运用于中国社会保险制度改革和长期护理保险试点实践，但其研究能够为分析中国社会保险制度及长期护理保险制度问题提供理论思想启迪以及方法论上的指导。

第三章
研究的理论依据及基础

“社会保险”关乎民众的切身利益，在中国公共政策体系中具有不可替代的地位。本章从信息经济学理论出发，论证社会保险对社会福利的改进以及社会保险改革所面临的约束；从社会福利思想演变的角度，分析社会保险缴费责任的变化，并借鉴税收理论讨论参保人的社会保险缴费负担；根据对公平与效率的权衡以及费率标准与缴费收入理论关系的讨论，分析社会保险费率标准的适度性问题；依据生命周期假说理论，分析老年人自身对于失能风险的预期和预防，探讨老年人在长期护理保险制度中是否承担缴费责任。

第一节　社会保险改善的理论基础

一、 社会保险与逆向选择

当个体无法独自应对社会风险时，保险市场应运而生，分散风险是保险市场的基本功能。然而，由于存在信息不对称，保险公司无法区分被保险人的风险类型，而仅能根据全体消费者的平均风险情况来提供一个统一的保险合约。在完全竞争情况下，保险公司收取的保费与其期望理赔额正好相等。但是，并非所有的消费者都会购买保险，消费者会权衡购买保险与不购买保险两种情况下的效用大小，仅当购买保险获得的效用大于不购买保险获得的效用时才会选择购买保险。由此可知，只有风险概率较大的消费者才会选择购买保险，而低风险消费者则会选择不购买保险，此即为保险市场中的逆向选择。而当保险公司意识到这种消费者的自选择行为时，会根据参保人的风险概率上调保费，这会进一步挤出低风险消费者，最终导致保险市场的崩溃。

借助罗斯柴尔德和斯蒂格利茨(Rothschild and Stiglitz, 1976)对社会保险的开创性研究。本书作以下分析，假设市场中存在高风险和低风险两类消费者，发生风险的概率分别为 p_h、p_l，且 $p_h>p_l$。两类消费者在没有遭遇风险时的收入均为 w_1，遭遇风险损失后的收入均为 w_2。保险公司提供的保险合约为 $a=(a_1, a_2)$，其中 a_1 表示保费，a_2 表示理赔额。若参保人未遭遇风险，则其收入为(w_1-a_1)，若参保人遭遇风险，则其收入为(w_2+a_2)。因此，参保人 i 的期望效用为 $U_i(a)-(1-p_i)u(w_1-a_1)+p_iu(w_2+a_2)$，可得 a_1 和 a_2 的边际替代率为：

$$MRS_{12}^{i}=-\frac{\partial U_i/\partial a_1}{\partial U_i/\partial a_2}=\frac{u'(w_1)(1-p_i)}{u'(w_2)p_i} \tag{3-1}$$

在完美信息条件下，保险公司可以对每一位消费者提供单独的保险合约，如图 3.1 所示，横轴为参保人缴纳的保费，纵轴为其获得的理赔额，U 为消费者的无差异曲线，越靠近左上方的无差异曲线代表的效用水平越高。I 为消费者面临的预算约束，在预算线 I 以下保险公司将获得正利润，反之在预算线 I 上方将获得负利润。根据完全竞争市场中保险公司的零利润条件，可得预算线 I 的表达式为 $a_2=(1-p)a_1/p$。在无差异曲线和预算约束线的切点 A 处，参保人的效用水平实现最大化。此时，每个消费者都获得完全保险，且高风险者缴纳高保费(a_H)，低风险者缴纳低保费(a_L)。

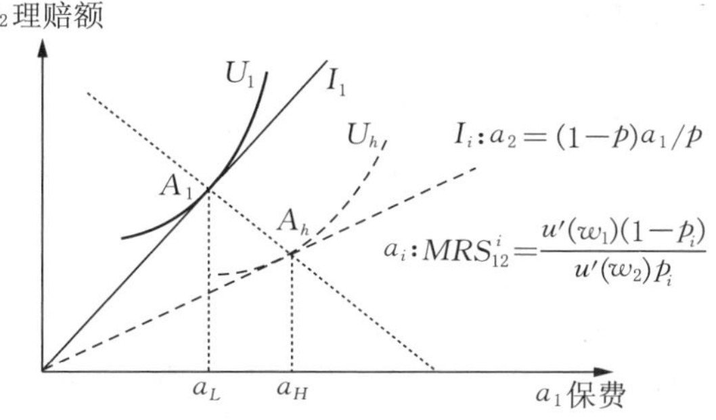

图 3.1 完美信息条件下的保险合约

然而，当存在信息不对称时，上述最优保险合约无法实现，因为所有的高风险者都有伪装成低风险者以规避高保费的动机。此时保险公司通过不同的保费和理赔额组合，来甄别不同风险类型的消费者。考虑两种不同的保险合约，低保费合约 $a=(a_1^l, a_2^l)$ 和高保费合约 $\bar{a}=(\bar{a}_1^h, \bar{a}_2^h)$。对高风险者，保险公司愿意提供完全保险，因为即便有低风险者混入高风险参保人群，也只会提高保险公司的利润。但对低风险者，保险公司仅愿意提供部分保险，以确保没有高风险者混入低风险参保人群。也即高风险者购买高保费保险合约 $\bar{a}$ 获得的效用大于或等于购买低保费保险合约 a 获得的效用：

$$U_h(\bar{a})=(1-p_h)u(w_1-\bar{a}_1^h)+p_h u(w_2+\bar{a}_2^h)\geqslant U_h(a)$$
$$=(1-p_h)u(w_1-a_1^l)+p_h u(w_2+a_2^l) \quad (3\text{-}2)$$

在上述保险市场中，均衡保险合约如图 3.2 所示，无差异曲线 U_h 与预算线 I_H 的切点 A 为高风险者的均衡合约，无差异曲线 U_h 和 U_L 的交点 B 为低风险者的均衡合约。在这一均衡中，高风险者获得完全保险，且在 A、B 两点上高风险者的效用水平相同，因此高风险者没有动力假装成低风险者，但为了消除高风险者的伪装动机，低风险者只能获得部分保险，其效用水平低于完美信息情形下的最优合约 $C(B<C)$，因此，此时保险市场是缺乏效率的。

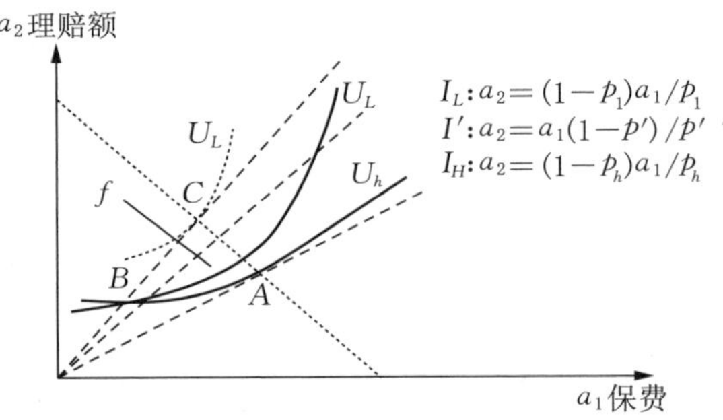

图 3.2　不完全信息下的保险合约和社会保险

不仅如此，当存在逆向选择时，保险市场中的上述均衡合约也可能无法存在。在图 3.2 中，全体消费者的平均风险概率为 p'，且 $p_l<p'<p_h$，对应的混合预算约束线为 I'，表达式为 $a_2=(1-p')a_1/p'$，此时在 I' 和低风险者的无差异曲线 U_L 围成的交集内存在可以改善消费者效用水平的混合合约 f，且由于 f 点位于混合预算线 I'的下方，提供该保险合约的保险公司将获得正利润。但是保险市场无法提供这样的混合合约，因为一旦有保险公司提供这样的保险合约，其他保险公司将有动力提供对低风险者更有吸引力的保险合约，而将高风险者留给原有的保险公司，从而实现撇脂。由此可知，在竞争环境下保险公司间的撇脂现象使得均衡合约 A、B 无法稳定存在。这时，通过政府引入强制性的社会保险可以消除竞争和撇脂现象，要求所有消费者购买混合合约 f，从而改善市场效率并增进社会福利水平。

通过上述分析可知，由于存在逆向选择，若保险公司对所有消费者提供相同的保险合约，那么低风险者将不愿购买保险。若保险公司通过不同的保费和理赔额组合来甄别消费者的风险类型，表面上可以形成针对高、低风险者的不同均衡合约，但此时低风险者未实现最优，且市场中存在改进其效用的可行路径，因而后进入的保险公司有动力通过撇脂现象将低风险者从原保险公司中吸引走。而只有政府才有能力将不同风险类型的消费者纳入统一的社会保险制度中，以实现效率和社会福利的增进。

二、社会保险与道德风险

逆向选择问题为政府建立社会保险制度提供了理论依据，但并没有对社会保险的供给水平提出限制，道德风险问题则对政府提供社会保险的规模提出了约束。政府提供社会保险能够改善参保人在遭遇社会风险时的处境，但过高的社会保险待遇会引发道德风险问题，最典型的表现就是"养懒汉"，一旦政府承诺向参保人提供社会保险待遇，参保人努力寻找工作以及自我保障的动力就会下降。这就要求政府提供的社会保险待遇不能过高，对此，本书通过贝利(Baily，1978)的经典分析框架进行论述。

假设代表性参保人存在两种状态，未遭遇风险时的高收入状态和遭遇风险时的低收入状态，对应的收入水平分别为 w_h 和 w_l，且 $w_h > w_l$。令 A 代表参保人拥有的财富，c_h 为高收入状态时的消费，c_l 为低收入状态时的消费，其中 $c_h = A + w_h - t$，$c_l = A + w_l + b$。以失业保险为例，假设参保人初始状态为低收入状态，从低收入状态转向高收入状态需要付出一个找工作的搜寻成本 $f(e)$，e 表示寻找工作的努力程度，参保人找到工作的可能性 $p(e) = e$。社会保险向处于低收入状态的参保人支付固定待遇 b。为了满足待遇发放需求，政府对就业者征收社会保险费 t，以保持如下的预算平衡：$et(b) = (1-e)b$。用 $u(c)$ 表示参保人的效用，且 $u'(c) > 0$，$u''(c) < 0$，则代表性参保人的期望效用为：

$$EU = eu(A + w_h - t) + (1-e)u(A + w_l + b) - f(e) \quad (3\text{-}3)$$

在完全信息条件下，政府可以观察到参保人寻找工作的努力程度 e，此时政府可以同时确定保险待遇 b 和努力程度 e 来最大化代表性参保人的效用，因而不存在道德风险问题。在预算平衡约束 $et(b)=(1-e)b$ 下，求解 EU 的最大值，即目标函数(3-3)求 b 的导数，得到最优解的一阶条件：

$$u'(A+w_h-t)=u'(c_h)=u'(c_l)=u'(A+w_l+b) \tag{3-4}$$

由上可知，参保人在遭遇风险时的收入状态与没有遭遇风险时的收入状态相同，也即在完全信息条件下，政府将提供完全保险，此时的均衡是有效率的。但由于存在信息不对称，政府无法观测到参保人的行为，上述最优社会保险合约无法实现，政府只能根据参保人的反应来选择次优保险合约。此时，政府和参保人处于一个博弈过程中，政府根据精算平衡原则确定社会保险待遇 b 和保费 t，参保人根据政府提供的 t 和 b 来决定自身的努力程度。但求解的过程正好相反，首先，参保人将保费 t 和待遇 b 视为给定，进而决定自身最优的工作搜寻努力程度；然后，政府根据参保人的反应确定最优的保费和保险待遇。

参保人面临的问题是选择最优的工作搜寻努力程度 e 来最大化个人效用水平，即：

$$\max eu(A+w_h-t)+(1-e)u(A+w_l+b)-f(e) \tag{3-5}$$

对 e 求导，可得一阶条件为：

$$u(A+w_h-t)-u(A+w_l+b)=u(c_h)-u(c_l)=f'(e) \tag{3-6}$$

在(3-6)式中，$u(A+w_h-t)-u(A+w_l+b)$ 为参保人就业和失业时的效用差，也即就业带来的收益，$f'(e)$ 为提高工作搜寻努力程度带来的边际成本。当边际收益等于边际成本，也即参保人就业获得的收益等于寻找工作的边际成本时，其努力程度达到最优。

政府面临的问题是选择最优的保险待遇 b(或保费 t)来最大化参保人的期望效用，即：

$$\max V(t, b)$$

$$\text{s.t. } e(b)t(b)=[1-e(b)]b$$

$$e(b)=argmax\ eu[A+w_h-t(b)]+(1-e)u(A+w_l+b)-f(e) \tag{3-7}$$

根据社会保险的精算平衡可知，在确定社会保险待遇 b 时，社会保险费用 t 也随之确定。因此，上述参保人的间接效用函数 $V(t, b)$ 可写为 $V(b)$。间接效用表示在给定保费和保险待遇后，参保人选择最优的努力程度可以实现的效用水平。根据此定义可知：$V(b)=\max eu[A+u_h-t(b)]+(1-e)u(A+w_l+b)-f(e)$。设最优保险待遇水平为 b^*，根据一阶条件存在如下等式：

$$\frac{\mathrm{d}V(b)}{\mathrm{d}b}\bigg|b^*=0 \tag{3-8}$$

即：
$$\frac{\mathrm{d}V(b)}{\mathrm{d}b}=(1-e)u'(c_l)-\frac{\mathrm{d}t}{\mathrm{d}b}eu'(c_h) \tag{3-9}$$

将(3-7)式表示的预算约束代入(3-9)式可得：

$$\frac{\mathrm{d}V(b)}{\mathrm{d}b}=(1-e)\left\{u'(c_l)-\left(1+\frac{\varepsilon_{1-e,b}}{e}\right)u'(c_h)\right\} \tag{3-10}$$

其中，$\varepsilon_{1-e,b}=\frac{b}{1-e}\frac{\mathrm{d}(1-e)}{\mathrm{d}b}$表示失业概率 $1-e$ 对保险待遇 b 的弹性，根据最优保险待遇的一阶条件 $\mathrm{d}v(b)/\mathrm{d}b=0$ 可得：

$$\frac{u'(c_l)-u'(c_h)}{u'(c_h)}=\frac{\varepsilon_{1-e,b}}{e} \tag{3-11}$$

在(3-11)式中左端为流动性效应，表示参保人在遭遇风险和未遭遇风险时边际效用函数的相对差异，衡量的是增加一单位社会保险待遇的价值。右端为道德风险，表示提高一单位社会保险待遇时参保人寻找工作的努力程度以及就业概率的下降，衡量的是提高社会保险待遇对参保人行为的扭曲。在最优社会保险待遇水平处，上述两种效应相互平衡。由于 $\varepsilon_{1-e,b}>0$，$u'(c_l)>u'(c_h)$，因此，当存在道德风险时，政府所提供的保险待遇水平要小于完全保险时的待遇水平，相应的保费也要低于完全保险时的保费。

通过以上分析可知，在不存在道德风险时，政府可以提供完全保险，此时市场可以实现最优结果。但由于信息不对称，政府无法完全观测参保人的行为反应，此时过高的保险待遇会引发参保人的道德风险，在此种情况下，政府也可以通过提供部分保险以达到次优结果，但相应的保险待遇和保费都要低于最优结果。

第二节　社会保险责任归属以及费率分担的理论依据

一、社会保险责任：社会福利思想演变视角

在社会保障制度的产生与发展过程中，不同学派的社会福利思想彼此交锋，不同历史阶段以及不同国家间的思想理念差异最终铸成其制度差异。从经济学角度来看，社会保险的基本理论围绕着政府与市场的边界，社会保险制度被视为政府对市场经济的干预，而不同学派关于福利思想争议的焦点也在于政府干预市场的程度。其中，最著名的论战便是民主社会主义与自由主义之间的“左右之争”，直到 20 世纪末，安东尼·吉登斯(Anthony Giddens)提出“第三条道路社会福利思想”，从而在左与右之间开创了中间道路。

(一)“左右之争”与“第三条道路”

尽管社会保障制度的雏形诞生于 17 世纪初的英国，但是最早的社会保险制度却产生于 19 世纪 80 年代的德国，其间相差了近 200 年。究其原因在于，19 世纪以前右派思想在国家社会经济发展中占据主导地位。彼时的古典自由主义主张经济自由放任，认为市场机制是完美的，可以实现社会经济的协调发展，而政府的干预会造成收

入分配不合理。如该学派的奠基人亚当·斯密(Adam Smith)反对社会救助,认为英国的旧《济贫法》限制了居民自由流动,阻碍了劳动者对就业的选择权,主张政府应当扮演"守夜人"角色,其职责仅在于提供必要的公共产品,包括保护本国社会的安全,设立严正的司法行政机构,建立并维持某些公共机关和公共工程。受古典自由主义思潮的影响,尽管英国最早形成了社会保障制度的雏形,但其发展却相对缓慢。

19世纪初,在维护本国经济发展以及对抗英法等先进资本主义国家所奉行的经济自由主义这一历史背景下,诞生了作为民主社会主义学派之一的德国历史学派。19世纪中后期德国经历着快速的工业化和城市化,国家由分裂走向统一,劳资冲突以及各种社会矛盾更加尖锐,此时新历史学派推广了旧历史学派的方法论和国家观,并推出了各种政策主张,包括强调国家的经济管理职能,强调法律的至高地位,并以此决定经济的发展,国家应推行包括劳资合作、社会保障、孤寡救助等一系列的措施。该学派主张国家直接参与经济活动,以此来弥补自由市场中存在的缺陷,倡导国家应肩负起"文明和福利"的责任,肯定政府的再分配角色和地位(徐丙奎,2006)。新历史学派将国家干预思想推上了历史舞台,正如该学派的干将阿道夫·瓦格纳(Adolf Wagner)所言,国家是最重要的"强制共同经济",是自由经济的修正者和补充者,国家既要通过立法和法律维护经济秩序,也要采取社会政策提高国民的社会福利水平(汤在新,1990)。俾斯麦政府采纳了该学派的政策理念,从而率先实施了社会保险法,1883年至1889年,德国先后颁布了《疾病社会保险法》《劳工灾害保险法》《劳工老年残疾保险法》,真正建立起了社会保险体系。

右派的自由主义思想反对国家干预经济,在其主领社会经济发展思潮时,国家社会保障制度发展缓慢,而左派的社会民主主义思想则迅速推动了国家的社会保险制度建设。除新历史学派之外,费边社会主义作为社会民主主义思潮的另一个组成部分，对20世纪初英国的社会福利建设发挥了重要作用。费边社会主义者认为无论何种原因造成的贫困，都应视为社会的责任，国家应该承担提供社会福利的责任，由社会为消除贫困、提供福利支付必要的资金(梅梅，2012)；其主张国家是为社会服务的，不能仅凭市场的力量来进行分配，政府有责任调整市场造成的不公，并致力于社会平等和社会福利(吴中宇，2004)。在协助英国工党的过程中，费边社会主义宣扬了自己的政策思想，并提出了对现代社会保障制度建设有着重要影响的主张，如最低生活保障标准、以累进税缩小贫富差距等。

进入20世纪以后，社会民主主义迎来了其发展的高峰期，而自由主义则相对沉寂，尤其是30年代出现的经济大危机充分展露了市场经济的弊病，从而否定了古典自由主义经济理论的基础——萨伊定律，也终结了自由竞争的资本主义时代。在20世纪的前几十年里，福利经济学的诞生首次将社会保障纳入经济学的分析框架，提倡政府干预经济，以及通过社会保障的收入再分配机制实现收入均等化，进而增进社会福利(Pigou，1972)。此时，国家的社会福利责任得到了强有力的肯定，后来以序数效用为基础的新福利经济学也没有完全否定政府的干预，而是主张政府的收入再分配应当是有条件的、非均等化的，社会保障应被视为补偿经济效率的社会福利损失的一种措施。同期，凯恩斯主义应运资本主义社会的经济危机而生，认为消费不足和投资不足是造成有效需求不足的原因，主张加大政府的支出以创造需求，同时倡导政府干预经济以推动经济的增长。在凯恩斯的国家干预思想中，社会保障的地位相当重要，他主张采用社会福利和累进税进行收入再分配，其思想的有效性在"罗斯福新政"的政策实践中得到了证明。

二战后，凯恩斯主义直接促进了社会保障制度在全球范围内的建立与发展，英国最先在二战后建成福利国家。但在随后的发展中，自由主义的思想有所抬头，尤其是福利国家建设中“福利病”的出现以及20世纪70年代资本主义世界的“滞胀”，为新自由主义的崛起与发展奠定了契机。新自由主义学派认为社会保障会造成效率损失，因此主张以选择性的社会保障制度代替强制性的社会保障制度，强调应尽量发挥个人作用，减少政府的直接参与，减少公共财政的福利支出，认为应当通过劳动者的积极就业来促进社会福利。新自由主义为里根和撒切尔政府的福利紧缩改革提供了思想指导。

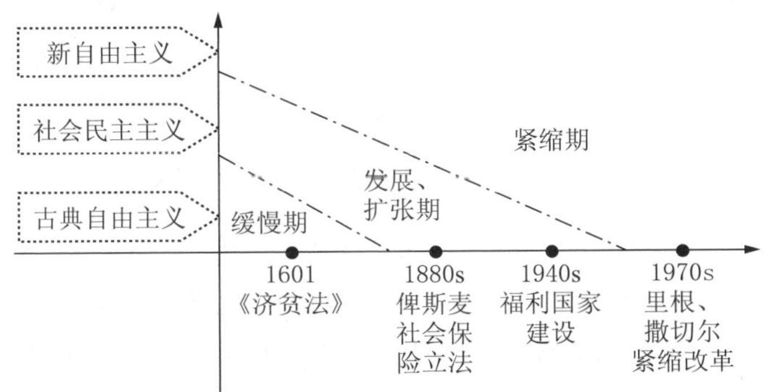

图3.3　福利思想与福利制度的演变

纵观社会福利制度的发展可知，国家在社会福利制度中的角色变迁与左、右福利思潮的起伏息息相关，而在左与右的更替中形成了中间主义的福利思想。1938年英国首相麦克米兰首次提出了中间道路思想，认为政府与市场的结合可以实现公平与效率的最大化，既能在竞争领域充分发挥市场的作用，又能在福利领域发挥政府的优势。20世纪末，安东尼·吉登斯的“第三条道路”学派成了中间道路的最新形态，其强调社会保障的投资性，以及个人在社会福利领域应当发挥的作用，力求在维护社会福利的同时保持市场竞争的有效性。

（二）福利三角和福利多元主义

二战后西方世界纷纷建立了福利国家，并经历了四分之一个世纪的扩张，在进入20世纪70年代后，政府失灵与福利国家危机的出现使得“凯恩斯—贝弗里奇”范式遭受打击。在此背景下产生了福利多元主义思想，它主张福利是全社会的产物，福利的供给不可完全依托市场也不可完全依赖国家，而是应该联合不同部门共同参与福利的供给以及福利规则的制定。

1978年英国一份关于志愿组织的报告首次提出了“福利多元主义”这一概念，该报告主张在英国社会政策实践中运用福利多元主义，把志愿组织作为社会福利的提供者之一(Gilbert，1998)。随后，罗斯(Rose，1986)详细论述了福利多元主义的内涵，即应通过福利的多元组合来应对福利国家危机，将福利的供给责任由国家独自承担转变为由社会多部门共同承担，同时强调家庭、社区和其他组织的福利责任，通过不同部门的共同参与，破解福利国家危机。

罗斯(Rose，1986)认为，国家是最主要的福利供给者，但并不是唯一的福利来源，市场和家庭在福利供给中也扮演着重要角色。在人类历史上，家庭是最基本的福利提供方，人们通过生产劳动也可以从市场上购买福利。不同部门的联合可以相互补允，如国家提供福利可以弥补市场失灵，也可以填补家庭提供福利的不足，而家庭和其他机构提供福利可以弥补市场的缺失。不同主体间具有相互补充的关系，而非相互竞争的关系，不同主体间此消彼长，当一方出现不足时可由其他主体来弥补。

福利多元主义为各国应对福利国家危机指明了方向，为20世纪七八十年代以来的福利私有化改革提供了理论依据。由于各个国家在政治、经济环境方面存在差异，对福利多元主义的践行也存在区别，以安德森的三种福利国家模式为例，自由主义福利国家无论是在消极的最低保障还是在积极的私人福利补贴中，都主张市场的介入；保守主义福利国家强调传统家庭的价值，国家只在家庭力量不足时才介入；社会民主主义福利国家则强调国家对公民福利的责任(Aderson，1990)。

在福利国家危机时期，罗斯的福利多元主义强调国家以外的社会部门在福利供给中的责任，其理论学说得到后续学者的推广与补充，其中，伊瓦斯(Evers，1988)的福利三角理论具有较大的影响力。伊瓦斯(Evers，1998)将家庭、市场、国家演绎为福利供给的三角，并将该研究框架置于文化、经济、社会和政治背景中，在此背景下，由国家和家庭来提供社会福利可以弥补国民在市场中遭遇的损失。具体而言，家庭代表私人组织，体现着团结和公有；市场对应正式组织，体现着自由和选择；国家对应公共组织，体现着平等和保障(如图 3.4 所示)。社会成员是三角关系中的行动者，与三种制度建立联系并从中获取福利，在福利三角的互动过程中，其福利提供份额存在此消彼长的关系。

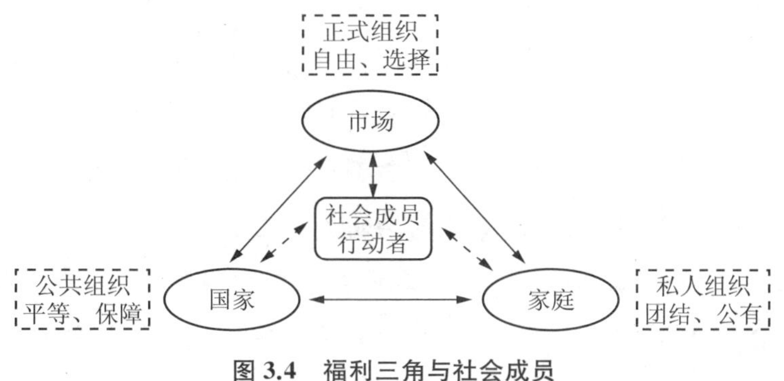

图 3.4　福利三角与社会成员

按照上述分析框架，福利国家危机的根源在于福利三角中市场和家庭的失效。慷慨的福利国家造成了福利依赖，家庭与市场的福利供给被弱化，当遭遇外界冲击时，国家福利无法独自支撑。无论是福利多元主义还是福利三角理论，都试图打破以往国家和市场的绝对主义藩篱，寻求最佳的福利责任分担机制。

二、 缴费分摊与负担归宿

社会保险缴费相当于对劳动力要素征税。事实上，不少国家都通过社会保险税或工薪税的形式来筹集社会保险费用。而根据税收归宿的一般理论，征税会影响经济主体的行为，税负的实际归宿和法定归宿可能存在差异。在对劳动力要素征税时，实际税负归宿由劳动力供求弹性的大小关系决定，当供给弹性比需求弹性大时，雇主承担的税负高于雇员；当供给弹性比需求弹性小时，雇员承担的税负高于雇主（于洪，2004）。

政府按劳动者工资的一定比例征收社会保险费用，可以考虑两种不同情况下的社会保险缴费归宿。在第一种情况下，劳动力的供给弹性大于需求弹性，如图 3.5(A)所示，横轴表示劳动力供给量，纵轴表示工资，在政府征收社会保险费用前，劳动力供给曲线和需求曲线相交于点 E，由此确定的劳动力供给量为 L，工资水平为 w。当政府按工资的一定比例征收社会保险费用时，由于劳动力供给弹性大于需求弹性，劳动者对净工资变动的反应更为强烈，征收社会保险费用降低了净工资水平，因此劳动供给曲线 S 向左侧旋转为 S_1，并与劳动力需求曲线相交于点 E_1，此时均衡工资上升为 w_1，但劳动者实际得到的工资下降为 w_2，对应的均衡劳动力供给量下降为 L_1。比较 E 和 E_1 这两个均衡点可知，政府征收社会保险费后，劳动者的实际工资减少了$(w-w_2)$，劳动力需求方实际支付的工资增加了(w_1-w)，此即为双方缴纳的社会保险费用，而政府征收的总费用为两者之和(w_1-w_2)。从图 3.5(A)中可以看出劳动力需求方缴纳的保险费用(w_1-w)大于劳动力供给方缴纳的费用$(w-w_2)$，这说明在供给弹性大于需求弹性时，雇主承担的保险费用大于雇员承担的保险费用。

在第二种情况下，劳动力的需求弹性大于供给弹性，如图 3.5(B)所示。在征收社会保险费用之前，劳动力供给和需求的均衡点为 E，由此确定的供给量为 L，均衡工资为 w。政府征收社会保险费用时，由于劳动力需求弹性大于供给弹性，也即劳动者对工资变动的反应较弱，而需求方对工资变动的反应较强。征收社会保险费用相当于提高了劳动力成本，因而劳动力需求曲线 D 向左侧旋转为 D_1，并与劳动力供给曲线相交于 E_1 点，此时均衡工资下降为 w_2，劳动力供给量下降为 L_1。比较 E 和 E_1 这两个均衡点可知，政府征收社会保险费后，劳动力需求方支付的工资由 w 上升为 w_1，而劳动者实际获得的工资由 w 下降为 w_2，政府征收的社会保险费用为 (w_1-w_2)，其中由企业承担的社会保险费为 (w_1-w)，劳动者承担的社会保险费为 $(w-w_2)$。根据图 3.5(B)可知 $(w-w_2)>(w_1-w)$，即当劳动力需求弹性大于劳动力供给弹性时，劳动者承担的社会保险费用大于雇主承担的社会保险费用。

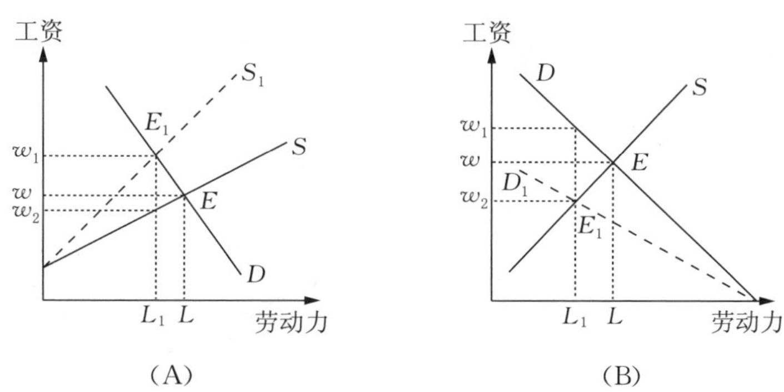

图 3.5　劳动力供需弹性和社会保险缴费归宿

第三节　社会保险费率调整的理论分析

一、 公平与效率权衡下的适度缴费

社会保险制度能够通过基金的筹集和发放实现收入再分配，进而促进社会公平，但是政府筹集社会保险基金时也会因干预经济而造成效率损失，如对劳动者工作努力程度的扭曲，因而社会保险费用的筹集需要权衡公平与效率的取舍。本书借助“税收—转移支付”这

一分析框架，在理论层面讨论如何在公平和效率的权衡下确定社会保险制度的适度缴费规模。

首先考虑社会保险缴费对劳动供给的影响。经济学理论认为，劳动和闲暇是影响个人福利水平的两个方面，在经济学的分析中闲暇也是一种商品，而工资是劳动和闲暇的价格。当对劳动者征收社会保险费时，会改变劳动者对劳动和闲暇的选择，也即影响劳动者的劳动供给。如图3.6所示，横轴表示劳动者对个人时间的分配，其拥有的最大时间量为OA，纵轴表示收入，AB为征收社会保险费前的预算线，I_1为表示个人对劳动和闲暇偏好的无差异曲线，I_1和AB的切点E_1决定了其劳动力供给量L_1A。当政府征收社会保险费时，劳动者的预算线变为AC，与无差异曲线I_2相切于点E_2，此时劳动力供给为L_2A，劳动力供给的最终变化量为L_1L_2。

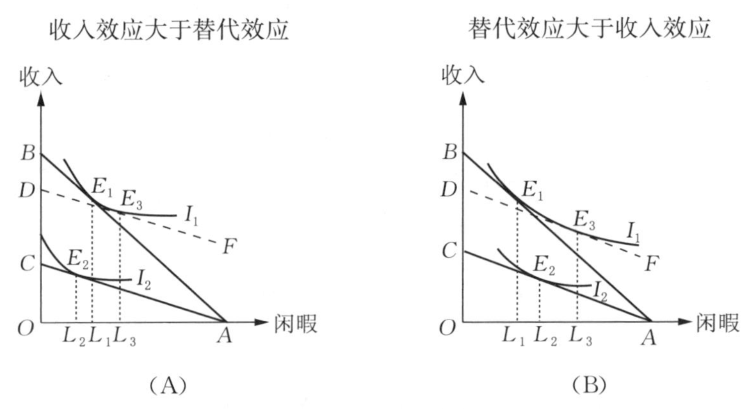

图3.6 社会保险缴费与劳动力供给

事实上，政府征收社会保险费时会产生两种影响效应。一方面，征收社会保险费要求将工资的一部分用于缴费，这降低了闲暇的价格，因而劳动者会增加对闲暇的消费，也即减少劳动供给，表现为替代效应。另一方面，征收社会保险费用降低了劳动者的可支配收入，为维持一定的生活水平，劳动者必须增加工作时间也即提高劳动力供给，表现为收入效应。在图 3.6 中，将征收社会保险费后的预算线 AC 平行移动至与无差异曲线 I_1 相切，得到补偿预算线 DF，其与 I_1 的切点为 E_3，对应的劳动力供给为 L_3A。这表示对征收社会保险费的劳动者进行补贴，使其收入水平与初始收入水平相同，但由于闲暇的相对价格发生变化，劳动者用闲暇替代了劳动，替代效应为 L_1L_3。另外，预算线 DF 和 AC 平行，表明两者的相对价格不变，由 DF 至 AC，劳动者收入水平下降，其劳动力供给增加，增加量 L_2L_3 即为收入效应。

由上可知，征收社会保险费对劳动力供给的影响取决于收入效应和替代效应的相对大小，当收入效应大于替代效应时，劳动力供给增加，如图 3.6(A)所示；当收入效应小于替代效应时，劳动力供给减少，如图 3.6(B)所示。当个体对劳动和闲暇的偏好不同时，征收社会保险费对劳动供给的净影响效应不同，一般而言，对于以工资为主要收入来源，且收入水平较低的劳动者而言，收入效应大于替代效应，也即劳动力供给增加；而对于收入水平较高的劳动者而言，替代效应大于收入效应，也即劳动力供给减少(于洪，2004)。

在明确了社会保险缴费对劳动力供给的影响后，本书借鉴李友元等(2003)讨论个人所得税时的一般分析框架，进一步分析社会保险制度对劳动者效用水平的影响。假设市场中存在两类劳动者，高收入者 H 和低收入者 L，且其偏好一致。政府通过社会保险缴费筹集社会保险基金，并全部用于发放保险待遇，以实现收入再分配和社会福利的最大化。在图 3.7 中，横轴表示闲暇，纵轴表示收入，左侧为低收入者，右侧为高收入者。AB 为政府征收社会保险费前的预算约束线，此时的效用水平为 U_0，两者的切点 E_0 确定了劳动者效用最大化时的收入水平为 Y_0。政府征收社会保险费用降低了劳动者的实际工资率，其预算约束线变为 AF，效用水平下降为 U_1，对应的收入下降为 Y_1。随后，政府向劳动者发放社会保险待遇，为便于分析，将社会保险待遇的发放简化为一次性转移支付，并将其贴现到当前时期。劳动者获得社会保险转移支付后，净收入效应使得其预算线向上平行移动至 CD，并与无差异曲线 U_2 相切于点 E_2，由此确定的劳动者收入为 Y_2。

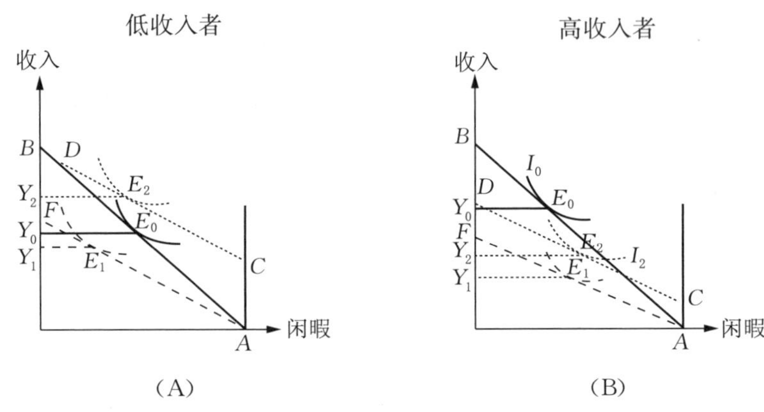

图 3.7　社会保险与劳动者效用

比较图 3.7 中低收入者和高收入者获得社会保险转移支付后的收入和效用水平可知，低收入者获得社会保险转移支付后的收入水平 Y_2 高于初始状态下的收入水平 Y_0，对应的效用水平 I_2 也高于初始状态下的效用水平 I_0。而高收入者获得社会保险转移支付后的收入水平 Y_2 低于初始状态下的收入水平 Y_0，对应的效用水平也低于初始状态下的效用水平。可见，社会保险制度的缴费与转移支付使得低收入者成为净受益者，而高收入者成为净贡献者，以此实现收入再分配。

综合以上分析可知，政府征收社会保险费用一方面会对劳动力供给造成扭曲，进而损失效率，另一方面则会改善收入分配状况，促进社会公平。因此，在确定社会保险规模时需要加以权衡，选择适度的缴费标准和待遇水平，而当社会保险规模偏离适度水平时需要予以调整。本书从劳动力供给和再分配的角度讨论社会保险规模的适度性，而根据穆怀中(1997)的阐述，一个适度的社会保险水平应当具备如下功能:保证多数人的最低生活要求;调节社会需求,推动经济发展;提高生活质量,促进社会进步。而当社会保险水平过度时,会引发企业成本上升、竞争力下降、劳动积极性受挫、财政紧张等一系列问题。

二、 费率标准与缴费收入的关系:拉弗曲线视角

在参保人遭遇特定的社会风险时提供相应的补偿与收入保障,这是社会保险的基本功能之一,而维持这一功能需要政府筹集足量的社会保险基金。政府要求参保人按收入的一定比例缴纳社会保险费用,表面上,缴费比例越高政府获得的缴费收入越高,其对参保人的保障能力越强,但事实未必如此。本书借助税收理论中的拉弗曲线分析视角,讨论社会保险缴费和费率标准的关系。

20 世纪 70 年代,凯恩斯主义无法解释与应对经济中的滞胀问题,此时,供给学派主张通过减税来恢复经济增长,其代表人物阿瑟·拉弗(Arthur Betz Laffer)于 1974 年提出"拉弗曲线"理论,用来解释税率跟税收之间的关系。该理论的基本观点是,高税率严重挫伤了个体的工作积极性,阻碍了储蓄和投资,进而导致生产呆滞、供给不足、物价上涨。此时如果人为地扩大需求,势必会加剧通货膨胀,因此,供给学派从"供给创造需求"的原理出发,认为减税是引导经济走出停滞困境的基本手段。

拉弗曲线的一般形状如图 3.8 所示,横轴表示税率水平,纵轴表示税收收入。在原点处税率和税收收入皆为零,当税率水平低于临界值 r 时,税收的税率弹性为正($t>0$),此时税收收入随税率的上升而增加;当税率水平超过临界值 r 时,税收的税率弹性为负($t<0$),此时税收收入随税率的上升而减少,该区域被称为"税收禁区";当税率达到 100%时,税收收入降低为零。在"税收禁区"内,税率的上升反而降低了税收收入,其原因在于,高税率损害了生产积极性,当企

业经营成本大幅提高时，一方面企业主扩大投资的意愿受挫，另一方其逃避税收的动机增强，进而会导致税基下降，最终税收收入下降。从劳动力供给的角度来看，亦是如此，当税率水平过高时，职工的劳动收入中将有很大一部分被政府收取，其劳动积极性减弱、劳动力供给减少，进而导致政府税收收入减少。根据拉弗曲线，政府在制定税率水平时应避开“税收禁区”，即政府合理的税率水平应在 0 到 r 之间，且在一个标准的拉弗曲线下，任一税收收入 T_0 对应着两个不同的税率水平 r_1、r_2，理性的政府应当选择 r_1 作为最优税率。

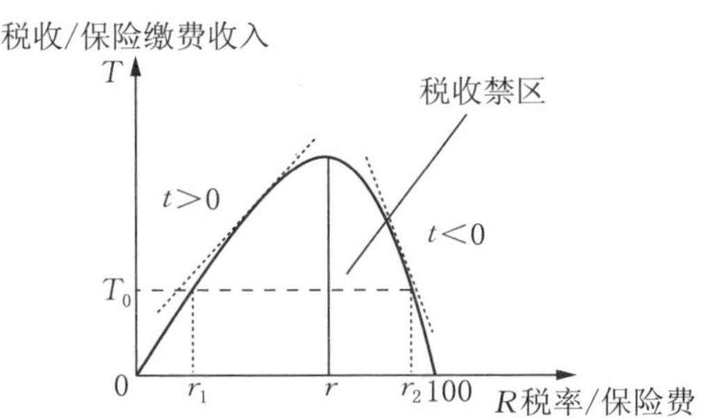

图 3.8　拉弗曲线与社会保险缴费

对社会保险费率水平与缴费收入的分析可以借鉴拉弗曲线。当政府制定的社会保险费率标准没有超过临界值时，随着费率标准的提高社会保险缴费收入增加；当政府的费率标准超过一定界限时，企业与个人的参保和缴费积极性受挫，此时费率标准的提高会降低实际缴费收入。依据现行社会保险缴费政策，可做如下分析：社会保险缴费收入等于缴费基数乘以缴费比例，即 $T=W\times r$，正规就业者的社会保险费用由企业代缴，缴费基数为参保职工工资总额，可知缴费基数 W 是参保职工人数的函数，$W=W(P)$，且有$\partial W/\partial P>0$，即参保职工人数越多企业的参保职工工资总额越高。另外，参保职工人数可以理解为社会保险费率标准的函数 $P=P(r)$，且有$\partial P/\partial r<0$，即费率标准过高企业实际缴费人数会降低。

由上可得：

$$T=W\times r=W(P)\times R=W[P(r)]\times r \tag{3-12}$$

根据上式求 T 对 r 的导数，可得：

$$\frac{\partial T}{\partial r}=\frac{\partial W}{\partial P}\cdot\frac{\partial P}{\partial r}\cdot r+W[P(r)] \tag{3-13}$$

由于$\partial W/\partial P>0$，$\partial P/\partial r<0$，所以$\frac{\partial W}{\partial P}\cdot\frac{\partial P}{\partial r}<0$

令$\left|\frac{\partial W}{\partial P}\cdot\frac{\partial P}{\partial r}\right|=\alpha$，$\alpha>0$，$W[P(r)]=W>0$，则有：

$$\partial T/\partial r=-\alpha r+W \tag{3-14}$$

根据(3-14)式可知，当 $r<W/\alpha$ 时，$\partial T/\partial r>0$，社会保险缴费收入是政府费率标准的增函数；当 $r>W/\alpha$ 时，$\partial T/\partial r<0$，社会保险缴费收入是政府费率标准的减函数。也即，当政府规定的费率标准 r 小于 W/α 时，缴费收入随费率的提高而增加；当政府规定的费率标准 r 大于 W/α 时，缴费收入随费率的提高而减少。

通过上述分析可知，当政府规定的社会保险费率标准过高时，企业会通过降低实际缴费基数的方式来逃避缴费责任，以减轻企业负担。当前中国社会保险政策规定的缴费标准较高，在较高的法定缴费率下，企业的参保概率显著下降，且实际缴费水平也降低，中小企业和民营企业逃避缴费的行为非常严重(赵静等，2015)。相反，降低缴费比例则可以提高企业的保险参与程度，且在平均人力资本水平较低的企业中，降低费率对提高参保率的作用更大(封进，张素蓉，2012)。

第四节　老年人缴纳长期护理服务保险费的理论基础

生命周期假说(Life Cycle Hypothesis，LCH)是由莫迪利亚尼

(Modigliani)等在1954年和1979年的两篇文章中具体阐述的，该假说的目的是解释理性的消费者会将所有资源分配到整个生命周期中，从而实现其效用最大化(modigliani，1986)。该理论与当时已有消费理论的差异在于其在新古典经济学中引入跨期消费，从而为个体实现风险收益平滑提供了理论依据(何玉东，2012)。在该假说下，个体拥有足够的信息来对自身在整个生命周期中的收入进行预期，并能够理性地决定一生的消费。其主要观点是一个理性的个体在年轻时通过不断地储蓄来积累财富，并在年老时对工作阶段所积累的财富和储蓄进行消费，实现收入的平均支配。

生命周期假说简单地将一个人的一生分为工作时期和退休时期两部分，一个理性的个体知道自己在缺乏足够储蓄的老年时期生活水平会下降，且如果预期缺乏收入来偿还借贷，那么通过借钱消费的可能性也较低；而在工作时期能够通过劳动获得收入，为了提高老年的消费水平，年轻的理性个体会降低当期消费，为退休进行储蓄。该假说也通过引入借贷而被扩展为三个时期，即青年、中年和老年时期：个体的青年阶段为知识积累时期，主要通过借钱消费；中年阶段获得劳动报酬和积累金融资产，除满足当期消费外，一方面偿还青年阶段的借款，另一方面为老年阶段积累财富；老年阶段则消耗中年阶段的储蓄和金融资产。

因此根据生命周期假说，老年人在工作阶段应当对老年阶段可能遭遇的失能风险和可能的长期护理支出有着充分的预期，从而理性的个体在工作阶段应当降低当期消费和增加储蓄，为应对失能风险和长期护理支出积累足够的资产，从而实现生命周期内的平滑消费。

在进行费率测算时，精算平衡理论强调保险需求与保险支出等式左右两边基本保持平衡，从而计算出满足等式所需要的保险费率。在长期护理保险定价和费率的研究中，国内外学者主要选用马尔科夫模型、减量表模型和曼联方法来建立精算平衡模型，也有学者运用国际劳工组织开发的ILO模型来建立现收现付模式下长期护理保险费率的精算模型。

第五节　本章小结

本章从理论层面阐述了为何需要社会保险、社会保险缴费责任与缴费负担的归宿、社会保险费率确定与调节面临的约束以及长期护理保险制度中老年人的缴费责任。

首先，通过信息经济学中的逆向选择理论可知，在信息不对称的情况下，由于无法识别高风险人群和低风险人群，完全由市场提供的保险合约无法实现均衡，此时的保险市场是无效率的。而通过政府引入强制性的社会保险制度可以消除竞争和撇脂现象，从而改善市场效率并增进社会福利水平。但这并不意味着政府可以无限制地提供社会保险，由于存在信息不对称，政府无法完全观测到参保人的行为反应，此时过高的保险待遇会引发参保人的道德风险，造成“养懒汉”现象。在此种情况下，社会保险规模受到约束，政府可以通过权衡“道德风险”和“流动性效应”，进而提供部分保险以达到次优结果，也即此时的社会保险缴费水平和待遇水平均低于完美信息条件下的社会保险。

其次，从社会福利思想的演变历程中可以看出，社会保障责任归属经历了由“政府—市场”二元争议到“政府—市场—家庭”多元并存，在这一过程中，世界福利国家的改革多表露出对个体责任的强调。在自由主义和民主主义的争论之后，“第三条道路”社会福利思想强调社会保障的投资性，以及个人在社会福利领域中应当发挥的作用。20世纪70年代的福利国家危机催生了福利多元主义，进而强调了家庭和市场在社会福利供给中的作用与责任。在现代社会中，雇主和雇员是社会保险制度的主要供款责任主体，政府征收社会保险税（费）相当于提高了劳动力的价格，此时雇主和雇员的行为会发生变化，社会保险税（费）负担的实际归宿取决于劳动力供给弹性和需求弹性的相对大小。

第三，从公平和效率权衡的角度探讨社会保险费率的调节及其适度性。一方面，政府征收社会保险费用会通过收入效应和替代效应影响劳动供给，进而影响效率；另一方面，通过社会保险的转移支付能够改善收入分配、促进社会公平。因此，在确定社会保险规模时需要加以权衡，选择适度的缴费标准和待遇水平，当社会保险规模偏离适度水平时需要予以调整。此外，借鉴供给学派的“拉弗曲线”分析可知，过高的社会保险费率并不会带来更多的缴费收入，相反，会降低经济活力和缴费积极性，从而减少缴费收入。

第四，根据生命周期假说，认为理性人应当对于整个生命周期内存在的风险存在充分的预期，对老年之后可能遭遇的失能风险进行一定的预防，因此在对长期护理保险的费率厘定中，老年人应当承担一定的缴费责任，从而丰富筹资主体。

第四章
研究框架、方法及可能的创新

第一节　研究范围与概念界定

本书所讨论的职工社会保险是指中国城镇企业职工社会保险制度，包括职工基本养老保险、基本医疗保险、失业保险、工伤保险和生育保险五大项目，同时也包括正在试点中的中国长期护理保险。2015 年初中国机关、事业单位职工养老保险开始与企业职工基本养老保险并轨，因此本书不再区分企业职工和机关事业单位职工，而是将其统称为职工养老保险。由此本书后续所讨论的适度费率标准既适用于企业职工养老保险，也适用于机关事业单位职工养老保险。本书以职工社会保险制度的“高费率”和降费改革为出发点，以缴费不实为切入点，所有研究内容均围绕社会保险制度费率及功能扩展展开，在整个研究过程中涉及以下核心概念。

一、 政策费率

政策费率，即名义费率，亦称法定费率，是指由国务院或地方政府部门制定的且在相关政策文件中规定的社会保险缴费比例，其直接影响社会保险基金收入的多寡。用人单位与职工个人依据核定的缴费基数和政策费率缴纳社会保险费，以集中社会保险基金，用以发放社会保险待遇。

政策费率因制定部门的不同而存在适用范围上的差异，其中由国务院制定的政策费率为指导性费率，由各地社会保障部门制定的政策费率为执行性费率。在中国职工社会保险制度中，多由国家出台指导性费率标准，各地在此基础上确定针对本辖区范围内用人单位和职工的缴费标准。在2015年费率调整以前，中国职工各项社会保险制度的指导性政策费率标准为：养老保险28%、医疗保险8%、失业保险3%、工伤保险1%、生育保险1%，而且2015年以来，国家先后针对失业、工伤等保险制度提出降费方案。长期以来，中国各省（自治区、直辖市）的费率标准存在差异，且部分省份内不同地级市间也存在费率差异，根据2012年全国社会保障资金审计报告，截至2011年底仍有8个省（自治区、直辖市）未实现省内社会保险政策费率的统一。

本书所讨论的政策费率涉及全国以及各省（自治区、直辖市）两个层面，具体而言，在费率的历史演变以及国际比较部分所考察的是全国层面的政策费率标准；在费率的地区差异部分则比较了不同省（自治区、直辖市）的政策费率水平；在探讨中国社会保险制度的降费空间时，本书以全国费率为讨论对象而不针对各省（自治区、直辖市）分别讨论，其依据在于本书以全国统筹作为制度发展的最终目标，探讨在此种制度设计下的社会保险费率水平。

二、实际费率

近年来，越来越多的证据表明，在中国职工社会保险费的征缴中存在着“实然”和“应然”间的背离，其中“实然”即社会保险制度的实际缴费水平，也即实际费率，反映用人单位和职工的真实缴费及负担情况。

在本书后续研究中，将重点考察中国职工社会保险制度的实际费率，具体从以下两个方面对实际费率进行测算：一是社会保险实际缴费比例，即社会保险实际基金缴费收入占上年度职工工资总额的比重，主要反映社会保险缴费部门的费用征收情况；二是企业和职工实际缴费比例，即企业社会保险实际缴费支出占企业上年度职工工资总额的比重和职工社会保险实际缴费支出占职工核定缴费基数的比重。实际费率和政策费率的比较可以判断企业和职工的缴费遵从情况，若实际费率低于政策费率且实际费率和政策费率间的差距越大，则说明企业和职工的真实缴费遵从度较弱。

在一个如实缴费的制度环境下，在政策费率相同的地区，不同企业的社会保险实际缴费比例应是一致的，不同职工的社会保险实际缴费比例也不应有区别，而若存在缴费不实，那么不同企业和不同职工的实际缴费比例就会有所差异。根据中国职工社会保险费用缴费办法，企业自行申报参保职工人数以及职工工资总额，而部分企业为了减轻缴费负担通常会采取低报员工工资、缴费人数等方式来减少缴费支出，这是导致企业以及职工实际费率低于政策费率的根本原因。

三、 均衡费率

在评价中国职工社会保险费率体系的适度性时，本书创建了均衡费率指标，其含义是指在当前制度背景下，社会保险制度维持基金平衡所需的费率水平。均衡费率反映的是，在既定的社会保险基金支出和工资水平下，维持基金收支平衡所应有的缴费标准。

具体而言，社会保险均衡费率包括养老保险均衡费率、医疗保险均衡费率、失业保险均衡费率、工伤保险均衡费率和生育保险均衡费率。本书从全国和各省（自治区、直辖市）两个层面测算了以上均衡费率指标，其中养老保险均衡费率根据历年全国以及各省（自治区、直辖市）职工养老保险基金支出以及参保缴费职工人数和在岗职工社均工资数据计算得到；医疗保险均衡费率依据历年全国以及各省（自治区、直辖市）医疗保险基金支出、参保缴费职工人数和在岗职工社均工资等数据计算得到。其他各项制度的均衡费率同样采取类似的方法计算得到。

均衡费率反映的是制度“需要”，其和政策费率的比较可以判断制度“需要”与政策规定间的差距，若均衡费率低于政策费率，则说明制度规定超过了需要的费率。此外，均衡费率和实际费率的比较可以判断制度“需要”和现实间的差距，若实际费率低于均衡费率，即表明制度的实际缴费低于制度需要的缴费。

四、 适度费率

适度费率是本书的落脚点，即在当前的现实条件下，职工社会保险制度适宜的费率水平。根据本书的研究思路，适度费率是指在“不降低职工待遇”和“维持基金平衡”等现实约束下，社会保险制度的适宜缴费标准，也是评判中国职工社会保险制度是否存在降费空间的基本依据。本书以制度的全国统筹作为讨论养老保险适度费率的基本前提，而不针对各个省（自治区、直辖市）分别考虑其适度费率水平，因为全国统筹是未来制度改革的基本方向与目标，以地方为单位设计制度费率标准不利于全国统筹这一目标的实现。

在探讨社会保险制度的适度费率时，本书以职工基本养老保险为例，考察养老保险的适度费率标准。在具体分析时，以“满足一定替代率”和“维持精算平衡”作为养老保险适度费率的评判标准，采用年度精算平衡和长期精算平衡方法，探讨未来一定时期内，养老保险参保率、遵缴率、退休年龄等发生变化时，制度的适度费率水平。

适度费率反映的是制度的理想标准，也是制度改革的目标，适度费率和实际费率的比较，可以评判当前制度运行的现实与目标间的差距；而适度费率和政策费率的比较，可以评判当前制度存在的降费空间。

五、 长期护理

本书所涉及的“长期护理”的表述主要来源于英语“Long-term Care(LTC)”一词，国内试点地区及学者对该词有着不同的理解和翻译，如“长期照护”“长期照顾”“长期照料”“长期护理”，除这四类较为常见的表达外，还存在使用频率较少的提法，如江苏省南通市试点使用的“基本照护”一词和日本使用的“长期介护”一词。“照护”“照顾”“照料”等词，体现出“生活照料”的意思，而“护理”一词更偏向于“医疗护理”的含义，也有观点认为“照护”是“生活照料”和“医疗护理”的结合，但从国内学者的研究和各地试点的实际情况来看，“这些翻译仅仅是基于语言表述习惯，并没有实际意义上的差别”(曹信邦，2016)。因此，本书根据英文表述，在接下来讨论中将“LTC”统一翻译为“长期护理”。

尽管我们对“长期护理”一词的称呼进行了统一规范，但国外权威机构和部分学者对“长期护理”这一概念的界定仍旧存在差异。如美国卫生和人类服务部(Department of Health and Human Services, DHHS)界定长期护理为“满足个人护理可能需求的一系列服务和支持”，认为大多数长期护理并非医疗护理(medical care)，而是包括两大类：一是日常个人基本生活服务与援助，称为“日常生活活动”(activities of daily living, ADL)，主要有沐浴、穿衣、如厕、移动(床与轮椅之间)、失禁和进食六项；二是其他常见的日常生活服务与援助，称为“工具性日常生活活动”(instrumental activities of daily living, IADL)，主要有做家务、管理资金、服用药物、饭前准备与饭后清理、购买杂货或衣服、使用电话或其他通讯设备、照顾宠物、响应火警等紧急警报八项。美国健康保险计划(Americas Health Insurance Plans, AHIP)组织[1]定义长期护理为“人们在较长一段

---

〔1〕 美国健康保险协会(Health Insurance Association of America, HIAA)于2003年与美国健康计划协会(American Association of Health Plan, AAHP)合并，成立了名为美国健康保险计划(Americas Health Insurance Plans, AHIP)的组织，因此在早期学者的文章中对“LTC”界定时多采用“HIAA”的表述。

时间内可能需要满足其健康或个人护理需求的一系列服务”，不仅仅包括医疗护理和看护，还包括满足因长期性的慢性疾病或残疾等原因造成生活无法自理的需求。世界卫生组织(World Health Organization，WHO)从服务提供者角度进行界定，将长期护理定义为“由家庭、亲朋好友等非正规照料者和正规照料者提供的照料服务”。

国外学者对这一概念同样存在不同的界定，如马策克和斯图姆(Matzek and Stum，2010)认为长期护理是指“使身体和/或精神残疾者能够执行例如进食、洗澡和穿衣等日常活动的个人帮助，其中大多数服务是在家中(由无偿的家庭照顾者提供)和通过社区服务或辅助生活设施提供的”。沃罗尔和查萨莱特(Worrall and Chaussalet，2015)认为长期护理是向患有慢性疾病、身体或精神残疾的人提供的健康和社会支持服务，目的是帮助他们获得和保持最佳的功能水平。国内学者荆涛(2005)界定长期护理为“个体由于意外、疾病或衰弱导致身体或精神受损而致使日常生活不能自理，在一个相对较长的时期里，需要他人在医疗、日常生活或社会活动中给予广泛帮助”。

综上可以看出，尽管当前众多界定及研究均是围绕LTC这一名词展开的，但不同机构(组织)或国内外学者对长期护理的定义还存在着一定的差异，如DHHS和AHIP均是从长期护理与医疗护理的关系进行区分，明晰两者之间的界限；同时，定义的范围上也存在着不同之处，如DHHS通过ADL和IADL界定，而有学者认为仅包括日常活动的帮助，也有学者认为包括生活照料、医疗护理和社会活动支持。本书综合各类观点，结合我国当前各地试点实践，将长期护理界定为“为了满足因年老、疾病或功能性损伤等原因造成的长期(通常为六个月及以上)失去生活自理能力人员的需求，而由正式或非正式护理人员提供的基本生活照料和医疗护理服务”。需要说明的是，对长期护理这一概念界定中不仅包括采用ADL量表所进行的生活自理能力评估，还包括IADL量表测量部分和认知性障碍部分；同时，由于需要长期护理的对象主要为老年群体，因此本书仅考虑老年群体，不考虑因慢性疾病或残疾等原因造成失去生活能力的非老年人群体。

六、长期护理保险

"长期护理保险"这一表述直接来自"Long-term Care Insurance (LTCI)"的翻译，但由于国内学者及部分国家对 LTC 这一概念的翻译存在差异，因此对 LTCI 的翻译也有所不同，除"长期护理保险"外还包括"长期照护保险""介护保险"等，但其内涵基本一致。

美国健康保险计划（AHIP）组织认为"长期护理保险是防止可能需要的长期护理服务所造成的大部分财务风险的一种选择"。美国联邦长期护理保险计划（Federal Long Term Care Insurance Program, FLTCIP）中界定的长期护理保险是指"在家庭、养老院、辅助生活设施、成人日托设施等多种环境中支付长期护理服务的保险产品，通过购买该保险，参保人不需要使用其储蓄而能够确保在需要时得到财务资源和支持"。日本学者住居广士（2009）指出"把对需要介护者的日常生活照顾以及对病人的看护变成一种长期的社会性的援助行为，并从法律上加以规定，由此就产生了介护保险"。国内学者戴卫东（2011）认为长期护理保险是指"运用保险的方式，对接受长期护理服务产生的费用进行分担给付的一种制度"。

可以看出，当前权威机构和国内外学者对于长期护理保险的界定主要是依赖于对"长期护理"的界定，在此基础上提出对所需护理服务的资金安排和保障。综合以上，本书将长期护理保险界定为"依据保险的基本原理，对参保人因年老、慢性疾病或残疾等失能风险所带来的长期性护理服务费用提供资金保障的一项保险制度"。

第二节　研究思路与框架

本书的核心内容围绕以下几个部分展开：

一、 社会保险缴费的相关理论分析

本部分从信息经济学理论出发，分析社会保险缴费的理论依据及其对社会福利的改善，以及在制定费率标准时面临的约束；从社会福利思想演变的角度，探讨社会保险制度的责任主体，并利用税收相关理论分析责任主体的缴费负担；根据公平与效率的权衡以及费率和缴费收入的关系，探讨社会保险费率标准的适度性及其调节的理论依据。

二、 社会保险政策费率的历史与现状分析

本部分在梳理中国城镇职工社会保险缴费政策演变的基础上，首先从历史角度比较不同时期企业和职工的政策费率水平；其次，从空间维度视角比较社会保险政策费率的国际差异和地区(省、自治区、直辖市)差异，其中国际比较部分主要围绕人口老龄化和费率的关系展开，地区比较部分主要围绕赡养率、替代率和费率的关系展开；最后，立足于费率水平，探讨中国社会保险制度存在的“高费率”困境，并从过早退休和逃费角度作出进一步解释。

三、 社会保险实际缴费水平分析

本部分基于中国社会保险发展的宏观统计数据及企业和职工参加社会保险的微观数据，测算社会保险制度的真实缴费水平。重点包括以下几个方面：(1)利用全国[1]和 31 个省(自治区、直辖市)的

〔1〕 本书所涉数据资料不包括港、澳、台的数据。

社会保险基金收入以及职工工资等统计数据，测算制度的实际缴费水平，并分析地区间实际缴费水平的差异性；(2)利用企业财务报表相关数据，测算企业社会保险实际缴费水平，分析不同企业实际缴费水平的差异；(3)利用职工问卷调查中社会保险缴费与工资相关数据，测算职工社会保险实际缴费水平，并分析职工实际缴费水平的差异。

四、 能力与基金平衡视角下的社会保险费率评价

本部分研究的重点在于评估社会保险费率的适度性，从负担能力、待遇水平和基金平衡角度构建评价指标体系。首先，考察企业和职工的社会保险缴费能力以及可行的财政补贴水平，以此评价社会保险总体费率的适宜性。然后，基于待遇和基金平衡，构建政策费率、实际费率以及均衡费率三项指标评价体系，通过指标间的比较来评估各项社会保险费率的适度性。

五、 基于精算平衡的社会保险适度费率分析

本部分运用人口统计方法，以第六次人口普查数据为基础，预测未来城镇人口的变动及其老龄化趋势，在此基础上预测未来社会保险参保职工和退休职工人数的变化，以分析不同情形下未来社会保险制度赡养率的变化趋势。然后，在前文费率评价的基础上，构建社会保险费率年度精算平衡模型和长期精算平衡模型，以分析在不同待遇水平下，维持制度收支平衡所要求的费率水平，并结合前文的费率评价指标讨论制度的适度费率水平以及可行的降费空间。

六、 长期护理保险制度定位及筹资模式分析

本部分从扩展社会保险保障功能、增加护理服务风险保障的角度出发，针对中国当前正在试点的长期护理保险制度展开分析，梳理了国内外学者对“长期护理”“长期护理保险”等概念的内涵、界定及

其使用问题的讨论，特别是针对长期护理保险的属性及功能定位问题的探讨，学术界尚未达成共识。本书结合学术界已有的研究成果及中国实际，对中国长期护理保险的制度属性、保障功能定位及筹资模式等进行了一般的理论分析与讨论。

七、国内外长期护理保险制度运行现状及评价

本部分着重对中国各地开展的长期护理保险制度实践，特别是2016年之后，由国务院统一部署的15个地区开展的试点进行比较和分析，重点聚焦于各地的制度模式选择和资金筹集问题展开讨论。同时考察了典型国家长期护理保险制度的实践及其筹资模式，根据埃斯平(1990)的分类方法，将这些国家分为长期护理社会保险、长期护理商业保险和新加坡与法国的混合模式三种类型，重点分析了三类国家长期护理保险的费率结构，寻求对中国构建长期护理保险制度的启示。

八、基于老年人筹资能力的长期护理保险费率研究

本部分重点围绕老年人的筹资能力及其缴费比例问题展开讨论。在假设长期护理服务需求的默认对象为老年人中的失能群体的前提下，运行ADL、IADL和MMSE三类量表对老年人是否失能以及失能状态进行界定；分析失能老人长期护理服务需求的影响因素，在考察老年人收入对其失能是否具备显著影响的此基础上分析老年人是否具备筹资能力；在确定中国长期护理保险制度定位和筹资模式基础上，对老年人及职工筹资能力进行评估，构建精算平衡模型，测算老年人、职工和用人单位缴纳长期护理保险的合理费率水平。

本书研究的技术路线如图4.1所示。

费率水平与降费空间
缴费与费率调节的理论基础
政策费率的时空比较
职工社会保险缴费之历史演变
费率水平与费率结构之国际比较
制度“高费率低待遇与基金失衡”之谜
实际费率的测算
社会保险之实际征缴水平
社会保险之企业缴费水平
社会保险之职工缴费水平
费率的适度性评价
分项费率评价
政策费率
实际费率
均衡费率
待遇基金平衡
主体负担能力
总体费率评价
企业能力
职工能力
财政能力
适度费率的测算
人口预测模型
职工预测模型
费率精算模型
降费空间
国内试点和国外经验
护理服务需求
老人筹资能力
长期护理保险费率结构（老年人、职工、企业三主体）
长期护理保险费率测算

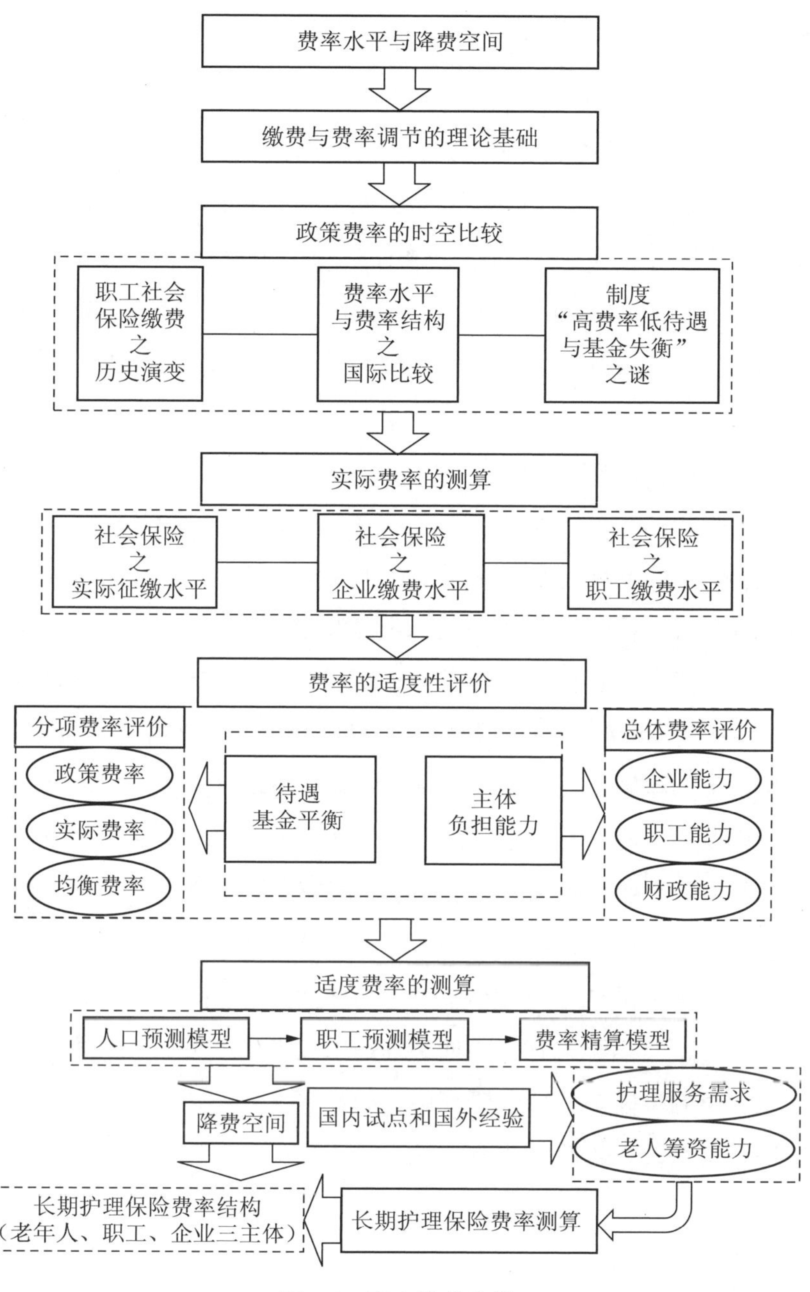

图 4.1　研究技术路线

第三节　研究方法

本书主要采用定量研究方法，实证考察中国城镇职工社会保险制度的政策费率和实际费率，并构建费率评价指标，评估社会保险费率标准的适度性，进而探讨以养老保险为主的社会保险制度适度缴费水平及长期护理保险的费率结构和费率水平。在研究中所使用的具体技术方法包括统计分析方法、人口预测方法和精算分析方法。

一、统计分析方法

在社会保险实际费率部分，本书采用了统计分析方法。首先，使用社会保险基金收支等宏观统计数据以及企业和职工的社会保险缴费等微观数据，测算了社会保险实际缴费水平、企业和职工的社会保险实际缴费水平。然后，构建了社会保险实际缴费模型、缴费偏离模型、企业和职工实际缴费水平模型，分别考察不同地区社会保险实际缴费比例的差异，以及不同企业和职工的实际缴费差异。

模型中所使用的统计数据来自历年《中国统计年鉴》《中国劳动统计年鉴》，企业数据来自国泰君数据库旗下的A股上市公司《企业报表数据库》《股东研究数据库》，职工数据来自2012年度和2014年度北京大学中国社会科学调查中心主持的中国家庭追踪调查数据（CFPS2012、CFPS2014），长期护理需求及老年人失能率的数据来自北京大学老龄健康与家庭研究中心组织的2014年中国老年健康影响因素跟踪调查数据（CLHLS2014）。

二、人口预测方法

人口预测是分析未来社会保险基金收支情况的前提，因此，本书还采用了人口预测分析方法，即采用成分法（Cohort Component

Method)的基本原理建立人口预测模型，根据当年度分性别、年龄的人口数量以及相应的死亡概率，推测下一年的分性别、年龄人口数；根据当年度育龄妇女(15—49 岁)人数和对应的生育率，推测下一年度的新生人口数量；根据未来人口的城镇化水平，推测农村人口向城镇人口的迁移情况，并得到未来分年龄性别的城乡人口数。

在人口预测的基础上，根据对相关年龄人口就业率以及就业人口社会保险参保率等参数的假设，预测得到未来一定时期内社会保险制度的参保缴费职工人数、退休职工人数、长期护理服务需求人数等。

三、 保险精算模型

在适度费率分析中，本书主要探讨养老保险制度的适度费率水平，在此部分中，本书采用了年度精算平衡和长期精算平衡两种分析方法。其中年度精算平衡模型要求养老保险基金在各年份均保持收支平衡，并以此为前提考察在既定的替代率和遵缴率水平下的费率要求，本书对长期护理保险费率水平的厘定也使用了该模型。年度精算平衡要求每年调整费率标准，具有较高的“菜单成本”，且忽略了基金积累。因此在考察养老保险费率时，本书进一步构建长期精算平衡模型，考察在一个较长的时期内，养老保险制度在既定的替代率和遵缴率下的费率水平。长期精算平衡要求预测期内养老保险基金收入的精算现值与期初基金积累之和等于预测期内基金支出的精算现值，而并不要求在各年份均维持基金收支平衡，其本质在于利用收大于支年度的基金积累弥补收不抵支年度的基金赤字。

第四节 研究创新

本书系统考察了中国城镇职工社会保险制度的政策费率、实际费率、适度费率以及降费空间，并进一步考察了中国长期护理服务需求、支付能力及长期护理保险费率水平等。主要研究创新体现在以下方面：

第一，不同于以往研究中常见的老龄化视角，本书从“缴费不实”和“过早退休”角度出发，构建中国城镇职工社会保险制度维持“高费率”的解释机制，从而解释了中国制度的“高费率、低待遇和基金失衡”之谜。这为破解中国社会保险降费改革困境提供了抓手。

第二，本书系统测算了企业和职工在当前五项社会保险制度中的实际缴费水平，指出参保人的实际缴费水平仅为政策费率标准的一半左右，从而澄清了中国城镇职工社会保险缴费负担高低之争。

第三，本书构建了包含均衡费率、实际费率、政策费率三项指标的社会保险费率评价体系。其中：实际费率和政策费率的比较可以评估社会保险制度的缴费偏离程度；均衡费率和实际费率的比较可以评估社会保险基金的失衡程度；政策费率和均衡费率的比较可以评估社会保险制度的降费空间。三项指标间的背离程度越大，则对应社会保险费率的适度性越差。

第四，在养老保险费率的长期精算平衡分析中，本书给出了费率和替代率、遵缴率以及财政补贴的一般量化关系。根据本书模拟的人口环境，在考虑渐进延迟退休年龄的优化情形中，若替代率固定为49.2%，则养老保险费率和遵缴率的关系为 $y=2\,080/x$，也即若要养老保险费率低于28%，则须将遵缴率提高到74.3%以上；若遵缴率固定为100%，则费率和替代率的关系为 $y=0.423\,6x-0.009\,1$，也即替代率每上升1个百分点，养老保险费率需提高0.423 6个百分点；当遵缴率固定为100%，替代率固定为50%时，财政补贴规模每增加1个百分点，养老保险费率平均下降0.213 5个百分点。

第五，本书以五年为费率调整周期，在逐步提高遵缴率、固化财政补贴责任、力求费率平滑、以及收支平衡略有结余的原则下，设计了养老保险费率调整方案。2016—2050年间，在19%的财政补贴规模下，各期的费率水平基本稳定在20%左右，在15%的财政补贴规模下，各期的费率基本稳定在21%左右。

第六，尽管学者在失能状态及影响因素、长期护理需求等问题的研究中，采用了多样的失能界定标准，但在费率测算中使用较多的是ADL标准，而忽略了IADL标准和认知功能障碍标准。本书在费率测算中综合运用三类界定标准，从而能够比较不同标准下的长期护理保险费率结构和费率水平。

第七，国内外研究者对于保险筹资能力和费率水平的研究主要采用宏观收入、支出及国民经济发展数据，研究政府在长期护理保险制度建立、服务保障、费率厘定等方面的责任，而本书则是基于微观数据来研究个体服务支出情况及筹资能力，并主要聚焦于老年人在长期护理保险缴费中的费率水平，同时兼顾职工和企业所应承担的费率。重点研究未来如果我国建立长期护理保险制度，老年人、职工和企业能为保险基金筹集提供的贡献边界，当前这方面的研究相对较少。

第八，已有研究者通常仅单独研究老年人群体收支情况、负担能力、筹资水平、费率测算及相关机制等问题，而将多因素多维度结合起来研究长期护理保险的费率问题相对较少，这亦是本书研究视角上的一种创新。

第五节　研究不足

本书研究存在以下不足与缺憾：

第一，国内外文献和政策文件的梳理难免出现遗漏，特别是对涉及国外社会保险和长期护理保险典型国家的实践及费率综合比较研究，需要大量资料和数据，但国外官方网站存在语言、进入条件等方面的制约,因此难以进行全面的梳理和汇总。

第二,本书对当前五项社会保险费率的探讨仅限于城镇职工社会保险制度,而未涉及城乡居民社会保险制度。职工社会保险制度始于工业社会,主要目的在于防范职工在工作和生活领域的社会风险,而如今社会保险的范畴已扩大到了居民层面,尽管目前中国对职工和居民有不同的制度安排,但并不排除未来走向统一的可能性。

第三,虽然当前中国城镇职工社会保险制度主要是以市级统筹为主,尚未全部实行省级统筹,[1]但是由于完整的市级统筹数据缺失,本书只能选用有限的省级宏观数据代为分析。也就是说,本书对政策费率以及实际缴费比例的考察仅限于省级层面,而未能深入到市级层面。

第四,在考察参保人的社会保险实际缴费情况时,本书所使用的企业数据和职工数据的来源不同,因而无法考察在同一企业内,企业自身缴费和职工缴费的差异。如果要进一步分析企业自身缴费以及在为职工代缴社会保险费用时的行为差异,则需要使用匹配的企业与职工缴费数据,这点有待于今后进一步探究。

第五,本书立足于制度当前的降费改革,通过比较各社会保险项目的均衡费率、实际费率和政策费率后,确定以养老保险制度为主,讨论其适度费率标准以及降费空间,而对其他社会保险项目未作进一步的讨论。在今后的研究中,可从不同视角对各项社会保险制度的费率作更深入的探讨。

第六,由于长期护理保险费率测算中涉及变量较多,时间跨度较长,因此长期来看,人力资本、护理支出、费用支出等变量缺乏长期稳定性,本书中对这些变量增长的假设还有待于实践的进一步检验。

---

〔1〕 目前职工养老保险已基本实现省级统筹,但医疗保险等其他保险项目仍以市县统筹为主。

第二部分

中国社会保险制度费率水平及降费空间分析

本部分遵循本书的基本研究思路与框架，重点对当前中国社会保险制度的费率水平进行深入分析，并测算可能存在的降费空间。着重做了以下四方面的工作：一是从时间和空间两个维度对中国社会保险制度的政策费率进行比较，由此提出中国社会保险制度的困境是“高费率”和“基金失衡”并存，并从企业逃费和劳动者的“过早退休”两个方面解释其成因；二是依据上市公司数据和CFPS微观调查数据，分别从企业和职工两个方面对中国社会保险制度的实际缴费水平进行测算，并进行实证考察；三是构建了社会保险费率评价的指标体系，对企业、职工、财政补贴三方责任主体的负担能力进行衡量，并测算保持基金平衡条件下的均衡费率；四是在对中国未来人口结构、缴费职工人数和待遇领取人数等变量预测的基础上，依据年度精算平衡和长期精算平衡模型测算了中国社会保险的适度费率，探讨了财政补贴条件下的社会保险制度降费空间，提出了费率调整的路径和方案。

第五章 社会保险政策费率的时空比较与现实困境

中国由计划经济向市场经济的转型也带动了社会保险制度的转变。其间，中国社会保险制度所涵盖的内容经历了一个扩张的过程，其缴费责任主体也有所变化，相应的费率标准也在变动之中。本章从历史演变、国际比较以及地区差异等多维视角考察中国城镇职工社会保险制度的政策费率水平。比较不同历史时期的费率水平和责任主体、中外社会保险费率水平与费率结构，并阐述中国社会保险制度中存在的"高费率与基金失衡"之谜。最后从"过早退休""企业逃费"角度构建中国社会保险制度"高费率"的解释机制，指出中国制度中存在的两个恶性循环。

第一节　时间维度的社会保险政策费率比较

在新中国社会保险制度的演变过程中存在着两条发展线，其一是企业职工的社会保险制度，其二是机关事业单位的社会保险制度，这两条发展线在制度的变迁中逐渐走向统一。新中国成立初期，国家公职人员享有财政负担的养老金以及公费医疗等保障制度，而企业职工则享有在借鉴苏联国家保险模式基础上建立的劳动保险制度，其保障内容涵盖养老、医疗、残疾等。彼时的社会保险制度是在计划经济体制的大背景下逐渐成型的，在经历了一段曲折的发展后，经济体制由计划经济向市场经济转型，保险制度也从1986年开始由劳动保险向社会保险转变。在改革的过程中，社会保险制度的覆盖范围从国有企业扩大到集体企业、私营企业、个体户和灵活就业人员；筹资渠道也经历了从企业单方缴费到企业和个人共同缴费。本书以城镇企业职工为考察主体，围绕社会保险缴费政策的变迁，将社会保险的发展历程划分为劳动保险低费率阶段（1951—1985年）、社会保险高费率成型阶段（1986—2005年）、社会保险减负降费阶段（2006—　），其中第一个阶段为单方缴费责任期，后两个阶段为企业和职工共同缴费责任时期。[1]

一、 劳动保险低费率时期（1951—1985年）

1951年政务院颁布的《中华人民共和国劳动保险条例》（以下简称《劳动保险条例》）揭开了新中国劳动保险制度建设之序幕。随后，制度经历了“初建”“沉降”“整顿”三段历程，在这整个过程中，费用分担机制尚未建立，企业是保险制度的供款责任主体。而此时，社会保险制度建设的目的一是改善人民生活、巩固新生政权，二是为计划经济体制服务（胡晓义，2003）。

---

〔1〕 关于中国社会保险制度的发展阶段，学术界有多种不同的划分方式，如郑功成将新中国成立以来的养老保险制度改革划分为企业保险期（1951—1985年）、企业保险到社会统筹期（1986—1995年）、社会统筹到统账结合期（1996年至今）；蔡昉将1976年以后的养老保险制度改革划分为恢复期（1976—1984年）、改革探索期（1985—1992年）、提出整体框架期（1993—2000年）、完善体制内容期（2001年至今）四个阶段。参见郑功成：《中国社会保障30年》，人民出版社2008年版，第52—74页；蔡昉：《中国劳动与社会保障体制改革30年研究》，经济管理出版社2008年版，第213—221页。结合研究目的，本书以社会保险缴费主体的变迁以及缴费比例的变化为划分社会保险发展阶段的依据。

根据条例规定，规模在百人以上的工厂、矿场及其附属单位（国营、公私合营、私营以及合作社经营）按职工工资总额的3%提取劳动保险基金，且不可以在职工个人工资中扣除，也不可以向职工个人征收。在制度运行初期，企业前两个月缴纳的费用全额存于中华总工会账户内，自第三个月起，企业上缴的费用中30%存于中华总工会账户内，用作总基金，70%存于各企业的工会基层委员会账户内，作为劳动保险基金，用以支付职工的抚恤、补助与救济费用。

从制度保障内容来看，3%的单位缴费囊括了对职工养老、医疗、工伤、生育等多方面的保障。20世纪50年代的劳动保险并没有针对年老、疾病等社会风险分别建立单独的保险项目及制定相应的缴费办法，而是规定了一个总计费率标准，并由企业独自承担缴费责任。职工退休后可按本人工资的一定比例领取养老金。职工个人的救治、住院及普通药品费完全由企业负担，贵重药品费、就诊的路费及住院时的餐费由个人自付；职工的直系亲属亦可享受免费的治疗，普通药品费减半，贵重药品费、就诊的路费、住院及餐费等其他支出均由本人自付。在工伤方面，职工可享受免费的医疗救治，医疗期间工资照发，对残疾或丧失劳动能力的，由劳动保险基金按月发放残废抚恤费。在生育方面，职工享有56天产假且产假期间工资照发。

表5.1　20世纪50年代职工劳动保险相关内容

缴费主体	企　业
缴费比例	职工工资总额的3%，其中30%交中华总工会，70%交企业工会
待遇人群	企业职工及其家属
保险范围	养老、医疗、工伤、残疾、生育、死亡
待遇水平	养老金：35%—60%（1951年），50%—70%（1953年）；医疗：免费诊治，承担部分药费；工伤：免费医疗，20%—70%的残疾抚恤；生育：产假56天

资料来源：由笔者根据相关政策文件整理得到。

从待遇水平来看，相对于3%的企业缴费，职工获得的保障水平较高。以养老为例，条例颁布之初，职工退休后的养老金替代率在

35%—60%，1953年国家发布《关于劳保条例若干修正的决定》后，职工养老金替代率提高到50%—70%，[1]且当时职工的平均养老金待遇高于同时期城镇居民的消费水平（杨翠迎、汪润泉，2017）。《劳动保险条例》奠定了中国社会保险制度的雏形，随后在1958—1965年期间，国家不断完善保险制度，扩大了制度的覆盖范围，修改了职工享受保险待遇的条件，调整了待遇水平。

以上即为制度的"初建"期，当时制度的支付条件、待遇标准和缴费比例都有了统一的规定，上缴中华总工会的部分劳动保险金能够对各地、各企业进行调配，发挥着全国统筹的功能。据史料记载，1957年底全国参与劳动保险的企业职工人数有1 600万人，不具备参与劳动保险条件但与企业签订集体劳动保险合同的职工也达到700万人，彼时劳动保险制度的覆盖人数占当时企业职工总人数的94%（邓力群等，1987）。

随后，1966年开始的"文化大革命"迫使制度进入"沉降"期。[2]在政令不畅、资料丢失、机构撤除的情况下，财政部于1969年发布了《关于国营企业财务工作中几项制度的改革意见（草案）》，宣布"国营企业一律停止提取劳动保险金"，"企业的退休工人、长期患病职工的工资和劳动保险开支，改由营业外列支"，从而将社会统筹的养老保险制度变成了企业保险，制度丧失了统筹互济的功能。

1978年开始，国家开始着手恢复社会保险工作，制度进入"整顿"期。国务院重新规定了职工的离退休条件及待遇标准，[3]以修正"文化大革命"中出现的非正常现象和过去制度中的缺陷，但此时并没有明确界定企业的缴费责任。此后，1980年国务院要求中外合

---

〔1〕 此替代率为本人退休前工资替代率，即养老金占本人退休前工资的比重。

〔2〕 人社部原副部长胡晓义认为"文化大革命"期间，劳动保险制度蜕变为企业保险，而1951年以前中国并不存在"企业保险"，因此，用"沉降"一次来形容这一历史阶段比"退回"等词更准确。

〔3〕 详见《关于安置老弱病残干部的暂行办法》《关于工人退休、退职的暂行办法》。

资企业为职工建立劳动保险制度。[1]1983 年，城镇集体企业职工也被纳入劳动保险制度的保障范围，要求其要根据自身的生产经营和经济条件，提取一定量的保险基金。[2]至 1984 年底，“文化大革命”造成的 200 多万应退未退职工获得了退休金，且该时期离退休职工的养老金水平得到提高，城镇集体企业的老年职工生活也得到了初步的保障。但在当时，劳动保险费用的具体提取比例以及养老保险资金来源等问题始终没有得到有效解决。

二、 社会保险高费率成型时期（1986—2005 年）

20 世纪 80 年代中后期，伴随着国有企业的改制以及社会保险制度中社会统筹思想的引进，社会保险缴费责任的分担机制也逐步成型。1986 年国营企业劳动合同制的实行成了社会保险缴费责任由单位承担向单位与职工共同承担的转折点，开创了企业与职工共同缴纳社会保险费用的新格局。在随后的改革中，企业与职工的缴费责任不断强化，社会保险费率处于上升阶段，且在总缴费中个人分担的缴费比例有所增大。

20 世纪 80 年代以来的缴费政策及缴费比例变化情况如表 5.2 所示。在养老保险方面，1986 年国营企业实行劳动合同制，要求劳动合同制的职工退休费用社会统筹，且由企业和职工共同缴纳，企业缴费标准为职工工资总额的 15%，职工缴费标准为本人标准工资的 3%。1991 年国务院再次重申了企业和职工的养老保险缴费责任，规定职工缴费比例不超过 3%，企业缴费比例由各地政府决定，同时也强调了国家的财政托底责任。1995 年国家提出要建立“统账结合”的养老保险制度，并提供了两套“统账结合”的试行办法，随后各

〔1〕 详见《中外合资经营企业劳动管理规定》。
〔2〕 详见《关于城镇集体所有制经济若干政策问题的暂行规定》。

地区开始试点，其结果是造成了各地区的制度差异。

表 5.2　20 世纪 80 年代以来的社会保险费率扩张

	法　规　文　件	企业缴费	个人缴费
养老保险	1986 年《国营企业实行劳动合同制暂行规定》	15%	3%
	1991 年《关于企业职工养老保险制度改革的决定》	各地政府决定	3%
	1997 年《关于建立统一的企业职工基本养老保险制度的决定》(国发〔1997〕26 号)	20%，3%划入个人账户	由 4%增至 8%
	2005 年《关于完善企业职工基本养老保险制度的决定》(国发〔2005〕38 号)	20%	8%
失业保险	1986 年《国营企业职工待业保险暂行规定》	1%	0
	1993 年《国有企业职工待业保险规定》	0.6%—1%	0
	1999 年《失业保险条例》	2%	1%
医疗保险	1990—1994 年医疗保险统筹试点	10%	1%
	1998 年《关于建立城镇职工基本医疗保险制度的决定》	6%	2%
工伤保险	1996 年《企业职工工伤保险试行办法》	0.8%—1.5%	0
	2004 年《工伤保险条例》	平均 1%	0
生育	1994 年《企业职工生育保险试行办法》	不超过 1%	0

资料来源：由笔者根据相关政策文件整理得到。

为了对制度进行整合，1997 年国务院统一了养老保险“统账结合”办法，同时提高了缴费比例，规定职工缴费比例以 4%为起点，每两年提高一个百分点，直至 8%，企业缴费比例为 20%，并规定个人账户规模为 11%，职工缴费完全进入个人账户，其余部分由统筹账户划拨。此项改革措施的目的在于通过社会统筹来承担转轨成本。但由于个人账户资金的使用规则不清晰，大量资金被挪用于发放统筹养老金。到 2005 年，国务院在各地试点经验的基础上提出将个人账户规模由 11%下调到 8%，企业的缴费不再划入个人账户，并要求做实个人账户。

在失业保险方面，1986 年的《国营企业职工待业保险暂行规定》要求企业按职工工资总额的 1%缴纳待业保险基金，用以发放待业救济金，以及职工在失业期间的就医费用、治丧补助费、供养直系亲属的抚恤费和救济费。而1993年的《国有企业职工待业保险规定》要求企业按照职工工资总额的0.6%上缴待业保险费，保险基金不足或者结余充足的，可以适当提高或者减少企业缴纳的费用，但企业缴费的上限不可以超出职工工资总额的1%。到了1999年，企业的失业保险缴费比例上升到工资总额的2%，同时要求职工按个人工资的1%缴纳失业保险费。

在医疗保险方面，1990年国家明确了医疗保险的改革方向，要求企业职工也参与缴费。1994年，医疗保险"统账结合"的试点改革在镇江和九江进行，并于1996年进一步扩大了试点范围，且将企业的缴费比例定为职工工资总额的10%，个人缴费比例为木人工资收入的1%。国家在1998年确定了医疗保险"统账结合"的筹资模式，规定企业缴费比例为6%，个人缴费比例为2%。

在工伤和生育保险方面，以《劳动保险条例》为基础，我国于20世纪80年代开始探索工伤保险和生育保险制度改革。其中1994年劳动部要求企业以不超过职工工资总额1%的费用进行缴费，而职工个人不缴费。1995年《劳动保险法》规定劳动者在遭遇工伤时应享受工伤保险待遇。1996年在总结各地试点经验的基础上，劳动和社会保障部规定工伤保险实行行业差别费率，根据风险程度分为四级，分别为0.8%、1%、1.2%和1.5%，工伤保险费用由企业承担，职工个人不需要缴费。

至21世纪初，我国企业社会保险缴费比例总计达到职工工资总额的30%，职工缴费比例总计11%，企业与职工合计达到41%。相比于单位缴费时期3%的费率标准，该时期企业的社会保险缴费比例是原来的10倍，总缴费比例超过原来的13倍，社会保险制度的高费率体系基本成型。回顾这一阶段的制度历程，中国社会保险制度完成了"否定之否定"，重建了社会统筹制度，基本搭建起了多险种、多支柱的社会保险体系。

三、社会保险减负与降费时期(2008年至今)

2005年职工养老保险费率和待遇标准的调整意味着社会保险费率扩张阶段的完成,随后制度经历了一个短暂的稳定期。2008年国际金融危机波及中国,为应对国际金融危机的冲击,人力资源和社会保障部、财政部、国家税务总局联合发文,提出了一系列减负措施,包括允许困难企业缓缴社会保险费(5缓)、阶段性降低除养老保险外的其他四项社会保险制度的费率(4减)、利用失业保险基金帮扶困难企业稳定就业岗位等,同时也对缓缴和降费的条件与期限作了规定。〔1〕

2009年的改革以"5缓4减"为主要措施,被称为"社保新政",其主要目的在于帮助企业降低成本、维持收入水平和就业水平。以此为依据,各地对企业社会保险降费与缓缴作出了具体安排,如河南省郑州市规定,2009年4月至12月,失业保险缴费比例由3%下降为1.5%,对困难企业可使用失业保险基金维持就业岗位。〔2〕河北省规定,在不裁员的前提下,企业可免缴1—2个月的医疗和生育保险费用,困难企业最长免缴期限不超过6个月,此外还可享受适当调整社会保险缴费基数或降低费率等优惠。〔3〕其中,秦皇岛市规定,除免缴一定期限的保险费用外,工伤保险费率可下浮1—2档。〔4〕

尽管人力资源和社会保障部2008年117号文件将企业免缴以及降费限定在2009年内,但多地的做法都已超出了这一限制。如浙江省

---

〔1〕《关于采取积极措施减轻企业负担稳定就业局势有关问题的通知》(人社部发〔2008〕117号)http://www.mohrss.gov.cn/SYrlzyhshbzb/ldbk/jiuye/JYzonghe/200812/t20081222_86706.htm。

〔2〕http://china.findlaw.cn/info/baozhangfa/sybx/sybxf/92890.html.

〔3〕http://finance.sina.com.cn/g/20090112/16155749835.shtml.

〔4〕http://news.sina.com.cn/c/2009-03-06/023715263593s.shtml.

宁波市2009年将养老保险缴费比例从20%临时下浮至12%，并减征一个月的五项社会保险费用，在2010年所有企业仍继续执行12%的养老保险缴费比例，并对部分企业的五项社会保险费按40%缴费。[1] 2012年山东省规定，各市在满足一定条件的情况下，可适当下调医疗、失业、工伤和生育保险的缴费比例，但期限最长不超过12个月。[2]

国际金融危机以来，各地为减轻企业负担、发展地方经济，对本辖区内企业社会保险缴费作了调整，此时社会保险缴费处于无序调整期，各地的差异性较大。2013年中共十八届三中全会提出"建立更加公平可持续的社会保障制度，适时适当降低社会保险费率"，由此，社会保险费率进入全面调整期，截至2017年的社会保险费率调整情况如表5.3所示。

表5.3　降费阶段的社会保险费率调整

单位：%

	原费率	2015年3月	2015年10月	2016年5月	2017年1月
养老保险	28	28	28	27	27
医疗保险	8	8	8	8	8
失业保险	3	2	2	1—1.5	1
工伤保险	1	1	0.75	0.75	0.75
生育保险	1	1	0.5	0.5	0.5
总费率	41	40	38.75	37.25—37.75	37.25

2015年2月人社部和财政部发文，自2015年3月1日起失业保险总费率由3%下调为2%，单位和个人的缴费比例由各地政府确定。随后，6月24日的国务院常务会议决定，从10月1日起，工伤保险平均费率将由1%降至0.75%，生育保险缴费比例由不超过1%调整为不超过0.5%。2016年4月召开的国务院常务会议决定，从2016年5月1日起两年内，将企业养老保险缴费比例超过20%的省

〔1〕 http://zjnews.zjol.com.cn/05zjnews/system/2010/04/01/016478915.shtml.

〔2〕 http://www.chinanews.com/cj/2012/11-20/4341864.shtml.

份下调至20%；企业缴费比例为20%且2015年底基金累计结余可支付月数超过9个月的省份则阶段性调整为19%；失业保险缴费比例由2%阶段性降至1%—1.5%，其中个人缴费比例不超过0.5%。2017年人力资源和社会保障部、财政部联合发布最新通知，要求阶段性降低失业保险费，对总费率为1.5%的省、自治区、直辖市，可以将总费率降为1%。

2015年以来国家的降费改革相当谨慎，至2017年总费率仅下降了3.75个百分点，且各险种降费的顺序与基金结余情况高度关联，表现为基金结余率最高的失业保险制度最先开始降费，随后是工伤和生育保险降费，而费率最高的养老保险降费的时间相对较晚且降费的范围也相对有限。〔1〕

第二节　空间维度的社会保险政策费率比较

一、国际视野下的中国社会保险费率

社会保险因其特有的社会、经济和政治功能而被众多国家采纳，为规范与促进各国社会保险制度的建设和发展，1952年国际劳工组织提出九大建设目标，包括医疗护理、失业津贴、疾病津贴、工伤津贴、生育津贴、老龄津贴、家庭津贴、残疾津贴、遗属津贴，并对社会保险的其他标准提出了指导建议。但是，由于实际发展情况的不同，各个国家在社会保险内容、缴费责任划分以及缴费比例方面都存在差异。在法定缴费比例方面，有学者指出中国社会保险的费率标准在世界范围内都是相当高的。如刘燕斌(2009)对127个国家社会保险费率的统计分析，发现多数国家的费率在10%—30%之间，而我国

〔1〕若以2015年基金累计结余除以2015年基金支出近似表示制度的支付能力，则失业保险的支付能力最高为6.9年，工伤保险为2.1年，生育保险为1.7年，医疗保险为1.5年，养老保险为1.4年。

的费率已高达40%，高于多数国家的费率标准。杨燕绥(2015)对OECD国家养老保险费率标准的比较发现，中国28%的费率标准远高于OECD国家20%的平均费率水平，且在OECD国家中只有意大利和西班牙的费率标准高于中国。

通过美国社会保障署网站，本书收集了2003年至2015年四大洲国家或地区的社会保险政策费率标准。根据表5.4所示，平均而言，欧洲国家的社会保险费率最高，非洲国家最低，亚太与美洲国家居中，且除欧洲地区外，其他地区的社会保险费率略有上升。2003年至2015年期间，非洲国家社会保险平均费率在16.5%到17.9%之间，美洲国家的社会保险平均费率在16.4%到18.9%之间，亚太地区的社会保险平均费率在17.5%到18.7%之间，欧洲国家的社会保险平均费率在30.5%到32.2%之间。而中国社会保险费率标准维持在40%左右，由此可见，中国的社会保险费率水平高于四大洲国家(地区)的平均水平，且在各国家中，自2005年以来中国社会保险费率稳居前10名。

表5.4　中国和四大洲国家社会保险政策费率比较

单位:%

年份	2003	2005	2007	2009	2011	2013	2015
非洲	16.9	16.5	16.5	16.9	17.9	17.9	17.3
美洲	16.4	16.9	17.0	16.9	17.0	18.9	18.5
亚太	17.5	17.8	17.9	18.3	17.6	18.7	18.6
欧洲	32.2	31.8	30.5	30.9	31.7	32.1	28.9
中国	41.5(12)	42.2(9)	42.1(9)	41.3(7)	41.6(9)	41.7(9)	41.1(9)

资料来源:美国社会保障署 *Social Security Thougthout the World*，亚太和欧洲国家统计的是偶数年份的费率，美洲和欧洲国家统计的是奇数年份的费率。为便于比较，本书将亚太和欧洲国家数据年份前置一年，表中欧洲2015年数据实为2016年，下同。括号内为中国费率水平排名。

美国社会保障署所统计的社会保险费率包括养老残疾与生存保险(Old-age, Disability, and Survivors)、疾病生育保险(Sickness and

Maternity)、工伤保险(Work Injury)、失业保险(Unemployment)以及家庭津贴(Family Benefits),部分国家只统计了其中某几项保险制度的费率标准。本书将其中的养老残疾与生存保险对应中国的养老保险,将疾病生育保险对应中国的医疗和生育保险,工伤和失业则分别对应中国的工伤保险和失业保险。以 2015 年为例,美国社会保障署统计显示,上报养老保险费率的国家有 162 个,上报疾病生育保险费率的国家有 61 个,上报工伤保险费率的国家有 82 个,上报失业保险费率的国家有 55 个,社会保险缴费率中包含家庭津贴的国家有 33 个。

如表 5.5 所示,中国养老保险以及医疗生育保险费率高于四大地区平均水平,工伤保险费率高于欧洲国家平均水平,失业保险费率高于非洲、美洲以及亚太国家平均水平。在所统计各保险项目费率标准的国家中,有 11 个国家的养老保险费率高于中国,有 15 个国家的医疗、生育保险费率高于中国,有 12 个国家的失业保险费率高于中国,有 35 个国家工伤保险费率高于中国。

表 5.5　2015 年社会保险费率分项目比较

单位:%

地区 险种	非洲	美洲	亚太	欧洲	合计	中国
养老	12.9(43)	12.4(34)	16.6(44)	23.2(41)	16.4(162)	28
医疗、生育	5.7(10)	7.6(15)	3.8(10)	6.2(26)	6.1(61)	9
工伤	2.1(27)	1.2(19)	1.4(19)	0.6(17)	1.4(82)	1
失业	1.3(6)	2.7(8)	1.6(16)	3.3(25)	2.4(55)	3

注:括号内为有对应保险项目费率的国家个数。

雇主和雇员是社会保险缴费的主要承担者,多数国家的社会保险制度都主张雇主和雇员共同承担缴费责任。如在美国社会保障署网站 2003 年所统计的 166 个国家中,有 159 个国家采取由雇主和雇员共同缴费的制度安排,6 个国家的缴费责任完全在于雇主,采取个人独自缴费制度安排的国家仅一个。比较四大洲国家雇主和雇员的平均社会保险费率水平，如表 5.6 所示。从各大洲国家雇主和雇员的平均费率来看，欧洲国家的费率标准要高于其他各洲。2003 年欧洲国家雇主和雇员费率的均值分别为 21.2%和 12.3%，比亚太地区雇主和雇员费率的均值分别高出 8.4 和 6.0 个百分点；比美洲国家雇主和雇员费率的均值分别高出 11.0 和 5.9 个百分点；比非洲国家雇主和雇员费率的均值分别高出 8.4 和 7.8 个百分点。至 2015 年，欧洲国家雇主费率的均值下降为 19.7%，雇员费率的均值下降为 10.2%；非洲国家雇主费率的均值上升为 13.1%，雇员费率的均值上升为 5.0%；美洲国家雇主费率的均值上升为 11.2%，雇员费率的均值上升为 7.2%；亚太地区雇主费率的均值下降为 12.0%，雇员费率的均值上升为 6.9%。由此可知，不同地区雇主、雇员费率的变化趋势不同，非洲和美洲国家雇主雇员费率均在上升，欧洲国家则均在下降，亚太地区则是雇主费率在下降但雇员费率在上升。

表 5.6　四大洲国家雇主雇员平均费率

单位：%

年份	非洲		美洲		亚太		欧洲		中国	
	雇主	雇员	雇主	雇员	雇主	雇员	雇主	雇员	雇主	雇员
2003	12.8	4.5	10.2	6.4	12.8	6.3	21.2	12.3	30.9	10.8
2005	12.5	4.7	10.4	6.4	12.6	6.6	21.2	11.0	31.0	11.0
2007	12.6	4.7	10.3	6.9	12.3	7.1	20.3	10.4	31.1	10.9
2009	13.0	4.7	10.2	6.8	12.8	7.3	20.5	10.6	30.4	10.9
2011	13.6	5.0	10.1	6.8	12.7	7.0	21.0	10.9	30.5	10.9
2013	13.5	5.3	11.7	7.1	11.6	7.0	21.7	11.1	30.4	10.7
2015	13.1	5.0	11.2	7.2	12.0	6.9	19.7	10.2	30.4	10.7

注：本表为笔者整理而成。

2003 年至 2015 年中国企业社会保险费率维持在 30%左右，而职工的社会保险费率维持在 11%左右。与四大洲国家的平均水平相比，中国企业费率是非洲国家雇主平均费率的 2.2—2.4 倍，是美洲国家雇主平均费率的2.6—2.9倍，是亚太国家雇主平均费率的2.3—2.6倍，是欧洲国家雇主平均费率的1.4—1.5倍。而中国职工社会保险费率是非洲国家雇员平均费率的2.1—2.4倍，是美洲国家雇员平均费率的1.5—1.7倍，是亚太国家雇员平均费率的1.5—1.7倍，是欧洲国家雇员平均费率的0.9—1.1倍。可见，中国企业的费率高于四大洲国家的平均费率水平，职工费率与欧洲国家雇员费率水平相当，但要高于非洲、美洲和亚太国家的平均水平。

利用雇主费率除以雇员费率得到各国家的雇主雇员缴费分担比，以此来考察四大洲国家雇主和雇员缴费分担情况的变化。如图5.1所示，在四大洲国家中，非洲国家的社会保险缴费更强调雇主责任，其费率分担比保持在2.5以上，即雇主的社会保险费率标准是雇员社会保险费率标准的2.5倍以上。欧洲国家次之，其费率分担比在1.9左右，且在2003—2015年间其费率分担比较为稳定。亚太地区的费率分担比具有下降趋势，2003年雇主费率是雇员费率的2.03倍，其后一直低于2.0，至2015年下降为1.56。美洲的费率分担比相对较低但具有微弱的上升趋势，其中2003年其费率分担比为1.59，至2015年上升到1.74。相比于四大洲国家的平均水平，中国企业和职工的社会保险费率分担比是最高的，2003—2015年间维持在2.8左右，这表明在中国社会保险费率设计中，企业承担的缴费责任过重。

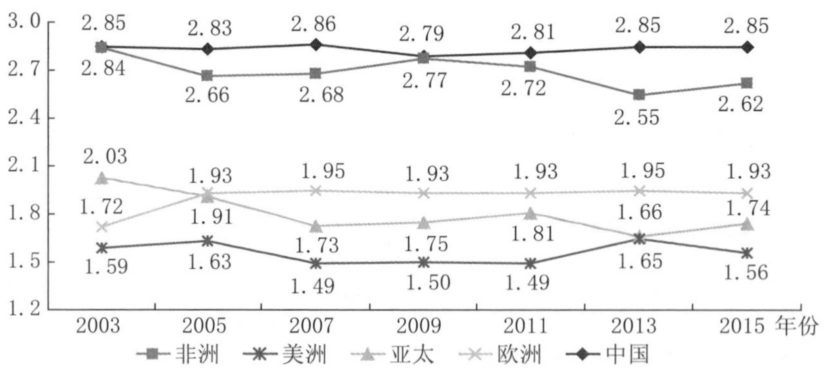

图5.1　四大洲国家雇主雇员社会保险费率分担比

通过上述比较可知，在近十几年里，除了欧洲国家的平均费率水平略有下降外，其他国家的平均费率水平均有一定的上升趋势。在社会保险体系中，各国家的侧重点不同，其雇主雇员费率结构的变化趋势也有所差异，相比于世界其他国家，中国社会保险制度的“高费率”主要体现在养老保险费率以及企业费率上。

社会保险费率水平的高低受多方面因素的影响，本书从人口年龄结构角度比较中国和四大洲国家的社会保险费率水平。表 5.7 展示了中国以及四大洲国家的平均人口老龄化程度，2003 年中国 65 岁及以上人口比重接近所有国家的均值，在 166 个国家中排名第 57 位，至 2015 年中国的老龄化程度比所有国家的均值高出 1.3 个百分点，在 165 个国家中排名第 59 位。相比于前文中国社会保险费率在所有国家中的排名情况可知，中国人口老龄化程度的排名要远低于社会保险费率的排名。与四个洲国家的平均水平进行比较可知，中国的人口老龄化程度高于非洲国家的平均水平，略高于美洲和亚太地区的平均水平，但要远低于欧洲国家的平均水平。

表 5.7　中国和四大洲国家的人口老龄化情况

单位：%

年份	非洲	美洲	亚太	欧洲	四洲平均	中国	中国排名	国家数
2003	3.4	6.3	5.4	14.3	7.3	7.5	57	166
2005	3.5	6.7	6.0	15.3	7.9	7.7	63	166
2007	3.6	6.9	6.3	15.4	8.1	8.1	63	166
2009	3.6	7.6	6.4	15.9	8.4	8.5	61	165
2011	3.6	7.6	6.3	15.9	8.4	9.1	60	165
2013	3.6	7.7	6.7	16.7	8.7	9.7	61	165
2015	3.7	8.5	7.0	17.7	9.2	10.5	59	165

人口的老龄化提高了社会保险制度的赡养率，加大了基金支出需求，而出于维持基金平衡的需要，社会保险制度被迫维持较高的费率水平，这是当前学者对中国社会保险高费率的主要解释。但我们依据以上费率和人口老龄化数据，从各国人口老龄化和费率水平的

关系来看，在全球范围内人口老龄化和社会保险费率具有正相关性，但在不同洲范围内，两者正相关的强度不同。从 2003 年至 2015 年间，欧洲和非洲国家人口老龄化和社会保险费率间的正相关性最强，而亚太和美洲国家相对较弱。

首先，如图 5.2 所示，在非洲国家中，埃及的社会保险费率是最高的，从 2003 年至 2015 年一直维持在 40%，但埃及 65 岁以上人口比重仅在 4%—6%之间。毛里求斯的人口老龄化程度是最高的，该国 2015 年 65 岁以上人口比重达到 9.1%，但其社会保险费率仅为 10%。中国的人口老龄化程度和社会保险费率水平均高于所有的非洲国家。若根据非洲国家人口老龄化程度和社会保险费率相关性的拟合函数 $y=0.7713x+15.06$ 进行预测，中国 2015 年 10.5%的老龄化水平对应的社会保险费率应为 23.2%，远低于中国之前 40%左右的政策费率标准。

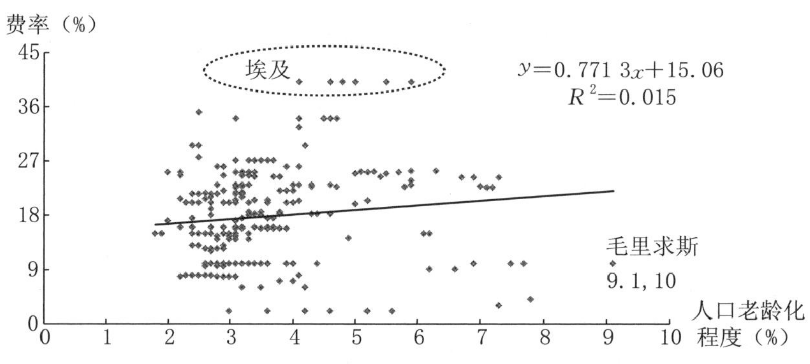

图 5.2　非洲国家人口老龄化和社会保险费率

其次，相比于美洲国家，中国的人口老龄化程度和社会保险费率高于历年美洲国家的均值水平，但尚未高于所有的美洲国家，如图 5.3 所示。在社会保险费率方面，仅哥伦比亚 2007 年、2009 年和 2011 年的费率水平高于中国；在人口老龄化方面，2015 年美国、智利、加拿大等 8 个国家老龄化程度高于中国，但其对应的费率水平远低于中国。

在美洲国家中，人口老龄化和社会保险费率的正相关较弱，若根据美洲国家的拟合函数 $y=0.0824x+16.755$ 进行预测，则中国 2015 年 10.5%的人口老龄化水平对应的社会保险费率应为 17.6%，远低于 40%左右的政策费率标准。

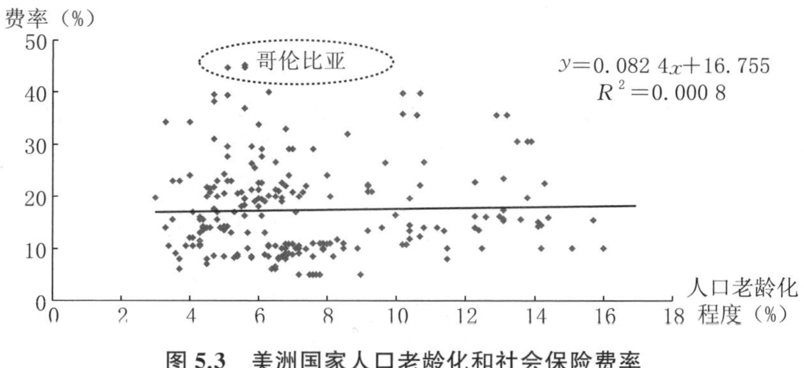

图 5.3　美洲国家人口老龄化和社会保险费率

再次，相比于亚太地区其他国家，中国的社会保险费率水平是最高的，但中国的人口老龄化程度不是最高的。如图 5.4 所示，在亚太地区，日本的人口老龄化程度是最高的，其 65 岁及以上人口比重已超过 20%，且在 2015 年超过了 25%，但其社会保险费率尚未超过 30%，且在 2015 年下降为 19.23%。若根据亚太地区人口老龄化和社会保险费率的拟合函数 $y=0.077x+18.332$ 进行预测，那么中国 2015 年 10.5%的老龄化水平对应的费率应为 19.1%，同样远低于 40%。

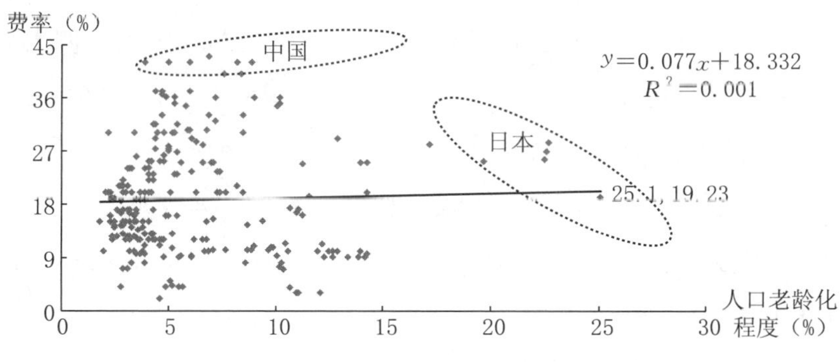

图 5.4　亚太国家人口老龄化和社会保险费率

最后，相比于欧洲国家，中国的人口老龄化水平较低但费率水平较高，如图 5.5 所示。绝大多数欧洲国家的人口老龄化程度都要高于中国，其中摩纳哥的人口老龄化水平最高，2015 年其 65 岁以上人口比重已超过 30%，远高于中国的 10.5%，但其社会保险费率不高于 30%。但中国的社会保险费率水平却要高于多数欧洲国家，2015 年仅法国、奥地利等 8 个国家的费率水平高于中国，其中法国的费率最高为 51.27%。若根据欧洲国家人口老龄化和社会保险费率的拟合函数 $y=0.386\,9x+25.229$ 进行预测，那么中国 2015 年 10.5%的老龄化程度对应的社会保险费率应为 29.3%，比中国 40%左右的政策费率标准要低十几个百分点。

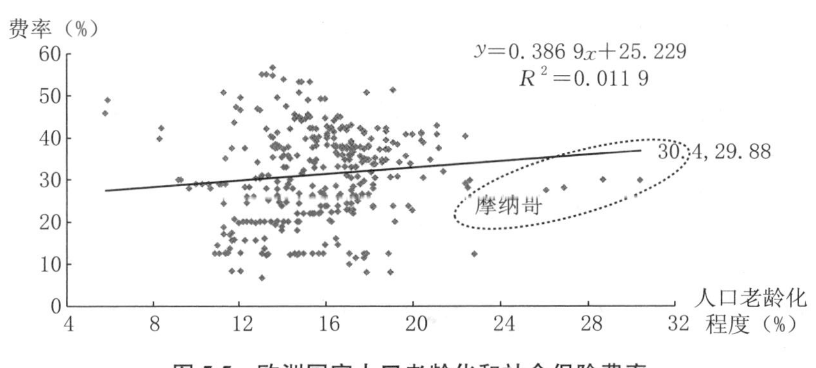

图 5.5　欧洲国家人口老龄化和社会保险费率

综上所述，在四大洲国家范围内，人口老龄化程度和社会保险费率具有一定的正相关性，且在欧洲国家中更为明显。中国和四大洲国家的比较分析表明，在 160 多个国家中，中国的人口老龄化程度排在第 60 位左右，略高于各个国家的平均水平，因此中国的人口老龄化尚不严重。但是中国的社会保险费率却要高于多数四大洲国家，其排名在第 9 位左右，根据四大洲国家人口老龄化和社会保险费率水平的关系进行拟合可知，中国的社会保险制度具有与其人口老龄化程度不相称的高费率水平。

二、 地区差异视野下的中国社会保险费率

通过国际比较可知，"高费率"是中国社会保险制度的一大特点，而从国内各省(自治区、直辖市)的情况来看，"地区差异"则是中国制度的另一特征。在中国社会保险制度的改革中，往往是中央出台指导性的改革方案，地方根据实际情况制定具体改革措施，这是制度存在地区差异的基本原因。在社会保险政策费率方面，不同省份间同样存在差异，甚至同一省份内部也存在不同的费率标准。根据 2012 年国家社会保障资金审计的结果，2011 年全国实际执行的企业职工基本养老保险单位缴费比例共有 16 种，其中最高费率为 22%，最低费率为 10%，尚有 8 个省份没有实现省内养老保险费率的统一，有的省份缴费比例多达 12 种。[1]本书收集了 2010 年至 2015 年中国大陆 31 个省(自治区、直辖市)的社会保险政策费率标准，[2]如图 5.6 所示。

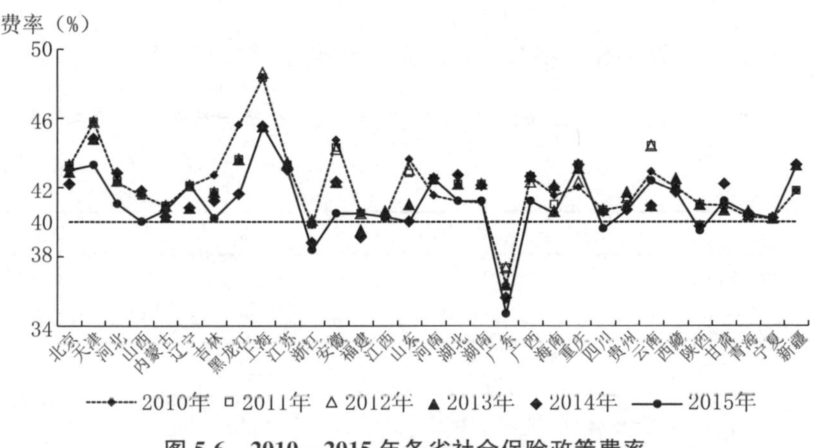

图 5.6　2010—2015 年各省社会保险政策费率

2010 年至 2015 年间，多数省(自治区、直辖市)的费率标准超过

〔1〕 国家审计署:《全国社会保障资金审计结果》，2012 年第 34 号公告，http://www.gov.cn/zwgk/2012-08/02/content_2196871.htm。

〔2〕 数据来自各省人力资源与社会保障厅下发的政策文件。在未实现省级统筹的省份中，不同市的社会保险费率标准有所差异，本书收集的社会保险费率标准均为省级层面的指导性费率标准。

了 40%，其中上海市的费率水平高居全国之首，2010—2012 年上海市的五险总费率超过了 48%，2012 年以后，上海市“综保”“镇保”并入“城保”，其费率标准有所下降。在各省市中，广东省的费率标准一直都是最低的，其中 2010 年广东省社会保险总费率为 36.35%，2015 年下调至 34.7%。相比于 2010 年，2015 年多数省（自治区、直辖市）的费率标准已有所下降，新疆等少数几个省（自治区、直辖市）的费率水平略有上升。

表 5.8 展示了中国各省市分项社会保险费率情况，可以看出各省（自治区、直辖市）社会保险费率标准存在差异。比较各省企业和职工的社会保险费率均值及其标准差可知，企业的费率水平约是职工的 2.8 倍，且省际间企业费率标准的差异要大于职工费率标准的差异。依据国务院发布的指导费率标准，养老保险费率为 28%，医疗保险费率为 8%，失业保险费率为 3%，工伤和生育保险费率各为 1%。但在制度运行中不同省份在各项社会保险费率标准中都存在差异。

表 5.8　2010—2015 年中国省（自治区、直辖市）分项目社会保险政策费率

单位：%

年　份	2010	2011	2012	2013	2014	2015
企业费率	30.6	31.0	30.8	30.4	30.5	30.4
标准差	(3.0)	(2.2)	(3.3)	(2.1)	(2.1)	(1.8)
职工费率	10.8	10.9	10.9	10.9	10.9	10.7
标准差	(0.4)	(0.1)	(0.4)	(0.2)	(0.2)	(0.3)
养老均值	27.77	27.58	27.61	27.45	27.65	27.52
标准差	(1.56)	(1.54)	(1.91)	(1.55)	(1.50)	(1.57)
医疗均值	9.94	10.04	10.06	9.79	9.98	10.02
标准差	(1.61)	(1.57)	(1.53)	(1.43)	(1.38)	(1.39)
失业均值	2.86	2.93	2.93	2.68	2.64	2.22
标准差	(0.64)	(0.33)	(0.33)	(0.57)	(0.59)	(0.58)
工伤均值	0.77	0.73	0.74	0.66	0.61	0.61
标准差	(0.38)	(0.36)	(0.35)	(0.22)	(0.24)	(0.31)
生育均值	0.70	0.71	0.73	0.75	0.72	0.76
标准差	(0.14)	(0.36)	(0.13)	(0.18)	(0.2)	(0.17)

从表 5.8 中可以看出，各省医疗保险费率的均值超过了 8%，而

养老、失业、工伤和生育保险费率的均值则要低于国务院规定的费率标准，且养老保险和医疗保险政策费率的地区差异相对较大。根据上述比较可知，企业费率水平差异、养老保险费率水平差异和医疗保险费率水平差异是地区间社会保险费率差异的主要构成。

社会保险缴费的基本目的是维持社会保险基金支付需求，从基金平衡的角度出发，当社会保险支付需求较高时所需要的缴费水平也相对较高，而社会保险制度赡养率是影响基金平衡的重要因素。接下来，本书进一步从制度赡养率角度比较各省社会保险政策费率的差异。制度赡养率用领取养老金的退休人数除以缴纳养老保险费的职工人数表示，一般而言，赡养率越高，所要求的费率水平也越高。

图 5.7 展示了中国各省社会保险赡养率与政策费率的关系，可以看出，赡养率越高的省份其总费率以及养老保险费率都相对较高，两者具有正相关性。2010 年至 2015 年期间，广东省社会保险制度赡养率是最低的，其赡养率水平在 10%—15%左右，这表明广东省社会保险制度内的人口结构是最年轻的。与此相应的，广东省社会保险费率水平也是最低的，其总费率标准在 30%—35%左右，养老保险费率为 22%—23%。东北三省的社会保险制度赡养率较高，尤其是黑龙江省居全国首位。其中，2010 年黑龙江省社会保险赡养率为 61.6%，至 2015 年上升到 72.8%，同年吉林省制度赡养率为 65.2%、辽宁省

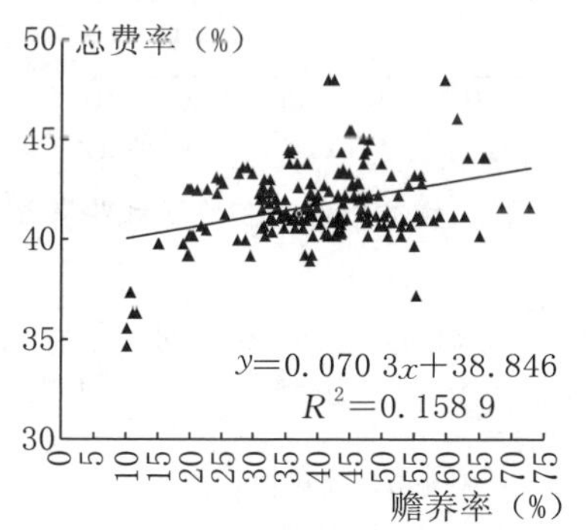

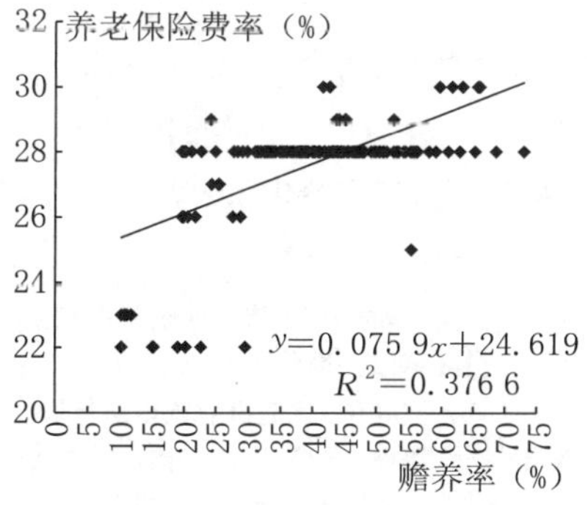

图 5.7　各省社会保险制度赡养率和政策费率

制度赡养率为56.2%，这可能与东北人口的流失有关，年轻人口的大量外流，导致了人口结构严重老龄化。与其高赡养率对应的是高费率，2010年至2015年期间，黑龙江省社会保险总费率在41.6%—46.1%之间，养老保险费率为28%—30%；吉林省总费率在40.2%—42.2%之间，养老保险费率为28%—29%；辽宁省总费率在40.9%—42.8%之间，养老保险费率为28%。

从图5.7中可以看出，中国省间社会保险制度的赡养率差异较大，这导致了地区间社会保险费率水平的差异。而社会保险制度赡养率的差异主要来自两个方面：一是人口老龄化程度的差异，如图5.8所示，2010—2015年人口老龄化程度越高的省份其对应的社会保险制度赡养率也越高；二是历史负债的差异，制度建立之初，在老工业基地和工业基础较好的省份，国有企业和集体企业所占的比重较高，因而已退休的"老人"和工作的"中人"比例较大，[1]其结果是提高了这类地区的社会保险制度赡养率，如图5.9所示，在参保职工中国有、集体企业职工所占比重越高的省份，其对应的社会保险制度赡养率越高。[2]

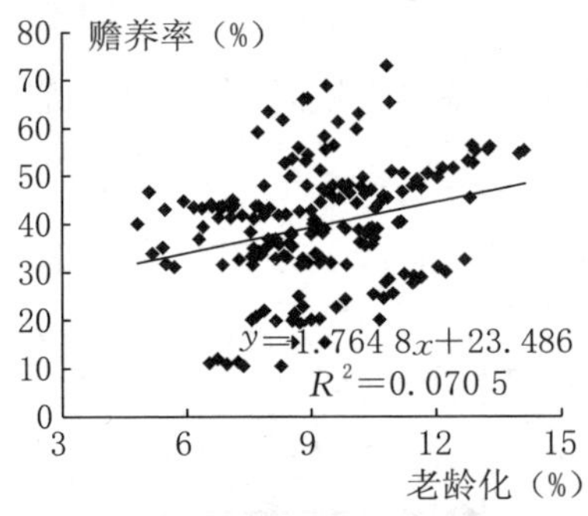

图5.8　人口老龄化和赡养率

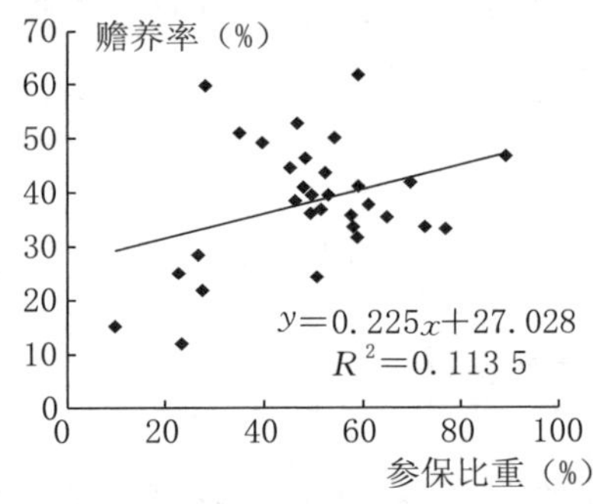

图5.9　国有、集体参保职工比重和赡养率

〔1〕"老人"是指1997年国务院颁布《关于建立统一的企业职工基本养老保险制度的决定》改革前已退休的职工，"中人"是指在该改革前参加工作但尚未退休的职工。"老人"和"中人"是目前城镇退休职工的主要成员。

〔2〕国有、集体企业参保职工比重数据来自：郑秉文，孙永勇：《对中国城镇职工基本养老保险现状的反思——半数省份收不抵支的本质、成因与对策》，《上海大学学报（社会科学版）》，2012(3)：1—16。

第三节　中国社会保险制度困境及其解释

一、高费率和基金失衡：中国社会保险制度困境

通过前文的比较分析可以看出，在世界范围内，中国社会保险制度的政策费率水平都是相当高的，而中国的人口老龄化程度并没有那么严重。这是否意味着中国的社会保险待遇水平很高呢？现有研究表明，中国职工养老金平均替代率低于多数发达国家（张士斌等，2012），且中国职工的养老金平均替代率仍处于下降趋势之中。就国内各省而言，高费率也未带来高待遇，根据图 5.10 可知，无论是社会保险总费率还是养老保险费率，与替代率都不存在正向关系，而相反，两者间却具有一定的负相关性。在 31 个省、自治区、直辖市中，上海市的替代率水平是最低，2010 年至 2014 年上海市平均替代率水平低于 40%，2015 年上涨至 43.5%，但其社会保险总费率以及养老保险费率水平都是最高的。在所有省市中，山东省的替代率水平较高，2010 年至 2015 年间，其替代率在 63%—73%左右，而其社会保险费率接近全国平均水平。此外，在考察期间，广东省和浙江省的养老保险费率较低，但替代率并不低。仅从数据来看，其替代率维持在 50%左右，与全国平均水平相近。

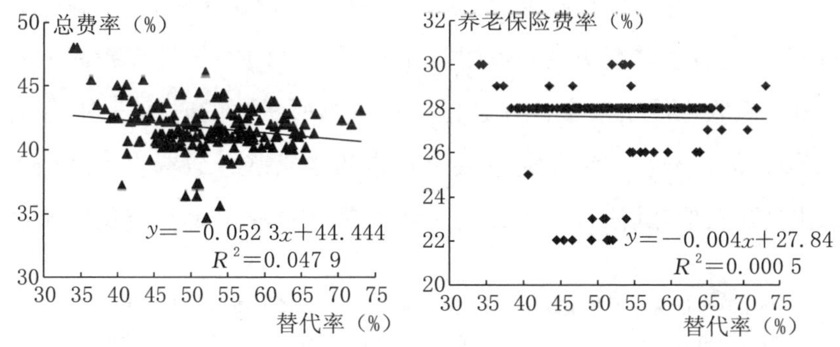

图 5.10　各省社会保险替代率和政策费率

根据前文分析可知，2010 年至 2015 年期间，各省社会保险费率和养老金替代率之间具有一定的负相关性，政策费率水平较高的省份其替代率反而较低。不仅如此，社会保险制度的高费率还伴随着严重的基金失衡现象。首先，从各省社会保险政策费率和当年度基金结余率的关系来看，政策费率越高的省份，其当年度基金结余率越低，两者具有明显的负相关性，如图 5.11 所示。在各省市中，广东省的基金结余情况是最好的，其结余率维持在 30%左右；而东北三省的基金结余情况是最糟糕的，2011 年黑龙江省开始出现收不抵支，其基金结余率为－1.3%，至 2015 年其基金结余率下降至－14.8%。另外，海南、河北、宁夏曾在 2014 年出现基金负结余，上海、陕西曾在 2015 年出现基金负结余。

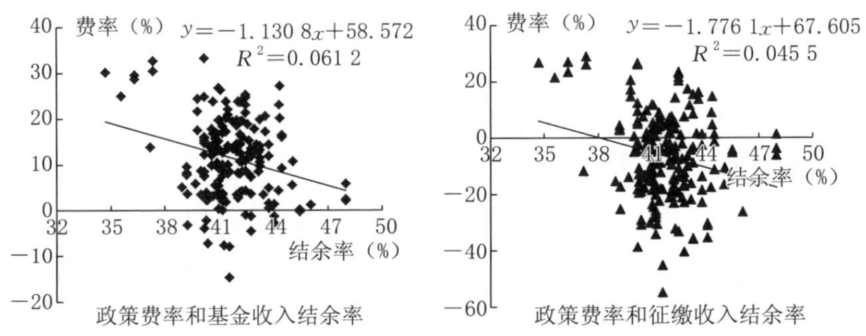

图 5.11 社会保险政策费率与基金失衡

其次，从社会保险政策费率和当年基金缴费收入结余率[1]的关系来看，两者也具有明显的负相关性，如图 5.11 所示，费率越高的省份其缴费收入的结余率往往越低。在本书所考察的时间段内，仅有江苏、浙江、福建、广东和北京五个省市的当年基金缴费收入结余率未出现过负值，其他省市均在某一年或某几年里出现基金负结余的

[1] 当年基金征缴收入结余率＝（当年基金征缴收入－当年基金支出）/当年基金征缴收入。各省历年基金征缴收入近似等于总基金收入减去养老保险基金收入中的非缴费部分。

情况。在各省中，东北三省的费率相对较高，但其当年基金缴费收入的结余率情况是最差的，结余率已低于－30%，最严重的时候已达－55.1%，即有超过一半的基金支出需要通过财政补贴等其他收入来维持。而社会保险费率最低的广东省，其基金缴费收入的结余率却是最高的，在近几年里仍维持在25%左右。

社会保险基金是维持社会保险制度运转的根本，只有充足的基金收入才能保证社会保险待遇的发放以及制度的可持续性。改革开放与经济建设吸引了大量的农村剩余劳动力，而中国的城镇企业职工社会保险制度也在改革中不断突破了户籍制度壁垒，在为更多劳动者提供制度保障的同时，也为制度本身吸纳了更多的缴费人口。21世纪以来，中国社会保险基金收入维持着较高的增长率，从2000年至2015年间社会保险基金收入的年平均增长率为21.5%。中国社会保险基金收入的高增长离不开制度的高费率，但是从各省的情况来看，高费率并不必然对应着高基金收入。比如，从2010年到2015年，广东省社会保险政策费率连续6年全国最低，但是其基金收入却连续6年全国最高。

接下来，我们利用2010年至2015年中国31个省、自治区、直辖市的相关数据，考察各省社会保险政策费率和基金收入的关系。如图5.12所示，从政策费率和基金总收入的关系来看，两者并不存在正相关性，相反，却具有一定的负相关性，即政策费率水平越高的省份其基金总收入反而较低。从拟合函数 $y=-24.748x+1\,957.8$ 来看，提高一单位的政策费率水平会降低24.748亿元的基金收入。

在中国的社会保险制度中，高费率并不一定对应着高基金收入，那么费率和基金缴费收入的关系又如何呢？由于缺乏各省社会保险基金缴费收入的统计数据，本书根据郑秉文教授在历年《中国养老金发展报告》中统计的各省养老保险基金收入和缴费收入情况来估算各省的社会保险缴费收入。具体测算方法为：用社会保险基金收入减去养老保险基金中的非缴费收入部分，得到2010年至2015年各省社会保险基金缴费收入。[1]如图5.12所示，中国各省的社会保险费率和缴费收入都存在较大的波动区间，且费率与缴费收入同样不存在简单的正向关系。相反，若选择一次函数来拟合两者间的关系，则费率与缴费收入具有负相关性，且负相关的程度要高于前文展示的费率和基金收入间的负相关性，根据拟合函数 $y=-27.667x+1\,955.6$ 来看，提高一单位的政策费率将会降低27.667亿元的缴费收入。这表明在所考察的时期内，中国社会保险制度的高费率水平并没有带来高缴费收入，从平均意义上来说，政策费率高的省份其缴费收入相对较低。

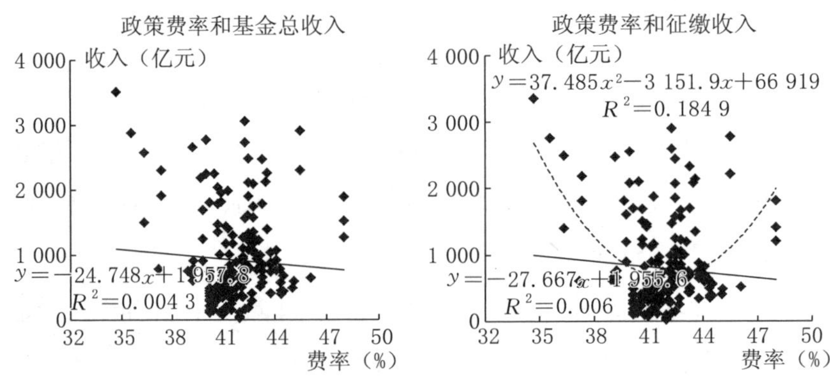

图5.12　社会保险政策费率与基金收入

在政府最优税率研究中有一条著名的曲线即拉弗曲线，该曲线展示了税率和税收收入间的倒U形关系。借鉴拉弗曲线思想，本书采用二次函数来拟合社会保险政策费率和缴费收入间的关系。结果如图5.12所示，费率和缴费收入近似呈U形关系，且二次函数的拟

〔1〕由于未扣除其他四项社会保险制度的非缴费收入，该计算方法实际上高估了各省的缴费收入，但根据2012年全国社会保障资金审计报告来看，其他四项社会保险制度的非缴费收入占比较低；另外，养老保险基金收入份额要比其他四项保险制度的基金份额大得多，因此该测算方法高估的程度并不严重。

合优度高于一次函数(0.184 9>0.006)。当政策费率低于42%时,缴费收入随费率的上升而减少,当政策费率高于42%时,缴费收入随费率的上升而增加。

图5.12所展示的中国社会保险缴费收入与政策费率的关系和拉弗曲线所描述的税收和税率间的倒U形关系并不一致。可能的原因是中国社会保险费率标准的起点比较高,在所分析的2010—2015年间任何一个省份的社会保险政策费率都高于30%,因而无法观测到当费率低于30%时的缴费收入情况。另外,本书在计算社会保险缴费收入时未剔除医疗、失业、工伤和生育保险基金中的非缴费收入部分,这可能会造成一定的干扰。

事实上,社会保险基金缴费收入取决于缴费人数、缴费基数、缴费比例和缴费效率几个方面,而费率标准会影响缴费人数以及缴费效率,因此,费率对基金缴费收入既有直接的影响也有间接的影响。过高的社会保险缴费率会降低企业和个人的参保积极性,企业为谋求盈利具有避费的动机,高费率则提高了企业潜在的避费受益,因而提高了其避费动机,从而对制度参保率有不利的影响。另外,在制度缺乏全国统筹的情况下,某一地区社会保险费率的提高也可能会导致企业以及就业者向费率低的地区流动。从征收主体的角度来看,则是费率越高缴费的难度越大,甚至会出现地方政府与企业合谋降低缴费基数的情况。因此,如图5.12所示政策费率标准高的省份其基金收入未必高。

通过以上分析可以看出,中国社会保险制度的高费率既没有带来高待遇,也没有带来高缴费收入。不仅如此,中国的高费率还伴随着日益严重的基金失衡问题。在中国大陆各省中,社会保险费率高的省份其制度待遇水平较低,且基金的缴费收入和结余情况也更为糟糕,这不失为中国社会保险制度中的“怪现状”。如何解释与化解中国社会保险制度的高费率困境?这是当前社会保障学术研究和制度改革必须面对的问题。

二、中国社会保险制度困境的成因分析

在很大程度上，参加劳动就业是进入职工社会保险体系的重要前提，当劳动就业率很低时，即便有较高的参保率，制度的有效缴费人口也是有限的。在中国当前的制度安排下，"老人"没有参与过制度缴费，但依然可以享有养老金。这就需要通过就业人员的缴费来维持养老金的支付，而中国的就业率尤其是中老年人口的就业率却相对较低，根据中国第五次和第六次人口普查数据，测算城镇人口的就业率情况，如图5.13所示，从40岁左右开始，城镇人口的就业率持续下降，这意味着提前退休现象比较普遍。2010年OECD国家25—54岁人口的就业率[1]为81.4%，55—64岁人口的就业率为57.5%，而根据2000年中国人口普查数据测算得，城镇25—54岁人口的就业率为76.8%，55—64岁人口的就业率为26.7%；根据2010年中国人口普查数据测算，城镇25—54岁人口的就业率为77.8%，55—64岁人口的就业率为25.7%，低于多数OECD国家。且相比于1990年的普查情况还存在着下降的趋势（张川川、赵耀辉，2014）。过低的就业率会减少社会保险制度的有效缴费人口，尤其是老年就业率的下降会在既定的人口年龄结构下提高制度的赡养率，从而对社会保险制度产生更高的缴费需求。

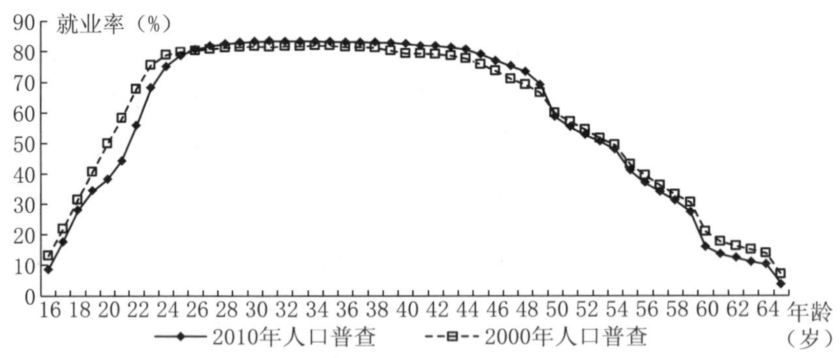

图5.13 中国城镇人口就业率

---

[1] 亦称劳动参与率，数据来源于OECD统计数库Pension at a glance。

本书从企业缴费规范和劳动者就业角度出发解释中国社会保险制度高费率困境的形成机制，考虑到中国的法定退休年龄为男性 60 岁、女性 50(55)岁，且中国的提前退休年龄为 45 岁，低于 OECD 国家，因此本书在分析中所用的老年人口就业率为 45 岁至 59 岁人口的就业率，也即临近退休年龄人口的就业率。本书的解释框架如图 5.14 所示。在当前的制度安排下，城镇就业人员是社会保险制度的应保主体，而随着劳动者年龄的增长其退出劳动力市场的概率会上升，尤其是临近法定退休年龄的人口退出就业的概率更高。因此在就业不足的情况下，即便制度参保率较高也会导致制度赡养率的提高以及有效缴费不足。此时，为缓解基金支付压力，政府有降低待遇和提高费率的需求，而由于福利的刚性，降低待遇的改革历来是不被接受的，有效的措施是控制待遇增长速度、提高法定缴费率。尽管近十几年里中国政府连年提高退休者的养老金水平，但相对于职工的工资增长，养老金的增长还是有限的，这就解释了为什么中国存在高费率和低待遇并存的现象。

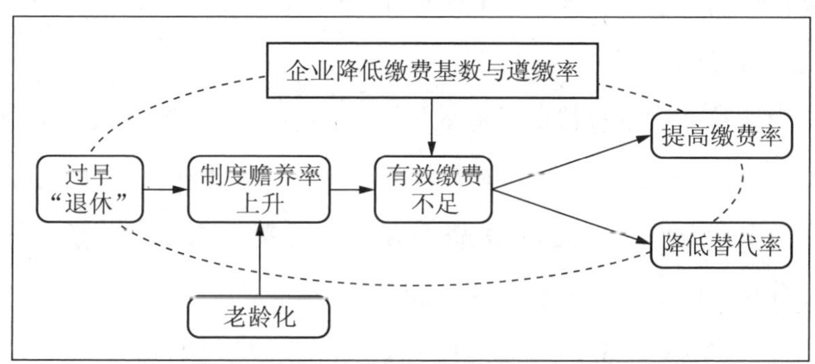

图 5.14　中国社会保险制度高费率的形成机制

另一方面，在较高的法定费率背景下，企业的劳动力成本较高，为追求利润，企业有降低用工成本的内在动机，在缴纳社会保险费用时，可能通过低报工资总额等方式来降低实际缴费数额。根据 2012

年全国社会保障资金审计结果，2011 年全国社会保险征收机构未征社会保险费 32.55 亿元，擅自减免社会保险费 27.07 亿元，社会保险费应收未收额高达 59.62 亿元。[1]企业的欠缴、少缴行为会造成有效缴费不足，此时出于基金平衡的考虑，政府会维持高费率，甚至进一步提高费率。

由上可知，企业逃费和劳动者的“过早退休”导致中国社会保险基金失衡，且迫使制度维持着“高费率”和较低的“替代率”。更进一步地，当社会保险费率过高时，甚至会降低临近退休年龄者的工作意愿，[2]以及强化企业的逃费动机，进而形成恶性循环。此外，正如众多文献所强调的，中国正面临着日益严峻的人口老龄化问题。快速的人口老龄化确实会导致制度赡养率上升，从而会增加基金支出需求、降低基金收入，对制度的待遇水平和费率标准产生影响。但在本书中，人口老龄化是外生的，因此并不会影响本书的解释机制，事实上，在一个没有提前退休的全民就业与完全参保的情形下，人口的赡养率就是社会保险制度的赡养率。因此，即便没有人口老龄化，中国社会保险制度依然会面临“高费率”困境，但人口的老龄化加剧了中国制度困境的程度。

为检验文中解释机制的有效性，本书利用 2010 年第六次全国人口普查数据，分别测算了中国各省 45 岁至 59 岁城镇人口的劳动参与率情况，并结合各省的政策费率和基金缴费收入以及结余数据作以下分析，如图 5.15 所示。

首先，根据图 5.15 中的(1)和(2)可以观测到，就业率越低的省份其社会保险法定费率越高、养老金替代率越低，即就业率和法定

〔1〕 中华人民共和国审计署:《全国社会保障资金审计结果》(2012 年第 34 号公告)，http://www.audit.gov.cn/n5/n25/c63607/content.html。

〔2〕 尤其是当其已累计缴费满 15 年，符合领取养老金的最低缴费年限条件时，这种作用会更加明显。

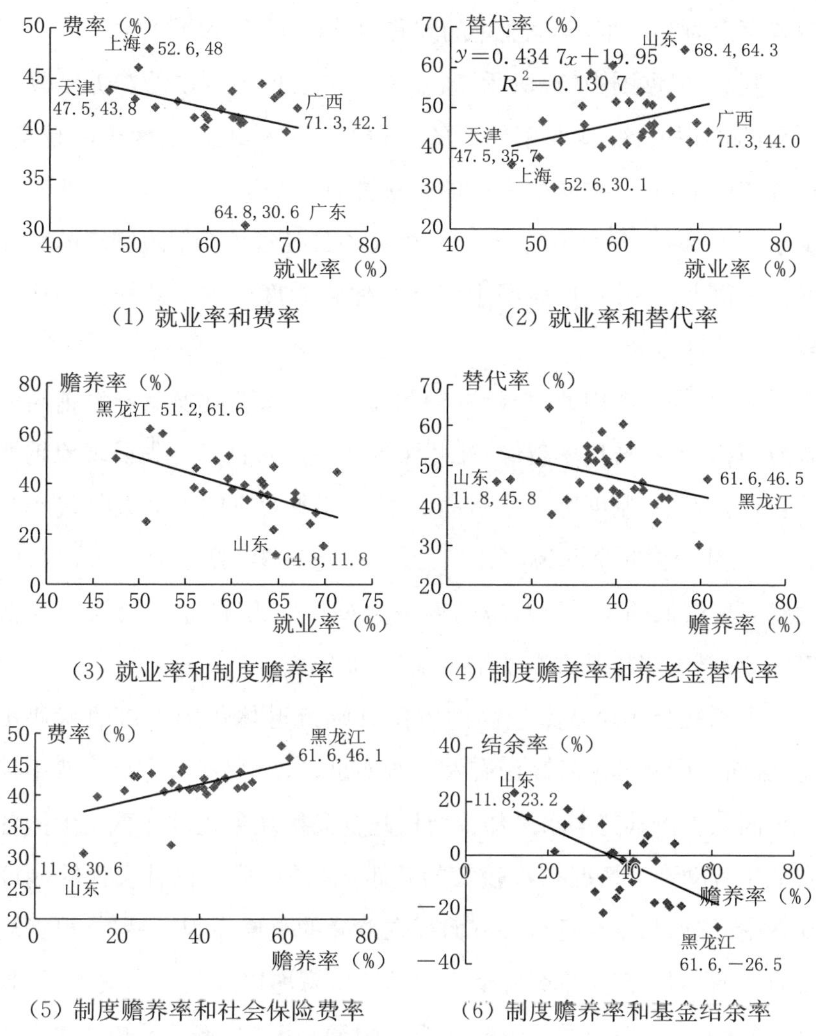

图 5.15　制度高费率困境形成机制的检验

费率具有负相关关系而与养老金替代率具有正相关关系。在各省市中，就业率最低的是天津为 47.5%，其对应的社会保险费率为 43.8%、养老金替代率为 35.7%；就业率最高的是广西达到 71.3%，对应的社会保险费率为 42.1%、养老金替代率为 44.0%。各省就业率之间的最大差距达到 23.8 个百分点，这表明中国各省市临近退休年龄群体的劳动参与情况存在较大的差异。另外，社会保险费率差距最大的两省市上海和广东，其就业率的差距也达到12.2个百分点。

其次，根据图中(3)所示，就业率和社会保险制度的赡养率具有明显的负相关性，就业率越低的省份其社会保险制度赡养率越高。在各省市中，制度赡养率最高的是黑龙江，已达到61.6%，最低的是山东为11.8%，两者相差49.8%，可见中国各省社会保险制度的赡养率存在很大的差距，这表明中国社会保险制度的内部结构已存在了较大的地区差异。

最后，根据图中的(4)(5)(6)可知，社会保险制度赡养率越高的省份，其养老金替代率越低、社会保险费率越高且基金失衡现象越严重。在各省中，制度赡养率最高的黑龙江所对应的养老金替代率为46.5%、社会保险费率为46.1%、当年基金缴费结余率为−26.5%；制度赡养率最低的山东所对应的养老金替代率为45.8%、社会保险费率为30.6%、当年基金缴费结余率为23.2%。

由于社会保险费率较高的省份其临近退休年龄人口的就业不足，因而制度赡养率较高而有效缴费不足，这就解释了为什么费率标准越高的省份其待遇水平却较低且基金失衡现象也越严重。中国各省老年劳动参与情况存在较大的差距，这是造成中国社会保险制度在费率、待遇与基金运行等方面存在差异的重要原因。另外，根据现有研究的结果，高费率会降低企业的缴费意愿以及实际缴费水平(封进、张素蓉，2012；赵静、毛捷、张磊，2015)。因此，不难推知在法定费率较高的省份，企业规避社会保险缴费的现象也会更严重，因而其有效缴费会较低。

第四节　本章小结

本章系统梳理了中国社会保险费率相关政策的演变，从时间、空间、国际差异、地区差异等多维度综合比较考察了中国社会保险政策费率水平，指出中国社会保险制度存在“高费率、低待遇和基金失衡”困境，并从企业逃费和劳动就业角度对中国困境作了解释。本章主要发现如下：

第一，从历史的角度看，中国城镇职工社会保险费率政策大体经历了三个阶段。一是劳动保险时期的低费率阶段，该阶段的社会保险缴费责任完全由企业承担，并且制度经历“初建”“沉降”和“整顿”三个历史时期；二是社会保险高费率的成型阶段，在这一阶段中社会保险费率分担机制逐渐成型，企业和职工是制度的缴费责任主体，并且各项社会保险制度也逐步建立与完善，至21世纪初，高缴费标准的社会保险费率体系基本稳定；三是社会保险减负与降费阶段，以2008年金融危机为起点，“企业减负”成了社会保险费率改革中的重要工作之一，各地为“稳定就业和降低企业负担”，作出了一系列免缴、缓缴和降费安排，但此时的费率改革表现出“无序”的特点。随后，2015年至今，中国社会保险制度开始全国性降费改革。

第二，从国际比较来看，中国社会保险制度的费率水平居于前10位，而中国人口老龄化程度并没有那么严重。相比于世界其他国家，中国具有与其老龄化程度不相称的高费率，因此，以人口老龄化作为解释中国社会保险制度的高费率标准是不够充分的。通过比较中国和世界其他国家的社会保险费率水平和费率结构可知，中国社会保险的“高费率”主要表现为企业费率过高、养老保险费率过高两个方面。

第三，从地区比较来看，中国各省社会保险政策费率存在差异，且企业费率差异、养老保险费率差异以及医疗保险费率差异是各省费率差异的主要构成。社会保险制度内部的人口年龄结构即赡养率是解释省间政策费率差异的主要原因，除了人口老龄化外，地区间历史债务的差异也是导致制度赡养率差异和费率差异的重要原因。

第四，中国社会保险制度面临“高费率、低待遇和基金失衡”困境。高费率省份的社会保险替代率水平较低，且基金失衡现象更为严重，究其原因在于老年劳动就业的不足。由于临近退休人群劳动就业的不足，导致制度赡养率上升，进而造成社会保险制度有效缴费人数不足，此时被迫提高费率以及降低待遇水平，而费率的提高又会损害企业缴费积极性，增强了企业的逃费避费行为动机，进而加剧有效缴费的不足；同时，费率的提高也会损害劳动者的就业积极性，造成劳动参与的不足。如此，形成恶性循环，使得中国社会保险政策费率居高不下。

本章揭示了中国社会保险制度中存在的两个恶性循环，这是维持中国制度高费率的潜在原因，在这样的“高费率”下，制度的真实缴费水平是受到质疑的。由此，中国社会保险制度的实际缴费情况如何，企业与职工是否如实缴纳了社会保险费用，其真实的缴费水平是多少？这些问题将在下一章中得到回答。

第六章
实高还是虚高：社会保险制度实际缴费水平

中国城镇企业职工社会保险制度已经持续“高费率”运行了十几年，但从社会保险制度的运行来看，制度的真实缴费水平是令人怀疑的。本章从社会保险缴费收入出发，考察社会保险基金的实际缴费水平，以及实际缴费水平与政策费率的偏离情况。与此同时，利用上市企业的报表数据和家庭追踪调查数据，分别测算企业和职工的实际社会保险缴费负担，并通过实证模型分别考察企业和职工实际缴费的差异性以及影响因素。

第一节　实际缴费水平与政策费率的背离

一、社会保险基金缴费不实

缴费是社会保险制度运行的关键环节，也是社会保险基金收入的主要构成部分。近些年来，中国城镇职工社会保险制度覆盖面迅速扩张，尤其是将农民工纳入社会保险制度后，极大地扩充了制度的潜在缴费人口。然而，制度覆盖面的推广并没有降低政策费率标准，中国社会保险费率之高几乎成了“世界之最”。更匪夷所思的是，在高费率的制度设定下，社会保险基金依然难以维持平衡，财政补贴逐年攀升，根据中国社会保障统计公报披露，2010 年社会保险基金财政补贴为 1 954 亿元，占基金总收入的 17.6%，至 2015 年财政补贴增长到 4 716 亿元，占总基金收入的 19.9%。事实上，在中国社会保险制度中缴费不实现象普遍存在，根据 2012 年全国社会保障资金审计结果，征收部门和参保人在五项社会保险制度中均未如实征收和缴纳社会保险费用，如表 6.1 所示。

表 6.1　城镇职工社会保险基金损失

单位：亿元

项　　目	应征未征保费	擅自减免保费	企业、个人少缴保费	合计
养老保险	19.31	8.80	51.4	79.51
医疗保险	2.32	7.69	25.8	35.81
失业保险	2.38	6.37	5.95	14.7
工伤保险	0.33	0.58	0.83	1.74
生育保险	0.26	1.43	1.27	2.96
合　　计	24.6	24.87	85.25	134.72

资料来源：中华人民共和国审计署：《全国社会保障资金审计结果》(2012 年第 34 号公告)，2012 年 8 月 2 日，http://www.audit.gov.cn/n5/n25/c63607/content.html。

根据审计结果，2011 年各地社会保险征收部门应征未征保费达 24.6 亿元，擅自减免保费 24.87 亿元，企业和个人通过低报缴费基数等方式少缴保费 85.25 亿元，共计造成社会保险费用损失 134.72 亿元。在各项社会保险制度中，养老保险制度的政策费率水平最高，缴费不实现象也最严重，其单项保费损失达 79.51 亿元，占总损失的 59.02%。

从历年社会保险基金收入来看，当前的基金收入也低于应征收入。依据社会保险制度的缴费规定，企业以上年度职工工资总额为缴费基数，职工以个人上年度平均工资为缴费基数，若个人工资大于社均工资的 300%或低于社均工资的 60%，则以社均工资的 300%或

60%为缴费基数。本书以上年度职工工资总额的60%为最低缴费基数,利用参保职工人数×上年度社均工资的60%×政策费率,得到社会保险制度的最低应征收入;利用参保职工人数×上年度社均工资×政策费率,得到社会保险制度的平均应征收入,并与社会保险基金实际收入进行比较,结果如图 6.1 所示。[1]社会保险基金实际收入略高于按最低缴费基数计算的最低应征收入,且扣除财政补贴后,社会保险实际缴费收入近似等于最低应征收入。若与平均应征收入进行比较,则实际缴费收入明显低于平均应征收入,且两者的差距有逐年扩大的趋势,2015 年社会保险基金实际收入为平均应征收入的69.4%,而社会保险缴费收入仅为应征收入的 62.3%。

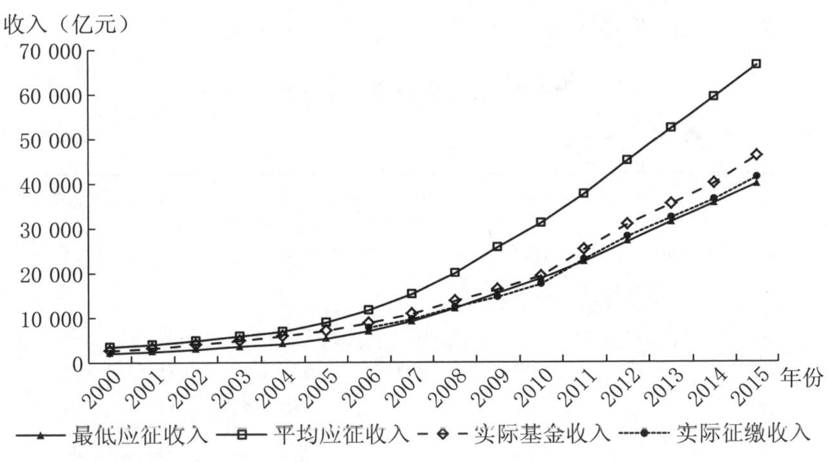

图 6.1　中国城镇职工社会保险基金应征收入与实际收入

二、 实际缴费水平的测算与比较

通过前文对社会保险基金收入的分析可知,社会保险制度的实际缴费收入低于应征收入,其真实缴费情况有待考察。本书利用社

---

〔1〕 中国五项社会保险制度的参保人数并不一致,本书的参保职工人数取养老保险和医疗保险缴费人数的均值。

会保险基金缴费收入除以参保职工上年度工资总额，得到社会保险实际缴费比例。表 6.2 展示了 2007 年至 2015 年各项社会保险制度的实际缴费比例，可以看出，五大社会保险项目的实际缴费水平以及总缴费水平均低于相应的政策费率。2007 年五项社会保险制度的合计缴费比例为 28.24%，2009 年开始低于 25%，至 2015 年已下降到 23.23%。从分项目来看，医疗、工伤、生育三项保险制度的实际缴费水平相对稳定，其中医疗保险制度的实际缴费比例在 7%左右，工伤保险制度的实际缴费比例在 0.6%左右，生育保险制度的实际缴费比例在 0.5%左右。与此不同的是，养老保险和失业保险的实际缴费比例具有明显的下降趋势，2007 年养老保险实际缴费比例为 18.04%，至 2015 年下降到 14.03%，同期失业保险实际缴费比例由 2007 年的 1.86%下降至 2015 年的 1.25%。

表 6.2　社会保险实际缴费比例

单位：%

年份	养老	医疗	失业	工伤	生育	总费率
2007	18.04	7.27	1.86	0.59	0.49	28.24
2008	17.27	6.93	1.82	0.57	0.47	27.07
2009	16.45	6.14	1.48	0.49	0.40	24.95
2010	15.75	6.14	1.41	0.49	0.38	24.17
2011	15.88	6.35	1.66	0.56	0.41	24.87
2012	15.40	6.62	1.67	0.59	0.44	24.71
2013	14.78	6.69	1.54	0.58	0.45	24.04
2014	14.00	6.77	1.44	0.58	0.47	23.25
2015	14.03	6.93	1.25	0.56	0.46	23.23

注：实际缴费比例＝缴费收入/(参保职工人数×上年度职工平均工资)×100%，其中社会保险缴费收入数据来自 2008—2016 年《中国财政统计年鉴》。

以上从全国层面考察了社会保险制度的实际缴费水平，鉴于中国社会保险制度的运行存在明显的地区差异，本书进一步考察中国大陆各省(自治区、直辖市)社会保险实际缴费情况。

首先,利用2010年至2015年各省五项社会保险制度的参保缴费职工人数乘以上年度职工社均工资得到参保职工工资总额;然后,利用各项社会保险制度的基金缴费收入除以对应的工资总额得到各项制度的实际缴费比例,其中各省养老保险制度的实际缴费收入等于基金收入减去财政补贴,[1]其余四项社会保险制度的缴费收入用基金收入来代替。[2]根据测算结果可知,绝大多数省份的五项社会保险制度均存在缴费不实现象。

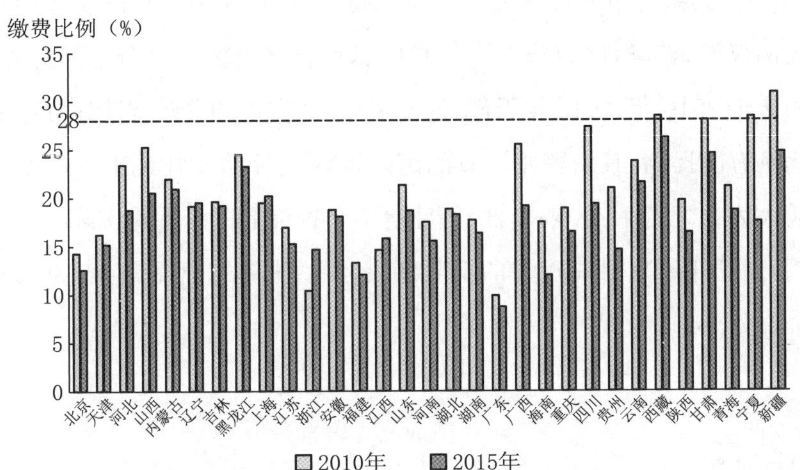

图 6.2　各省(自治区、直辖市)养老保险实际缴费比例

注:各省市各项社会保险实际缴费比例由笔者测算得到,为了图形的简洁,仅展示了2010年和2015年的实际缴费比例,其余年份的缴费情况见附录A(下同)。

根据图6.2所示,不同省市的养老保险实际缴费水平存在一定的差异。2010年除新疆、宁夏、甘肃和西藏外,其余省(自治区、直辖市)的养老保险实际缴费比例均低于28%,其中广东省养老保险实际

[1] 各省养老保险财政补贴数据来自郑秉文教授主编的《中国养老金发展报告》(2010—2015)。

[2] 需要说明的是,由于缺少各省医疗、失业、工伤和生育四项社会保险制度的征缴收入以及财政补贴统计数据,本书使用基金收入来表示征缴收入,这在一定程度上会导致本书测算的实际缴费水平偏高。

缴费比例最低仅为 9.9%，比缴费水平最高的新疆低了 20.9 个百分点。至 2015 年，所有省市的养老保险实际缴费比例均低于 28%，且相比于 2010 年，多数省市的实际缴费水平都有所下降，其中宁夏下降的幅度最大，为 10.9 个百分点。

图 6.3 展示了各省（自治区、直辖市）医疗保险费用的实际缴费情况，2010 年仅云南、青海、新疆三个省医疗保险实际缴费比例高于 8%，其中云南和新疆的实际缴费水平相对较高，分别为 10.0% 和 9.8%。其余省市的实际缴费比例均低于 8%，其中广东的实际缴费比例仅为 2.8%，比缴费水平最高的云南低了 7.2 个百分点。此外，相比于 2010 年，2015 年天津、河北等 24 个省市的医疗保险实际缴费比例有所提高，其中黑龙江省的医疗保险实际缴费比例上升的幅度最大为 2.47 个百分点；浙江、福建等 7 个省市的医疗保险实际缴费比例有所下降，其中福建省的实际缴费水平下降的幅度最大，为 1.36 个百分点。

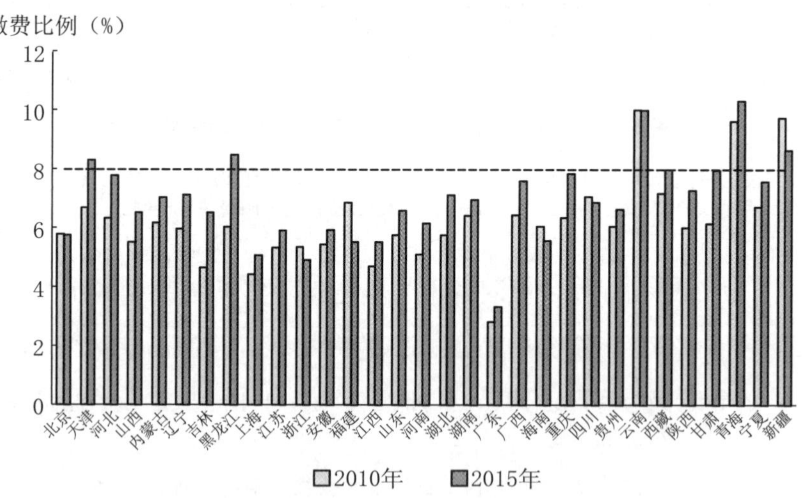

图 6.3 各省(市)医疗保险实际缴费比例

图 6.4 至图 6.6 展示了 2010 年和 2015 年各省市失业、工伤和

生育保险基金的实际缴费情况。可以看出,多数省市的失业保险实际缴费比例低于2%、工伤保险实际缴费比例低于1%、生育保险实际缴费比例低于0.5%。且相比于2010年,2015年多数省市失业保险实际缴费水平有所下降,但工伤和生育保险的实际缴费水平略有上升。

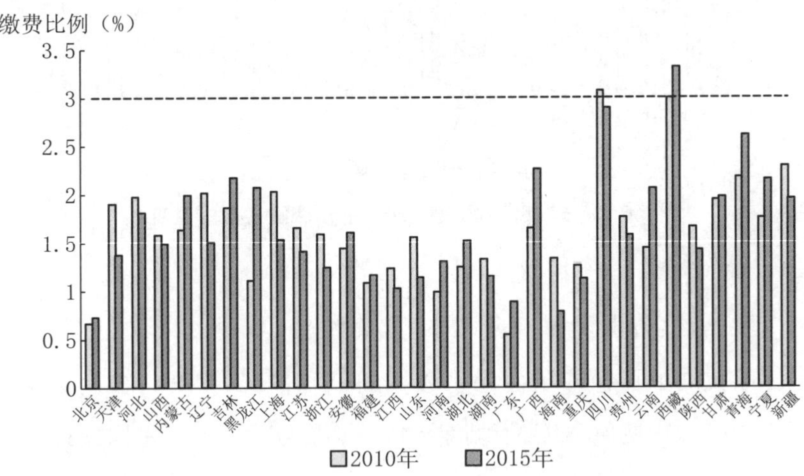

图 6.4 各省(自治区、直辖市)失业保险实际缴费比例

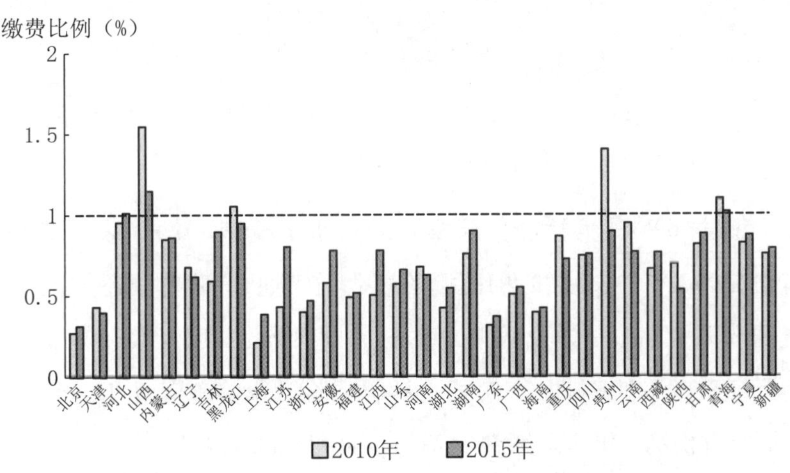

图 6.5 各省(自治区、直辖市)工伤保险实际缴费比例

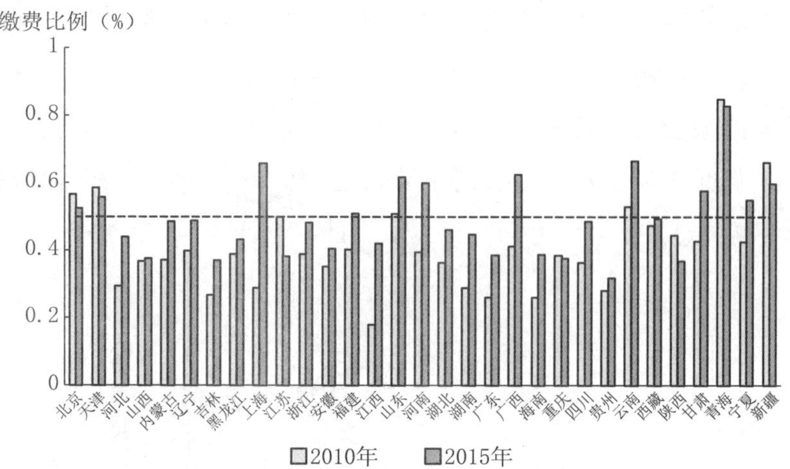

图 6.6　各省(自治区、直辖市)生育保险实际缴费比例

三、 社会保险基金缴费的背离性

前文展示了各省社会保险缴费的偏离情况，为考察社会保险实际缴费以及缴费偏离度的地区差异及其影响因素，本文构建以下分析模型：

$$
\begin{cases}
Asirt_{it}=\beta_0+\beta_1 sirt+\beta_2 sirt2+\beta_3 ave_{wage}+\beta_4 lab_{pt}+\beta_5 old_{rt}+\beta_6 dep \\
\qquad +\beta_7 part+\beta_8 repl+\beta_9 fpou+\beta_{10} mat+\varepsilon \qquad (6\text{-}1) \\
Dsirt_{it}=\beta_0+\beta_1 sirt+\beta_2 ave_{wage}+\beta_3 lab_{pt}+\beta_4 old_{rt}+\beta_5 dep+\beta_6 part \\
\qquad +\beta_7 repl+\beta_8 fpou+\beta_9 mat+\varepsilon \qquad (6\text{-}2)
\end{cases}
$$

上述(6-1)式为社会保险实际缴费水平模型，$Asirt_{it}$ 表示第 i 个省份在第 t 年的实际缴费比例，在实际缴费水平模型中还加入了各省的政策费率 $sirt$ 以及政策费率的平方项 $sirt2$，以考察政策费率对实际缴费水平的影响；(6-2)式为社会保险缴费偏离模型，$Dsirt_{it}$ 表示第 i 个省份第 t 年实际缴费比例与政策费率间的差距。

根据制度规定，社会保险由单位和职工缴费，政府承担财政托底责任，因此，在制度的缴费设计中应考虑基金的平衡情况。而相对待遇水平以及相对缴费人数是影响基金平衡的重要因素，也是影响制度费率标准的重要参数。在上述模型中，用赡养率（dep）和替代率（$repl$）来表示制度的相对缴费人数和相对待遇水平，同时还考虑了制度的参保率（$part$）。此外，本书在模型中还加入了各省的经济特征、人口特征变量。经济特征变量包括社均工资（ave_{wage}）、城镇就业人口比重（lab_{pt}）以及市场化程度（mat）；人口特征变量包括老年抚养比（old_{rt}）、人口净流动（$fpou$）。模型中相关数据来自《中国统计年鉴》和《中国劳动统计年鉴》。

表 6.3 展示了 2010 年至 2015 年各变量的取值情况。其中，社均工资为各省在岗职工社会平均工资，根据统计描述可知，职工社会平均工资逐年上升。市场化程度用各省城镇非国有单位职工工资总额占城镇所有单位职工工资总额的比重，可以看出近些年里我国经济的市场化程度在加强。就业人口比重是指城镇就业人口和城镇总人口的比值，从表 6.3 中可以看出该变量的取值也有逐年上升的趋势。人口流动表示该省人口的净流入情况，对人口净流入的省份赋值为 1，净流出的省份赋值为 0。老年抚养比是衡量人口老龄化程度的重要指标，用 65 岁及以上人口占 15—64 岁人口的比重来衡量，根据表中数据可知，我国养老抚养比正逐年上升。赡养率是衡量社会保险制度内人口年龄结构的重要指标，本书用养老保险制度赡养率来衡量，即领取养老金的退休工人数除以养老保险缴费的职工人数，根据变量取值可知，我国养老保险制度赡养率一直在上升，且制度赡养率高于同期的老年抚养比。替代率衡量的是社会保险制度的相对待遇水平，本书用养老保险替代率来表示，即退休职工的平均养老金和在岗职工平均工资的比值。参保率是指社会保险缴费职工人数占城镇就业人数的比重。

表 6.3　变量统计描述(均值或百分比)

变量名	2010 年	2011 年	2012 年	2013 年	2014 年	2015 年
政策费率	41.49	42	42.06	41.34	41.12	41.6
实际缴费比例	25.15	26.24	25.03	24.23	23.39	23.36
缴费偏离度	16.34	15.76	17.03	17.11	17.73	18.24
社均工资	32 636	37 142	42 039	46 911	51 848	56 511
市场化程度	39.55	43.47	45.14	56.59	56.42	54.97
就业人口比重	10.46	11.93	12.90	14.40	15.73	16.81
人口流动	0.52	0.52	0.52	0.48	0.48	0.61
老年抚养比	8.51	11.52	12.05	12.49	12.95	13.67
赡养率	38.21	38.29	39.09	39.92	40.76	41.61
参保率	55.94	60.05	61.94	63.23	64.95	64.88
替代率	53.77	53.30	52.23	51.28	51.21	52.44

在模型分析中,首先采用面板数据的个体固定效应模型作为基准回归,考察各变量对实际缴费水平以及缴费偏离度的影响,然后采用个体—时间双向固定效应模型,对基准回归结果作稳健性检验。

基准回归结果如表 6.4 所示,在实际缴费水平模型中,根据回归结果可知,政策费率和实际缴费水平呈倒 U 形关系,随着政策费率标准的提高,实际缴费水平先上升后下降。通过计算可知,当政策费率标准低于 41.69%时,实际缴费水平随政策费率的提高而上升,当政策费率标准高于 41.69%时,实际缴费水平随政策费率的提高而下降。[1]封进(2013)对企业社会保险缴费的分析,也得出了类似的结论,其研究认为将政策费率下调 5 个百分点,可以使实际缴费率提高 0.48—1.35 个百分点,反而可以增加基金收入。

在制度特征方面,赡养率和替代率对社会保险实际缴费水平具有显著的正向影响,社会保险赡养率或替代率越高的省份其实际缴费水平越高。平均而言,赡养率每提高一个百分点,实际缴费比例提高 0.27 个百分点,而替代率每提高一个百分点,实际缴费比例提高

〔1〕 需要说明的是,本书利用社会保险政策费率在各省以及不同年份的差异来估计政策费率和实证检验征缴比例间的关系,由于政策费率标准的取值范围有限,因此估计得到的政策费率与实际征缴比例之间倒 U 形曲线的拐点有一定的偏差。

0.161 个百分点。在经济特征方面，人口净流入省份的实际缴费水平显著高于人口净流出的省份，平均而言，前者的实际缴费比例比后者高 2.036 个百分点。就业人口比重高的省份其实际缴费水平相对较低，平均而言，就业人口比重每提高 1%，实际缴费比例下降 0.137 个百分点。

在缴费偏离模型中，政策费率标准越高的省份其实际缴费水平与政策费率间的差距越大，也即偏离度越大。平均而言，政策费率标准每提高一个百分点，实际缴费比例与政策费率间的差距提高 0.819 个百分点。在制度特征方面，与实际缴费模型相对应的，制度赡养率和替代率越高，缴费偏离度越低；人口净流入省份的缴费偏离度低于人口净流出省份；就业人口比重较高省份的缴费偏差越大。

表 6.4　基准模型回归结果(个体固定效应)

自变量	实际缴费比例		缴费偏差	
政策费率	6.588***	(2.282)	0.819***	(0.152)
政策费率平方	−0.079 0***	(0.028)		
社均工资	5.62E-06	(0.000 03)	1.12E-05	(0.000 03)
老年抚养比	−0.049 2	(0.143)	−0.038 7	(0.142)
赡养率	0.270***	(0.033)	−0.268***	(0.034)
参保率	0.009 02	(0.018)	0.008 64	(0.018)
替代率	0.161***	(0.054)	−0.194***	(0.054)
人口净流入	2.306***	(0.732)	−2.134***	(0.744)
就业人口比重	−0.137**	(0.064)	0.107*	(0.064)
市场化程度	0.041 7	(0.034)	−0.050 1	(0.034)
个体效应*	控制		控制	
常数项	−129.2***	(46.140)	1.275	(7.969)
个案数	186		186	
R^2	0.61		0.577	

注：显著性水平 *** p<0.01， ** p<0.05， * p<0.1，个体效应固定在地区(东中西)层面。

个体固定效应模型能够消除由个体间不随时间变化的异质性造成的内生性问题，因而回归结果比截面 OLS 回归结果更加可靠，但是无法消除随时间变化的个体差异对结果带来的影响。根据前文的变量统计描述可知，实际缴费比例以及某些解释变量都存在时间趋势，若不同省份具有不同的时间趋势，则会对个体固定效应模型的结果造成干扰。对此，本书采用个体—时间双向固定效应模型，进一步检验解释变量对政策费率、实际缴费水平以及缴费偏差的影响，以作稳健性检验。

双向固定效应回归结果如表 6.5 所示，相比于个体固定效应回归，考虑时间效应后。在实际缴费水平模型中，政策费率的回归系数依然显著为正，且平方项的系数依然显著为负，也即政策费率和实际缴费比例间的倒 U 形关系依然成立。经济特征类变量中，人口净流入以及就业人口比重对实际缴费水平仍具有显著的影响，且作用方向与前文个体固定效应结果一致。社会保险制度特征类变量中，赡养率和替代率越高，实际缴费水平也越高，这与前文结果一致。

表 6.5　稳健性检验(双向固定效应)

自变量	实际缴费比例		缴费偏差	
政策费率	8.453***	(2.282)	1.212***	(0.187)
政策费率平方	−0.108***	(0.029)		
平均工资	0.000 159***	(0.000 04)	−0.000 111**	(0.000 05)
老年抚养比	0.012 7	(0.162)	−0.113	(0.166)
赡养率	0.377***	(0.039)	−0.356***	(0.040)
参保率	−0.019 4	(0.021)	0.036 9*	(0.020)
替代率	0.323***	(0.064)	−0.336***	(0.063)
人口净流入	1.651**	(0.767)	−1.545*	(0.788)
就业人口比重	−0.225***	(0.058)	0.170***	(0.062)
国有经济比	−0.071 3	(0.043)	0.039 4	(0.045)
个体效应*	控制		控制	
时间效应	控制		控制	
常数项	−163.9***	(43.970)	−8.539	(9.626)
个案数	186		186	
R-squared	0.664		0.619	

注：*** p<0.01， ** p<0.05， * p<0.1，个体效应固定在地区(东中西)层面。

同样在缴费偏差模型中，考虑时间效应后，解释变量的影响效果与前文个体固定效应结果基本一致，且变量的显著性有所提高。政策费率标准对缴费偏差有显著的正向作用，政策费率每提高一个百分点，实际缴费和政策费率的差距扩大 1.212 个百分点；社会保险制度赡养率和替代率越高，其缴费偏离度越低；人口净流入省份的缴费偏离度较低；就业人口比重较高的省份实际缴费偏离度较高。综上所述，双向固定效应模型结果与个体固定效应模型结果一致，我们的结论具有较强的稳健性。

第二节　企业实际社会保险缴费水平

一、企业实际缴费水平的测算与比较

在社会保险基金收入构成中，企业缴费所占的比重最大，企业的实际缴费情况对基金收入有着重要影响。本节以国泰安数据库收录的 A 股上市企业为样本，测算中国企业的社会保险实际缴费水平。首先，通过国泰安数据库获得 A 股 1 832 家企业的基本情况数据表，包括企业成立和上市年份、注册资本、行业、注册地址等信息；其次，在《财务报表数据库》中获得企业 2009—2015 年的工资总额、职工人数、社会保险缴费等数据；第三，在《股东研究数据库》中获得企业股东信息，以此确定企业所有制性质；最后，通过企业代码将以上数据进行匹配，并利用企业本年度各项以及总社会保险缴费额除以企业上年度职工工资总额得到 2010—2015 年企业各项以及总社会保险实际缴费比例。〔1〕

企业在实际缴费过程中，往往通过低报职工工资总额来降低缴费基数，从而达到逃费的目的，如张永清(2000)指出，社会保险经办机构核定的缴费工资总额约为统计工资总额的 90%，统计工资总额只占实际工资总额的 77%，据此实际缴费工资总额仅为实际工资总额的 69.3%。也即在现实中，企业无法降低法定缴费比例，而是通过

〔1〕 企业社会保险缴费包括养老保险缴费、医疗保险缴费、失业保险缴费、工伤保险缴费和生育保险缴费；职工工资总额包括工资、奖金、津贴、补贴等。

降低缴费基数来减少缴费支出，而在本书的测算中，假定企业以法定缴费基数进行缴费，通过其实际缴费支出除以法定缴费基数，以测量其真实的缴费负担情况。

从社会保险总缴费情况来看，在测算期内，企业的政策费率维持在30%左右，而根据图6.7所示，无论是从均值还是中位数来看，企业的社会保险实际缴费比例均远低于政策费率标准，且实际缴费比例还存在进一步下降的趋势。2010年企业社会保险实际缴费比例的均值为17.75%，而实际缴费比例的中位数为16.79%，这意味着有一半企业的实际缴费水平低于16.79%。随后，企业的实际缴费比例进一步下降，至2015年，实际缴费比例的均值仅为14.59%，而有一半企业的实际缴费水平低于13.68%。〔1〕长久以来，中国社会保险制度维持着高政策费率标准，但企业的真实缴费水平却在下降。在新常态下，经济增长速度放缓，企业的运营也受到一定的影响，而高费率的制度安排加重了企业负担，因此，企业逃避社会保险缴费的动机更加强烈。

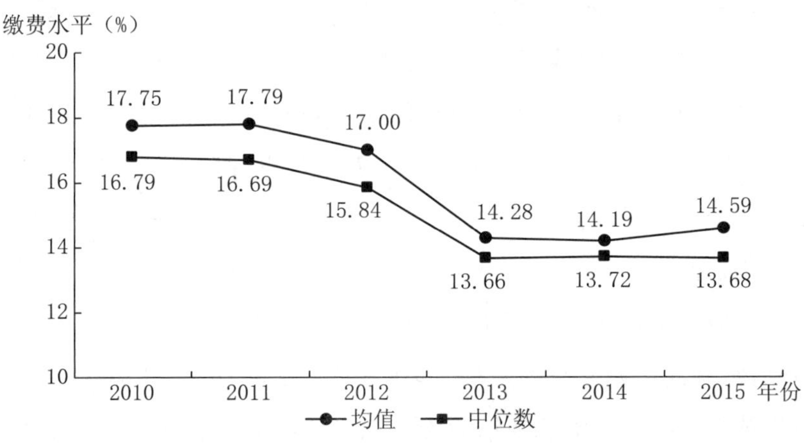

图6.7　企业社会保险实际缴费水平

〔1〕近两年里学者对企业的实际缴费情况较为关注，如社科院陈杰（2016）利用广东、湖北两省企业的调查数据测算出企业的实际缴费水平为15.4%；上海财经大学田柳（2017）利用全国税调数据，测算得到企业的养老保险平均缴费比例为10.5%，其中国有企业为16.2%，私营企业为10.3%，外资企业为9.8%。

从分项目社会保险缴费来看，企业各项社会保险制度的平均实际缴费比例均低于对应的政策费率，如表 6.6 所示。在 2010—2015 年间，企业养老保险和失业保险的实际缴费水平存在下降趋势，医疗、工伤和生育保险的实际缴费水平则相对稳定，这与前文利用社会保险基金宏观统计数据测算的结果一致。2010 年企业养老保险实际缴费比例的均值为 11.29%，至 2015 年下降为 8.99%，企业的实际缴费比例不足相应政策费率的一半。同期，企业医疗保险的实际缴费比例不足 5%，生育保险实际缴费比例低于 0.5%，工伤保险实际缴费比例低于 0.6%，失业保险实际缴费比例不到 1%。

表 6.6　分项目企业社会保险实际缴费

单位：%

年　　份	2010	2011	2012	2013	2014	2015
养老保险	11.29	11.08	10.52	8.75	8.70	8.99
医疗保险	4.56	4.74	4.54	3.87	3.92	4.11
生育保险	0.37	0.34	0.34	0.33	0.33	0.34
工伤保险	0.48	0.56	0.55	0.49	0.50	0.52
失业保险	0.86	0.99	0.93	0.73	0.71	0.64

图 6.8 展示了 2010—2015 年企业社会保险实际缴费比例的分布情况，从中可以看出，实际缴费比例为 0—5%、20%—25% 以及 25%—30%的三组企业所占的比重在下降，分别由 2010 年的 4.6%、20.6%和 12.6%下降到了 2015 年的 1.4%、8.5%和 4.0%，其中实际缴费水平高于 20%的企业所占比重下降的幅度较大。而实际缴费比例在 5%至 20%之间的三组企业所占比重在增加，分别由 2010 年的 14.8%、23.4%、23.9%，增加至 2015 年的 20.7%、38.4%和 27.0%。结合图 6.7 和图 6.8 可知，实际缴费水平较高的企业数量在减少，这导致企业的总体缴费水平在下降，且多数企业的实际缴费水平在向中间靠拢。

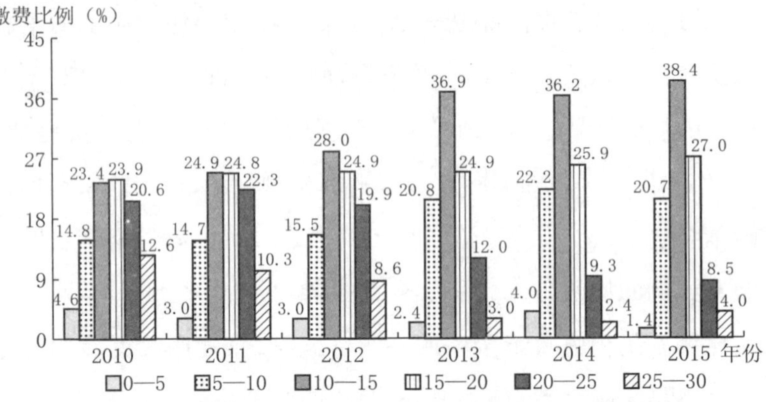

图 6.8　企业社会保险实际缴费比例分布

根据企业所有制性质的不同，本书比较了不同类型企业的实际缴费情况。根据图 6.9 所示，国有企业和集体企业的实际缴费比例在 16%—19%之间，而私营企业、外资企业的实际缴费比例均未超过 15%。根据以往对职工社会保险参保情况的研究文献可知，国有以及集体企业职工的社会保险参保率也相对高于私营等其他企业职工的参保率(Nielsen et al., 2005)。在中国制度以及市场环境下，一方面，国有和集体企业拥有更多的政治资源及更强的市场能力，因而其更有能力为员工缴纳社会保险；另一方面，国有集体企业也更容易受政策的监督与约束，其参保缴费行为也更加规范。

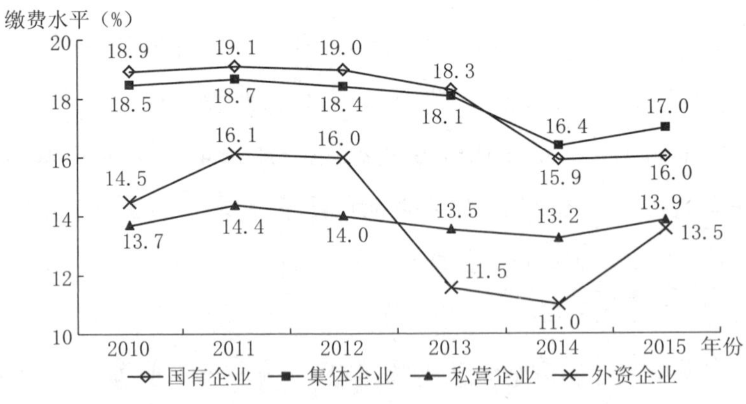

图 6.9　不同性质企业的实际缴费水平

从企业历年实际缴费水平的变化来看，在2010—2015年间，不同类型企业的社会保险实际缴费水平存在一定的收敛性。私营企业实际缴费比例的变动幅度最小，其缴费比例维持在13%—14%左右。外资企业社会保险实际缴费比例的波动性较大，其中2013年和2014年下降的幅度较大，至2015年外资企业实际缴费比例下降为13.5%。国有企业和集体企业的实际缴费水平也出现了一定幅度的下降，从2010—2015年国企实际缴费比例下降了2.9个百分点，集体企业实际缴费比例下降了1.5个百分点。根据企业社会保险实际缴费水平的变动情况可知，不同所有制企业间的实际缴费水平差距在缩小，另外，尽管国有企业和集体企业的缴费能力以及缴费约束较高，但在近几年里其实际缴费的下降幅度也是最大的，这表明中国当前的社会保险政策费率标准极有可能超过了企业的实际缴费能力。

从不同地区来看，东部地区企业的社会保险实际缴费水平最低，西部地区企业的实际缴费水平最高，中部地区企业居中。如图6.10所示，在2010—2015年间，东部地区企业的社会保险实际缴费比例仅在13%左右，且其波动的幅度较小；中部地区企业的实际缴费比例在15%左右，其实际缴费水平的最高值为16.59%，最低值为14.73%；西部地区企业的实际缴费水平的波动幅度较大，其最高缴费比例为

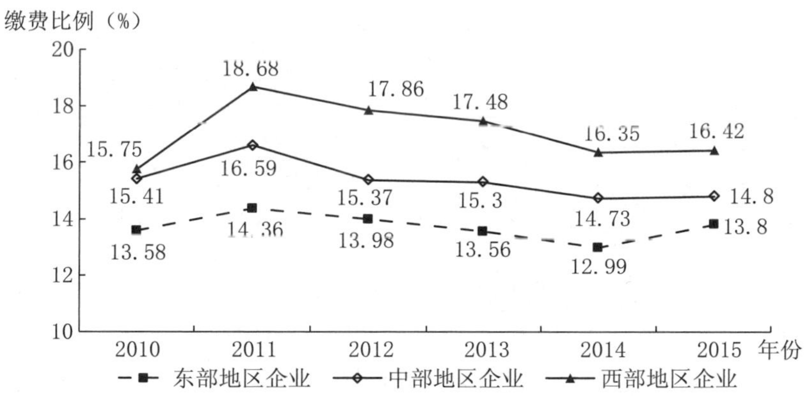

图6.10　不同地区企业的社会保险实际缴费比例

18.68%，最低缴费比例为 15.75%。从 2011 年以来，西部地区和中部地区企业的社会保险实际缴费水平存在递减的趋势，地区间的差距也略有减小。

当社会保险政策费率标准唯一时，所有企业适用的政策费率相同，此时，实际缴费比例越高的企业，其缴费遵从度越高。而事实上，不同地区的政策费率存在差异，企业面临的缴费要求各有不同，对此，本书计算样本企业的社会保险缴费遵从度，缴费遵从度越高表明企业缴费的偏离性越低，反之则缴费偏离性越高。经过计算发现，平均而言，企业社会保险缴费遵从度在 45%—48%之间，这表明企业的实际缴费水平不到政策费率标准的一半，在中国制度背景下，当前企业的社会保险缴费偏离度较高。

本书进一步计算了在各政策费率标准下，企业社会保险缴费遵从度的均值，得到企业缴费遵从度和政策费率标准的关系如图 6.11 所示。当政策规定的企业费率标准低于 29.2%时，企业缴费遵从度存在上升趋势，缴费偏离性下降；而当政策费率高于 29.2%时，企业缴费遵从度存在下降趋势，缴费偏离性提高，这与前文的结果基本一致。

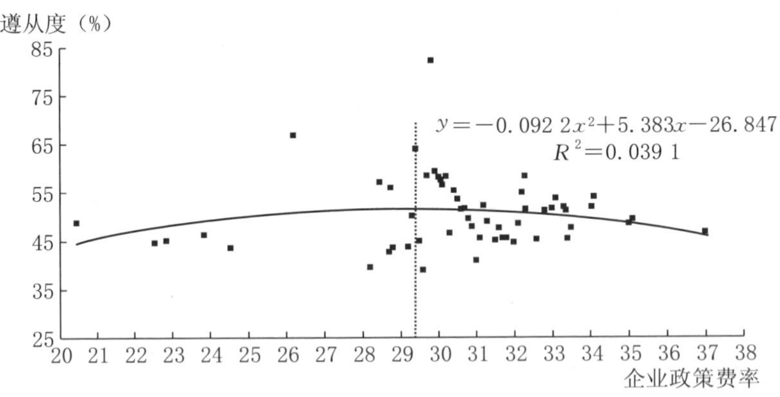

图 6.11　政策费率与企业社会保险缴费遵从度

根据企业所有制类型的不同，本书分别计算了不同类型企业社会保险缴费遵从度。如图 6.12 所示，国有、集体企业的缴费遵从度较高，在考察期内其平均缴费遵从度在 53%—60%左右，而民营企业和外资及港澳台企业的缴费遵从度较低，均未达到 50%。考察企业政策费率与各类型企业缴费遵从度的关系，如图 6.13 所示。从图中可以看出，民营企业、外资及港澳台企业的缴费遵从度与政策费率均呈倒 U 形关系，民营企业的拐点费率为 29.4%，外资及港澳台企业的拐点费率为 27.6%，可见外资及港澳台企业缴费遵从度对政策费率的敏感性高于民营企业。尽管国有集体企业的缴费遵从度较高，但其缴费遵从度一直随政策费率的提高而降低，这可能与企业的地区分布有关。数据显示，若以 30%为划分高低费率地区的临界点，则在低政策费率地区国有、集体企业所占比重为 9.91%、民营企业所占比重为 79.63%，而在高政策费率地区国有、集体企业比重为 48.89%、民营企业所占比重为 43.72%。由此可以推断，国有、集体企业实际缴费水平较高可能的原因是其更多地分布在高费率地区，也正因此，国有、集体企业缴费遵从度随政策费率提升而下降的特征更加明显。

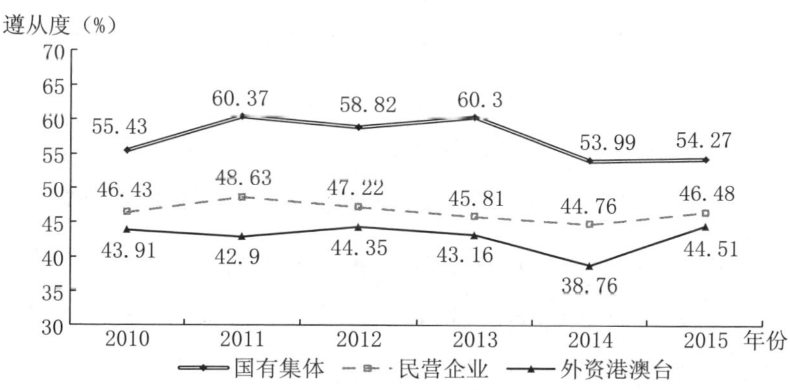

图 6.12　不同性质企业社会保险缴费遵从度

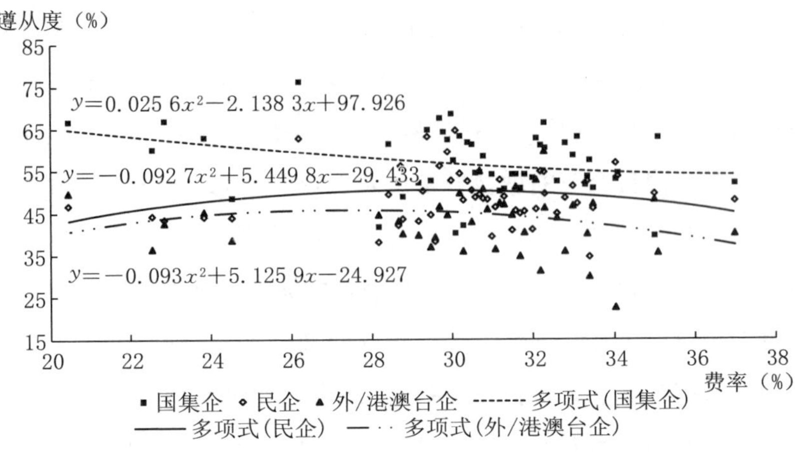

图 6.13　政策费率与不同性质企业的缴费遵从度

二、 企业实际缴费水平的实证考察

前文分析表明，不同企业间的社会保险实际缴费水平存在一定的差距，本节通过计量模型实证考察企业实际缴费水平的个体间差异。将通过国泰安数据库获得的企业基本信息表、利润表、应付职工薪酬表以及公司实质控股人信息表进行匹配，本书获得了企业所属行业、规模、性质、职工工资等相关数据，对企业基本信息的统计分析如表 6.7 所示。企业规模是指企业当年度职工人数，从表中可以看出，2010 年至 2015 年间，企业规模略有缩小；企业年龄是指企业成立至今所经历的年数；企业工资是指企业职工的人均月工资水平，从表 6.7 可以看出，企业职工的工资水平在逐年上升；企业利润是指企业人均利润水平，用企业利润总额除以企业职工人数得到，单位为万元/人；企业资本是指企业上市时的人均注册资本量，用企业上市年度的注册资本总额除以当年度职工人数得到，单位为万元/人。另外，表 6.7 还反映了不同性质企业所占的比重，其中民营企业所占比重最高，且有逐年递增的趋势。

表 6.7　样本企业基本信息统计描述

变　量	2010 年	2011 年	2012 年	2013 年	2014 年	2015 年
实际费率(%)	16.50	16.52	16.00	14.13	13.52	14.17
企业规模(人)	6 055	5 756	5 564	5 772	5 627	5 466
企业年龄(年)	9.13	10.11	11.09	12.09	13.08	14.08
企业工资(元/月)	4 604.67	5 040.35	5 569.28	6 255.24	6 944.69	7 618.36
企业利润(万元)	28.94	30.63	28.75	25.79	25.99	28.66
企业资本(万元)	19.63	17.09	16.17	15.11	14.88	14.63
国有企业(%)	24.67	21.84	17.38	17.08	16.8	16.52
集体企业(%)	22.22	20.18	25.09	23.7	22.76	21.15
民营企业(%)	38.5	47.88	50.22	52.47	54.32	57.2
港澳台企业(%)	3.13	2.86	1.96	2.00	2.09	1.95
外资企业(%)	1.25	1.15	1.59	1.43	1.38	1.28
其他企业(%)	9.55	5.67	3.75	3.31	2.64	1.91

为考察企业实际缴费水平的影响因素，建立如下计量模型：

$$fm_{it}=\beta_0+\beta_1 XF_{it}+\beta_2 PRO_{it}+\varepsilon_{it} \tag{6-3}$$

(6-3)式中 fm_{it} 表示 i 企业在 t 年的实际社会保险缴费比例，XF_{it} 为一系列企业特征变量，包括企业规模、企业性质、所属行业、企业人均利润、企业年龄等。PRO_{it} 为企业所在省市社会保险制度的特征变量，该变量是经过计算和匹配获取的，首先计算得到企业 2010 年至 2015 年的实际缴费比例，再通过企业注册地址将企业数据与同期各省市社会保险制度相关宏观统计数据进行匹配。其中，匹配的变量包括各省社会保险制度参保率、基金缴费强度、赡养率、替代率，以及各省国有经济比重、城镇就业人口比重，其中基金缴费强度是指各省社会保险基金缴费收入占基金总收入的比重。本书获取了企业层面的非平衡面板数据，在企业实际缴费水平的计量分析中，采用个体固定效应和个体—时间双向固定效应模型，以考察企业实际缴费水平的影响因素，结果如表 6.8 所示。

表 6.8　企业社会保险实际缴费模型结果

自变量	个体固定效应		双向固定效应	
企业工资	−0.000 058***	(0.000)	−0.000 045***	(0.000)
企业利润	0.005 6***	(0.002)	0.004 9**	(0.002)
企业年龄	−0.120***	(0.021)	−0.059 5***	(0.016)
企业规模	0.000 017***	(0.000)	0.000 019***	(0.000)
企业性质(国有集体=0)				
民营企业	−2.567***	(0.277)	−2.475***	(0.295)
外资企业	−3.302***	(0.696)	−3.229***	(0.749)
港澳台资	−2.987***	(0.328)	−2.932***	(0.327)
其他企业	−4.987**	(2.109)	−4.875**	(2.140)
行业类型	控制		控制	
国有经济比重	0.033 8***	(0.013)	0.015 6*	(0.009)
城镇就业比重	0.054 1**	(0.023)	0.120 6***	(0.033)
政策费率	0.320***	(0.052)	0.251***	(0.051)
参保率	0.013 7	(0.011)	0.000 018	(0.014)
赡养率	0.105***	(0.021)	0.108***	(0.021)
替代率	−0.001 3	(0.048)	−0.007 9	(0.051)
缴费强度	0.051 2*	(0.027)	0.050 6**	(0.024)
时间效应	否		是	
常数项	−7.551**	(2.987)	−4.662	(3.076)
观测数	4 982		4 982	

注：显著性水平 *** p<0.01，** p<0.05，* p<0.1。

个体固定效应以及双向固定效应模型的结果基本一致，但各变量对实际缴费影响效应的大小有所不同。相对而言，双向固定效应控制了更多的因素，具有更强的稳健性，因此，本书以双向固定效应模型的估计结果为准。通过模型可知，企业的工资、利润水平以及企业年龄、规模、性质是影响其社会保险实际缴费水平的重要因素。平均而言，企业职工人均月工资水平每提高 1 元，其社会保险实际缴费比例下降 0.000 045 个百分点；企业人均利润每提高 1 万元，其实际缴费比例提高 0.004 9 个百分点；企业年龄每提高 1 年，其实际缴费比例下降 0.059 5 个百分点；企业职工人数每增加 1 人，其实际缴费比例提高 0.000 019 个百分点。

对企业而言，职工工资和社会保险缴费是其劳动力成本的主要构成，在总用工成本一定的条件下，职工工资和社会保险缴费具有替代性，而工资的增长具有一定的刚性，因此，企业具有通过降低保险缴费来控制总成本的动机。另外，在由企业代缴社会保险费用的制度安排下，职工对企业工资的变动具有较强的感知度，而对企业缴纳社会保险的感知度较弱，如此更加强了企业工资与社会保险缴费间的替代性。此外，企业规模和企业利润能够反映企业能力的大小，一般而言，大规模企业以及高利润企业的经营能力更强，也更有能力为职工缴纳社会保险费用。企业年龄在一定程度能够体现企业生存经验，相比于新成立的企业，生存越久的企业越熟悉市场行情以及政策规则，进而更容易规避缴费。

企业所有制也是影响企业社会保险实际缴费水平的重要因素，前文对不同所有制企业实际缴费水平的比较分析发现，国有、集体企业的实际缴费比例是最高的，本节的计量模型在控制其他变量的影响后，进一步验证了这一结论，并且更加准确地得出了不同所有制企业实际缴费比例的大小关系。民营企业的社会保险实际缴费水平要比国有、集体企业低 2.475 个百分点，外资企业的实际缴费水平比国有、集体企业低 3.229 个百分点，港澳台资企业的实际缴费水平比国有、集体企业低 2.932 个百分点，其他企业的实际缴费水平比国有、集体企业低 4.875 个百分点。考虑到企业缴费的统筹性质，国有、集体企业承担着更多的缴费乃至社会责任，这与其优势地位是一致的。

在地区以及制度特征变量方面，国有经济比重、城镇就业比重、制度赡养率、缴费强度以及政策费率标准对企业实际缴费都有显著的正向作用。一个地区的国有经济比重在一定程度上体现了该地区国有部门的就业规模，而国有集体企业的实际缴费水平较高，因此，在国有经济比重高的省份，其企业的平均缴费水平也相对较高。城镇就业人口比重越高的地区，其经济活动越频繁，产生的规模效应越大，有助于改善企业的经营状况，提升企业的缴费能力。制度赡养率越高的地区，社会保险支出需求越高，地方征收部门对企业缴费的监管力度越大，这与缴费强度对企业实际缴费的作用一致。此外，总体而言，当地政策费率越高，企业的平均实际缴费比例越高。

根据以上模型结果，政策费率越高时企业的实际缴费比例也越高，但事实上，政策费率的提高也会强化企业的避费动机；另外，企业在选址时也会考虑当地的政策环境。对此，本书按企业所在地政策费率的大小将样本分为两个部分，在低费率地区企业的政策费率标准低于30%，在高费率地区企业的政策费率标准大于等于30%，对分样本分别进行双向固定效应回归，结果如表6.9所示。

表6.9　分地区企业实际缴费水平(双向固定效应)

自变量	低费率地区		高费率地区	
政策费率	0.183 0***	(0.055)	−0.263 0**	(0.124)
企业工资	−0.000 06**	(0.000)	−0.000 05***	(0.000)
企业利润	0.013 2***	(0.003)	0.000 8	(0.002)
企业年龄	−0.058 1***	(0.013)	−0.058 4**	(0.029)
企业规模	0.000 03***	(0.000)	0.000 01***	(0.000)
企业性质(国有集体=0)				
民营企业	−2.204***	(0.328)	−2.386***	(0.384)
港澳台	−2.696***	(0.676)	−3.182***	(0.747)
外资企业	−2.350***	(0.440)	−2.761***	(0.349)
其他企业	−3.631*	(2.011)	−6.200***	(2.095)
行　业	控制		控制	
国有经济比重	0.037 4*	0.020 9	0.006 1	0.018 8
城镇就业比重	0.104 9***	0.016 0	0.035 8	0.033 6
参保率	0.005 1	(0.015)	0.012 8	(0.008)
赡养率	0.115***	(0.039)	0.062 7***	(0.012)
替代率	0.101 0	(0.065)	0.026 4	(0.023)
缴费强度	0.056 3**	(0.028)	0.015 4	(0.023)
时间效应	是		是	
常数项	−0.475	(8.053)	20.29***	(6.106)
观测数	2 298		2 684	

注：显著性水平 *** p<0.01， ** p<0.05， * p<0.1。

在不同政策费率地区，上文中的变量对企业实际缴费水平的影响效应存在差异。在低费率地区，政策费率与企业实际缴费水平存在显著的正向关系，政策费率每提高 1 个百分点，企业实际缴费比例提高 0.183 个百分点；而在高费率地区，政策费率对企业实际缴费具有显著的负向作用，政策费率标准每提高 1 个百分点，企业实际缴费比例降低 0.263 个百分点。

无论是低费率地区还是高费率地区，企业工资水平、年龄以及规模对企业实际缴费的作用与前文一致，但企业利润对实际缴费的作用仅在低费率地区成立，这表明，当政策费率标准过高时，即便企业有较高的利润水平也不会再进一步提高社会保险缴费。不同性质企业实际缴费比例间的大小关系与前文一致，但在高费率地区不同企业间的实际缴费比例差距更大。在低费率地区，国有经济比重、城镇就业人口比重以及缴费强度对企业实际缴费水平有显著的促进作用，但在高费率地区，以上变量的作用不再显著。但制度赡养率对企业实际缴费的影响在高、低费率地区都是显著的。

第三节　职工实际社会保险缴费水平

一、职工实际缴费水平的测算与比较

职工是社会保险制度的另一缴费主体，根据中国社会保险制度的缴费规定，企业与职工的政策费率之比在 3∶1 左右，而前文分析表明，企业的实际缴费水平远低于政策费率标准，因而企业与职工的实际缴费分担情况仍有待考察。本节使用北京大学中国社会科学调查中心主持的中国家庭追踪调查（CFPS）2012 年和 2014 年度调查数据，测算中国城镇企业职工的社会保险实际缴费水平。CFPS 调查问卷主要包括村/居卷、家庭卷、少儿卷和成人卷四大部分，其中成人问卷涉及了被访者的就业状态、工作单位、税后工资、社会

保险缴费等情况。

根据社会保险制度的规定，职工以本人税前工资的一定比例缴纳社会保险费用，若工资超过上年度当地社均工资300%的，以社均工资的300%为缴费基数；若工资低于上年度当地社均工资60%的，以社均工资的60%为缴费基数。对此，在测算职工实际缴费水平时首先需要确定职工的缴费基数。由于问卷中没有涉及职工的税前工资，本书根据被访者报告的实收工资水平以及个人所得税税率倒推其计税工资，然后加上被访者报告的社会保险缴费以及住房公积金缴费，近似求得职工的税前工资水平。在得到职工的税前工资水平后，将问卷调查数据与宏观统计数据进行匹配，将职工税前工资与其所在省份上年度社均工资的60%（下限）、300%（上限）进行比较，进而得到职工的社会保险缴费基数，即税前工资在社均工资的60%至300%之间的以本人税前工资为基数，高于300%或低于60%的，以上下限为缴费基数。最后，用职工报告的社会保险个人实际缴费额除以缴费基数得到其实际缴费比例。

在当前的制度安排下，多数地区职工社会保险政策费率标准为11%，而根据本书的测算方法，2012年职工社会保险实际缴费的均值为6.31%，中位数为6.54%；2014年职工社会保险实际缴费比例的均值为7.03%，中位数为6.83%，均低于制度规定的政策费率。在社会保险缴费中，职工需缴纳养老、医疗和失业三项社会保险费用，根据多数地区这三项制度的职工费率比8∶2∶1，计算职工的分项目社会保险实际缴费情况，如表6.10所示。根据2012年和2014年职工的实际缴费情况可知，职工养老保险实际缴费比例在5%左右，医疗保险实际缴费比例在1.2%左右，失业保险实际缴费比例在0.6%左右。比较2012年和2014年职工的实际缴费水平可知，职工平均实际缴费比例有所提高，但其缴费比例的内部差异也在扩大。

表 6.10　职工分项目社会保险实际缴费比例

单位:%

项　　目	2012 年		2014 年	
养老保险	4.59	(2.18)	5.11	(2.43)
医疗保险	1.15	(0.54)	1.28	(0.61)
失业保险	0.57	(0.27)	0.64	(0.30)

考察 2012 年和 2014 年企业职工社会保险实际缴费的分布情况如图 6.14 所示,其中 2012 年有效缴费职工人数为 2 302 名,2014 年有效缴费职工人数为 2 231 名。依据职工实际缴费比例进行分组可知,2012 年有 19%的职工实际缴费比例不超过 4%,有 63.6%的职工实际缴费比例在 4%—10%之间,有 17.4%的职工实际缴费比例高于 10%,而 2014 年对应组所占的比重分别为 14.3%、70.1%、15.7%。这表明低缴费比例和高缴费比例职工人数都在减少,而中间缴费比例职工人数在增加。总体而言,相比于 2012 年,2014 年职工社会保险实际缴费比例有所上升。

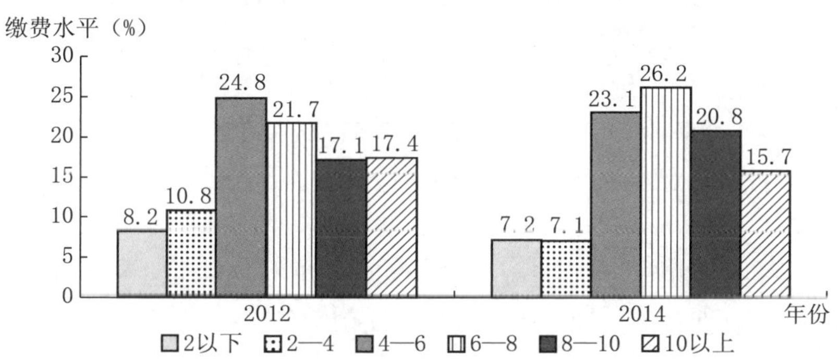

图 6.14　职工社会保险实际缴费水平分布

前文对企业社会保险缴费的分析表明,不同性质和地区企业的实际缴费水平存在差异,而在当前的制度安排下,职工社会保险费用由企业代缴,这是否会导致职工的社会保险实际缴费水平也存在差异？本书根据职工所在企业性质以及职工所在地区进行分组，比较不同类型职工的社会保险实际缴费水平，如图 6.15 所示。国有集体企业职工的实际缴费比例高于民营企业职工和外资及港澳台企业职工的实际缴费比例，这与前文展示的不同所有制企业实际缴费比例的相对大小一致。2012 年国有及集体企业职工平均社会保险实际缴费比例为 7.52%，民营企业职工平均社会保险实际缴费比例为 6.33%，外资及港澳台资企业职工平均社会实际缴费比例为6.05%，而2014 年这三类企业职工的实际缴费比例分别上升为 8.8%、7.32%、6.86%。

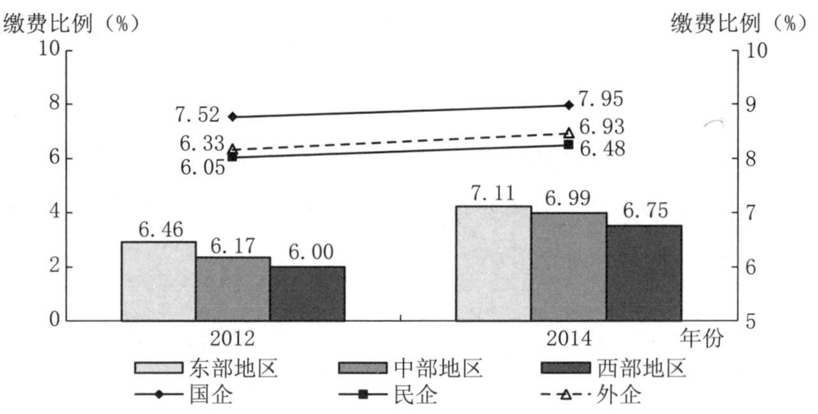

图 6.15　不同地区和企业类型职工的实际缴费比例

注：国企职工包含集体企业职工，外企职工包含港澳台资企业职工。

从地区分布来看，东部地区职工的实际缴费比例最高，中部地区职工次之，西部地区职工的实际缴费比例最低，这与前文企业实际缴费水平的地区分布正好相反。2012 年东、中、西三地区职工社会保险实际缴费比例分别为 6.46%、6.17%、6.0%，而 2014 年分别上升为7.69%、7.44%、7.30%，可见各地区职工的实际缴费水平均有所上升。

从省级层面的社会保险缴费规定来看，职工政策费率的地区差异性要低于企业政策费率的地区差异性，2012 年和 2014 年职工的政策费率标准在 9%—11%之间，而在各政策费率点上，职工的实际缴费比例仅为 5.91%—6.6%。同样比较不同类型职工社会保险缴费遵从度可知，2012 年职工社会保险政策费率的均值为 10.8%，而职工社会保险实际缴费比例的均值为 6.3%，职工缴费遵从度为 58.3%；2014 年职工社会保险政策费率的均值为 10.77%，而职工社会保险实际缴费比例的均值为 7.03%，职工缴费遵从度为 65.3%。相比于企业的缴费情况，职工的缴费遵从度较高，也即职工实际缴费与政策费率间的偏离性低于企业。

根据职工就业单位的所有制性质，对职工进行分组，测算在各政策费率点上职工的缴费遵从度，如图 6.16 所示。在各政策费率点上，国有及集体职企业工的缴费遵从度均高于民营企业和外资及港澳台企业，平均而言，国有及集体企业的缴费遵从度在 66%—77%之间，民营企业的缴费遵从度在 57%—61%左右，外企以及港澳台资企业的缴费遵从度在 56%—75%左右。结合前文对企业缴费遵从情况的分析可知，国有及集体企业自身的缴费遵从度高于其他所有制性质的企业，且国有及集体企业职工的缴费遵从度也高于其他性质企业职工。另外，比较相同性质企业和职工的缴费遵从度可知，各类型

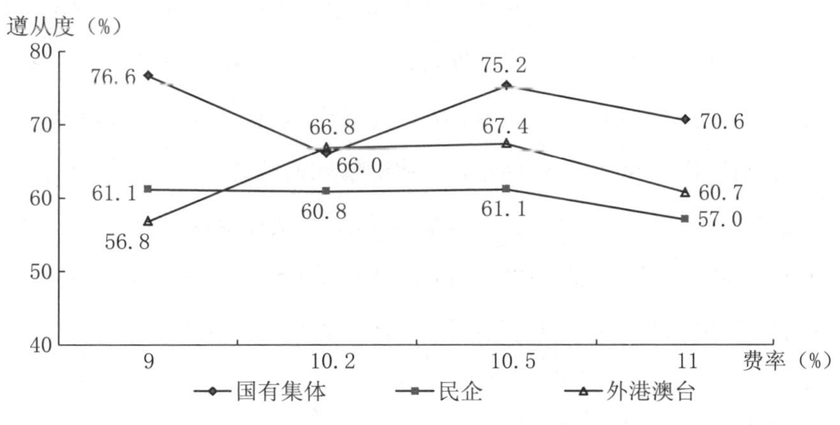

图 6.16　不同性质企业职工的缴费遵从度

职工的缴费遵从度均高于企业缴费遵从度，这表明中国当前社会保险缴费的偏离主要是由企业缴费部分造成的。从政策费率标准来看，中国当前社会保险制度的缴费负担较高，而企业又承担了更高比例的缴费责任，这可能是企业缴费遵从度较低的原因所在。

在由企业代缴社会保险费用的制度安排下，职工无法直接进行避费行为，因而职工的社会保险缴费偏离在很大程度上是由企业行为造成的。前文对企业实际缴费水平的模型分析表明企业工资与社会保险实际缴费水平之间确实存在着替代关系。而职工的社会保险费用从职工税前工资中扣除，因此，一般而言，企业不存在直接动机降低由职工承担的社会保险费用。但是，在高费率的制度安排下，若企业如实替职工缴纳了社会保险费用，则势必会降低职工的税后工资水平，在工资刚性增长的劳动力市场环境下，这不利于企业激发员工的工作积极性。企业代缴社会保险费用这一制度安排，为企业提供了调整职工薪酬结构的手段，通过降低职工社会保险缴费来提高职工的当期收入水平。

依据中国社会保险制度安排，职工无法直接逃避缴费，但可以与企业“合谋”，通过降低缴费工资以及不参加某项保险制度来减少缴费，从而提高现金收入，这会进一步增加职工社会保险缴费的偏离性。现有研究表明，不同类型职工对现期收入和未来收入的偏好不同，短视型职工更偏好当下的收入，而生命周期型职工更偏好终身收入的平滑(张熠、刘金东，2014)。一般来说，农民工以及低教育水平的就业者，由于经济状况较差，对现金收入的需求更大，尤其是农民工还受就业流动性以及社会保险转续和最低缴费要求的影响，更可能注重当前的工资收入而对社会保险的期望较低。另一方面，该类职工的市场议价以及谈判能力较弱，也更有可能遭遇企业不为其参加社会保险或降低缴费的情况。如图 6.17 所示，在各政策费率点上，城镇户口的职工的社会保险缴费遵从度均要高于农业户口的职工。

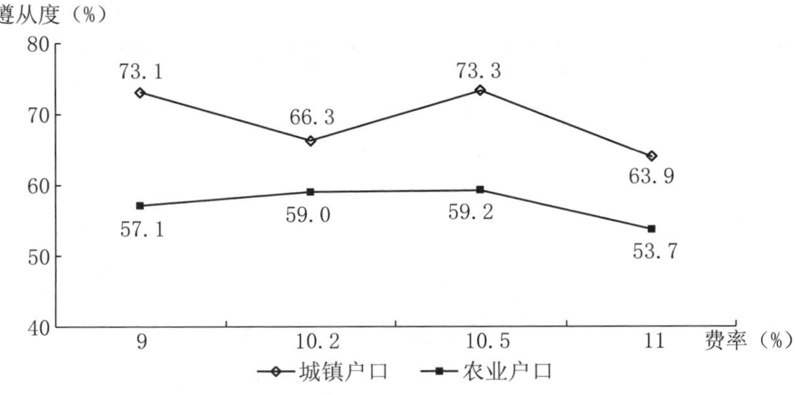

图 6.17　不同户口性质职工的缴费遵从度

二、 职工实际缴费水平的实证考察

为进一步考察职工社会保险实际缴费水平的个体差异，构建如下计量模型：

$$Pe_i = \beta_0 + \beta_1 XP_i + \beta_2 PRO_i + \varepsilon_i \qquad (6\text{-}4)$$

(6-4)式中 Pe_i 表示职工 i 的实际社会保险缴费比例，XP_i 为一系列职工个体特征变量，包括年龄、性别、教育程度、工资收入、户口性质等。PRO_i 为企业所在地区及其社会保险制度的特征变量，本书根据问卷中报告显示的调查地址将职工数据和同年份的宏观数据进行匹配，匹配的变量与前文企业实际缴费模型一致。对职工基本信息的统计描述如表 6.11 所示。

表 6.11　职工基本信息统计描述

职工变量		2012 年	2014 年
年龄(岁)		36.55	35.6
性别	男性(%)	59.28	61.72
	女性(%)	40.72	38.28
户口性质	农业(%)	37.54	45.09
	非农(%)	62.46	54.91
受教育年限(年)		11.92	8.04

续表

职 工 变 量		2012 年	2014 年
婚姻	未婚(%)	17.93	20.35
	已婚(%)	79.78	76.56
	离丧(%)	2.28	3.09
月均收入(元)		3 051.87	3 494.45
单位规模(人)		2 509.15	2 047.47
就业单位	国企(%)	30.97	33.44
	民企(%)	49.65	52.85
	外企(%)	13.25	12.01
	其他(%)	6.13	1.7

注:国企职工包含集体企业职工,外企职工包含港澳台资企业职工。

通过上述计量模型,分别对 2012 年职工以及 2014 年职工的实际社会保险缴费水平进行回归分析,结果如表 6.12 所示。在控制其他变量的条件下,工资水平越高的职工,其社会保险实际缴费水平越低,平均而言,职工工资每增加 1 元,其社会保险实际缴费比例降低 0.000 13—0.000 2 个百分点。社会保险制度缴费体现出了累退性,低收入者的实际缴费负担高于高收入者,其根本原因在于企业未按政策规定如实替职工缴纳社会保险费用(汪润泉等,2017)。对此,本书作以下说明:假设职工社会保险政策费率为 t,职工工资为 W_i,缴费基数上下限分别为 W_a、W_b,按照本书的测算办法,在如实缴纳社会保险费用的情况下,职工社会保险实际缴费比例为:

$$\begin{cases} t_i = W_a t / W_a = t\text{, } W_i < W_a \\ t_i = W_i t / W_i = t\text{, } W_a \leqslant W_i \leqslant W_b \\ t_i = W_b t / W_b = t\text{, } W_i > W_b \end{cases} \tag{6-5}$$

可见,在如实缴纳社会保险费用的情况下,职工的实际缴费比例均等于政策费率而与其工资水平无关。事实上,在企业代缴社会保险费用的制度安排下,由于企业低报职工工资或其他原因导致职工实际缴费基数低于政策规定的缴费基数,由此造成职工实际缴费水平低于政策费率标准。考虑一种极端情况，即企业按最低缴费基数 $\bar{w}$ 为所有员工一致缴费，此时，职工社会保险的实际缴费比例为 $t_i = \bar{w}t/W_i < t$，且 W_i 越大 t_i 越低，也即高工资者的实际缴费比例越低。当企业低报缴费工资时，高工资职工的实际缴费基数与其实际工资间的差距会更大，因而即便缴费基数没有降低到最低限度，也会出现高工资者实际缴费比例更低的现象。

表 6.12　职工社会保险实际缴费模型

自变量	2012 年		2014 年	
工　资	−0.000 13***	(0.000 01)	−0.000 2***	(0.000 02)
年　龄	0.018 7	(0.011 6)	−0.002 2	(0.008 6)
农业户口	−0.884 8***	(0.147 3)	−1.224***	(0.225 0)
女　性	−0.086 7	(0.187 0)	−0.339 4	(0.235 0)
教　育	0.079 3**	(0.035 1)	0.052 3**	(0.027 5)
已　婚	−0.259	(0.269 0)	0.399	(0.291 0)
离　丧	−0.627 8	(0.431 1)	0.095 9	(0.625 0)
企业规模	−1.59e-06	3.18e-06	−4.09e-06	(4.32e-06)
企业性质(国有集体企业为参照组)				
私　企	−1.343***	(0.222 0)	−1.540***	(0.238 0)
外港澳台	−1.728***	(0.318 0)	−1.049***	(0.360 0)
其　他	−1.080 4***	(0.261 7)	−1.057 6**	(0.764 0)
行　业	控制		控制	
就业人口比	0.021 8	(0.014 2)	0.030 8	(0.040 9)
国有经济比重	0.006 2	(0.014 9)	0.010 2	(0.036 1)
参保率	0.002 84	(0.006 2)	0.002 78	(0.006 5)
替代率	0.032 9**	(0.016 4)	0.006 29	(0.019 0)
赡养率	0.015 1	(0.012 4)	0.028 6**	(0.013 6)
政策费率	0.037 6	(0.037 0)	0.017 2	(0.073 1)
缴费强度	0.006 26	(0.015 4)	0.045 7**	(0.018 8)
常数项	3.775*	(2.274 0)	3.443	(3.751 0)
个案数	2 025		2 058	
R^2	0.128		0.118	

注：显著性水平 *** $p<0.01$，** $p<0.05$，* $p<0.1$。

除工资外，户口性质、教育程度不同的职工，在实际缴费水平上也存在显著差异。农业户口职工的实际缴费水平要低于城镇户口职工，根据回归结果,农业户口职工的实际缴费比例平均要低 0.884 8—1.224个百分点。受教育程度高的职工,其社会保险实际缴费水平相对较高,平均而言,受教育年限每提高 1 年,平均缴费比例提高 0.052 3—0.079 3 个百分点。在当前社会保险制度安排中并没有针对不同职工制定不同的费率标准,尽管职工政策费率存在地区差异,而不同性质、行业职工在各政策费率地区的分布不同,但在控制了企业性质和行业类型等变量后,以上述变量所划分的不同组别职工在社会保险实际缴费水平方面存在显著差异,其根本原因同样在于职工缴费不实。

与前文企业实际缴费水平模型结果类似,不同所有制性质企业职工的社会保险实际缴费水平也存在显著差异,可能的原因有两个方面:一是企业职工各政策费率在地区的分布不同,国有企业密集的地区其政策费率标准相对较高;二是不同企业受企业文化、缴费能力等因素的影响而导致其真实缴费情况不同。根据表 6.12 展示的模型结果,在控制了政策费率后,不同性质企业职工实际缴费间的显著差异已然存在,相比于国有集体企业职工,民营企业职工的实际缴费比例要低 1.343—1.54 个百分点,外资及港澳台职工的实际缴费比例要低 1.049—1.728 个百分点,这一结果更多的是由企业间的真实缴费差异导致的。

此外,职工所在地区及其社会保险制度特征变量对职工实际缴费水平的影响,存在年份差异,在 2012 年数据回归结果中,社会保险替代率水平高的地区,其职工的实际缴费水平相对较高,在 2014 年数据回归结果中,赡养率和缴费强度与职工实际缴费水平存在显著正向关系。而就业人口比、国有经济比重、政策费率和参保率等对职工实际缴费水平均无显著影响,这与前文企业实际缴费水平的模型分析结果不同,可能的原因在于,企业缴费份额高于职工缴费,其实际缴费对这类变量的敏感度更高。

第四节 本章小结

本章从社会保险基金征缴、企业与职工实际缴费三个方面系统考察了中国城镇企业职工社会保险制度的真实缴费水平。本章主要结论如下：

第一，中国职工社会保险制度的实际缴费水平低于政策费率。从基金征缴层面来看，2010年社会保险基金实际缴费比例为25.15%，至2015年下降为23.36%，社会保险制度的缴费不实已成既定事实。从企业层面来看，2010年企业社会保险实际缴费比例为17.75%，随后逐渐下降，至2015年下降至14.59%。这表明在当前制度环境下，企业并未按社会保险制度规定如实缴纳社会保险费用，其实际缴费负担远低于政策费率标准。从职工层面来看，2012年职工社会保险实际缴费比例的均值为6.31%，2014年企业职工社会保险实际缴费比例的均值为7.03%，均低于职工的政策费率。

第二，企业与职工社会保险实际缴费分担比低于政策费率的分担比。多数省份企业职工社会保险政策费率标准超过30%，职工政策费率标准为11%，两者分担比接近3∶1。而根据本书计算，2012年企业实际缴费比利和职工实际缴费比例的比值为2.54，2014年下降为1.92，实际缴费分担比低于政策费率分担比，这说明由于缴费不实，企业实际承担的缴费比重低于政策规定的缴费比重。

第三，社会保险实际缴费水平存在地区差异。从企业实际缴费来看，西部地区企业的实际缴费比例最高，为15.8%—18.7%；中部地区企业次之，为14.7%—16.6%；东部地区企业的实际缴费比例最低，为13.0%—14.4%。从职工实际缴费来看，东部地区职工的实际缴费比例最高，为6.5%—7.1%；中部地区职工居中，为6.2%—7.0%；西部地区职工实际缴费比例最低，为6.0%—6.8%。企业和职工社会保险实际缴费水平的地区分布正好相反，东部地区经济竞争更强烈，企业的逃费现象也更为严重；而另一方面，企业在为职工代缴社会保险费用时的遵从度相对较高。

第四，企业和职工社会保险缴费不实具有普遍性，但不同所有制企业及职工的实际缴费存在差异，国有、集体企业及所属职工的实际缴费比例高于其他性质的企业及其职工。国有及集体企业的实际缴费比例为16.5％—18.9％，民营企业以及外资港澳台资企业次之，分别为13.2％—14.4％、10.8％—14.9％；国有和集体企业职工的实际缴费比例为7.5％—8.0％，民营企业职工的实际缴费比例为6.1％—6.5％，外资及港澳台资企业职工的实际缴费比例为6.3％—6.7％。国有及集体企业在享有更多资源优势的同时，也承担了更多的缴费责任。

第五，企业社会保险缴费与职工工资具有替代性。依据本章企业实际缴费水平的模型分析结果，工资水平高的企业其实际社会保险缴费比例较低，职工工资和社会保险都是企业用工成本的一部分，在工资刚性增长以及高费率的制度背景下，企业更有动机通过降低社会保险缴费来维持一定的工资增长。

第六，缴费能力是影响企业社会保险缴费的重要因素，但其作用受到限制。企业利润是衡量企业缴费能力的重要指标，高利润企业的实际缴费比例更高，但是当政策费率过高时，企业利润的增加并不会进一步提高实际缴费比例。

第七，职工社会保险实际缴费比例具有累退性。由于职工社会保险缴费不实，在制度中存在高收入者实际缴费比例低，而低收入者实际缴费比例高的现象，这在一定程度上会弱化制度的再分配功能。

根据以上结论可知，中国社会保险制度的真实缴费水平低于政策费率标准，且企业和职工的实际缴费负担比低于政策规定的费率比。在高政策费率下，企业职工并未如实参与社会保险缴费，甚至还造成了一定的扭曲，不利于制度的健康发展。因此，在既定的社会经济环境下，社会保险费率标准的适度性显得尤为重要，在下一章中，本书将重点考察中国社会保险制度当前费率标准的适度性，以及制度是否存在降费的可能性。

第七章
社会保险费率的适度性评价：能力与基金平衡视角

适度的社会保险水平能够在制度良性运行的前提下，满足参保人的基本待遇需求，同时不对经济社会发展造成过多负面影响。而当社会保险水平过度时，会引发企业成本上升、竞争力下降、劳动积极性受挫、财政紧张等一系列问题(穆怀中，1997)。适度的社会保险水平需要适度的社会保险缴费水平，在前文对中国城镇职工社会保险"政策费率"以及"实际费率"分析的基础上，本章引入"缴费能力"和"均衡费率"指标，以构建社会保险费率评价体系，讨论中国当前社会保险政策费率标准的适度性以及降费的可能性。

第一节　社会保险费率评价指标体系的构建

在中国社会保险制度"高费率"的政策背景下，费率标准的适度性问题一度引起学者关注，本书从社会保险责任主体的负担能力以及既定待遇水平下的基金平衡角度出发，构建社会保险费率的评价指标体系，如图 7.1 所示。

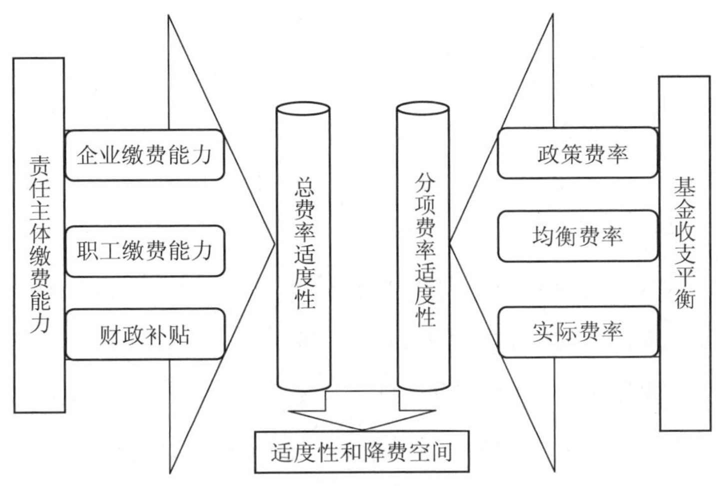

图 7.1　社会保险费率评价体系

企业和职工是社会保险制度的主要缴费主体，根据中国社会保险制度规定，企业的政策费率在 30%左右，职工的政策费率略高于 10%，而前文对实际缴费负担的计算指出，企业和职工的实际缴费比例均低于各自的政策费率，这是否意味着中国社会保险制度的政策费率标准超过了企业和职工的缴费能力呢？鉴于此，本章首先从负担能力出发构建费率评价指标，以考察企业和职工总体费率水平的适度性。社会保险责任主体的缴费能力与宏观经济发展水平息息相关，经济增长既制约着企业和职工的缴费能力，也制约着政府财政对社会保险制度的扶持能力。因而，在缴费能力约束下的费率水平也就是符合社会经济发展阶段的社会保险缴费水平。

立足于负担能力，我们构建了“企业缴费能力”“职工缴费能力”和“财政负担能力”三项指标。其中，“企业缴费能力”指企业可承受的最高缴费比例，企业缴纳的社会保险费用来源于企业利润，当企业缴费比例过高时会挤占企业用于扩大再生产的份额，这既不利于企业发展也不利于宏观经济增长。因此，本书以不影响企业扩大再生产为约束条件，以企业利润扣除企业投资后的剩余作为企业的缴费能力。同样,“职工缴费能力”指职工可承受的最高缴费比例,职工工资收入一部分用于消费、一部分用于储蓄,当社会保险缴费比例过高时会影响职工的当期消费水平。本书以不降低职工当期消费为约束条件,以职工收入扣除消费和一定比例的储蓄后的剩余作为职工的最高缴费能力。

在中国社会保险制度设计中,财政承担托底责任,当社会保险基金出现入不敷出时由财政填补缺口。我们认为这种被动的补贴方式存在以下弊端:第一,财政补贴额度处于失控状态,尤其是当诸如深度老龄化等原因造成社会保险基金缺口不断扩大时,社会保险基金的财政补贴规模很可能超越适度范围,同时也会破坏社会保障财政支出的合理结构;第二,财政补贴与社会保险费率的制定存在脱节,社会保险费率的高低会影响基金缺口的大小,进而影响财政补贴需求,但在当前的制度安排下,社会保险费率的制定缺乏对财政补贴能力的考量。鉴于此,本书在能力指标体系中加入财政负担能力,探讨在当前的降费减负改革中,财政能够为降费提供多大的空间。

以上指标可用于评价企业和职工所承担的总体缴费标准的适度性,但中国社会保险包含相互独立的五项制度,各险种的费率标准单独确定,因而需要分别评价各项社会保险制度的费率标准。

接下来,本章从待遇水平和基金平衡角度出发,构建费率评价指标以评估中国各项社会保险制度费率标准的适度性。中国社会保险费率改革面临着“不降低职工待遇”“维持基金平衡”等现实约束,事实上,在不同的待遇水平下,满足基金平衡所需的费率水平也不同。围绕着待遇水平和基金平衡,本书构建“均衡费率”这一指标,其含义为各社会保险项目维持基金平衡所需的费率水平,在测算时根据过往年份五项社会保险制度的缴费职工人数以及职工工资反推出制度维持当下的基金支出所需的缴费比例。

在得到“均衡费率”后,联合“政策费率”与“实际费率”这两项指标，我们就可以构建单项制度的费率评价体系。其中，“政策费率”是本书第五章中重点讨论的中国社会保险法定缴费水平；“实际费率”是本书第六章重点分析的社会保险实际缴费水平以及企业和职工的实际缴费比例。根据本书的评价指标体系，当养老、医疗等社会保险制度三项指标的取值一致时，费率标准的适度性最强，而当三项指标的取值互相背离时，费率标准的适度性较弱。

具体而言，“实际费率”和“均衡费率”的比较可以判断社会保险基金的平衡情况，若“实际费率”低于“均衡费率”，则社会保险制度会出现基金失衡，反之则存在基金结余。“实际费率”和“政策费率”的比较可以判断社会保险缴费的遵从情况，若“实际费率”低于“政策费率”，则表明制度存在缴费不实。“均衡费率”和“政策费率”的比较可判断社会保险制度降费的可行性，若“政策费率”高于“均衡费率”，则制度存在降费的空间。更进一步的，若“均衡费率”低于“政策费率”和“实际费率”且“实际费率”低于“均衡费率”，则在不降低待遇和维持基金平衡的条件下，社会保险降费的阻力较小。若“均衡费率”低于“政策费率”但高于“实际费率”，则社会保险制度虽存在降费空间，但必须加强基金缴费管理，提高“实际费率”。

第二节　责任主体的负担能力与费率评价

一、企业和职工社会保险缴费能力

（一）企业社会保险缴费能力

企业缴费能力是制约企业社会保险真实缴费水平的重要因素，根据第六章中企业社会保险实际缴费水平的分析可知，利润水平高的企业其实际缴费比例更高。事实上，企业社会保险缴费来源于企业利润，拉姆塞（1984）指出，企业利润可以分解为补偿风险的保险费、企业主薪金和其他超额利润。遵循这一思路，学者在考察企业社会保险缴费能力时常把企业税前利润总额作为企业所能承担的社会保险缴费上限,如许志涛、丁少群(2014)。企业利润是企业扩大再生产的源泉,为了企业的长期发展,在企业生产经营中会提取一定比例的利润用于投资,而经济的增长也需要企业的投资与再生产。社会保险缴费需以不影响企业再生产为限度,因此,本书以企业利润扣除企业投资后的剩余作为企业缴费能力的上限。[1]

在企业产值的分解中,总产值由中间投入品和增加值构成。企业增加值又分为劳动价值和资本价值,其中劳动价值体现为职工工资总额;资本价值也即资本报酬,包括资本成本和企业利润。假设企业增加值为 Y,其中劳动报酬(W)所占份额为 α, α 亦为劳动力要素的贡献率,资本报酬所占份额为 β,在资本报酬中资本成本所占比重为 λ;同时假设企业利润为 E,其中用于扩大再生产的企业投资比例为 θ,社会保险缴费额为 T,企业支付给职工的工资总额为 W,则企业社会保险缴费率为 $t=T/W$。在最高缴费限度下,企业的最大缴费能力可表示为:

$$t_{\max}=\frac{T}{W}=\frac{E(1-\theta)}{W}=\frac{\Delta Y\cdot\beta\cdot(1-\lambda)\cdot(1-\theta)}{\Delta Y\cdot\alpha}=\frac{\beta\cdot(1-\lambda)\cdot(1-\theta)}{\alpha} \tag{7-1}$$

由上式可知,在不影响企业生产经营的条件下,企业的最高社会保险缴费能力取决于参数 α、β、θ、λ,因此测算企业的缴费能力需要确定以上参数的取值。根据柯布—道格拉斯生产函数 $Y=AK^{\alpha}L^{\beta}$,其中 Y 为产值,A 表示技术水平,K 为资本要素投入,L 为劳动力要素投入,α、β 分别表示资本和劳动的贡献率,也即产出弹性。在柯

[1] 企业利润除了缴纳社会保险费外还需要缴纳企业所得税,由于社会保险缴费可在所得税前扣除,也即企业先缴社会保险费再缴企业所得税,因此本书在考虑企业缴费能力时不考虑企业所得税情况。另外需要指出的是,这里没有考虑企业留成收益等情况,故而得出的企业缴费能力会有所高估。

布—道格拉斯生产函数两端取对数，得：

$$\ln Y = A + \alpha \ln K + \beta \ln L \tag{7-2}$$

利用《中国工业经济统计年鉴》和《中国统计年鉴》，本书获取了2009年至2015年中国31省（自治区、直辖市）不同所有制企业的产值、资本存量、用工人数和职工平均工资数据，并使用EGLS方法对(2)式进行估计，以得到α、β的取值。根据现有研究，企业资本成本约为资本报酬的40%，而企业投资率在30%—40%（孙博、吕晨红，2011），本书以均值0.35为准，同时比较不同投资率取值下的缴费能力。

方程(7-2)的回归结果以及相关参数取值下的企业缴费能力如表7.1所示。对于所有企业而言，资本贡献率为0.378 8，劳动贡献率为0.718 5，在40%的资本报酬和35%的企业投资率下，企业社会保险缴费能力为20.56%；若投资率下降为30%，则企业有能力承担的社会保险费率为22.14%；若企业投资率上升为40%，对应的缴费能力为18.98%。可见，中国企业的社会保险缴费能力在21%左右，而当前企业社会保险政策费率在30%左右，已超过了企业的缴费能力。尽管当前企业的政策费率标准超过了其缴费能力，但根据前文的测算可知，目前企业的实际缴费水平仅在14%—18%，仍在其可承受的范围之内。[1]

正如前文分析的企业的实际缴费水平存在内部差异，企业的缴费能力也存在差异。平均而言，在35%的投资率取值下，国有企业的缴费能力为28.65%，集体企业的缴费能力为21.84%，私营企业的缴费能力为17.81%，外资企业的缴费能力为28.32%，可见，国有企业

[1] 企业除了缴纳社会保险费外（5险），还需缴纳住房公积金和企业年金，其中企业住房公积金最高缴费比例不超过12%，最低缴费比例不低于5%；企业年金最高缴费比例不超过8%。限于研究范围，本书在讨论企业缴费能力时不考虑住房公积金和企业年金。

和外资企业的缴费能力相对较高，但各所有制企业的缴费能力均低于当前的政策费率水平。

但根据前文计算可知，国有企业的实际缴费水平在16%—19%之间且是最高的，而外资企业的实际缴费水平在11%—15%之间且是最低的，集体企业的实际缴费水平在16%—19%之间，私营企业的实际缴费水平为13%—14%。由此可知，各类型企业的实际缴费水平均低于其缴费能力，且外资企业的实际缴费水平与缴费能力间的偏差最大。

表7.1　企业缴费能力

企业性质	α	β	R^2	$\lambda=0.4$；$\theta=0.3$	$\lambda=0.4$；$\theta=0.35^{*}$	$\lambda=0.4$；$\theta=0.4$
所有企业	0.378 8*** (0.078 0)	0.718 5*** (0.056 0)	0.955 4	22.14	**20.56**	18.98
国有企业	0.452 5** (0.182 3)	0.615 9*** (0.143 3)	0.917 5	30.86	**28.65**	26.45
集体企业	0.395 3*** (0.099 8)	0.705 8*** (0.130 2)	0.956 9	23.52	**21.84**	20.16
私营企业	0.323 1*** (0.042 7)	0.707 7*** (0.038 8)	0.959 7	19.18	**17.81**	16.44
外资企业	0.474 8*** (0.109 6)	0.653 8*** (0.098 3)	0.975 4	30.50	**28.32**	26.14

注：***、**和*分别表示在1%、5%和10%水平上的显著性，括号中的值是相应的标准误。

（二）职工社会保险缴费能力

职工的社会保险缴费来源于工资收入，从个人生命周期中的财富分配来看，职工工资收入的一部分用于当前消费，一部分用于储蓄以满足未来消费，合理的社会保险缴费不能损害职工当期消费水平。以代表性职工为例，假设职工工资为W，个人当期消费支出为C，边际消费倾向为β，不随收入变化的自发消费支出为C_0，则职工总储蓄为$W-C$，根据消费函数有：

$$C=C_0+\beta w \tag{7-3}$$

在现有研究中，有学者将职工工资收入扣除当期消费后的总剩余作为社会保险缴费的上限（刘畅，2007），此时职工的最高缴费能力为：

$$t_{\max}=\frac{(W-C)}{W}=W-C_0-\beta W=1-\beta-C_0/W \tag{7-4}$$

事实上，职工收入的除了用于当期消费外，还会进行储蓄。米红和余蒙（2010）认为，职工合理的社会保险缴费除了扣除当期消费外还应扣除职工储蓄，他们在研究中将职工收入扣除消费和新增储蓄后的剩余部分作为职工社会保险缴费的适度水平。除了用于未来某一特定消费支出外，个人储蓄的动机多是应对未来收入的不确定性，也即预防性储蓄（Leland，1968）。现有研究表明，在居民储蓄中，预防性储蓄占了很大的比重，如斯金纳（Skinner，1988）认为美国居民的预防性储蓄在总储蓄中所在比例达到56%。卡瓦列罗（Caballero，1991）认为不确定性所导致的预防性储蓄动机能够解释美国60%的财富积累。

国内学者同样发现，在我国居民的储蓄行为中，普遍存在预防性储蓄动机（龙志和、周浩明，2000；施建淮、朱海婷，2004）。周建（2005）对我国农村居民储蓄的研究发现，预防性储蓄动机是居民储蓄增长的重要原因，并指出农村居民总储蓄中有70%源自预防性储蓄。雷震和张安全（2013）的研究指出，预防性储蓄可以解释城市居民20%—40%的财富积累，可以解释农村居民30%—70%的财富积累。预防性储蓄的目的在于防范未来收入的不确定性，而社会保险制度能够帮助职工应对不确定性风险，因而具有一定的预防性储蓄功能，且现有研究表明，社会保险具有储蓄替代效应。如费尔德斯坦（Feldstien，1974）发现美国社会保障计划导致私人储蓄降低了30%—50%。国内学者对中国制度的研究发现，社会保险对国民储蓄同样具有一定替代效应（洪丽、曾国安，2016），且其替代效应在逐渐增强（石阳、王满仓，2010）。

本书以职工储蓄中的预防性储蓄作为职工缴纳社会保险费用的上限，也即职工的最高缴费能力。〔1〕假设在职工储蓄中，预防性储蓄所占比重为 θ，则职工的最高缴费额为 $(W-C)\theta$，对应的最高缴费能力为：

$$t'_{\max}=(W-C_0-\beta W)\theta=\theta(1-\beta-C_0/W) \tag{7-5}$$

在已知职工工资水平时，求解职工的社会保险缴费能力需要确定职工的自发消费支出 C_0、边际消费倾向 β 以及预防性储蓄比重 θ。本书根据 2010 年至 2015 年《中国统计年鉴》公布的城镇居民按等级分的可支配收入和消费支出数据，可求得历年城镇居民自发消费支出 C 和边际消费倾向 β，并结合历年职工平均工资水平，求解职工社会保险缴费能力，结果如表 7.2 所示。

表 7.2　职工社会保险缴费能力

年份	职工工资（元）	自发消费（元）	边际消费倾向	总储蓄（%）	缴费能力（%）
2010	36 256	2 207.5	0.585	35.4	14.2
2011	42 020	2 810.9	0.563	37.0	14.8
2012	47 284	3 007.0	0.554	38.3	15.3
2013	52 270	4 377.7	0.531	38.5	15.4
2014	57 359	4 425.1	0.553	37.0	14.8
2015	62 943	4 589.3	0.578	34.9	13.9

根据对消费方程的回归结果可知，城镇居民的边际消费倾向的变化不大，而自发消费逐年上升，这与已有研究结论一致（贺京同、侯文杰，2010）。按照上文对职工缴费能力的理论分析，若将职工扣除消费后的总剩余用于缴纳社会保险，则其缴费能力在 35%左右。若

〔1〕 由于职工社会保险缴费仅能用于长寿、疾病、失业等风险所需的支出，且职工个人无法随时支取社会保险缴费额，因此社会保险缴费并不能完全替代职工的预防性储蓄。

将职工的预防性储蓄用于缴纳社会保险，并根据已有研究结论假设城镇居民预防性储蓄在总储蓄中所占的比重为40%，则职工的社会保险缴费能力在15%左右。目前职工社会保险政策费率标准在11%左右，职工社会保险的实际缴费比例在7%左右，两者均未超出职工的缴费能力。[1]

结合企业和职工社会保险缴费能力与其实际缴费情况可知，平均而言，中国社会保险参保人的总体缴费能力在35%左右，而参保人的实际缴费水平在20%—25%之间，目前参保人仍有能力扩大社会保险缴费支出，但相比于目前的政策费率水平而言，40%的费率标准已经超过了参保的缴费能力。

二、 社会保险财政负担能力

通过前文分析，我们得出在平均意义上企业和职工可以接受的缴费水平，并发现企业和职工的缴费能力低于目前的政策费率标准。接下来，我们将考察政府对社会保险制度的财政补贴水平，以分析财政补贴能够为社会保险降费提供多大空间。

中国当前的社会保险制度由计划经济时期的劳动保险制度演化而来，彼时政府财政对社会保险的财力支持主要集中在针对机关事业单位工作人员的公费医疗以及退休金方面。根据相关统计资料，截至1978年，全国用于公费医疗、劳保医疗专项费用开支达到28.3亿元（胡晓义，2009）。伴随着中国社会保险制度的改革与发展，社会保险财政责任逐渐加强，财政用于社会保险制度的支出逐年提高。图7.2展示了20世纪90年代以来，中国财政用于社会保障的绝对支出水平以及社会保障财政支出占总财政支出的比重。1990年至

---

〔1〕 职工除了缴纳社会保险（3险）外，还需缴纳住房公积金和企业年金，其中职工企业年金法定缴费比例为4%，住房公积金法定缴费比例为5%—12%，本书对职工缴费能力的讨论不考虑住房公积金和企业年金。

1996 年期间，社会保障财政支出仅在 55 亿—130 亿元，占财政总支出的比重低于 2%，1997 年以后社会保障财政支出迅速增长，至 2015 年社会保障财政达到 19 018.69 亿元，而社会保障财政支出占总财政支出的比重自 2003 年以来维持在 10%左右。

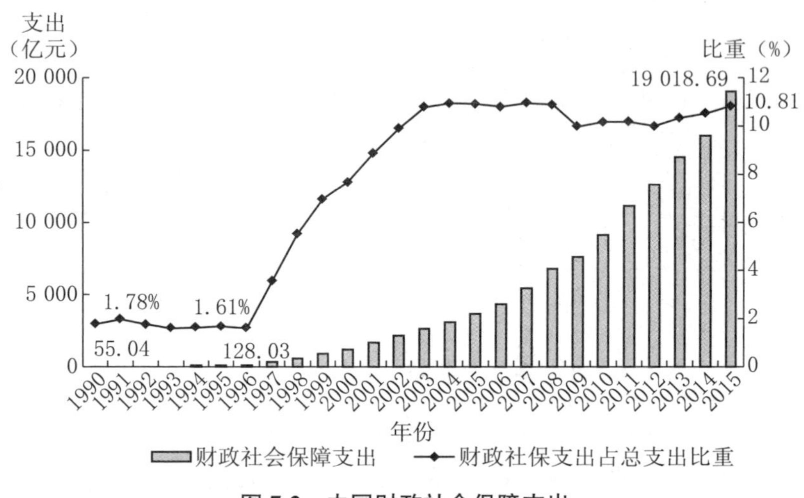

图 7.2　中国财政社会保障支出

注：数据来源于历年《中国财政统计年鉴》。

上述社会保障财政支出包括抚恤和社会福利救助支出、社会保障补助支出、行政事业单位离退休费用三大类。自 2007 年开始，社会保险基金财政补贴开始独立统计，如表 7.3 所示。2007 年社会保险基金财政补贴为 1 275 亿元，随后财政补贴逐年增加，2015 年增长为 6 596 亿元，增加了 4 倍多，这表明中国社会保险基金的财务平衡性在弱化。从社会保险基金财政补贴占社会保障财政总支出的比重来看，社会保险基金财政补贴的相对份额在 23%—35%之间，且在考察期内其相对份额具有上升的趋势，在不到 10 年的时间里，社会保险基金财政补贴占社会保障财政支出的比重上升了 11.3 个百分点。当下中国社会保险基金失衡现象日益严重，尤其是在养老保险制度中已有过半省份出现当年基金收不抵支现象。随着人口老龄化的加深，未来社会保险基金财政补贴需求还会上升，其在社会保障财政支出中的相对份额仍会提高。尽管社会保险基金中财政补贴逐年增长，但相比于财政总支出，社会保险基金财政补贴的相对规模并不大，2007 年至 2015 年期间，社会保险财政补贴占财政总支出的比重仅在 2.3%—3.8%之间。

财政补贴以及企业和职工的缴费都是社会保险基金的收入来源，为比较财政和社会保险参保人的供款水平，本书将政府视为社会保险第三缴费主体，以社会保险基金财政补贴除以上年度职工工资总额得到政府财政缴费比例，可知，2007 年至 2015 年间，政府缴费比例在 5%—6%之间，2015 年为 5.4%。结合前文对企业和职工社会保险实际缴费水平的计算可知，2012 年政府、企业、职工三方缴费水平之比为 1∶3.3∶1.5，2014 年三方缴费水平之比为 1∶3.0∶1.7，可见相比于政府缴费水平，企业的实际缴费水平在下降，而职工实际缴费水平有所上升，但总体而言参保人的实际缴费却在下降。

表 7.3 社会保险基金财政补贴与三方缴费比较

年份	财政总支出（亿元）	基金财政补贴（亿元）	补贴/社保财政支出（亿元）	基金补贴/财政支出（亿元）	政府缴费率（%）	企业缴费率（%）	职工缴费率（%）
2007	49 781	1 275	23.4	2.6	5.4	—	—
2008	62 593	1 631	24.0	2.6	5.4	—	—
2009	76 300	1 777	23.4	2.3	4.5	—	—
2010	89 874	2 310	25.3	2.6	4.6	17.75	—
2011	109 248	3 152	28.4	2.9	5.2	17.79	—
2012	125 953	3 828	30.4	3.0	5.1	17.00	6.3
2013	140 212	4 403	30.4	3.1	4.8	14.28	—
2014	151 786	5 043	31.6	3.3	4.7	14.19	7.0
2015	175 878	6 596	34.7	3.8	5.4	14.59	—

注：财政支出和社会保险基金财政补贴数据来源于历年《中国财政统计年鉴》，企业和职工缴费率来自前文计算的企业和职工社会保险实际缴费水平。

在社会保险制度设计中，企业和职工是缴费的责任主体，政府并不承担直接的供款责任。而事实上，在社会保险基金构成中政府的财政投入已占了很大的部分，且伴随着政府财政投入的加大，参保人的实际缴费比例却在下降。这无疑是一个危险的信号，倘若参保人的实际缴费情况进一步恶化，那么毫无限制的托底责任将演变为无限责任。有观点认为，社会保险应当坚持精算平衡，而非预算平衡，财政一般无须介入社会保险基金筹集，中国政府的社会保险财政补贴则是基于制度运行成本以及转轨成本的内部化（熊伟、张荣芳，2016）。基于近年来财政补贴规模占养老保险基金支出的比重在16.7%—19.5%之间这一事实，郑功成（2013）提出政府财政应以固定形式补贴年度养老保险基金，补贴额度为总基金支出的15%左右，最高不超过20%。我们认为社会保险制度的建立与推行依赖于国家公信力，财政补贴责任是社会保险制度安全性的基本保证，但为避免财政责任演变为无限责任，财政的补贴程度应当有所限制。

此外，经济发展水平是制约企业和职工缴费能力的根本原因，也是限制政府财政能力的重要因素。政府的财政支出是对市场经济的干预，而政府干预市场的程度应有一个合理的限度，否则会阻碍经济增长。巴罗等（Barro Robert et al.，1995）在规模报酬不变的“AK”生产函数中引入了公共部门规模，从而建立了一个以政府支出为中心的内生经济增长模型，并求得最优财政支出规模。在此基础上，国内学者马树才和孙长清（2005）从经济长期增长角度探讨了中国财政支出最优规模问题，他们利用柯布—道格拉斯生产函数建立了一个包含财政支出的内生增长模型，并结合中国历史数据，认为中国预算内财政支出占GDP的最优比重为21.6%。基于上述分析方法，有学者考察了中国社会保障财政支出，认为最优社会保障财政支出应为财政总支出的34.82%（王增文，2010）。借鉴其分析思路，本书从经济增长角度分析中国社会保险财政支出的最优规模。

首先，考虑财政总支出规模，在柯布—道格拉斯生产函数中引入财政支出变量，即：

$$Y=AK^{\alpha}L^{\beta}G^{\theta} \tag{7-6}$$

其中,Y 表示国内生产总值(GDP),K 表示资本存量,L 表示劳动力,G 为财政支出绝对规模,对(7-6)式两端取对数可得:

$$\ln GDP=C_0+\alpha\ln K+\beta\ln L+\theta\ln G \tag{7-7}$$

根据 $\theta=\frac{\mathrm{d}\ln GDP}{\mathrm{d}\ln G}=\frac{\mathrm{d}GDP}{\mathrm{d}G}\cdot\frac{G}{GDP}=MPG.\frac{G}{GDP}$ 可知,θ 为财政支出的边际产出弹性,MPG 为财政支出的边际收益,G/GDP 为财政支出占 GDP 的比重,也即财政支出相对规模。政府每提供 1 单位公共服务需要占用 1 单位的社会资源,因而财政支出的边际成本为 1,在最优财政支出规模上,边际成本等于边际收益,即 $MPG=1$。[1]由此可得最优财政支出的相对规模为 $G/GDP=\theta$。

接下来,考虑将财政支出分为社会保险财政支出(G_1)和其他财政支出(G_2),将(7-6)式改写为:

$$Y=AK^{\alpha}L^{\beta}{G_1}^{\theta_1}{G_2}^{\theta_2} \tag{7-8}$$

对(7-8)式两端取对数可得:

$$\ln GDP=C_0+\alpha\ln K+\beta\ln L+\theta_1\ln G_1+\theta_2\ln G_2 \tag{7-9}$$

根据前文分析可知,(7-9)式中 θ_1 表示社会保险财政支出 GDP 的最优比重,θ_2 表示其他财政支出占 GDP 的最优比重。由方程(2)和(4)可得:

$$\theta\ln G=C+\theta_1\ln G_1+\theta_2\ln G_2 \tag{7-10}$$

将(7-10)式两端同除以 θ 可得:

---

〔1〕在不存在扭曲性税收的情况下,决定最优财政支出规模的自然效率条件为 $MPG=1$。详见《经济增长》,中国社会科学出版社 2000 年版,第 141 页。Karras(1996)也在静态框架下证明了这一条件,并且这种结论具有普遍性。若 $MPG>1$,表明财政提供的公共服务规模不足;若 $MPG<1$,表明财政所提供的公共服务规模过度。

$$\ln G = C + \frac{\theta_1}{\theta}\ln G_1 + \frac{\theta_2}{\theta}\ln G_2 \tag{7-11}$$

依照前文对 θ、θ_1、θ_2 的定义可知，θ_1/θ为最优条件下社会保险财政支出占总财政支出的比重，θ_2/θ为最优条件下其他财政支出占总财政支出的比重，其中 θ_1/θ是本书关心的核心参数。考虑到 θ_1 加 θ_2 等于 θ，可对(7-11)式作以下变换：

$$\begin{aligned}
\ln G &= C + \frac{\theta_1}{\theta}\ln G_1 + \frac{\theta_2}{\theta}\ln G_2 = C + \frac{\theta_1}{\theta}\ln G_1 + \left(1 - \frac{\theta_1}{\theta}\right)\ln G_2 \\
&= C + \frac{\theta_1}{\theta}\ln G_1 + \ln G_2 - \frac{\theta_1}{\theta}\ln G_2 \\
&\Rightarrow \ln G - \ln G_2 = C + \frac{\theta_1}{\theta}(\ln G_1 - \ln G_2) \\
&\Rightarrow \ln(G/G_2) = C + \frac{\theta_1}{\theta}\ln(G_1/G_2) \qquad (7\text{-}12)
\end{aligned}$$

根据上述推导，只需对以下(7-13)式方程作回归分析即可求得最优社会保险财政支出规模，其中 ξ_t 为随机扰动项：

$$\ln\left(\frac{G}{G_2}\right) = C + \frac{\theta_1}{\theta}\ln\left(\frac{G_1}{G_2}\right) + \varepsilon_t \tag{7-13}$$

由上述(7-13)式可知，模型中的变量由时间序列数据构成，因此需要对变量作平稳性检验。如果变量是非平稳的，则要检验变量间是否存在协整关系，若存在协整关系则可采用协整回归，若不存在协整关系则须进行差分变换，然后再进行回归。

基于历年中国财政支出以及社会保险基金财政补贴相关数据，本书采用 DF(Dickey-Fuller)检验方法考察模型中的变量是否存在单位根，若存在单位根则为非平稳，ADF 检验是左边单侧检验，若 ADF 值在临界值的左侧，则拒绝“存在单位根”的原假设，数据为平稳序列；ADF 值在临界值的右侧，则不能拒绝“存在单位根”的原假设(陈强,2013)。根据表 7.4 所示的检验结果可知,各变量的 ADF 值均在临界值的右侧,故无法拒绝原假设,即为非平稳的,且单整阶数为 1。接下来我们采用 Johansen 极大似然估计法对变量进行协整关系检验,所谓协整关系是指非平稳时间序列变量之间存在的长期稳定关系。检验结果如表 7.5 所示,变量 $\ln G/G_2$ 和 $\ln G_1/G_2$ 之间至少存在两个协整方程,因此可对其进行协整回归。

表 7.4　变量平稳性检验

变　量	ADF 值($Z(t)$)	AEG 临界值	P 值	检验形式 (C, T, N)	单整阶数
G/G_2	0.916	−1.943	0.802 5	(c, t, 1)	1
$\Delta G/G_2$	−1.628	−1.476*	0.082 2	(c, t, 0)	0
G_1/G_2	0.916	−1.943	0.802 5	(c, t, 1)	1
$\Delta G_1/G_2$	−1.628	−1.476*	0.082 2	(c, t, 0)	0
$\ln G/G_2$	0.901	−1.943	0.798 9	(c, t, 1)	1
$\Delta\ln G/G_2$	−1.640	−1.476*	0.080 9	(c, t, 0)	0
$\ln G_1/G_2$	0.457	−1.943	0.668 1	(c, t, 1)	1
$\Delta\ln G_1/G_2$	−1.996	−1.476*	0.051 2	(c, t, 0)	0

注:C 代表常数项,T 代表时间趋势项,N 代表滞后期阶数。

表 7.5　协整关系检验

变　量	最大特征值	似然比	临界值(5%)	协整方程
	41.219	44.465*	34.78	无
$\ln G/G_2$	39.279	46.373*	23.78	至少存在 1 个协整方程
$\ln G_1/G_2$	15.382	16.389	18.17	至少存在 2 个协整方程
	1.239	1.237	3.74	至少存在 3 个协整方程

对(7-13)式进行协整回归,结果为:$\ln G/G_2=0.127+0.028\ln G_1/G_2$,即社会保险基金补贴占财政支出的比重不应超过 2.8%,由此可推算出社会保险财政补贴占职工工资总额的比重,也即财政缴费率的限度,如表 7.6 所示。比较财政缴费率的限额和实际财政缴费率可知,2011 年至今,社会保险基金的实际财政补贴已超过了其最优规模,2015 年财政可提供的最优缴费率应为 4%,其实际财政

缴费率为5.4%。

表7.6　社会保险基金财政补贴限额

年份	工资总额（亿元）	财政总支出（亿元）	财政补贴限额（亿元）	财政缴费率限额（%）	当前财政缴费率（%）
2006	23 608	—	—	—	—
2007	30 035	49 781	1 393.9	5.9	5.4
2008	39 362	62 593	1 752.6	5.8	5.4
2009	49 914	76 300	2 136.4	5.4	4.5
2010	60 878	89 874	2 516.5	5.0	4.6
2011	75 248	109 248	3 058.9	5.0	5.2
2012	90 937	125 953	3 526.7	4.7	5.1
2013	106 320	140 212	3 925.9	4.3	4.8
2014	121 991	151 786	4 250.0	4.0	4.7
2015	136 465	175 878	4 924.6	4.0	5.4

结合前文对参保人社会保险缴费能力的分析可知，企业最高缴费限度在20%左右，职工最高缴费限度在15%左右，两者合计为35%左右。在不考虑财政补贴的情况下，41%的政策费率标准确实超过了参保人的缴费能力，而2015年以来确定的36.75%的目标费率也略高于参保人的缴费能力。若考虑财政可提供的4%左右的基金补贴，则目标费率可调整为32.75%，但仍超过了参保人的实际缴费水平。社会保险制度是否存在进一步的降费空间，需要具体考察各项制度的费率标准与缴费情况。

第三节　基金平衡与社会保险费率评价

一、基金平衡下的均衡费率

中国社会保险制度包括养老、医疗、失业、工伤及生育五大保险项目，其中养老和医疗保险分别设立了统筹账户和个人账户，而失业、工伤和生育保险采取现收现付的筹资模式。20世纪90年代，在中国养老保险制度的转轨中，为从制度内部消化转轨成本，养老保险个人账户基金被用于支付当期退休人员的养老金，从而造成个人账户名不副实。尽管2004年以来开始试点做实个人账户但成效有限，且“名义账户”也已成了当前养老保险个人账户的中要探讨方向，因此现收现付仍是中国社会保险制度的主要筹资模式。

本节将重点考察中国社会保险制度维持基金平衡所需的均衡费率标准。假设社会保险基金收入为 SI，基金支出为 SE，在全社会中企业数量为 L、缴费职工人数为 m、享受社会保险待遇的人数为 n，企业和职工的缴费率分别为 r_1、r_2，则总费率 $r=r_1+r_2$，企业按职工工资总额 w 缴费，职工按本人工资 w' 缴费，则社会保险基金收入可表示为：

$$\begin{aligned} SI &= wr_1 + w'r_2 = (w_1 + w_2 + \cdots + w_L)r_1 \\ &\quad + (w'_1 + w'_1 + \cdots + w'_m)r_2 \\ &= r_1 \sum_{i=1}^{L} w_i + r_2 \sum_{i=1}^{m} w_i \end{aligned} \tag{7-14}$$

根据企业工资总额等于所有职工的工资之和，可得：

$$\sum_{i=1}^{L} w_i = \sum_{i=1}^{m} w_i = \sum_{i=1}^{m} \overline{w} \tag{7-15}$$

其中 $\overline{w}$ 为职工平均工资，把(7-15)式代入(7-14)式可得社会保险基金收入为：

$$SI = (r_1 + r_2) \sum_{i=1}^{m} \overline{w} = r \sum_{i=1}^{m} \overline{w} = rm\overline{w} \tag{7-16}$$

社会保险基金支出可表示为：

$$SE = p_1 + p_2 + \cdots + p_n = \sum_{i=1}^{n} p_i = \bar{p}n = \overline{w}tn \tag{7-17}$$

(7-17)式中 p_i 表示每位职工获得的社会保险待遇水平，$\bar{p}$ 为职工的平均社会保险待遇水平，t 为职工社会保险待遇的平均替代率。

根据社会保险基金的平衡有：

$$SI=SE$$

$$\Rightarrow r=t\frac{n}{m}=t\frac{n}{Meg} \tag{7-18}$$

其中 n/m 为社会保险制度赡养率，M 为劳动年龄人口，e 为劳动年龄人口的就业率，g 为社会保险参保率。从(7-18)式中可以看出，维持社会保险基金平衡所需的费率与制度的替代率、赡养率正相关。在一定的待遇水平也即替代率相对稳定时，社会保险的均衡费率主要依赖于制度赡养率。

在不同社会保险项目中，上述均衡费率公式所表达的内容有所不同。在养老保险制度中，替代率是指退休人员平均养老金占在职职工平均工资的比重；赡养率是指领取养老金的退休职工人数占缴纳养老保险费参保职工人数的比重。在失业保险制度中，替代率是指人均失业保险基金支出占在职职工平均工资的比重，其中人均失业保险基金支出通过失业保险基金支出除以领取失业保险金(失业津贴)的人数得到；赡养率是指领取失业保险金(失业津贴)人数占在职职工人数的比重。在工伤保险制度中，替代率是指次均工伤保险基金支出占在职职工平均工资的比重，其中次均工伤保险基金支出通过工伤保险基金总支出除以工伤保险待遇人次获得；赡养率是指领取工伤保险待遇的人次占缴费职工人数的比重。在生育保险制度中，替代率是指次均生育保险基金支出占在职职工平均工资的比重；赡养率是指领取生育保险待遇的人次占缴费职工人数的比重，其中次均生育保险基金支出通过生育保险基金总支出除以生育保险待遇人次获得。在医疗保险制度中，由于没有享受医疗待遇人次的相关统计数据，本书对医疗保险均衡费率作如下推导，首先根据医疗保险基金收支平衡有：

$$m\bar{w}r = n't' \tag{7-19}$$

其中 m 表示医疗保险缴费职工人数，$\bar{w}$ 表示职工平均工资，r 为医疗保险费率，n'为享受医疗保险待遇的人次，t'为次均医疗保险待遇支出。通过上式可得医疗保险均衡费率为：

$$r = \frac{n'}{m}\frac{t'}{\bar{w}} = \frac{n'}{m}\frac{SE/n'}{\bar{w}} = \frac{SE}{m\bar{w}} \tag{7-20}$$

(7-20)式中 SE 为医疗保险基金总支出，可见，医疗保险制度的均衡费率为医疗保险基金支出占参保职工工资总额的比重。

在中国当下的社会保险费率改革中，通过降低待遇水平来减轻缴费负担的做法不具备可行性。如此，从社会保险制度内部调节费率的突破点在于控制赡养率，而在未来一定时期内领取社会保险待遇的人数(如退休职工人数)具有增长的趋势，由此可见，增加缴费人数是从制度内部降低费率的唯一途径，而提高就业率和参保率是增加缴费人口的可行措施。

二、 社会保险费率水平的适度性检验

本书中对各项社会保险费率适度性的评价思路为：首先，测算出 31 个省(自治区、直辖市)五项社会保险制度的均衡费率，并与各项社会保险制度的政策费率和实际费率进行比较，以评价各省(自治区、直辖市)社会保险制度的缴费与运行情况，以及制度潜在的降费空间，同时检验本书评价指标与方法的可行性。然后，利用全国五项社会保险制度的基金收支数据，测算各项目的均衡费率水平，并从全国层面探讨各项社会保险制度费率标准的适度性及其可能存在的降费空间。

利用 2010 年至 2015 年各省(自治区、直辖市)五项社会保险制度的基金支出以及缴费人数和待遇人数等相关数据，我们测算了各

省(自治区、直辖市)分项社会保险制度的均衡费率水平。在最优状态下,各社会保险项目的实际费率和政策费率应当与均衡费率相等,而指标间背离的程度越大表明制度的运行状况越差,其中实际费率与政策费率间的偏离程度能够反映制度的缴费情况,实际费率和均衡费率间的偏离程度能够反映制度的平衡情况,而政策费率和均衡费率间的偏离程度能够反映制度降费的可能性。

表 7.7 展示了各省(自治区、直辖市)分项社会保险制度的均衡费率、政策费率和实际费率的均值情况。其中养老保险的均衡费率在 17.7%—19.4%之间,实际费率在 17.3%—20.8%之间,两者均低于其政策费率标准。2010 年至 2012 年养老保险实际费率高于均衡费率,而 2013 年以来的实际费率则低于均衡费率,这意味养老保险基金会出现失衡。医疗、失业、工伤和生育四项社会保险制度的实际费率均高于均衡费率,这表明四项制度尚无基金失衡风险,而实际费率和均衡费率均低于政策费率,但其偏离的程度低于养老保险,这说明在中国五大社会保险项目中,养老保险制度的运行情况是最糟糕的。

表 7.7　各省社会保险均衡费率的均值

单位:%

年份	均衡费率					政策费率					实际费率(实际缴费比例)				
	养老	医疗	失业	工伤	生育	养老	医疗	失业	工伤	生育	养老	医疗	失业	工伤	生育
2010	17.7	5.5	0.9	0.4	0.2	27.7	9.9	2.8	0.8	0.7	20.4	7.7	1.6	0.7	0.4
2011	17.7	5.6	0.7	0.5	0.2	27.6	10	2.9	0.7	0.7	20.8	7.8	1.9	0.9	0.5
2012	18.1	5.8	0.7	0.5	0.3	27.6	10.1	2.9	0.7	0.7	19.2	8.1	2.3	0.9	0.5
2013	18.4	6.2	0.6	0.6	0.3	27.5	9.8	2.7	0.7	0.8	18.3	8.2	2	0.8	0.5
2014	19.0	6.5	0.6	0.5	0.4	27.7	10	2.6	0.6	0.7	17.3	8.3	1.9	0.8	0.5
2015	19.4	6.2	0.8	0.5	0.3	27.5	10	2.2	0.6	0.8	17.9	8.3	1.7	0.7	0.5

注:表中数据为各省均值。

接下来,本书以各省(自治区、直辖市)2015 年情况为例,分别比较五项社会保险制度的评价指标,以考察各省市社会保险制度的缴费情况,并引入基金结余率,以检验本书评价指标的有效性。

如图 7.3 所示，各省市养老保险的均衡费率存在较大的差异，其中广东省仅为 4.8%，而黑龙江省为 36.9%，两者相差 32.1 个百分点。首先，比较各省的实际费率和政策费率可知，中国 31 省（自治区、直辖市）养老保险的实际缴费比例均低于政策费率，缴费不实现象在各省均存在。其次，比较各省市的实际费率和均衡费率可知，有 19 个省的实际费率低于均衡费率，其对应的缴费收入结余率为负，而安徽、贵州、云南、新疆 4 省的均衡费率与实际费率基本持平，但其结余率仍为负，其余 8 省市的实际费率高于均衡费率，对应的结余率为正，其中北京和广东的结余率最高。[1]这表明本书的评价指标具备有效性，能够正确反应制度的运行情况。最后，比较各省的政策费率和均衡费率可知，除辽宁、黑龙江、甘肃三省外，其余省市的均衡费率低于政策费率，这表明 2015 年多数省份存在降费空间，其中北京市养老保险潜在降费空间最大为 20.8 个百分点。

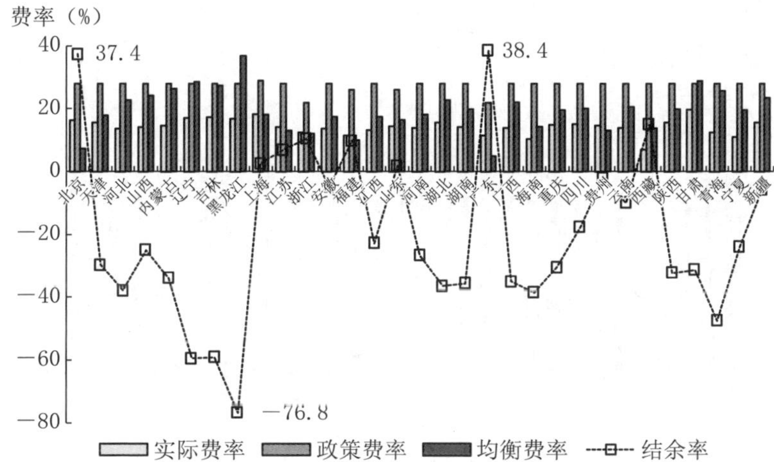

图 7.3　各省(自治区、直辖市)养老保险政策费率、实际费率和均衡费率的比较

注：各省（自治区、直辖市）实际费率、政策费率和结余率由笔者计算得到，下同。

---

〔1〕 此处的结余率为养老保险基金征缴收入结余率，结余率＝（基金收入－财政补贴－基金支出）/（基金收入－财政补贴）×100%；由于缺少各省市其他四项保险制度的财政补贴数据，下文的结余率均为基金结余率。

图 7.4 展示了 2015 年各省(自治区、直辖市)医疗保险制度的政策费率、均衡费率、实际费率和基金结余情况。医疗保险的均衡费率同样存在地区差异,在各省市中,广东省医疗保险的均衡费率最低为 3%,青海省最高为 9.7%,两者相差 6.7 个百分点。比较实际费率和政策费率可知,各省市医疗保险的实际费率均低于政策费率,也即医疗保险缴费不实现象同样普遍存在。比较实际费率和均衡费率可知,各省市医疗保险的实际费率均高于均衡费率,对应的各省市当年度结余率均为正,其中上海市的医保基金结余率最高为 31.5%,西藏次之为 29.5%,辽宁最低为 3.7%。比较政策费率和均衡费率可知,在各省市中只有青海的均衡费率高于政策费率,其余省市的均衡费率则低于政策费率,这表明 2015 年多数省市医疗保险也存在一定的降费空间。但相比于养老保险,医疗保险的降费空间相对较低,其中北京市医疗保险政策费率和均衡费率间的差距最大,为 6.7 个百分点。

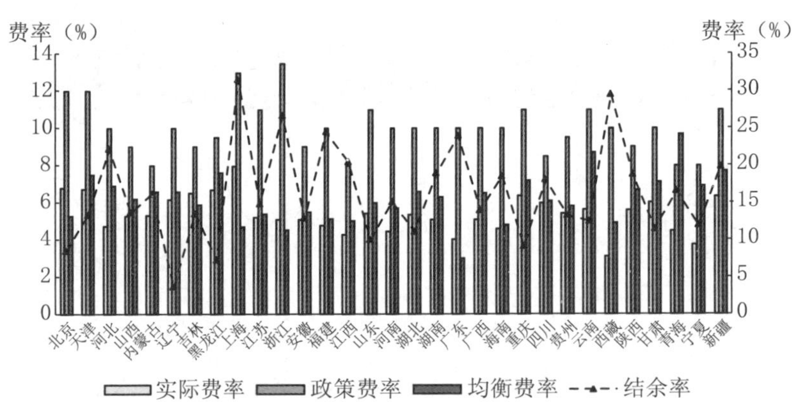

图 7.4　各省(自治区、直辖市)医疗保险政策费率、实际费率和均衡费率的比较

各省市失业保险政策费率、均衡费率、实际费率的比较如图 7.5 所示。可以看出,各省市失业保险的均衡费率均未超过 2%,其中新疆最高为 1.7%,西藏最低为 0.1%,两者相差 1.6 个百分点。比较实际费率和政策费率可知，多数省份的失业保险费用没有如实征收；比较实际费率均衡费率可知，各省份的实际费率高于均衡费率，且除天津外其他省市的失业保险基金结余率均为正值；比较政策费率和均衡费率可知，各省市失业保险的政策费率均高于均衡费率，但两者间的差距相对较小，其中西藏失业保险政策费率与均衡费率间的差距最大为 2.9 个百分点，四川最小为 0.5 个百分点。这表明 2015 年各省(自治区、直辖市)失业保险制度存在一定的降费空间，但其降费幅度较小。

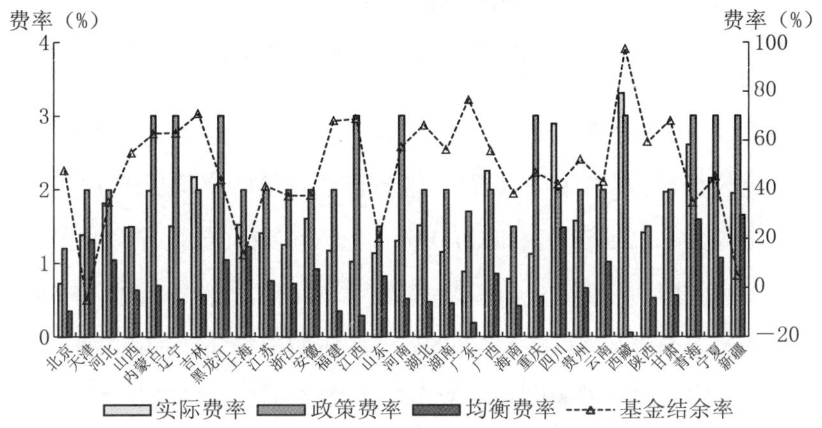

图 7.5 各省(自治区、直辖市)失业保险政策费率、实际费率和均衡费率的比较

工伤保险制度的各项费率指标如图 7.6 所示，各省市的均衡费率均未超过 1%，其中山西最高为 0.9%，海南最低为 0.2%，两者相差 0.7 个百分点。比较各省市工伤保险的实际费率和政策费率可知，除四川、宁夏等少数省市外，多数省份的实际费率要低于政策费率。而且多数省份的实际费率高于均衡费率，对应的多数省份都能保持基金收支平衡且有结余，其中西藏的结余率最高达到 57.1%。比较各省市政策费率和均衡费率可知，除山西和黑龙江外，其余省份的政策费率略高于均衡费率，其中上海市工伤保险政策费率和均衡费率间的差距最大，为 0.7 个百分点。

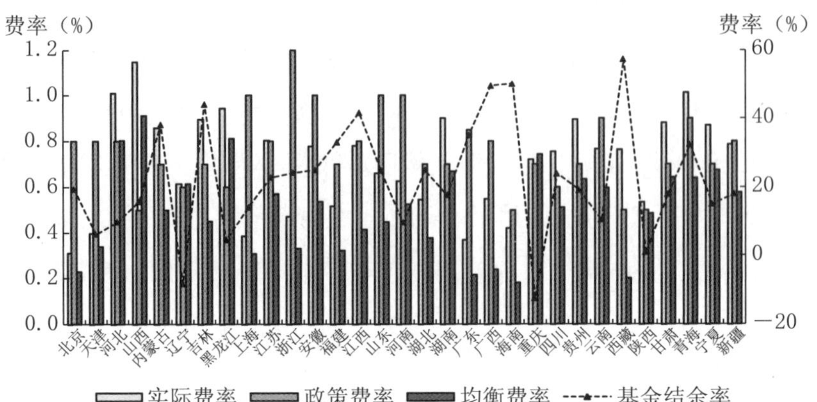

图 7.6　各省(自治区、直辖市)工伤保险政策费率、实际费率和均衡费率的比较

图 7.7 展示了各省(自治区、直辖市)生育保险制度三项费率指标的比较情况，从图中可以看出，各省市的均衡费率均低于 1%，其中云南最高为 0.6%，广东最低为 0.2%。此外，绝大多数省份的实际缴费比例高于均衡费率，对应的基金结余率为正。比较各省市的政策费率和均衡费率可知，除山西之外的各省政策费率略高于均衡费率，其中江西生育保险政策费率和均衡费率之间的差值最大，为 1.6 个百分点。

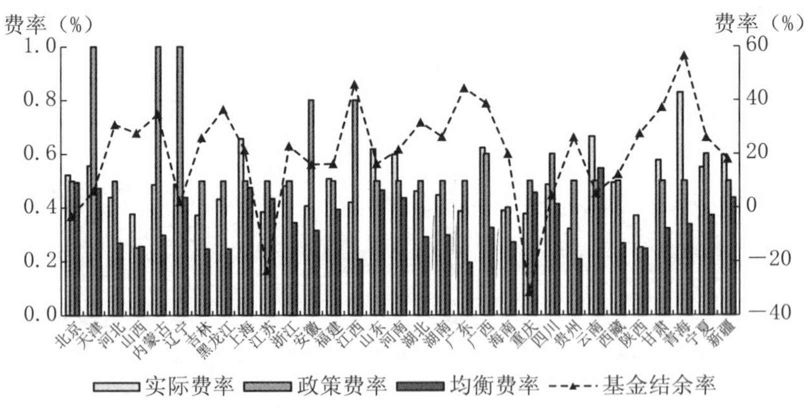

图 7.7　各省(自治区、直辖市)生育保险政策费率、实际费率与均衡费率比较

以上对各省(自治区、直辖市)社会保险费率的评价表明,就2015年而言,多数省份存在一定的降费空间,且养老保险制度三项费率指标间的背离程度较大。目前中国社会保险制度的统筹层次较低,这在一定程度上导致了社会保险制度的运行存在地区差异以及各地区对费率的不同需求,因而各地区社会保险制度可降费的程度也有所差异。尽管如此,如果不对社会保险制度的地区差异加以控制,则制度将沿着"碎片化"和"地域化"的方向发展,这明显不符合"提高统筹层次"这一改革方向。

鉴于此,本书在全国统筹的制度框架下探讨中国社会保险制度的费率标准,利用全国职工社会平均工资以及各项社会保险制度的基金支出、缴费和待遇领取人数,测算各社会保险制度的均衡费率,进而与政策费率、实际费率进行比较,如表7.8所示。2010年至2015年间,养老保险制度的均衡费率在15.9%—17.2%之间,即在参保人如实缴纳社会保险费用的条件下,2015年中国城镇职工养老保险制度仅需17%左右的费率水平即可维持当年度的基金收支平衡。同期,医疗保险制度的均衡费率在6.1%—7.0%之间;失业保险制度的均衡费率在0.7%—1%之间;工伤保险制度的均衡费率在0.4%—

表7.8　均衡费率、实际费率和政策费率的比较

单位:%

年份	均衡费率					政策费率					实际费率				
	养老	医疗	失业	工伤	生育	养老	医疗	失业	工伤	生育	养老	医疗	失业	工伤	生育
2010	16.6	6.1	1.0	0.4	0.3	28	8	3	1	1	15.8	6.1	1.4	0.5	0.4
2011	15.9	6.3	0.8	0.4	0.3	28	8	3	1	1	15.9	6.4	1.7	0.6	0.4
2012	16.0	6.6	0.7	0.5	0.3	28	8	3	1	1	15.4	6.6	1.7	0.6	0.4
2013	16.1	7.0	0.7	0.5	0.4	28	8	3	1	1	14.8	6.7	1.5	0.6	0.4
2014	16.3	6.1	0.7	0.5	0.4	28	8	3	1	1	14.0	6.8	1.4	0.6	0.5
2015	17.2	6.1	0.7	0.5	0.4	28	8	3	1	1	14.0	6.9	1.3	0.6	0.5

注:表中政策费率为国务院提供的社会保险费率标准,各地或直接执行该标准或参照该标准略作调整。

0.5%之间；生育保险制度的均衡费率在0.3%—0.4%之间。其中，2015年医疗保险制度仅需7%左右的费率水平即可维持基金收支平衡；失业保险仅需0.7%的费率水平即可维持基金平衡；工伤保险仅需0.5%的费率水平即可维持基金平衡；生育保险仅需0.4%的费率即可维持基金平衡。

比较各社会保险制度的三项费率指标可知，工伤保险和生育保险制度的实际费率与均衡费率非常接近，而医疗保险和失业保险制度的实际费率略高于均衡费率，这表明从全国层面而言，这四项制度均能实现"收支平衡且略有结余"的原则。以2015年费率改革前的国家指导费率标准为参照，这四项社会保险制度的均衡费率与实际费率均低于政策费率，但其幅度有限。与此不同，养老保险制度的实际费率低于均衡费率，也即全国养老保险面临着基金失衡问题，但养老保险的均衡费率、实际费率与政策费率间存在较大的差距，这再次表明了制度存在潜在的降费空间。

2015年至2017年间，失业、工伤、生育和养老保险制度先后下调了缴费标准，本书将该期间所调整的费率称为目标费率，并结合以上社会保险费率评价指标，讨论未来社会保险费率可能存在的降费空间，如表7.9所示。表中列出了当前中国各项社会保险制度费率指标的取值情况，从中可以看出，医疗、失业、工伤和生育四项社会保险制度的真实缴费水平接近或略高于维持基金平衡所需的均衡费率水平，其中失业、工伤和生育三项社会保险制度的费率改革目标与其均衡费率水平较为接近，因而其进一步降费的可能性较低。目前医疗保险尚无明确的降费目标，比较其政策费率与均衡费率可知，医疗保险降费的空间也非常有限。与此不同的是，养老保险制度的政策费率以及当前阶段的改革目标都高于均衡费率水平，由此可知，在当前情况下养老保险制度尚存在较大的降费空间，但其前提是在降低政策费率的同时要提高实际缴费水平。因此，接下来本书将在第八章重点探讨养老保险制度的适度费率水平及其降费空间。

表 7.9 社会保险费率适度性检验

单位:%

项 目	政策费率	参保人实际费率	实际缴费比例	均衡费率	改革目标
养 老	28	9+5.1	14.0	17.2①	27
医 疗	8	4.1+1.3	6.9	6.1	8
失 业	3	0.6+0.6	1.3	0.7	1
工 伤	1	0.5	0.6	0.5	0.75
生 育	1	0.3	0.5	0.4	0.5

注:参保人实际费率等于企业实际缴费率加上职工实际缴费率,企业实际缴费率为前文计算的 2015 年企业社会保险平均缴费比例,职工实际缴费比例为前文计算的 2014 年职工社会保险平均缴费比例。实际缴费比例和均衡费率为表 7.8 中 2015 年的测算数据。改革目标是指 2015 年至 2017 年,国家确定的社会保险费率调整目标。

① 本书以上年度职工工资总额作为费率的计算标准,若以当年度职工工资总额作为计算标准,则养老保险的均衡费率为 15.6%。

第四节 本章小结

基于中国社会保险费率改革的现实需求,以及社会保险制度实际缴费水平严重偏离政策费率这一基本事实,本章从责任主体的负担能力以及基金平衡角度构建社会保险费率评价体系,以评估社会保险费率的适度性。本章主要研究结论与发现如下:

第一,总体来看,企业可承受的社会保险缴费比例在 22%左右。其中,国有企业和外资企业可承受的缴费水平在 26%—31%之间;集体企业可承受的缴费比例在 20%—24%之间;私营企业可承受的缴费比例在 16%—19%之间。比较企业的政策费率标准、实际缴费水平以及缴费能力可知,中国社会保险政策费率超过了企业的缴费能力,但企业的实际缴费能力仍在其负担能力之内。职工可承受的社会保险缴费水平在 15%左右,职工面临的政策费率标准及实际缴费水平均尚在能力负担范围之内。

第二，财政补贴在社会保险基金收入中所占的份额逐年上升。当前社会保险基金财政补贴占财政总支出的比重为3.8%，若将财政视为社会保险第三缴费主体，则财政补贴对应的缴费比例为5.4%。从经济增长约束出发，社会保险财政补贴占总财政支出比重的限额应为2.8%，对应的缴费比例为4%。也就是说，财政补贴最多能够为参保人提供4个点的费率空间，而当前的社会保险实际财政补贴水平已超出了这一限度。

第三，以基金平衡为约束条件，本章计算了2010年至2015年期间各项社会保险制度的均衡费率水平。其中养老保险制度的均衡费率在17.7%—19.4%之间；医疗保险制度的均衡费率在5.5%—6.5%之间；失业保险制度的均衡费率在0.6%—0.9%之间；工伤保险制度的均衡费率在0.4%—0.5%之间；生育保险制疫的均衡费率在0.2%—0.3%之间。各项社会保险制度的均衡费率都存在地区差异，其中养老保险制度均衡费率的地区差异最大，其他社会保险项目均衡费率的地区差异相对较小。

第四，均衡费率和实际费率间的比较可以反映制度的基金平衡情况，在五项社会保险制度中，养老保险基金平衡情况最差。2015年半数以上省(自治区、直辖市)养老保险制度的均衡费率高于其实际缴费比例，其对应的基金结余率为负值；所有省市的医疗保险均衡费率低于实际缴费比例，对应的各省市医疗保险基金结余为正；在失业、工伤和生育三项保险制度中，绝大多数省市的均衡费率低于实际缴费比例，对应基金结余率也为正值。

第五，均衡费率和政策费率的比较可以反映制度潜在的降费空间。从分省情况来看，2015年除辽宁、黑龙江、甘肃三省外，其余省市养老保险制度的均衡费率低于政策费率；除青海省外，其余省市医疗保险制度的均衡费率低于政策费率；各省市失业保险制度的均衡费率均低于政策费率；除山西和黑龙江外，其余省份工伤保险制度的均衡费率略低于政策费率;除山西省之外,其余各省市生育保险制度的均衡费率略低于政策费率;在五项社会保险制度中,各省市养老保险均衡费率和政策费率间的差距最大。也即多数省市的社会保险制度存在降费的可能性,且养老保险制度的潜在降费空间最大。

从全国层面来看,在一个全国统筹的制度框架下,养老保险制度的潜在降费空间最大,其余四项制度的降费空间相对较小。具体而言,2015 年养老保险制度的均衡费率为 15.6%左右,相比于改革目标27%,仍有 11.4 个百分点的潜在降费空间;医疗保险制度的均衡费率为 5.6%,比改革目标 8%低了 2.4 个百分点;失业保险的均衡费率 0.7%,比改革目标低 0.3 个百分点;工伤保险制度的均衡费率 0.4%,比改革目标低了 0.35 个百分点;生育保险制度的均衡费率 0.4%,仅比改革目标低 0.1 个百分点。

综合比较各项社会保险制度的均衡费率、实际费率和政策费率可知,医疗、失业、工伤和生育保险制度三项指标间的偏离度较小,而养老保险制度三项指标间的偏离度最大,也即养老保险费率的适度性最差,其潜在的降费空间最大。

第八章 社会保险适度费率与降费空间的精算分析

在前文对社会保险费率体系适度性评价的基础上，本章以养老保险制度为例，探讨其适度费率标准与可行的降费空间。社会保险费率改革面临着诸多现实约束，其中待遇水平和基金平衡对社会保险费率的确定有着至关重要的影响，也是制约当前社会保险降费的两个现实条件。本章从“不降低待遇”和“维持精算平衡”这两大现实约束出发，考察未来一定时期内，在维持既定待遇水平和基金平衡条件下养老保险制度的适宜费率水平，并结合参保主体的缴费能力、财政补贴额度，最终确定社会保险制度的适度费率标准。本章的总体思路为：首先，预测未来一定时期内的城镇人口以及养老保险缴费和领取养老金的人口数；然后，再利用年度精算平衡和长期精算平衡方法建立养老保险费率模型，测算未来不同情形下的年度平衡费率和长期平衡费率；最后，依据不同的财政补贴规模确定养老保险降费空间并设计费率调整方案。

第一节　未来人口和参保职工的老龄化趋势

一、 人口与职工预测模型

本书采用列队要素法预测未来人口的变动情况，以2010年第六次人口普查公布的分性别、年龄人口数据，以及出生率、死亡率数据为基础，推算未来年份分性别、年龄的人口情况。具体测算思路如下：第一，根据2010年人口普查数据测算城镇和农村分性别、年龄人口的死亡率并编制生命表；第二，根据2010年城镇、农村分性别、年龄人口数以及育龄妇女生育率和对应的生命表，预测自然增长情况下2011年至2050年城镇和农村分性别、年龄人口数，并将其相加得到全国人口数；第三，根据全国人口数以及设定的城镇化比重，推算预测期内农村向城镇的人口迁移情况；第四，根据设定的迁移人口性别、年龄结构，得到预测期内分性别、年龄的迁移人口数；第五，将迁移人口和自然增长的城镇人口合并，得到最终的城镇分年龄、性别人口数；第六，根据城镇分年龄、性别人口的就业率，得到各年龄、性别的就业人口；第七，根据就业人口的养老保险参保率，得到各年龄、性别的参保人口。

（一）生存人口预测模型

根据人口动态平衡方程，自然增长情况下的生存人口等于上年度的存活人数乘以生存概率，即t年男性（女性）x岁人口数等于$t-1$年男性（女性）$x-1$岁人口数乘以其活到t年的概率，则有：

$$L^{r}_{f,x}(t)=L^{r}_{m,x}(t-1)p^{r}_{f,x-1}(t-1),\ 1\leqslant x\leqslant 100;$$

$$L^{r}_{f,x}(t)=L^{r}_{f,x}(t-1)p^{r}_{f,x}(t-1),\ 1\leqslant x\leqslant 100;$$

$$L^{u}_{m,x}(t)=L^{u}_{m,x}(t-1)p^{u}_{m,x-1}(t-1),\ 1\leqslant x\leqslant 100;$$

$$L^{u}_{f,x}(t)=L^{u}_{f,x}(t-1)p^{u}_{f,x}(t-1),\ 1\leqslant x\leqslant 100 \qquad (8\text{-}1)$$

以上四个方程分别为农村男性人口、农村女性人口、城镇男性人口、城镇女性人口预测方程。其中 $L^r_{m,x}(t)$ 和 $L^r_{f,x}(t)$ 表示 t 年农村 x 岁男性和女性人口数；$p^r_{m,x-1}(t-1)$ 和 $p^r_{f,x-1}(t-1)$ 表示 $t-1$ 年农村 $x-1$ 岁男性和女性人口的生存概率；$L^u_{m,x}(t)$ 和 $L^u_{f,x}(t)$ 表示 t 年城镇 x 岁男性和女性人口数，$p^u_{m,x-1}(t-1)$ 和 $p^u_{f,x-1}(t-1)$ 表示 $t-1$ 年 $x-1$ 岁城镇男性和女性人口的生存概率。

（二）新生人口预测模型

依据人口预测方法，新生人口数等于各年龄育龄妇女（15—49岁）人数乘以对应的生育率，并根据新生婴儿性别比得到分性别的新生人口数。具体模型如下：

$$L^r_0(t)=\sum_{x=15}^{49} L^r_{f,x}(t)B^r_x(t);$$

$$L^u_0(t)=\sum_{x=15}^{49} L^u_{f,x}(t)B^u_x(t) \tag{8-2}$$

以上两个方程分别为农村和城镇新生人口预测方程，$L^r_0(t)$ 为 t 年农村新生人口数，$B^r_x(t)$ 为 t 年农村 x 岁女性平均生育率；$L^u_0(t)$ 为 t 年城镇新生人口数，$B^u_x(t)$ 为 t 年城镇 x 岁女性平均生育率。

（三）城镇人口预测模型

城镇人口的增长主要有两个方面：一是城镇人口的自然增长；二是农村人口向城镇的迁移。依据本书的测算方法，迁移人口等于全国人口乘以城镇化比重再减去城镇自然增长人口，然后根据迁移人口的性别、年龄结构，得到分年龄、性别的迁移人口数。测算模型如下：

$$N_{m,x}(t)=[L^r_{m,x}(t)+L^u_{m,x}(t)]s_{m,x}(t);\ N_{f,x}(t)$$

$$=[L^r_{f,x}(t)+L^u_{f,x}(t)]s_{f,x}(t) \tag{8-3}$$

在以上方程中，$N_{m,x}(t)$ 和 $N_{f,x}(t)$ 表示 t 年 x 岁男性和女性迁

移人口；$s_{m,x}(t)$和$s_{f,x}(t)$表示t年x岁男性和女性迁移人口占总迁移人口的比重。用$LL_{m,x}^{u}(t)$表示t年城镇x岁男性总人数，$LL_{f,x}^{u}(t)$表示t年城镇x岁女性总人数，则有：

$$LL_{m,x}^{u}(t)=L_{m,x}^{u}(t)+N_{m,x}(t)；\ LL_{f,x}^{u}(t)=L_{f,x}^{u}(t)+N_{f,x}(t) \tag{8-4}$$

（四）城镇就业人口预测模型

基于预测得到的未来各年城镇分性别、年龄人口数，以及2015年人口抽样调查得到的各性别、年龄人口的就业率，[1]我们可以得到各年度的城镇就业人口数。以$e_{t,x}^{m}$和$e_{t,x}^{f}$表示t年x岁男性和女性城镇人口的就业率，则t年x岁就业人口可以表示为：

$$E_{t,x}^{m}=LL_{m,x}^{u}(t)e_{t,x}^{m}；\ E_{t,x}^{f}=LL_{f,x}^{u}(t)e_{t,x}^{f} \tag{8-5}$$

其中$E_{t,x}^{m}$为t年x岁男性就业人口，$E_{t,x}^{f}$为t年x岁女性就业人口，假设男性退休年龄为b岁，女性退休年龄为c岁，初始工作年龄均为a岁，[2]则t年总就业人口数为：

$$TE(t)=\sum_{x=a}^{b-1}E_{t,x}^{m}+\sum_{x=a}^{c-1}E_{t,x}^{f}=\sum_{x=a}^{b-1}LL_{m,x}^{u}(t)e_{t,x}^{m}+\sum_{x=a}^{c-1}LL_{f,x}^{u}(t)e_{t,x}^{f} \tag{8-6}$$

（五）参保与退休职工预测模型

以$r_{t,x}^{m}$和$r_{t,x}^{f}$表示t年x岁男性和女性就业人口的社会保险参保率，根据就业人口对应的参保率可得t年x岁参保职工人数为：

$$F_{t,x}^{m}=E_{t,x}^{m}r_{t,x}^{m}=LL_{m,x}^{u}(t)e_{t,x}^{m}r_{t,x}^{m}；$$
$$F_{t,x}^{f}=E_{t,x}^{f}r_{t,x}^{f}=LL_{f,x}^{u}(t)e_{t,x}^{f}r_{t,x}^{f} \tag{8-7}$$

---

〔1〕就业率为各年龄正在工作人口占对应年龄城镇总人口的比重。

〔2〕本书假设初始工作年龄为20岁，则根据中国当下的法定退休年龄，男性的就业年龄区间为20—59岁，女性干部的就业年龄区间为20—54岁，女性工人的就业年龄区间为20—49岁。

其中 $F_{t,x}^{m}$ 为 t 年 x 岁男性参保职工人数，$F_{t,x}^{f}$ 为 t 年 x 岁女性参保职工人数，则 t 年总参保职工人数为：

$$\begin{aligned} TF(t) &= \sum_{x=a}^{b-1} F_{t,x}^{m} + \sum_{x=a}^{c-1} F_{t,x}^{f} \\ &= \sum_{x=a}^{b-1} LL_{m,x}^{u}(t) e_{t,x}^{m} r_{t,x}^{m} + \sum_{x=a}^{c-1} LL_{f,x}^{u}(t) e_{t,x}^{f} r_{t,x}^{f} \end{aligned} \tag{8-8}$$

除了预测参保职工人数外还须知道退休职工人数，在现有文献中，有研究通过假设退休职工占老年人口的比重来预测未来退休职工人数（吕志勇、王霞，2016），但这种做法不能区别不同类型的退休人员。根据 2016 年公布的《人力资源和社会保障事业发展统计公报》，2015 年城镇企业职工养老保险制度参保职工人数为 26 219.2 万人，其中领取养老金的退休职工人数为 9 141.9 万人。借鉴已有研究文献的做法（宋世斌、申曙光，2007），本书假设 2015 年退休职工的性别、年龄构成与 2015 年城镇老年人口的性别、年龄构成一致（男性 60 岁及以上、女干部 55 岁及以上、女工人 49 岁及以上）[1]以此得到 2015 年分性别、年龄的退休职工人数，然后采用人口年龄移算法，根据 2015 年各性别、年龄的退休人数及其生存概率，推算未来各年龄的存活退休人数，再加上历年新增退休人数，得到各年的退休职工总人数。具体操作如下：

t 年退休职工人数等于该年新增退休职工人数加上存活到 t 年的往年退休职工人数，以 R_t 表示 t 年退休职工总人数，NR_t 表示 t 年新增退休职工人数，OR_t 表示以往退休职工存活人数，其中 t 年新增退休职工人数等于 $t-1$ 年临近退休年龄参保职工人数乘以生存概率，可表示为：

$$NR_t = F_{t-1,b-1}^{m} p_{m,b-1}^{u} + F_{t-1,c-1}^{f} p_{f,c-1}^{u} \tag{8-9}$$

---

〔1〕 曾益假设女干部和女工人的比例为 5∶5，本书假设女干部和女工人的比例为 3∶7。

t 年的往年退休职工存活人数等于 $t-1$ 年各年龄退休职工人数乘以相应的生存概率，即：

$$OR_t = \sum_{x=b}^{w} R_{t-1,\,x}^{m} p_{m,\,x}^{u} + \sum_{x=c}^{w} R_{t-1,\,x}^{f} p_{f,\,x}^{u} \qquad (8\text{-}10)$$

其中 $R_{t-1,\,x}^{m}$ 表示 $t-1$ 年 x 岁男性退休职工人数，$R_{t-1,\,x}^{f}$ 表示 $t-1$ 年 x 岁女性退休职工人数。

通过以上办法得到 2015 年各类参保人员的性别、年龄构成后，可以进一步识别出养老保险制度中的“老人”“中人”和“新人”，[1]各类别参保人员的年龄区间如表 8.1 所示。随后利用各年龄人口的生存概率，采用人口年龄移算法可以得到未来年份三类参保人员的数量。

表 8.1　2015 年不同类别参保人员的年龄区间

单位：岁

职工类别	老人	中人	新人
男　性	[78，100]	[38，77]	[20，37]
女干部	[73，100]	[38，72]	[20，37]
女职工	[68，100]	[38，67]	[20，37]

二、 参数取值

（一）死亡率和生命表

死亡率是编制人口生命表的重要参数，本书根据 2010 年第六次人口普查公布的城镇以及农村分性别、年龄死亡人数和生存人数计算各性别、年龄人口的死亡率。得到死亡率后需对数据进行修匀，进而得到各性别、年龄人口的死亡概率。修匀办法如下：假设 m_x 为 x 岁人口的死亡率，q_x 为 x 岁人口的死亡概率，则有 $q_x = 2m_x/(2+m_x)$；对于新生婴儿有 $q_0 = m_0/[1+(1-a_0)m_0]$，其中 a_0 表示死亡

[1] 其中“老人”是指在〔1997〕26 号文件实施前退休的职工，“中人”是指在〔1997〕26 号文件实施时已参加工作但尚未退休的职工，“新人”是指在〔1997〕26 号文件实施后参加工作的职工。

婴儿的平均存活时间，本书取 $a_0=0.25$；最高年龄人口的死亡概率设为 1。

推算出各性别、年龄人口的死亡概率后，编制生命表的具体步骤如下：

第一，计算表中生存人数 l_x 和死亡人数 d_x。根据惯例对 0 岁生存人数取值为 100 000，即 $l_0=100\,000$，则 $d_0=l_0\times q_0$、$l_1=l_0-d_0$，如此类推，得到各年龄的尚存人数和死亡人数。

第二，计算平均生存人年数 L_x，即 x 岁人口在 x 岁至 $x+1$ 岁区间内的生存人年数。假设人口的生存时间在年龄段内服从均匀分布，则有：

$$L_x=l_{x+1}+0.5\times d_x=l_{x+1}+(l_x-l_{x+1})/2=(l_x+l_{x+1})/2 \tag{8-11}$$

第三，计算累计生存人年数 T_x，即 x 岁人口在未来的累计生存人年数。计算时采用向下累计方法，即 $T_x=\sum_{k=x}^{100}L_k$。

第四，计算人口预期寿命 e_x，$e_x=T_x/l_x$。

根据以上方法，本书编制了城镇以及农村男性和女性人口生命表，详见本书附录 F。另外，根据生命表可得到分性别、年龄人口的生存概率 $p_x=1-q_x$。

（二）生育率

育龄妇女生育率是预测新生人口数量的重要参数，也是影响未来人口数量的重要变量。2000 年第五次人口普查公布的中国总和生育率仅为 1.22，针对如此低的生育率，学者提出了诸多争议。如于学军（2002）认为普查数据存在严重的漏报，在对数据进行修正后，其认为 2000 年中国总和生育率应在 1.6—1.8 之间。张为民和崔红艳（2003）利用历年出生人数进行推算，认为 2000 年的生育率在 1.6—1.7。翟振武和陈卫（2007）采用队列分析和回归拟合等方法，得出

1999 年的总和生育率为 1.69，2000 年至 2007 年为 1.59—1.66。通过上述文献可以看出，学者们推算出来的生育率均要高于人口普查得出的生育率水平。

2010 年第六次人口普查数据公布后，根据其基础数据测得中国妇女总和生育率为 1.18，其中城镇妇女总和生育率仅为 0.98，农村妇女生育率为 1.44。对此，学者同样提出了质疑。陈卫（2014）利用普查数据、教育数据和公安数据进行测算，认为 2000 年前的生育率在 1.5 左右，而 2010 年以来的生育率接近 1.7。郭志刚（2011）对以往 20 年中国人口进程的预测认为，中国总和生育率长期低于 1.5，部分年份甚至不到 1.4。崔红艳等（2013）根据人口抽样调查等数据对人口普查数据进行了修正，在排除了漏报的影响后认为 2010 年妇女总和生育率应在 1.5 左右。同样在修正了人口普查中的漏报和重报数据后，王金营和戈艳霞（2013）认为 2001 年至 2010 年中国妇女总和生育率应在 1.5—1.6 之间。由上可以看出，即便在修正了漏报等因素造成的影响后，学者估算得到的中国妇女生育率仍然是较低的。

最近两次的人口普查数据均表明，中国人口生育率已低于维持人口更替所需的水平（即平均每个妇女生育 2.1 个孩子），这与中国长期实行的计划生育政策有关。但在 20 世纪末，国家便开始试行“双独二孩”政策，2014 年开始实行“单独二孩”政策，2016 年国家进一步放开生育管制，“全面二孩”政策正式施行。但政策调整的效果并未达到预期，2015 年的出生人口比 2014 年减少了 32 万人，2017 年出生人口则比 2016 年减少了 63 万人。〔1〕

围绕着生育政策的调整，学者们讨论了其对中国生育率以及未来人口变动趋势的影响。有研究认为，政策调整后，生育率会有所上升，如王广州（2016）认为，全面二孩政策放开后，总和生育率将在 1.8

〔1〕 数据来源于国家统计局《国民经济和社会发展统计公报》（2014—2017）。

左右。王军和王广州(2016)考察了生育意愿的列队差异,认为1986年以后出生人群的生育意愿低于1.84,由此推算2022年以后的生育水平要低于1.84,从长期来看将在1.68左右。考虑到中国长期实行计划生育政策,实际生育水平和生育意愿之间存在一定的差距,当生育政策放松后,之前被抑制的生育潜能会在短时间内释放出来,随后进入正常生育阶段。根据王广州(2015)的推断,68%的育龄妇女的生育间隔在7.38年以内,因此,王翠琴等(2017)将生育累计期设定为7年,并假设2016—2022年间总和生育率为1.8, 2023年进入正常生育阶段后生育率降为1.7。

也有研究指出,政策调整的作用不大。杨舸(2016)认为,中国生育率的下降趋势已不可避免,全面放开二孩政策并不会带来出生率提高和人口数量的猛增,政策调整对人口结构、劳动力供给的作用甚微。钟晓华(2016)通过对城市妇女生育意愿的调查发现,"全面二孩"政策对城市夫妇再生育意愿的影响作用有限。

学者对中国人口生育率的判断存在分歧,一方面,从以上研究文献中可以得出以下结论,即中国人口普查所得到的生育率确实偏低,若直接使用普查的生育率来预测未来人口数量会导致低估;但另一方面,中国生育率也确实存在走低趋势,且生育政策调整对生育率的作用较弱。由此,如何设定未来人口的生育水平成了一个需要慎重考虑的问题。从现有研究文献来看,一种可取的办法是设置不同的生育率方案,以作比较研究。如石人炳和陈宁(2017)在考察"全面二孩"政策对养老金收支的影响时,设定了不同的生育方案,基准生育方案:对应的生育率为1.5;低生育方案:2016—2020年全面二孩目标生育释放比例为23%, 2020年以后生育率为1.55;中生育方案:2016—2020年全面二孩目标生育释放比例为28%, 2020年以后生育率为1.8;高生育方案:2016—2020年全面二孩目标生育释放比例为33%, 2020年以后生育率为2.1。顾和军和李青(2017)在分析

"全面二孩"政策对劳动力供给的影响时，设定了 1.64—1.74、1.75—1.85、1.85—1.95 三种不同的生育方案。

中国人口的生育水平不仅关乎中国未来的人口结构，也关乎世界人口的发展，联合国对中国人口问题颇为关注，多次预测了中国未来的人口发展趋势。在其 2006 年的预测中假设 2000—2005 年的生育率为 1.7，之后逐步提高，并保持在 1.85；在 2008 年的预测中假设 2000—2010 年的生育率为 1.77，在 2020—2025 年期间上升到 1.85，并一直保持下去；2010 年的预测中，假设生育率从 2000—2005 年的 1.7 下降到 2005—2010 年的 1.64，在 2015—2020 年间进一步下降至 1.51，随后在 2045—2050 年间上升至 1.77（蔡泳，2012）。在联合国最新人口预测中，对中国人口生育率设定了高中低三个不同的方案，其中 2015—2050 年的生育率如表 8.2 所示。本书采用联合国最新人口预测中的生育方案，以中生育率方案对应的人口情况作为本书精算分析的基本依据，同时比较在高、低不同生育率方案下的精算结果。

确定生育方案后，本书分段进行人口预测，首先借鉴曾益（2014）的做法，采用 2010 年人口普查数据测算出的生育率，对 2011 年至 2015 年人数进行预测，并与 2010 年至 2015 年统计的实际人口数量进行比较，发现将生育率调整为城镇 1.16、农村 1.61 时预测的人口数据和实际人口数据最为接近，故以此作为 2010 年至 2015 年中国的生育率，最终得到 2015 年分性别、年龄的城乡人口数量。

然后以 2015 年为基期，根据以上联合国生育方案对中国 2015 年人口抽样调查得到的各育龄妇女生育率进行调整，以预测 2016—2050 年中国分性别、年龄的城乡人口数。依据 2015 年人口抽样调查数据可计算得到全国人口总和生育率为 1.047，其中城镇为 0.914，农村为 1.265。以中方案为例，2016—2020 年总和生育率为 1.635，是 2015 年抽样调查结果的 1.562 倍（1.635/1.047），故将城镇和农村各育龄妇女生育率乘以 1.562 得到调整后的生育率,其他年份和生育方案对应的生育率采取同样的方式进行调整。

表 8.2　不同方案下的总和生育率

单位:‰

年　份	低方案	中方案	高方案
2016—2020	1.385	1.635	1.885
2021—2025	1.264	1.664	2.064
2026—2030	1.187	1.687	2.187
2031—2035	1.206	1.706	2.206
2036—2040	1.222	1.722	2.222
2041—2045	1.236	1.736	2.236
2046—2050	1.248	1.748	2.248

资料来源:联合国《世界人口展望 2017》,https://esa.un.org/unpd/wpp/Download/Standard/Interpolated。

(三)新生人口性别比

除生育率外,新生人口性别也是在人口预测中需要事先设定的重要参数。根据相关统计资料显示,中国出生人口性别比长期偏高,1982 年第三次人口普查时为 107.63,1990 年第四次人口普查时上升为 111.3,2000 年第五次人口普查时继续上升为 119.2,到 2010 年第六次人口普查时下降为 118.1,而正常情况下,新生儿性别比应保持在 102—107 之间。根据现有文献研究,多数学者认为中国严格的计划生育政策是导致新生人口性别失衡的重要原因(乔晓春,2004;穆光宗,2008;石人炳,2009)。

鉴于此,有学者讨论了放松生育政策对出生人口性别比的影响。王军(2013)认为放宽生育政策可以缓解我国出生人口性别比的失衡,在一定程度上促进新生儿性别比回归正常水平。乔晓春(2014)基于"单独二孩"政策的研究认为,"单独二孩"政策扩大了部分人口的生育水平,弱化了男孩偏好,能够在一定程度上降低新生人口的性别比。朱明宝和石智雷(2015)的研究发现,"单独二孩"政策可以通过“释放效应”和“稀释效应”来促进出生性别比的平衡。

也有不同的观点认为，“单独二孩”政策并未起到调节新生儿性别比的作用。如杨菊华(2014)认为由于导致性别比例失衡的本源要素依然存在，多数夫妇或许会更加重视二孩性别，“单独二孩”政策实际上仍旧难以改变性别失衡现状。原新(2014)认为“单独二孩”政策可以增加一定的生育数量，以致出生人口性别比下降，但是很难使出生人口性别比恢复正常。石人炳和陈宁(2015)利用对安徽、山西、湖南、湖北四省的实地调研数据，发现“单独二孩”政策对一孩出生性别比有缓解作用，但无助于降低总体出生性别比，甚至在一些地方还起到了相反的作用。

在“单独二孩”政策下，拥有男孩偏好的“单独夫妇”多了一次可选择的生育机会，从而可能恶化二孩的出生性别比。当前中国的生育政策已从“单独二孩”过渡到“全面二孩”，因而以上负面效应有可能得到缓解。侯佳伟等(2014)对中国 1980—2011 年生育意愿的调查发现，中国人对子女的性别偏好发生显著变化，其中“儿女双全”的偏好较强。石贝贝等(2017)基于四川省的调研同样发现，“一儿一女”的生育偏好普遍存在。庄亚儿等(2014)发现，现有一个男孩的家庭，希望下一个孩子是女孩的比例高达 76.1%。

近些年来，中国的出生性别比已开始缓慢下降，而“全面二孩”政策也为性别比的下降提供的政策支持。在涉及人口预测的相关研究中，学者们也多假设未来出生性别比存在下降趋势，如王翠琴等(2017)在延迟退休和生育政策对养老保险基金的影响时，假设中国人口出生性别比逐步下降至 105。联合国在预测中国未来人口时，假设出生性别比从 2015 年的 115 逐年下降到 2055 年的 107，且在随后的年份里维持在 107。本书采用联合国人口预测所使用的出生性别比指标，在 2016 年至 2050 年期间，出生性别比每 5 年下降一个单位，在 2016—2020 年为 115，2021—2025 年为 114，2026—2030 年为 113，2031—2035 年为 112，2036—2040 年为 111，2041—2045 年为 110，2046—2050 年为 109。[1]

（四）城镇化和迁移人口年龄结构

在预测城镇人口时除了预测自然增长的城镇人口外，还要考虑人口由农村向城镇的迁移，按照本书采用的预测方法，计算迁移人口数量我们需要知道历年的城镇化水平。中国仍处于城镇化进程中，2010 年和 2015 年中国城镇人口比重分别为 49.95%和 56.1%，其间年均增长超过 1 个百分点。围绕中国的城镇化水平，不少学者指出中国的城镇化水平偏低（Zhang & Zhao，2003；Au & Henderson，2006）。王曦和陈中飞（2015）认为相比于国际经验下中国应达到的城镇化水平而言，中国目前的实际城镇化水平低了 13—22 个百分点。

本书的关注点不在于中国城镇化的应然水平，而在于中国未来可能达到的城镇化水平以及中国的城镇化速度。周一星（2005）认为，正常的城市化速度应在 0.6—0.8 之间，超过 0.8 则为高速城市化，而连续多年超过 1 个点的增速则是有风险的。陆大道等（2007）认为，中国的城镇化率从 20%上升到 40%仅用了 22 年，相比于英国的 120 年、法国的 100 年、德国的 80 年、美国的 40 年、日本的 30 年，中国的城镇化进程处于“跃进”状态。

针对中国未来可能的城镇化水平，学者提出了不同的观点。陈书荣（2000）指出中国不宜追求过高的城市化水平，其认为 2050 年中国的城市化率应在 60%左右。李善同（2001）指出在未来的 20 年内，中国的城市化水平将提高到 60%—66% ，城市化率平均每年提高 1.5个百分点。以上观点提出的城镇化水平存在较大的差距，而更多的研究则提出了相对中庸的观点。如胡鞍钢（2003）估计 2010 年中国的城镇化率在 45%—47%之间，2020 年在 53%—57%之间，2030

---

〔1〕 *United Nation*, *Department of Economic and Social Affairs*, https://esa.un.org/unpd/wup/CD-ROM.

年在60%—65%之间。刘勇(2004)认为2010—2020年间我国城市化水平的增长速度将达到1.3—1.5个百分点,至2020年城市化率达到58%—62%。简新华和黄锟(2010)认为,尽管中国的城镇化水平相对滞后,但中国城镇化速度较快,城镇化率将以年均提高1个百分点左右的速度上升,预计在2020年达到60%左右。

从以上文献中可以看出,学者对中国未来的城镇化发展趋势并未达成一致认识。在相关研究中,学者采用的城镇化演进方案也各有不同,如王晓军和米海杰(2013)在预测未来养老金支付缺口时,采用国务院发展研究中心的预测方法,假定中国城镇人口比重的峰值为80%。这高出了世界发达国家城镇化的一般水平。本书采用联合国在最新世界人口预测中,对中国未来城镇化水平的设定,根据联合国的预测方案,2050年中国的城镇化水平将达到75.8%。2016年至2050年期间,我国各年份的城镇化水平如表8.3所示。

表8.3　中国人口城镇化比重

单位:%

年份	城镇化	年份	城镇化	年份	城镇化	年份	城镇化
2016	56.8	2025	65.4	2034	70.7	2043	73.7
2017	57.9	2026	66.1	2035	71.1	2044	74.0
2018	59.0	2027	66.9	2036	71.5	2045	74.3
2019	60.0	2028	67.5	2037	71.8	2046	74.6
2020	61.0	2029	68.1	2038	72.1	2047	74.9
2021	62.0	2030	68.7	2039	72.4	2048	75.2
2022	62.9	2031	69.3	2040	72.8	2049	75.5
2023	63.8	2032	69.8	2041	73.1	2050	75.8
2024	64.6	2033	70.3	2042	73.4		

资料来源:联合国经济和社会事务部:*World Urbanization Prospects*:*The 2014 Revision*,https://esa.un.org/unpd/wup/CD-ROM/。

除了设定城镇化比重外,还需确定迁移人口的性别、年龄结构,由于缺乏与此相关的统计数据。本书借鉴周渭兵(2004)的做法,根据人口调查数据构造迁移人口的年龄结构,并假定未来迁移人口年龄结构保持不变。调查显示迁移人口的年龄结构相对较轻,其中 1—19 岁及以下人口所占比重为 19%，20—49 岁人口所占比重为 62.4%，50—89 岁人口所占比重为 19%。根据各年龄迁移人口数等于该年龄人口数占对应年龄段人口数的比重乘以该年龄段的迁移人口数，本书求得各年龄迁移人口占总迁移人口的比重,如表 8.4 所示。[1]

表 8.4　迁移人口年龄构成

单位:%

年龄	比重	年龄	比重	年龄	比重	年龄	比重	年龄	比重	年龄	比重
1	0.97	16	1.16	31	1.83	46	2.15	61	0.74	76	0.29
2	0.97	17	1.28	32	1.79	47	2.48	62	0.64	77	0.29
3	0.94	18	1.28	33	1.67	48	1.85	63	0.61	78	0.24
4	0.94	19	1.33	34	1.90	49	1.03	64	0.56	79	0.21
5	0.91	20	2.58	35	1.95	50	0.80	65	0.51	80	0.21
6	0.91	21	2.44	36	2.11	51	0.73	66	0.49	81	0.16
7	0.83	22	2.25	37	2.21	52	0.94	67	0.45	82	0.16
8	0.84	23	2.36	38	2.28	53	1.04	68	0.44	83	0.13
9	0.88	24	2.08	39	2.32	54	0.95	69	0.44	84	0.10
10	0.89	25	1.83	40	2.52	55	1.00	70	0.42	85	0.09
11	0.86	26	1.81	41	2.30	56	1.00	71	0.35	86	0.08
12	0.95	27	1.79	42	2.49	57	0.91	72	0.39	87	0.06
13	0.94	28	2.05	43	1.96	58	0.92	73	0.36	88	0.05
14	0.98	29	1.80	44	2.21	59	0.78	74	0.34	89	0.04
15	1.11	30	1.74	45	2.20	60	0.77	75	0.32		

(五) 就业率

就业率既是影响缴费职工人数的重要参数,也是影响未来领取养老金人数的重要参数。在以往研究中,有学者根据城镇就业人数的历史数据来预测未来年份的就业人口数量,如柳清瑞等(2013)通过测算发现 1991 年至 2011 年间中国城镇就业人数的年均增长率在 2.1%—4.5%之间,因此他们在预测养老保险基金收支时,以就业人数增长率的平均值 3.617%作为有效劳动力增长率。也有学

〔1〕 由于缺少各年龄迁移人口的性别比,本书遵照周渭兵(2004)的做法,假设男女性别比为 1∶1。

者假定未来一定时期内的就业率维持在某一固定值，如吕志勇和王霞(2016)在分析延迟退休年龄对养老保险基金收支的影响时，将15—59岁城镇人口的就业率设定为80%，且在预测期内保持不变。王晓军和米海杰(2013)在预测养老金支付缺口时将未来城镇就业率设定为80%。

在以上研究文献中，学者仅考虑总人口的就业率，而忽视了不同年龄人口间的差异。事实上，各年龄人口的就业率存在较大的差距，在就业人口以及退休人口的预测中，忽视这一差距将导致对未来养老保险制度赡养率的预测失真。当前中国男性职工退休年龄为60岁，女性干部为55岁，女性职工为50岁，本书利用2015年人口抽样调查数据，计算得到各就业年龄城镇人口的就业率如图8.1所示。总体而言，就业率随着年龄的上升呈现出先增后减的趋势，20—59岁男性城镇人口的总就业率为81.3%，20—54岁城镇女性的总就业率为63.9%。

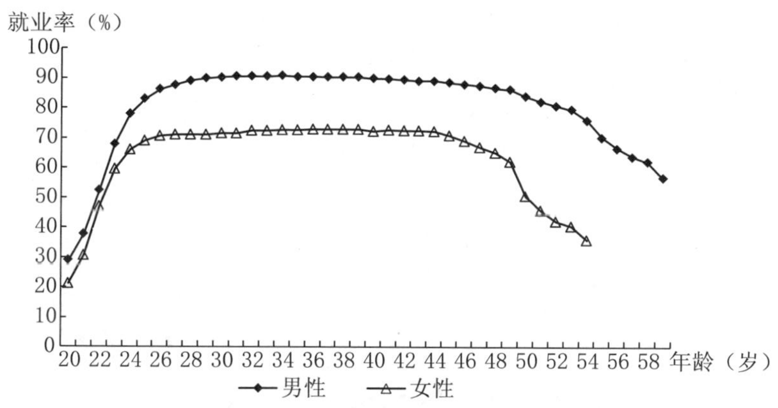

图8.1　2015年抽样调查分性别、年龄城镇人口就业率

（六）参保率

设定参保率是预测未来参保职工和退休职工人数的重要环节。因此，在对养老保险制度精算平衡的分析中，有学者假设劳动者在工作之初便参加养老保险，且参保率一直维持在100%（王晓军，2001），这显然与中国事实不符。也有研究采取分段赋值的方式，对不同时期的参保率作不同的设定，如路锦非（2016）将2012—2050年分为三个阶段各自取值，并将最终参保率定为80%。王晓军等（2013）根据国际经验，认为养老保险覆盖率达到90%即可视为实现了全覆盖。

2011年以来城镇就业人员社会保险总参保率维持在60%以上，但对分年龄就业人口的社会保险参保率缺乏相关统计数据。本书根据2014年CFPS微观调查数据，测算城镇各年龄就业人口的参保率，如图8.2所示。根据CFPS数据，我们得到20岁至59岁男性就业人口的总参保率为52.3%，20岁至49岁女性就业人口的总参保率为50.9%，两者较为接近，因此本书假设男性和女性就业人口的参保率一致。此外，依据宏观统计数据，2014年城镇就业人口的养老保险参保率为64.9%，与CFPS调查数据有一定的差异。因此，本书根据统计数据中的参保率对CFPS分年龄人口参保率进行调整，调整办法为各年龄就业人口参保率等于CFPS中各年龄参保率乘以宏观统计的总参保率与CFPS总参保率之比。

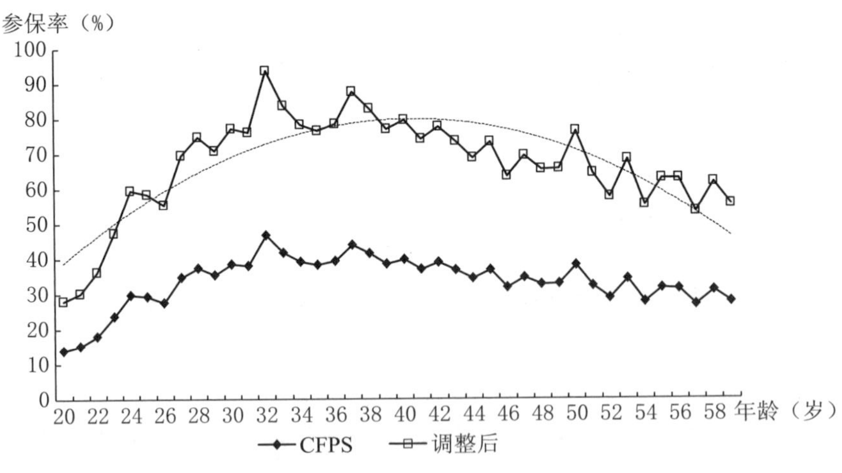

图8.2　分年龄就业人口参保率

中国城镇就业人员的参保率逐年上升，2015 年城镇就业人员的总参保率为 65%，从 2011 年至 2015 年参保率年均上升 1.25 个百分点，而随着制度的推广与完善，未来就业人员的参保率还会继续上升。借鉴以往学者的做法，本书假设就业人员参保率从 2015 年开始每年上升 1 个百分点，至 2030 年达到 80%，随后每年上升 0.5 个百分点，至 2050 年达到 90%，预测期内城镇就业人员养老保险参保率如表 8.5 所示。

表 8.5　就业人员社会保险参保率

单位：%

年份	参保率	年份	参保率	年份	参保率	年份	参保率
2011	60.0	2021	71.0	2031	80.5	2041	85.5
2012	61.9	2022	72.0	2032	81.0	2042	86.0
2013	63.2	2023	73.0	2033	81.5	2043	86.5
2014	64.9	2024	74.0	2034	82.0	2044	87.0
2015	65.0	2025	75.0	2035	82.5	2045	87.5
2016	66.0	2026	76.0	2036	83.0	2046	88.0
2017	67.0	2027	77.0	2037	83.5	2047	88.5
2018	68.0	2028	78.0	2038	84.0	2048	89.0
2019	69.0	2029	79.0	2039	84.5	2049	89.5
2020	70.0	2030	80.0	2040	85.0	2050	90.0

得到预测期内历年养老保险参保率后，结合前文测算的 2014 年分年龄城镇就业人员参保率数据，计算未来年份各年龄就业人员的参保率。计算办法为：2015 年各年龄就业人员的参保率等于 2014 年对应年龄就业人员的参保率乘以调整系数，系数值为 2015 年总参保率和 2014 年总参保率的比值，以此类推，得到历年各年龄就业人员的参保率。即 t 年 x 岁就业人员的参保率 $r_{t,x}$ 可表示为：

$$r_{t,x}=r_{t-1,x}(r_t/r_{t-1}) \tag{8-12}$$

其中 r_t 为 t 年所有就业人员的养老保险总和参保率，r_{t-1} 为上一年所有就业人员的总和参保率。

三、人口老龄化和制度赡养率的变化

接下来，我们根据 2011—2015 年中国城镇人口实际统计数据来检验前文预测的准确性。按照《中国人口和就业统计年鉴》公布的城镇分年龄人口数据，测算得到 2011 年至 2015 年城镇 65 岁及以上人口比重分别为：8.0%、8.3%、8.4%、8.9%、9.2%；城镇 60 岁及以上人口比重分别为 12.1%、12.7%、13.0%、13.9%、14.3%。而根据本书预测，2011 年至 2015 年城镇 65 岁及以上人口比重为：8.1%、8.4%、8.7%、9.0%、9.4%；城镇 60 岁及以上人口比重为 12.2%、12.7%、13.3%、13.9%、14.4%，与对应年份的实际值非常接近，因此，本书对人口结构的预测具有较高的准确性。依据前文的人口预测模型，预测 2016 年至 2050 年中国城镇人口数量及其年龄结构，得到历年城镇人口老龄化情况如图 8.3 所示。[1]

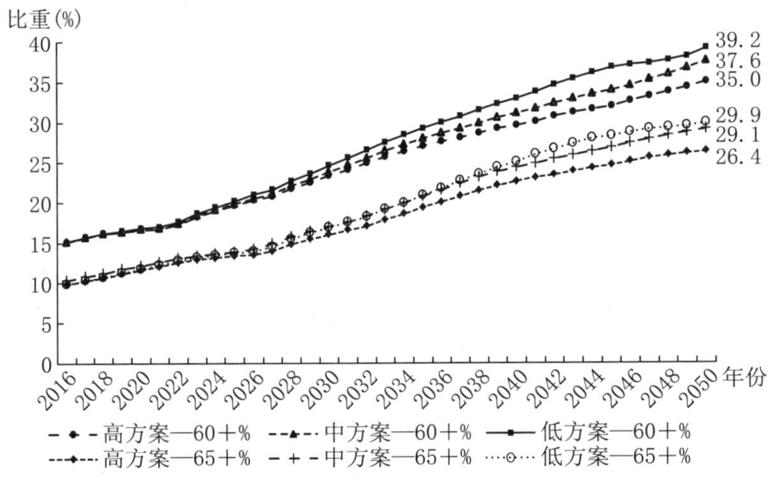

图 8.3 不同生育方案下的城镇人口老龄化趋势

注：60+%是指 60 岁及以上人口比重；65+%是指 65 岁及以上人口比重。

---

〔1〕 本书选择 2050 年为预测时间截止点，理由在于三个方面：一是精算分析要求有一定的时间跨度，但若时间跨度太大则预测的准确性会大为降低；二是根据相关学者的预测，2050 年左右中国城镇人口老龄化将达到峰值；三是 2049 年为新中国建国一百周年，为新中国百年大计，为取整，故本书预测目标时间选取 2050 年。

从图 8.3 中可以看出，2016 年至 2050 年间中国城镇人口老龄化程度持续上升，且不同生育率方案下的人口老龄化程度存在差异，高生育率能够延缓人口的老龄化。在高生育率方案下，2050 年中国城镇 60 岁及以上人口比重为 26.4%，65 岁及以上人口比重 35.0%；在中生育率方案下，2050 年中国城镇 60 岁及以上人口比重为 29.1%，65 岁及以上人口比重 37.6%；在低生育率方案下，2050 年中国城镇 60 岁及以上人口比重为 29.9%，65 岁及以上人口比重 39.2%。

在人口预测的基础上，可以测算未来养老保险制度的参保缴费职工人数以及参保退休职工人数。依据上文的预测模型，在不同的人口生育方案下，未来养老保险制度的缴费和退休职工人数有所差异，对应的制度赡养率也不同。图 8.4 展示了高、中、低三种生育方案下，2016 年至 2050 年间养老保险制度赡养率的时间趋势。从图中可以看出，尽管根据前文的参数假设，预测期内养老保险参保率逐年上升，但三种生育方案下的制度赡养率依然具有上升趋势，未来制度内的老龄化形式将更加严峻。

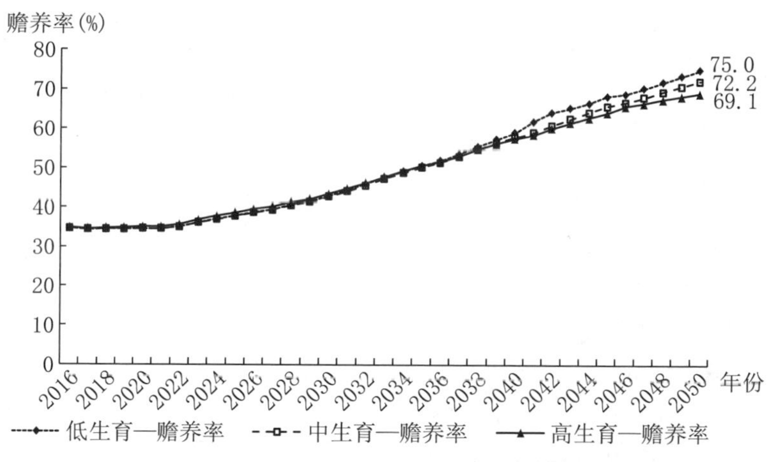

图 8.4　不同生育方案下的养老保险制度赡养率

比较各方案下的制度赡养率可知，前期三种生育方案对应的制度赡养率间的差距非常小，但 2036 年以后，三种生育方案下的制度赡养率逐渐拉开差距，至 2050 年，高生育方案对应的养老保险制度赡养率为 69.1％，中生育方案对应的制度赡养率为 72.2％，低生育方案对应的制度赡养率为 75.0％。由此可见，提高生育率能够降低养老保险制度的赡养率，但其具有滞后性，新增人口转化为就业和参保人口需要经过一段很长的成长期。

制度赡养率反映了养老保险参保缴费职工人数与退休职工人数间的比例关系，而根据前文对养老保险制度“老人”“中人”和“新人”的划分，可以得到制度内缴费职工和退休职工的人员构成。以中生育方案为例，图 8.5 展示了 2016 年至 2050 年间，养老保险制度缴费职工的人员构成情况。根据规定，“老人”是指 1997 年已经退休的职工，故不在缴费人员之列，而“中人”和“新人”是养老保险制度的主要供款者。2016 年在总参保缴费职工中，“中人”所占比重为 47.0％，“新人”所占比重为 53.0％，随后，在缴费职工群体中“中人”比例逐年下降，“新人”比例逐渐上升。自 2037 年开始，缴费职工完全由“新人”构成。

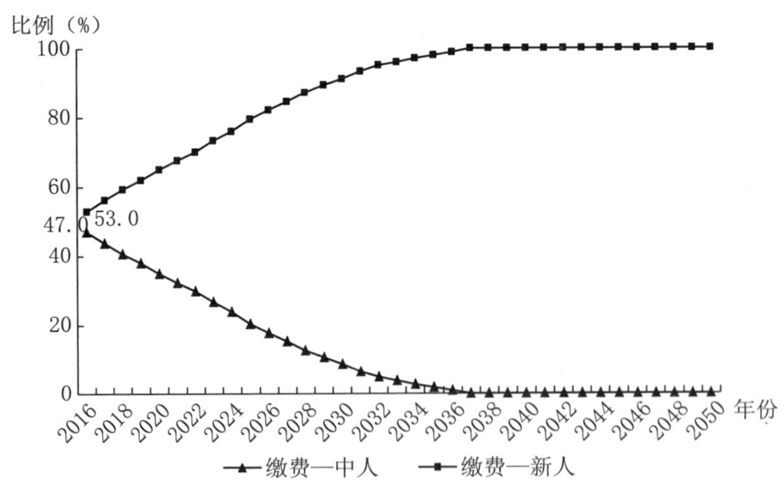

图 8.5　养老保险缴费职工人员构成

图 8.6 展示了中生育方案下养老保险制度退休职工的人员构成，当前领取养老金的退休职工主要为“老人”和“中人”，2016 年在退休职工群体中“老人”所占的比重为 21.2%，“中人”所占比重为 78.8%。随着时间的推移，退休群体中“老人”所占的比重逐年下降，至 2046 年下降为 0.06%，2047 年“老人”彻底退出历史舞台；“中人”比重则先增后减，从 2016 年至 2030 年，退休群体中“中人”所占比重逐渐上升至 90.7%，随后开始下降，至 2050 年降为 34.5%；“新人”则从 2028 年开始加入退休群体，随后其在退休职工中所占的比重逐年上升，至 2050 年上升为 65.5%。

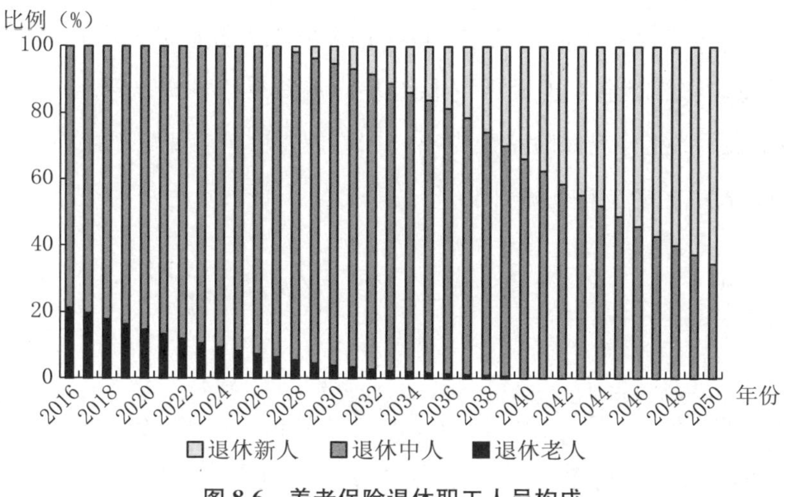

图 8.6　养老保险退休职工人员构成

第二节　基金精算平衡下的适度费率

一、 费率精算模型

本书对适度费率的讨论紧紧围绕“不降低职工待遇”和“维持精算平衡”两个约束条件，探讨在满足这两个条件的情况下，职工养老保险制度的适度费率标准及其存在的降费空间。在模型设定中采用替代率指标来反映制度的待遇水平，分别考察在年度精算平衡以及长期精算平衡两种模式下，养老保险制度维持一定的替代率所需的缴费标准。

（一）年度精算平衡模型

年度基金精算平衡强调养老保险基金在各年度内的收支平衡，一般依据年度基金支付需求来确定缴费比例，由于各年度的支付需求不同，因而每年的费率标准也有所差异。在前文人口预测的基础上，本书以 2016 年至 2050 年为测算周期，考察在既定的养老金替代率水平下，各年维持基金收支平衡所需的费率水平。

根据前文对参保职工以及领取养老金的退休职工人数的预测可知，t 年养老保险基金支出等于该年退休职工人数乘以人均养老金水平，而人均养老金等于上年度职工平均工资乘以养老金替代率。以 SE_t 表示 t 年养老保险基金支出，以 W_{t-1} 表示上年度职工社均工资，以 T 表示养老金替代率，则 t 年的基金支出可表示为：

$$SE_t = W_{t-1} T \sum_{x=b}^{w} R_{t,x}^{m} + W_{t-1} T \sum_{x=c}^{w} R_{t,x}^{f} = W_{t-1} T \left(\sum_{x=b}^{w} R_{t,x}^{m} + \sum_{x=c}^{w} R_{t,x}^{f} \right) \tag{8-13}$$

其中 $R_{t,x}^{m}$、$R_{t,x}^{f}$ 分别为前文预测得到的 t 年 x 岁男性和女性退休职工人数，由此决定 t 年所需的养老保险基金收入为：

$$SI_t = zc_t W_{t-1} \sum_{x=a}^{b-1} F_{t,x}^{m} + zc_t W_{t-1} \sum_{x=c}^{w} F_{t,x}^{f} = zc_t W_{t-1} \left(\sum_{x=a}^{b-1} F_{t,x}^{m} + \sum_{x=c}^{w} F_{t,x}^{f} \right) \tag{8-14}$$

其中，z 表示养老保险遵缴率，[1] c_t 为 t 年养老保险费率，$F_{t,x}^{m}$ 和 $F_{t,x}^{f}$ 为前文预测得到的 t 年 x 岁男性和女性工作职工人数，根据

〔1〕 根据本书对企业和职工社会保险实际缴费的分析可知，参保人并未如实缴纳社会保险费，因此本书在社会保险基金收入精算模型中加入遵缴率指标。

年度基金收支平衡，可知 t 年所需的费率水平为：

$$c_t = T\left(\sum_{x=b}^{w} R_{t,x}^{m} + \sum_{x=c}^{w} R_{t,x}^{f}\right) / \left(\sum_{x=a}^{b-1} F_{t,x}^{m} + \sum_{x=c}^{w} F_{t,x}^{f}\right) z \quad (8\text{-}15)$$

（二）长期精算平衡模型

年度精算模型立足于当年度的基金收支平衡，要求逐年调整费率标准，这增加了政府制定社会保险费率的“菜单成本”，也不利于企业和各部门在社会保险费用缴纳与征收过程中的便利性。因此，本书采用长期精算平衡模型，考察养老保险制度在一定期间内维持既定待遇和基金平衡条件下的适度费率标准。长期精算平衡，即在一个较长的平衡目标期间里，根据退休职工的养老金待遇水平和人口老龄化趋势，预测未来的养老保险基金支出，并根据支出需求确定制度缴费比例，以实现目标期间内总收入与总支出间的平衡。假设养老保险精算平衡目标期限为 n 年，即初期养老保险基金结余加上 n 年养老保险基金总收入的现值等于养老保险基金总支出的现值。

根据前文对未来参保和退休职工人数的预测可知，第 1 年养老保险基金收入为：

$$SI_1 = \sum_{x=a}^{b-1} F_{1,x}^{m} W_0 cz + \sum_{x=a}^{c-1} F_{1,x}^{f} W_0 cz = W_0 cz\left(\sum_{x=a}^{b-1} F_{1,x}^{m} + \sum_{x=a}^{c-1} F_{1,x}^{f}\right) \quad (8\text{-}16)$$

第 t 年养老保险基金收入为：

$$\begin{aligned} SI_t &= W_{t-1} cz\left(\sum_{x=a}^{b-1} F_{t,x}^{m} + \sum_{x=a}^{c-1} F_{t,x}^{f}\right) \\ &= W_0 (1+g)^{t-1} cz\left(\sum_{x=a}^{b-1} F_{t,x}^{m} + \sum_{x=a}^{c-1} F_{t,x}^{f}\right) \end{aligned} \quad (8\text{-}17)$$

假设贴现率为 v，则 t 年养老保险基金收入的精算现值为：

$$PVSI_t = SI_t v^{t-1} = W_0 (1+g)^{t-1} cz v^{t-1}\left(\sum_{x=a}^{b-1} F_{t,x}^{m} + \sum_{x=a}^{c-1} F_{t,x}^{f}\right) \quad (8\text{-}18)$$

n 年养老保险基金收入的精算现值之和为：

$$
\begin{aligned}
TPVSI &= SI_1 + SI_2 v + \cdots + SI_t v^{t-1} + SI_n v^{n-1} \\
&= W_0 cz\left(\sum_{x=a}^{b-1} F_{1,x}^m + \sum_{x=a}^{c-1} F_{1,x}^f\right) + \cdots \\
&\quad + W_0 (1+g)^{n-1} czv^{n-1}\left(\sum_{x=a}^{b-1} F_{n,x}^m + \sum_{x=a}^{c-1} F_{n,x}^f\right) \\
&= W_0 cz\left[\begin{array}{l}\left(\sum_{x=a}^{b-1} F_{1,x}^m + \sum_{x=a}^{c-1} F_{1,x}^f\right) + \cdots \\ + (1+g)^{n-1} v^{n-1}\left(\sum_{x=a}^{b-1} F_{n,x}^m + \sum_{x=a}^{c-1} F_{n,x}^f\right)\end{array}\right]
\end{aligned}
\tag{8-19}
$$

为简化表达，令 $\sum_{x=a}^{r-1} F_{t,x} = \sum_{x=a}^{b-1} F_{t,x}^m + \sum_{x=a}^{c-1} F_{t,x}^f$，则有：

$$
TPVSI = W_0 cz\left(\sum_{x=a}^{r-1} F_{1,x} + \cdots + (1+g)^{n-1} v^{n-1} \sum_{x=a}^{r-1} F_{n,x}\right) \tag{8-20}
$$

同理，第 1 年养老保险基金支出为：

$$
SE_1 = W_0 T \sum_{x=b}^{w} R_{1,x}^m + W_0 T \sum_{x=c}^{w} R_{1,x}^f = W_0 T\left(\sum_{x=b}^{w} R_{1,x}^m + \sum_{x=c}^{w} R_{1,x}^f\right) \tag{8-21}
$$

第 t 年养老保险基金支出为：

$$
\begin{aligned}
SE_t &= W_{t-1} T\left(\sum_{x=b}^{w} R_{t,x}^m + \sum_{x=c}^{w} R_{t,x}^f\right) \\
&\quad + W_0 (1+g)^{t-1} T\left(\sum_{x=b}^{w} R_{t,x}^m + \sum_{x=c}^{w} R_{t,x}^f\right)
\end{aligned}
\tag{8-22}
$$

对应的基金支出精算现值为：

$$
PVSE_t = SE_t v^{t-1} = W_0 (1+g)^{t-1} T v^{t-1}\left(\sum_{x=b}^{w} R_{t,x}^m + \sum_{x=c}^{w} R_{t,x}^f\right) \tag{8-23}
$$

n 年养老保险基金支出的精算现值之和为：

$$TPVSE = SE_1 + SE_2 v + \cdots + SE_t v^{t-1} + SE_n v^{n-1}$$

$$= W_0 T(\sum_{x=b}^{w} R_{1,x}^{m} + \sum_{x=c}^{w} R_{1,x}^{f}) + \cdots$$

$$+ W_0 (1+g)^{n-1} T v^{n-1} (\sum_{x=b}^{w} R_{n,x}^{m} + \sum_{x=c}^{w} R_{n,x}^{f})$$

$$= W_0 T \left[\begin{array}{l} (\sum_{x=b}^{w} R_{1,x}^{m} + \sum_{x=c}^{w} R_{1,x}^{f}) + \cdots \\ + (1+g)^{n-1} v^{n-1} (\sum_{x=b}^{w} R_{n,x}^{m} + \sum_{x=c}^{w} R_{n,x}^{f}) \end{array} \right] \tag{8-24}$$

为简化表达，令 $\sum_{x=r}^{w} R_{t,x} = \sum_{x=b}^{w} R_{t,x}^{m} + \sum_{x=c}^{w} R_{t,x}^{f}$，则有：

$$TPVSE = W_0 T(\sum_{x=b}^{w} R_{1,x} + \cdots + (1+g)^{n-1} v^{n-1} \sum_{x=b}^{w} R_{t,x}) \tag{8-25}$$

假设计划初期养老保险基金累积结余为 PV，根据 n 年期精算平衡有：

$$PV + TPVSI = TPVSE$$

$$\Rightarrow PV + W_0 cz(\sum_{x=a}^{r-1} F_{1,x} + \cdots + (1+g)^{n-1} v^{n-1} \sum_{x=a}^{r-1} F_{n,x})$$

$$= W_0 T(\sum_{x=b}^{w} R_{1,x} + \cdots + (1+g)^{n-1} v^{n-1} \sum_{x=b}^{w} R_{t,x}) \tag{8-26}$$

由此可得，在替代率为 T 时，养老保险基金维持 n 年期收支平衡所需的费率为：

$$c = \frac{TPVSE - PV}{W_0 z[\sum_{x=a}^{r-1} F_{1,x} + \cdots + (1+g)^{n-1} v^{n-1} \sum_{x=a}^{r-1} F_{n,x}]}$$

$$= \frac{W_0 T[\sum_{x=b}^{w} R_{1,x} + \cdots + (1+g)^{n-1} v^{n-1} \sum_{x=b}^{w} R_{t,x}] - PV}{W_0 z[\sum_{x=a}^{r-1} F_{1,x} + \cdots + (1+g)^{n-1} v^{n-1} \sum_{x=a}^{r-1} F_{n,x}]} \tag{8-27}$$

二、 精算假设

（一）工资增长率

根据精算平衡模型，预测未来养老保险基金收支时我们需要知道职工工资的变化情况，在过去的几十年里，中国经济经历了高速增长，职工的工资收入也快速上升。根据《中国统计年鉴》数据测算可得2000年至2015年中国城镇在岗职工社均工资的平均增长率为13.6%，部分年份超过了15%。从长期来看，如此高的工资增长速度是不可持续的。而事实上，近年来随着经济增长的放缓职工工资增长率也有所下降。

因此，在一个较长的时期内讨论养老保险制度的费率水平需要合理设定职工工资的增长率。在这方面，有的研究将工资增长率设置为一个固定值，如邓大松和刘昌平(2001)在分析养老保险基金的敏感性时将2001—2050年间职工工资的平均增长率定为7.5%。王晓军和康博威(2009)在讨论养老保险制度的收入再分配效应时假设职工工资增长率为7%。彭浩然等(2009)在测算2000—2075年间中国养老保险制度的隐形债务时，设定了4%、6%和8%三种不同的工资增长率，比较了不同参数取值下的债务差异。丛春霞和靳文惠(2017)根据“2020年城乡居民收入翻一番”这一目标诉求，将2016—2035年间在岗职工年平均工资增长率设为7.5%。熊婧和粟芳(2017)在评估延迟退休对养老保险基金收支的影响时，将职工工资增长率设定为10%。

此外，考虑到经济增长的波动性以及未来经济增长可能进一步放缓，更多的研究则通过分段递减赋值的方式来设定职工工资增长率。如谭湘渝和樊国昌(2004)在探讨养老保险制度的偿付能力时，假定2025年以前职工工资的增长率保持在7%，2025—2050年则下调为5%。于洪和钟和卿(2012)在评估中国养老保险制度可持续性时，以8%作为2012年职工平均工资增长率的起点，随后每隔10年降低一个百分点，至 2051 年下降为 4%。汪华和汪润泉(2014)在研究养老保险制度的性别间再分配效应时，假设 2012—2022 年职工工资增长率为 8%，2022—2032 年为 6%，2032 年及以后为 5%。杨一心和何文炯(2016)在分析缴费年限对基金收支的影响时，假设 2015—2040 年工资年均增长率为 6.5%，2040—2050 年为 5.5%。石晨曦(2017)在分析个人账户的保障水平时，假设 2016—2020 年间工资增长率为 8%，2021—2025 年为 6.9%，2026 年及以后为 6%。景鹏和胡秋明(2017)在分析养老保险统筹账户缴费率时，假设 2020 年及以前在岗职工平均工资增长率为 8.5%，之后每五年下降 0.5%，最后稳定在 5.5%。

根据以上文献可知，在 2016—2050 年这个时间段内，多数学者都假设期初职工工资增长率在 8%左右，并在期末停留在 5%左右。本书遵循以上学者的赋值方式和赋值范围，假设 2016—2020 年职工工资增长率为 8%，随后每五年下降 0.5 个百分点，在 2045—2050 年间下降为 5.5%。

(二) 遵缴率

除职工工资外，社会保险遵缴率也是影响基金收入的重要因素。在早年的研究中，学者在预测社会保险基金收入时往往以政策费率作为测算依据，而没有考虑到实际缴费水平与政策费率的差异，如王亚柯等(2013)在测算不同群体养老金水平差异时并未考虑缴费不实可能造成的影响。近些年里，中国社会保险制度中存在的缴费不实现象以及制度的真实缴费水平受到越来越多的关注，在较近的相关研究中也多在测算模型中加入了遵缴率指标。

中国社科院在《中国养老金发展报告》(2015)中指出，2006 年至 2014 年在城镇职工基本养老保险制度中企业部门缴费人数占参保职工人数的比重不断下降，已由 89.98%下降至 81.19%。而人社部《中国社会保险发展年度报告》(2015)同样指出，企业部门缴费人员占参保职工人数的比重由 2009 年的 87.7%下降至 2014 年的80.3%。鉴于此，现有研究从缴费职工的角度，将遵缴率定义为实际缴费职工人数占参保职工人数的比重，并将其赋值为 85%(景鹏、胡秋明，2017)。也有研究通过分段赋值的方式，对 2010 年遵缴率取值为 84%，随后每 10 年上升 2 个百分点，并最终稳定在 90%(江正发等，2017)。

不同于上述研究，本书从缴费收入的角度来定义遵缴率，即社会保险实际缴费收入占应收缴费收入的比重，在计算中也等于实际费率占政策费率的比重。若从缴费职工的角度来定义遵缴率，则意味着参与缴费的职工如实缴纳了社会保险费，其实际缴费比例等于政策费率，而根据前文分析可知事实并非如此。根据本书对遵缴率的定义以及前文对社会保险缴费收入以及企业与职工实际缴费的分析可知，当前中国社会保险遵缴率在 60%左右。[1] 另外，考虑到参保率、工资增长率等的变动具有一定的规律性，而与此不同，遵缴率的高低与社会保险征收部门的缴费与监管力度有关，因此，本书并不假定未来遵缴率的变化情况，而是考察在不同的遵缴率水平下基金的收入情况，并以此测算适度费率标准。

(三) 养老金替代率

替代率是养老保险费率精算模型中的一个关键参数，其取值大小直接影响到养老保险费率的精算结果，而本书的研究更加关注替代率和费率间的关联性。

1952 年国际劳工组织在《社会保障最低标准公约》(第 102 号最低标准)中建议，缴费满 30 年以上工作人员在退休时领取的养老金替代率不得低于 40%，[2]之后该组织在 1967 年《老年、残疾和遗属津贴公约》(第 128 号高标准)中将上述标准提高到不低于 45%。[3]

---

〔1〕 2015 年社会保险实际征缴收入占应征收入的比重为 62.3%。

〔2〕 国际劳工组织:《社会保障最低标准公约》(第 102;最低标准)[EB/OL].

〔3〕 国际劳工组织:《老年、残疾和遗属津贴公约》(第 128 号;最高标准)[EB/OL].

根据世界银行的测算，在所考察的 70 多个国家和地区中，各国基本养老金的目标替代率在 13.1%—102.6%不等，波动幅度较大，但多数国家的目标替代率在 30%—80%之间，其中 OECD 国家的替代率主要在 30%—50%之间(Edward et al., 2012)。

近十几年里，中国城镇职工的养老金平均替代率并不稳定，而是存在一个明显的下降趋势，2015 年中国职工养老金替代率已下降为 49.2%，与基本养老保险制度 60%左右的目标替代率已存在一定的差距。

此外学者关于中国养老保险制度的合意替代率水平也有不同的观点。如邱东等(1999)从家庭结构等出发，认为中国合意的养老金替代率水平应在 55%左右。柳清瑞和苗红军(2003)通过构建长期经济均衡模型，认为养老金替代率的适度水平在 60%左右。贾洪波和温源(2005)结合国际贫困线法，指出我国养老金替代率下限为 50%。郝勇等(2010)认为中国职工养老金替代率的适度范围在 39%—56%之间，在当前经济转型期的替代率应稳定在 56%左右，而“三支柱”养老保险体系健全后，基本养老金的替代率应在 39%左右。李珍(2013)认为，在制度未成熟期，对“老人”和“中人”而言，60%左右的目标替代率是合理的。

本书重点考察在“不降低当前替代率”水平下，养老保险制度的适度费率水平，并以 50%—60%作为养老金替代率的适度范围，分析替代率变动时养老保险费率的变化情况。

三、 不同精算平衡模式下的费率水平

本书以中生育方案下的人口预测作为精算分析的基础，以当前退休政策作为基准情形，以延迟退休政策作为优化情形，两种情形下的就业率、参保率、工资增长率等参数的取值一致，进而考察两种制度情形下的养老保险的年度精算平衡费率和长期精算平

衡费率。[1]

当前中国职工的退休年龄为男性60岁、女工人50岁、女干部55岁，这一退休年龄制定于20世纪50年代，彼时中国人口的预期寿命仅有44.59岁，而2010年中国人口的预期寿命已达74.83岁。郑功成(2012)认为退休年龄的制定应考虑人口预期寿命、劳动力供求状况、人口受教育程度等因素。王晓军和赵明(2015)对6个国家1960—2050年60岁人口预期余命和退休年龄变动关系的研究发现，两者呈显著的正相关性。事实上，国家多次提出要适时适当延迟退休年龄，2012年中共十八届三中全会《中共中央关于全面深化改革若干重大问题的决定》提出“研究制定渐进式延迟退休年龄政策”；2015年“十三五”规划纲要则明确提出“实施渐进式延迟退休年龄政策”；2016年全国两会期间，人力资源和社会保障部社会保障研究所所长金维刚表示可能在2022年左右开始实施延迟退休年龄政策。[2]

随着中国人口预期寿命的提高，延迟退休年龄是必然趋势，目前学者针对延迟退休提出了不同方案。本书采用以下渐进式延迟退休方案：首先，从2022年开始，女工人每两年延迟1岁，至2031年所有女性职工退休年龄统一为55岁；然后，从2031年开始，女性职工退休年龄每两年延迟1岁，至2041年延迟为60岁，此时所有职工的退休年龄统一为60岁；最后，从2041年开始，所有职工每两年延迟1岁，至2050年延迟为65岁。

(一)年度精算平衡下的费率分析

首先我们将考察在基准情形下2016—2050年职工养老保险的年度精算平衡费率。若在精算周期内职工养老金替代率维持49.2%

---

〔1〕 本书以中生育方案下的人口预测作为养老保险费率分析的数据基础，其他生育方案下的精算分析结果仅作为附录列于文后。

〔2〕 凤凰网：《人社部高官：延退方案明年出台2022年实施》，http://news.ifeng.com/a/20160227/47613861_0.shtml。

不变，则历年养老保险制度的平衡费率如图 8.7 所示，各年度的费率水平和养老保险遵缴率相关，高遵缴率对应着低费率。当遵缴率为 60％时，2016 年养老保险对应的费率为 28％，随后逐年上升，至 2050 年提高到 59.2％；当遵缴率为 80％时，2016 年对应的费率为 21.3％，2032 年开始超过 28％，至 2050 年上升到 44.4％；当遵缴率提高到 100％时，2016 年对应的养老保险费率为 17.1％，2039 年开始超过 28％，到 2050 年增加到 35.5％。

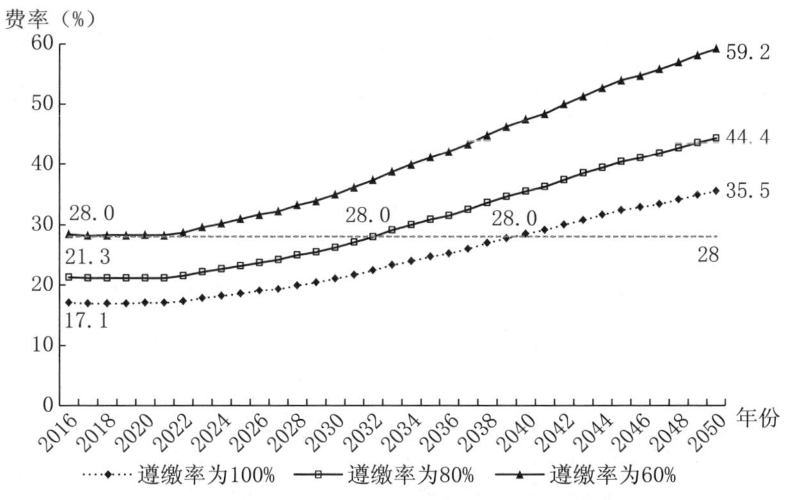

图 8.7　当前替代率下的年度精算平衡费率(基准情形)

由以上可知，在不同遵缴率水平下，未来养老保险制度维持当前替代率所需的费率都在逐年上升，这是因为养老保险制度的赡养率在逐年提高。当遵缴率水平较低时(60％)，未来养老保险制度维持基金平衡所需的费率都超过了制度降费前的政策费率标准(28％)，而随着遵缴率的提高，在短期内养老保险所需的费率低于 28％，但从长期来看，仍会超过 28％。也即在基准制度情形下，若养老保险维持当前替代率水平不变，则遵缴率的提高能够在短期内为养老保险赢得一定的降费空间。

根据以上分析可知，提高遵缴率是降低养老保险费率的必要前提，鉴于 2005 年以来国家连年提高职工的养老金水平，本书进一步考察在最优遵缴率水平下，提高替代率时未来养老保险费率的变化。参照前文对职工养老金适度替代率的讨论，本书考察 50%—60%的养老金替代率所对应的费率。如图 8.8 所示，在基准制度情形下，若精算周期内养老金替代率保持在 50%，则 2016 年对应的费率为 17.3%，随后逐年上升，从 2038 年开始超过 28%，至 2050 年提高到 36.1%；若养老金替代率保持在 55%，则 2016 年对应的费率为 19.1%，从 2036 年开始超过 28%，至 2050 年上升到 39.7%；若养老金替代率保持在 60%，则 2016 年对应的费率为 20.8%，2032 年开始超过 28%，至 2050 年提高到 43.3%。

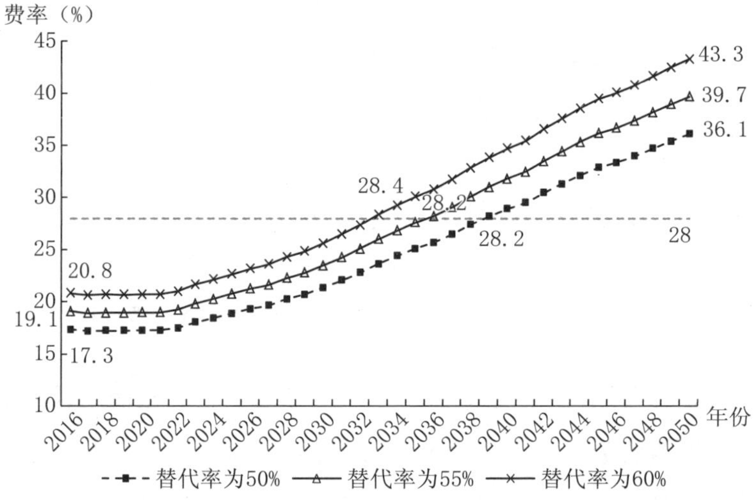

图 8.8　不同替代率下的年度精算平衡费率(遵缴率为 100%，基准情形)

在基准制度情形下，若职工养老金替代率维持当前水平不变，则在近期内养老保险费率可作一定幅度的下调，但前提是必须提高养老保险的遵缴率。另外，当职工养老金替代率提高时，养老保险费率可下调的周期将进一步缩短。

接下来，我们考察在优化情形下，未来养老保险制度的年度精算平衡费率，此时职工的退休年龄逐渐延迟至65岁，而其他参数与基准情形相同。图8.9展示了养老保险维持当前替代率(49.2%)情况下未来各年份的费率水平，此时养老保险费率同样随着遵缴率的提高而下降，且在2016—2021年对应的养老保险费率与基准情形下的费率相同，而2022—2050年对应的费率低于基准情形下的费率，这是因为在优化情形中2022年开始实行渐进延迟退休政策，因此2022年及以后优化情形对应的养老保险制度赡养率要低于基准情形下的养老保险赡养率。

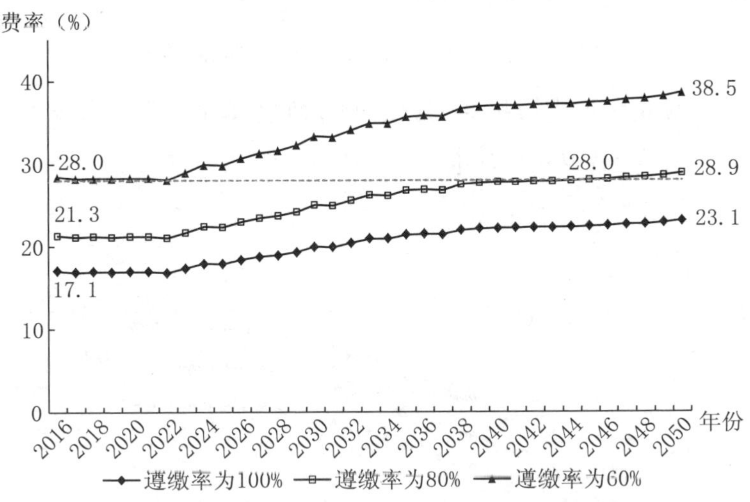

图8.9 当前替代率下的年度精算平衡费率(优化情形)

具体而言，在优化情形中，当遵缴率为60%时，2016年养老保险维持49.2%的替代率所需的费率为28%，至2050年上升为38.5%，比基准情形对应的费率低了10.7个百分点；当遵缴率为80%时，2016年养老保险费率为21.3%，2045年开始超过28%，至2050年为28.9%，比基准情形对应的费率低15.5个百分点；当遵缴率为100%时，2016年对应的养老保险费率为17.1%，至2050年上升为

23.1%，比基准情形低 13 个百分点。由此可见，在优化情形下，提高遵缴率同样是降低养老保险费率的重要保障，当遵缴率上升到最高水平时，养老保险制度在 2016—2050 年间维持 49.2%的替代率所需的费率均低于目前 28%的政策费率标准。

同样考察在优化情形中，提高职工养老金替代率时养老保险费率的变化，如图 8.10 所示。在最高遵缴比例情况下，当职工养老金替代率为 50%时，2016 年对应的费率为 17.3%，至 2050 年上升为 23.5%；当替代率为 55%时，2016 年的费率为 19.1%，至 2050 年上升为 25.8%；当替代率为 60%时，2016 年的费率为 20.8%，至 2050 年上升为 28.2%。相比于基准情形，在优化情形中由于实行了渐进延迟退休政策，2022—2050 年各替代率水平所对应的养老保险费率下降，且在优化情形中历年养老保险制度维持基金平衡所需的费率基本低于当前的政策费率标准。

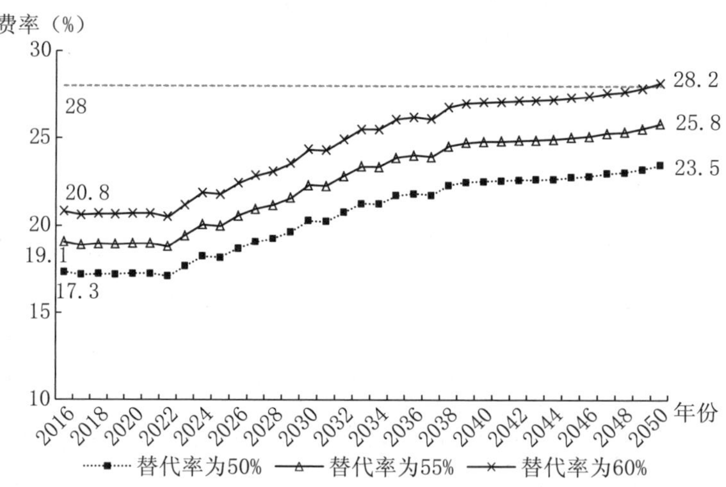

图 8.10　不同替代率下的年度精算平衡费率(遵缴率为 100%，优化情形)

综上所述，提高遵缴率和延迟退休年龄是为养老保险制度赢得降费空间的重要依仗，在高遵缴水平以及逐渐延迟退休的情况下，养老保险制度同时存在提高替代率和降低费率的可能性。

（二）长期精算平衡下的费率分析

以上通过年度精算平衡方法讨论了在不同制度情形以及不同替代率和遵缴率水平下，未来养老保险费率的逐年变化情况。考虑到在政策执行中，社会保险费率具有相对稳定性，逐年调整费率并不符合实际，因此，本书采用长期精算平衡方法，考察在一定时期内养老保险费率可维持在何种水平。

前文的年度精算平衡分析表明，养老保险费率与替代率和遵缴率的取值相关，在长期精算平衡分析中，养老保险费率同样取决于替代率和遵缴率，在前文推导的长期精算平衡费率公式中令：

$$W_0\Big(\sum_{x=b}^{w} R_{1,x}+\cdots+(1+g)^{n-1}v^{n-1}\sum_{x=b}^{w} R_{t,x}\Big)=A;$$

$$W_0\Big(\sum_{x=a}^{r-1} F_{1,x}+\cdots+(1+g)^{n-1}v^{n-1}\sum_{x=a}^{r-1} F_{n,x}\Big)=B \quad (8\text{-}28)$$

在某一特定的制度情形下，未来参保职工人数、退休职工人数以及社均工资是确定的。因此，在给定情形中，以上 A 和 B 是固定值，且 A 为预测期内职工养老金计发工资总额的精算现值之和，B 为预测期内职工工资总额的精算现值之和，由此可将费率公式改写为：

$$c=\frac{W_0T\Big(\sum_{x=b}^{w} R_{1,x}+\cdots+(1+g)^{n-1}v^{n-1}\sum_{x=b}^{w} R_{t,x}\Big)-PV}{W_0z\Big(\sum_{x=a}^{r-1} F_{1,x}+\cdots+(1+g)^{n-1}v^{n-1}\sum_{x=a}^{r-1} F_{n,x}\Big)}=\frac{AT-PV}{ZB} \quad (8\text{-}29)$$

若期初基金累计结余 PV 为零，则有 $c=AT/zB$，这表明当遵缴率固定时，费率和替代率呈正比；而当替代率固定时，费率和遵缴率呈反比。若期初基金累计结余 PV 不等于零，则在特定制度情形中表现不同，如当替代率固定时，费率和遵缴率具有非线性的幂函数关系 $c=a/Z$，($a=AT-PV$)；而当遵缴率固定时，费率和替代率具

有线性关系 $c=(A/b)T-PV/b$，$(b=ZB)$。

在本书的长期精算平衡费率分析中，2015 年末养老保险基金累计结余为 35 345 亿元，以 2016 年作为长期精算平衡的时间起点，假设未来平均利息率为 3%。则可测算得养老保险制度保持当前替代率水平(49.2%)的情况下，维持 2016—2050 年基金总精算平衡所需的费率如图 8.11 所示。无论是在基准情形还是优化情形下，养老保险费率都随着遵缴率的上升而下降，且在各遵缴率水平下，优化情形对应的费率都要低于基准情形，遵缴率水平越低时两种情形间的费率差距越大。具体而言，当遵缴率为 60%时，在基准制度情形下养老保险保持 49.2%的替代率且在 2016—2050 年间维持基金精算平衡所需的费率为 43.8%，而优化情形所需的费率为 34.7%，两者相差9.1 个百分点。当遵缴率提高到 100%时，在基准情形下养老保险制度维持 49.2%的替代率且在 2016—2050 年间维持基金精算平衡所需的费率为 26.3%，而优化情形所需的费率为 20.8%，两者相差 5.5 个百分点。

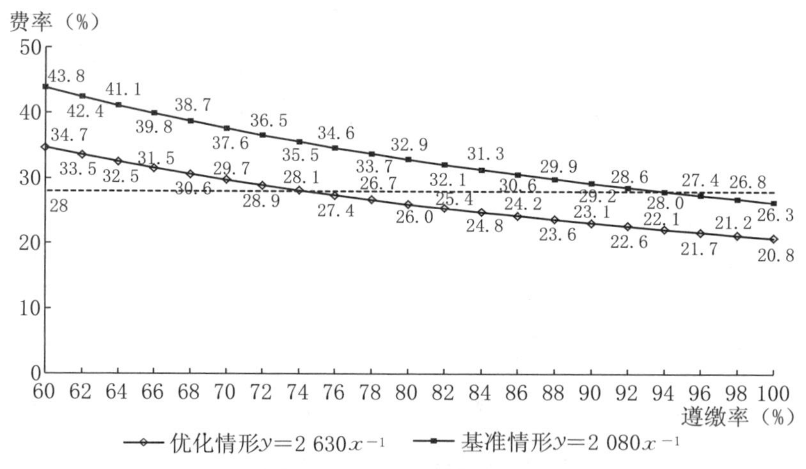

图 8.11　不同遵缴率下的长期精算平衡费率

在基准制度情形下，根据精算结果拟合费率和遵缴率间的关系可得 $y=2\,630/x$，由此可计算出只有当遵缴率高于 93.9%时，养老保险费率才会低于28%,也即在基准制度情形下,若想降低养老保险费率则必须将遵缴率提高到93.9%以上。在优化制度情形下,根据精算结果拟合养老保险费率和遵缴率的关系可得 $y=2\,080/x$,由此可计算出若要养老保险费率低于28%,则须将遵缴率提高到74.3%以上。

长期精算平衡要求在既定的精算周期内实现总收入与总支出的精算现值相等,但并不要求测算周期内各年度都实现平衡,其实质在于,用目标期内收大于支年度的基金积累来弥补收不抵支年度的基金缺口。根据以上长期精算平衡分析,若职工养老金替代率固定为49.2%、遵缴率达到100%,且在2016—2050年间维持基金精算平衡,则基准情形下的适度费率为26.3%,优化情形下的适度费率为20.8%。由此可测算出两种情形下历年的养老保险基金收支,本书用年度基金结余率来反应精算周期内各年份的基金平衡情况,如图8.12所示。

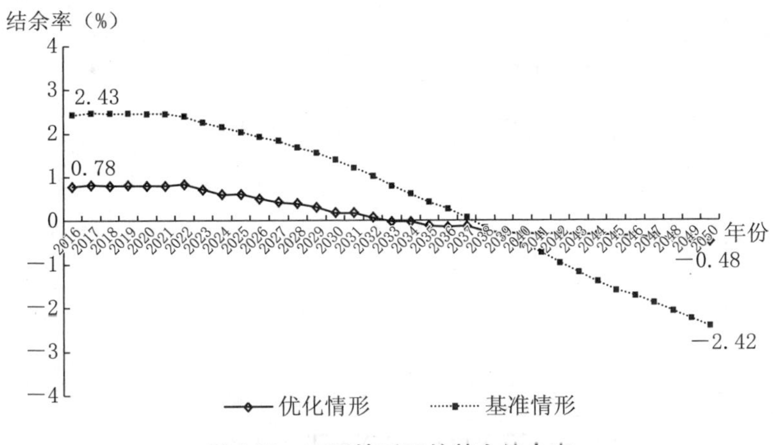

图8.12 不同情形下的基金结余率

在基准情形下,2016年基金结余率为2.43%,在2016—2037年间养老保险基金存在正结余,从2038年开始结余率为负,此时开始消耗之前的基金积累,至2050年基金结余率为−2.42%。在优化情形下,2016年基金结余率为0.78%,2033年开始出现基金赤字,至2050年基金结余率为−0.48%。在49.2%的养老金替代率水平下,两种制度情形所对应的年度基金结余率都相对平滑，且相比于基准情形，优化情形的平滑性更强。

以上研究测算了既定替代率下的养老保险费率，接下来我们将考察在长期精算平衡模式下，养老保险制度降低费率同时提高替代率的可能性。在100%的遵缴率水平下，提高职工养老金替代率时，基准情形和优化情形对应的费率如图8.13所示。在基准情形下，2016—2050年养老保险保持50%的替代率且维持基金精算平衡所需的费率为26.7%，而优化情形对应的费率为21.2%，比前者低5.5个百分点。随着替代率的逐渐提高，两种情形下的费率均会上升，当替代率上提高到60%时，基准情形下的费率为32.1%，优化情形下的费率为25.4%，比前者低6.7个百分点。

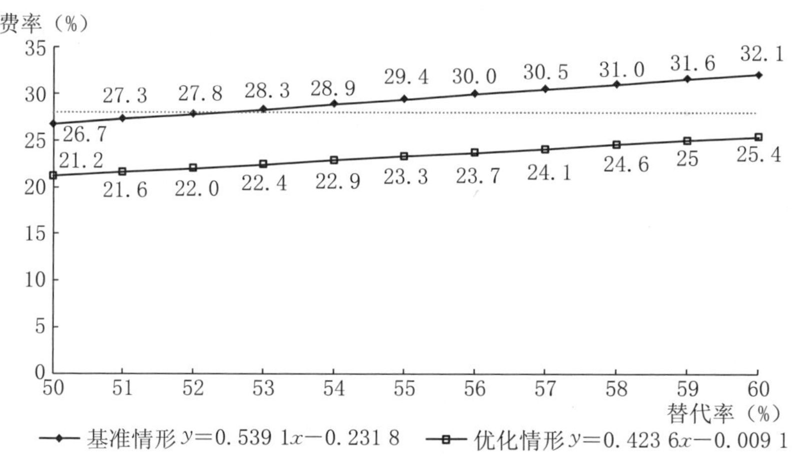

图8.13　不同替代率下的长期精算平衡费率

在基准制度情形下，根据长期精算平衡费率分析的结果拟合费率和替代率的关系可得 $y=0.539\,1x-0.231\,8$，由此可知，在基准情形下当遵缴率为100%时，替代率每上升1个百分点，养老保险费率需提高0.529 1个百分点。在优化制度情形下，同样根据长期精算平衡费率分析的结果，可以拟合出费率和替代率的关系为 $y=0.423\,6x-$

0.009 1,也即在优化情形下当遵缴率为 100%时,替代率每上升 1 个百分点,养老保险费率需提高 0.423 6 个百分点。

第三节　社会保险降费与费率调整路径

一、 财政补贴规模与降费空间

根据前文的养老保险精算平衡分析可知,提高遵缴率是养老保险降费的必要条件。在最高遵缴率水平下,2016—2050 年期间,基准制度情形所对应的费率逐年上升,并于 2039 年超过 28%,也即养老保险仅在短期内存在一定降费空间,且养老金替代率越高可降费的期限就越短。若通过渐进延迟退休来优化养老保险制度环境,则在 2016—2050 年期间均存在降费空间,且养老金替代率仍可进一步提高。若考虑在 2016—2050 年期间养老保险费率保持不变,则在 50%左右的替代率水平下,可将基准制度情形的养老保险费率定在 27%左右,而优化情形的养老保险费率可定在 21%左右。

前文对养老保险适度费率的年度精算和长期精算分析均未考虑财政补贴,而本书在对社会保险费率的评价部分主张将财政补贴责任制度化,在设计费率标准时将财政补贴考虑在内,以避免财政补贴的"托底责任"演变为"无限责任"。因此,本部分接下来讨论考虑财政补贴后,养老保险费率的变化情况,以及财政补贴能够为养老保险提供的可行降费空间。根据统计数据,社会保险基金的财政补贴主要用于养老保险,2015 年在社会保险基金财政补贴中养老保险财政补贴占了 71.5%,其占养老保险基金总支出的比重为 18.3%,基于此本书设置 19%、17%、15%三种规模的养老保险财政补贴方案,考察这三种补贴方案能够为养老保险制度提供多大的降费空间。[1]

---

〔1〕 郑功成建议养老保险财政补贴额度为基金支出的 15%左右,最高不超过 20%。前文对社会保险财政补贴能力的分析表明,社会保险基金财政补贴占总财政支出的比例不宜超过 2.8%,若假设社会保险基金财政补贴全部用于养老保险,则其占养老保险基金支出的比重为 19.1%。

鉴于前文的分析，当养老保险制度的遵缴率过低时其降费空间非常有限，因而本书在讨论财政补贴时仅考虑最优遵缴情况。另外，2015 年职工养老金替代率为 49.2%，这与 50%替代率水平下的费率非常接近且中国政府仍在致力于提高职工养老金水平，故而本书将 50%的替代率作为未来一定时期职工养老金替代率的目标水平。

图 8.14 展示了基准情形下，不同财政补贴规模对应的年度养老保险费率。在此情形下，若没有财政补贴，则 2016 年养老保险费率为 17.3%；若财政补贴规模为 15%，也即养老保险基金支出的 15%由财政支付，则费率可降为 14.7%；若财政补贴规模提高到 17%，则费率可降至 14.4%；若财政补贴提高到 19%，则对应的费率可下降至 14.0%。由此可知，2016 年财政补贴能够为养老保险提供 2.6—3.3 个点的降费空间。随后，在各财政补贴规模下，养老保险对应的费率都逐年上升，且财政补贴能够提高的降费空间也在加大，2050 年三种规模的财政补贴能够提供 5.4—6.9 个点的降费空间。

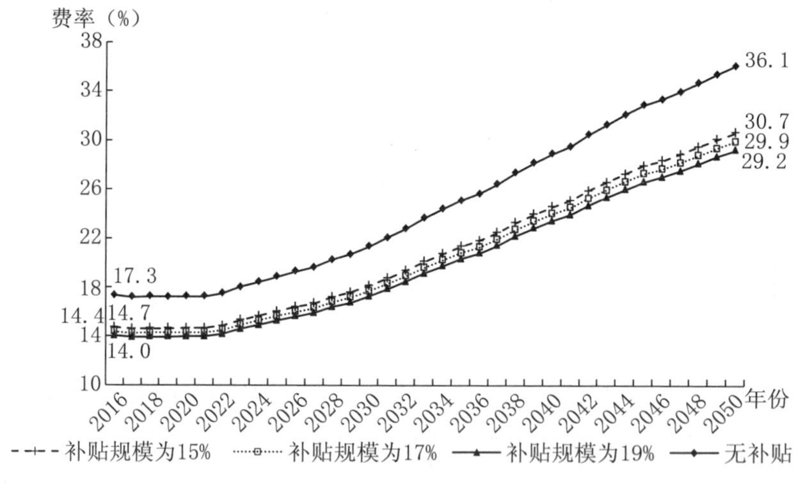

图 8.14　基准制度情形下的财政补贴与养老保险费率

图 8.15 展示了优化情形下不同财政补贴规模对应的年度养老保险费率。在优化制度情形下，由于 2022 年开始实行渐进延迟退休

政策，2022—2050 年间，各财政补贴规模下的养老保险费率均低于基准制度情形对应的费率。当财政补贴规模为 15%时，2022 年养老保险费率可由 17.1%下降为 14.5%；当财政补贴规模为 17%时，养老保险费率可下降为 14.2%；当财政补贴提高到 19%时，养老保险费率下降至 13.8%。由此可见，2022 年财政补贴可提供 2.6—3.3 个点的降费空间。而至 2050 年三种财政补贴规模下的养老保险费率分别为 20.0%、19.5%、19.0%，相比于没有财政补贴的情况分别下降了 3.5、4.0、4.5 个百分点。

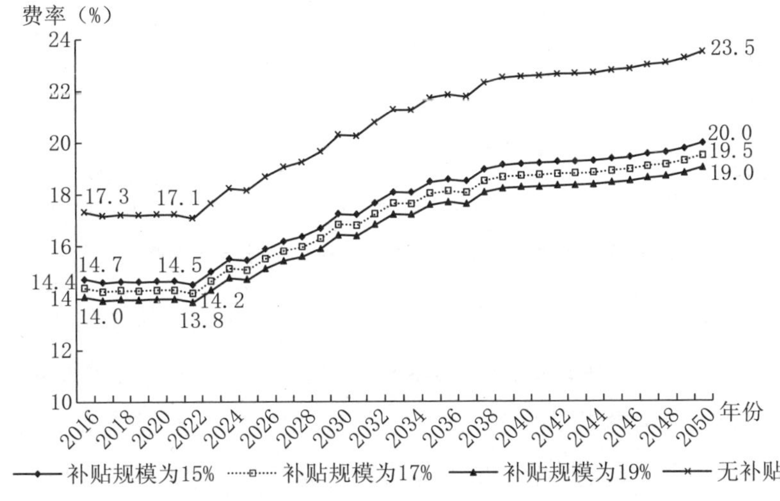

图 8.15　优化制度情形下的财政补贴与养老保险费率

以上讨论的仅是增加财政补贴时历年养老保险费率的变化，图 8.16则展示了财政补贴规模和养老保险长期精算平衡费率的关系。在 50%的替代率水平下，若养老保险制度在 2016—2050 年间保持固定的费率水平，则在没有财政补贴的情况下，基准制度情形对应的费率为 26.7%，优化情形对应的费率为 21.2%，当财政补贴逐渐提高时，两种情形下对应的费率逐渐下降；而当财政补贴规模为 15%时，基准情形和优化情形对应的费率分别为 22.7%和 18%，相比于没有财政补贴的情况下费率分别下降了 4.0 和 3.2 个百分点；当财政补贴规模为19%时，基准情形和优化情形对应的费率分别为21.6%和17.1%，相比于没有财政补贴的情况下费率分别下降了5.1和4.1个百分点。

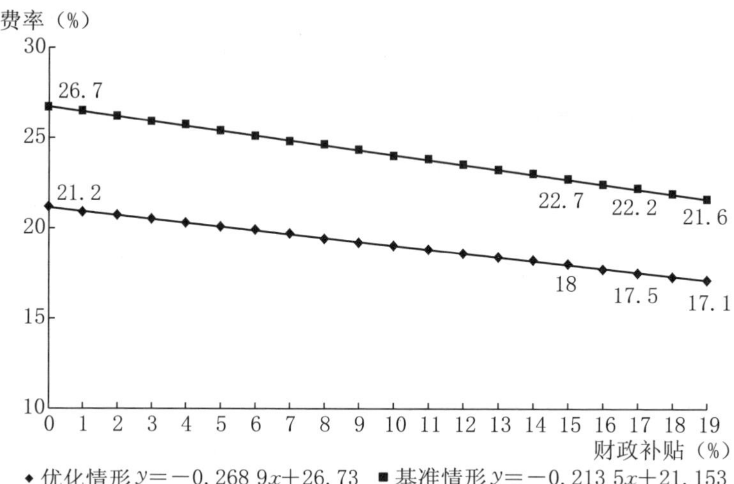

图8.16 长期精算平衡下的财政补贴与养老保险费率

根据以上分析可知，若考虑在2016—2050年间保持固定的养老保险费率水平，则财政补贴可为基准情形提供4.0—5.1个点的降费空间，为优化情形提供3.2—4.1个点的降费空间。而根据费率和财政补贴规模的拟合曲线可知，在基准制度情形下，财政补贴规模每增加1个百分点，养老保险长期平衡费率平均下降0.268 9个百分点；在优化情形下，财政补贴规模每增加1个百分点，养老保险长期平衡费率平均下降0.213 5个百分点。

二、 社会保险费率调整路径与方案

本书对养老保险费率的分析中假定养老保险遵缴率是外生，且在讨论降费空间时假设遵缴率始终处于最佳状态。在此状态下，随着未来参保率的提高以及退休年龄的延迟，即便不考虑财政补贴，2016—2050年期间养老保险制度在维持50%替代率条件下的适度费率也低于 28%，也即制度存在降费空间，但降费幅度逐渐缩小，若追求费率水平的稳定性，则 2016—2050 年间的费率可保持在 21.2%。在此基础上，若考虑财政对养老保险基金的补贴，则养老保险制度的降费空间进一步扩大，在 19%的财政补贴规模下，2016—2050 年养老保险制度的费率标准均可下降至 20%以下。同样，若追求费率的稳定，则该时期内养老保险费率可统一为 17.1%。

前文的分析指明了养老保险制度存在的降费空间，同时阐述了养老保险降费所需依赖的条件。但从现实的角度来看，提高养老保险制度的遵缴率需要一个过程，因此，若依据上述理想条件下的费率水平来调整中国职工养老保险制度的政策费率则难免有些激进。为增强研究结论的应用价值，本书尝试设计能够指导中国当下养老保险制度改革的费率调整方案，且在设计费率调整方案时，应当遵循以下五点原则：

第一，逐步提高养老保险遵缴率。当前中国职工养老保险制度的遵缴率水平偏低，随着征收部门管理水平的改善以及对逃费惩罚力度的加大，养老保险制度的遵缴率有望提高。本书假设 2016 年遵缴率提高到 70%，随后每年提高 1 个百分点，直至提高到 100%。

第二，费率调整周期为五年。前文对养老保险年度精算平衡的分析要求逐年调整费率，这会造成过高的"菜单成本"，同时费率的频繁变动也提高了企业劳动力市场环境的不稳定性。而对养老保险长期精算平衡的分析则要求养老保险费率在 2016—2050 年这 35 年内保持不变，其弊端在于前期存在较长的基金结余期，而后期则面临较长的基金赤字期，不利于制度的财务稳定性。因此，本书选择五年作为费率调整期，即每隔五年调整一次费率。

第三，各期要求收支平衡、略有结余。"收支平衡、略有结余"是我国养老保险制度筹资的基本要求，本书在测算各期的费率水平时，要求各期末的基金累计结余具备十个月的支付能力。以五年为一期，各期的期初基金累计结余、基金收入、基金支出、财政补贴以及期末基金累计结余总体符合精算平衡，也即期初基金结余的现值、基金收入现值、财政补贴现值三者之和等于基金支出现值加上期末结余的现值。

第四，内化财政补贴责任。在中国养老保险制度的设计上，费率标准的制定与财政补贴缺乏关联性，财政仅承担托底责任，但现实中财政对养老保险基金的补贴规模逐年上升。为避免财政的“托底”责任演变为“无限”责任，本书依据前文对财政补贴水平的分析，限定财政补贴规模，同时将费率标准的设计与财政补贴规模关联起来，设计不同财政补贴规模下的养老保险费率水平。

第五，各期的费率标准尽量平滑，避免波动幅度过大。根据前文对养老保险年度精算平衡的分析可知，在各种情形下，从 2016 年到 2050 年，养老保险费率都经历了较大幅度的提升。本书在设计费率调整方案时要求尽量缩小各期的费率差距，减小费率变动的幅度。

根据以上费率调整原则，假设 2016—2050 年期间职工养老金替代率维持在 50%的水平，财政补贴规模设计为 19%和 15%，则该时期内养老保险费率的调整方案如图 8.17 所示。

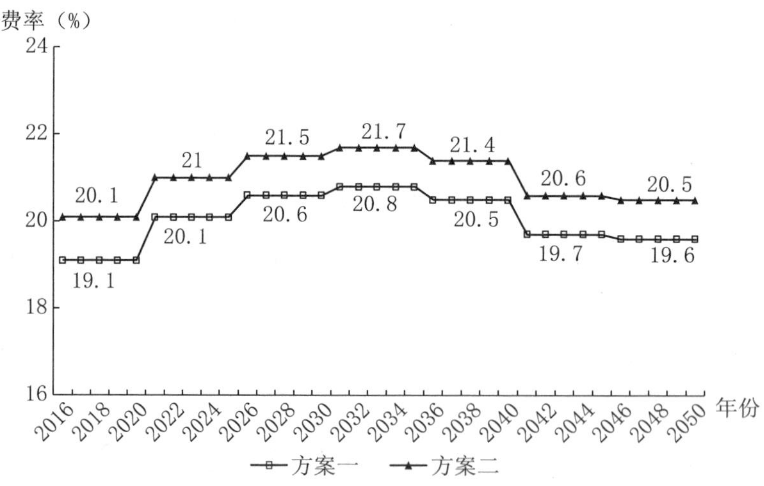

图 8.17　养老保险降费与费率调整方案

在各个费率调整期内通过养老保险精算平衡分析可得，在15%的财政补贴水平下，2016—2020年养老保险费率为20.1%，2021—2025年为21%，2026—2030年为21.5%，2031—2035年为21.7%，2036—2040年为21.4%，2041—2045年为20.6%，2046—2050年为20.5%，各期的费率水平相对平滑，均在21%左右。在19%的财政补贴下，2016—2020年养老保险费率为19.1%，2021—2025年为20.1%，2026—2030年为20.6%，2031—2035年为20.8%，2036—2040年为20.5%，2041—2045年为19.7%，2046—2050年为19.6%，各期的费率水平均在20%左右。

综上所述，职工养老保险制度的适度费率标准可定为20%—21%。依据本书第七章对社会保险费率的适度性评价，2015年费率改革以来，医疗、失业、工伤和生育保险费率的适度性较强。因此本书假设以上四项保险制度的费率标准不变，即医疗保险费率为8%，失业保险费率为1%，工伤保险费率为0.75%，生育保险费率为0.5%。由此，中国城镇职工社会保险制度的总适度费率为30.25%—31.25%，在企业和职工的总缴费能力36%(21%+15%)之内。

第四节　本章小结

本章借鉴联合国对中国未来人口发展形势的预测，测算了高、中、低三种生育模式下中国未来城镇人口的变化趋势，并以中生育方案下的人口预测为基础，采用年度精算平衡和长期精算平衡方法，讨论养老保险制度的适度费率水平以及可能的降费空间。通过分析可知，养老保险的费率水平与遵缴率有关，低遵缴率对应着高费率，而高遵缴率对应着低费率。本书认为高费率和低遵缴率的组合对于社会保险制度而言，并不是一个合理的选择，改善社会保险缴费水平是制度改革的必由之路。因而，本书以最优遵缴率作为探讨养老保险适度费率的基础,以“不降低待遇”和“维持精算平衡”作为讨论适度费率的依据,由此确立社会保险费率改革的目标。本章的基本结论如下:

第一,根据年度精算平衡分析,在基准情形下,养老保险制度仅在短期内存在降费空间。具体而言,若职工养老金替代率维持在49.2%,则2016年养老保险的适度费率为17.1%,2039年开始超过28%,至2050年上升为35.5%;若替代率提高到50%,则2016年对应的费率为17.3%,2038年开始超过28%,至2035年上升为36.1%。当采取渐进延迟退休年龄以优化制度时,养老保险在2016—2050年间均存在降费空间。具体而言,若养老金替代率维持在49.2%,则养老保险适度费率由2016年的17.1%上升至2050年的23.1%;若替代率维持在50%,则养老保险适度费率由2016年的17.3%上升至2050年的23.5%。

第二,为避免逐年调整费率,本书以2016—2050年作为精算平衡周期,探讨长期精算平衡下的适度费率水平。结果表明,在基准情形下,若职工养老金替代率维持在49.2%,则2016—2050年养老保险的适度费率为26.3%;若替代率提高到50%,则对应的费率为26.7%。同样采用渐进延迟退休政策来优化制度,则在优化情形下,49.2%的养老金替代率对应的适度费率为20.8%,50%的替代率对应的费率为21.2%,且在优化情形下,即便职工养老金替代率提高到60%时,对应的养老保险费率也低于当前的政策费率标准。

第三,在长期精算平衡模式下,养老保险费率和替代率、遵缴率存在一般数量关系。当替代率固定时,养老保险的长期精算平衡费率与遵缴率具有幂函数关系,而当遵缴率固定时,费率与替代率具有线性关系。具体而言,在基准情形下,费率和遵缴率间的关系为$y=2\,630/x$,由此可计算出只有当遵缴率高于93.9%时,养老保险费率才会低于28%;费率和替代率的关系为$y=0.539\,1x-0.231\,8$,由此可知，替代率每上升 1 个百分点，养老保险费率需提高 0.529 1 个百分点。在优化情形下，养老保险费率和遵缴率的关系为 $y=208\ 0/x$，即若要养老保险费率低于 28%，则须将遵缴率提高到 74.3%以上；费率和替代率的关系为 $y=0.423\ 6x-0.009\ 1$，也即替代率每上升 1 个百分点，养老保险费率需提高 0.423 6 个百分点。

第四，提高遵缴率是降低养老保险费率的必然选择，延迟退休年龄也有助于降低费率。除此之外，财政补贴也能够为养老保险制度提供一定的降费空间，为避免财政补贴规模的过度膨胀，本书在讨论适度费率时内化财政补贴责任。在基准情形下，2016 年 15%、17%、19%的财政补贴规模能够提供 2.6—3.3 个点的降费空间，随后财政补贴的降费效应逐渐加大，2050 年三种补贴规模可提供 5.4—6.9 个点的降费空间。在优化情形下，15%、17%、19%的财政补贴规模对应的 2016 年养老保险费率分别为 14.7%、14.4%、14.0%，2050 年费率分别为 20.0%、19.5%、19.0%。考虑财政补贴规模和长期精算平衡费率的关系可知，在 50%的替代率水平下，若养老保险制度在 2016—2050 年间保持固定的费率水平，则财政补贴可为基准情形提供 4.0—5.1 个点的降费空间，为优化情形提供 3.2—4.1 个点的降费空间。此外，根据费率和财政补贴规模的一般关系可知，在基准制度情形下，财政补贴规模每增加 1 个百分点，养老保险长期平衡费率平均下降 0.268 9 个百分点；在优化情形下，财政补贴规模每增加 1 个百分点，养老保险长期平衡费率平均下降 0.213 5 个百分点。

第五，本书以五年为费率调整周期，在逐步提高遵缴率、内化财政责任、力求费率平滑、收支平衡略有结余的原则下，设计了养老保险降费方案。在 19%的财政补贴规模下，各期的费率水平基本稳定在 20%左右，在 15%的财政补贴规模下，各期的费率基本稳定在 21%左右。

第三部分

基于社会保险功能扩展的 LTCI 制度定位及费率分析

从第二部分的分析可以看出，在考虑政府补贴的情况下，我国社会保险制度费率存在较大的降费空间，是否应当借此契机，加快建立健全我国长期护理保险制度是一个值得思考的问题。从当前各地试点情况来看，多数地区长期护理制度的资金主要来源于医保基金划拨、财政补贴等方面，资金构成比例多基于经验而非精算得出。此外，当前各试点地区护理制度资金的筹集和保险的费率都未能体现老年人的责任，在强调老年人的失能风险和护理需求的同时，并未关注老年人对可能遭受到的失能风险存在一定的自我防范和保障能力，这与国外制度设计和经验差别较大。因此有必要考察我国老年人是否具备为长期护理保险筹资的能力，以及如果缴纳长期护理保险费，那老年人承担的费率应当定位在何等水平？而除了老年人之外，职工和企业所应承担的费率水平又如何？这些都将是本部分需要重点考虑和深入分析的问题。

第九章
长期护理保险制度实践及一般理论分析

完善社会保险制度体系,优化社会保险功能,是中国社会保险制度改革的重要内容之一。长期护理风险保障缺位,是人口深度老龄化、高龄化形势下社会保险难以应对之痛。为此,在分阶段降低社会保险费率改革之际,能否扩展社会保险风险保障功能,以降下来的部分费率构建中国长期护理保险制度,特别值得研究。当前中国长期护理保险正在试点中,制度属性、制度要素及其相关参数都在探索之中,本章围绕这一试点制度,主要开展以下三方面工作:第一,梳理中国长期护理保险制度试点政策,从试点背景、试点进程、试点范围、保障对象、服务内容和形式、护理机构、待遇给付等多个层面比较当前典型地区的试点政策,并着重分析长期护理社会保险、商业保险和福利津贴三种模式下各地资金筹集方式,提出独立于医保基金的长期护理保险基金筹集原则。第二,综合比较国外长期护理保险制度实践及其费率,提出对中国长期护理保险筹资及费率测算的启示。具体来说,我们根据埃斯平(1990)和部分学者的观点,将国外长期护理保险模式分为长期护理社会保险、长期护理商业保险和混合模式三类,分析不同模式下制度概况及费率结构,提出为保障长期护理保险资金的可持续性，老年人应当缴纳长期护理保险费的设想。第三，对长期护理保险制度定位、政府责任和筹资模式进行一般理论分析。本书认为我国长期护理制度应采用现收现付模式，形成政府、单位和个人三方的责任共担机制，且老年人同样需要承担缴费责任，同时政府也应当对长期护理保险基金进行直接的资金补贴和间接的让渡税收收益补贴。

第一节　中国长期护理保险制度试点及评价

一、中国长期护理保险制度试点政策概况

（一）多地区启动长期护理保险制度试点

快速的人口老龄化和失能老人对护理服务需求的增加带动中国多个省市积极开展长期护理保险制度试点。如 2012 年青岛市率先在城镇职工中启动了长期医疗护理保险试点，并于 2015 年实现全市覆盖，随后上海市、长春市、南通市和北京市海淀区分别于 2013 年 7 月、2015 年 5 月、2016 年 1 月和 2016 年 7 月开始了长期护理保险制度试点，且余下部分省市也在积极为试点做准备。2016 年 6 月 27 日，人力资源和社会保障部发布《关于开展长期护理保险制度试点的指导意见》（人社厅发〔2016〕80 号）（以下简称“80 号文件”），提出在 15 个试点省市建立长期护理保险制度的实施意见（不包括北京市海淀区已有的试点），并将吉林和山东两省作为试点的重点联系省份（程煜、沈亦骏，2017）。在 80 号文件出台前，虽然中国多个地区对长期护理保险制度进行试点，但是各地选择的试点模式存在较大差异。从严格意义上来界定，青岛市、长春市和南通市试点制度均属于社会保险范畴，北京市海淀区居家养老失能护理互助保险属于商业保险范畴，而上海市高龄老人医疗护理计划并不是严格意义上的保险制度，仅是一种对高龄老人提供补贴的福利计划。而在 80 号文件出台

后，安徽、新疆、江西、湖北等多省份均一致采用长期护理社会保险制度，其中较为典型的是上海市从福利津贴制度转变为社会保险制度，各试点地区模式基本趋于一致。

（二）长期护理保险制度试点政策概况

通过对比不同省市（地区）长期护理保险制度试点政策，可以粗略地将各地试点类型分为三种：即青岛市、长春市、南通市、荆门市、苏州市、上饶市、石河子市、安庆市、上海市 B 计划等为长期护理社会保险模式，北京市海淀区为长期护理商业保险模式，上海市 A 计划为长期护理福利津贴模式。〔1〕尽管 80 号文件出台后，启动试点的省市（地区）均选择长期护理社会保险模式，但从长期护理制度试点的总体来看，各地在制度名称、制度模式、护理保障覆盖范围、护理内容等多个方面均存在较大差异，这也为未来建立统一的长期护理保险（障）制度提供了多样的借鉴模式和探索经验。具体的差异表现在以下五个方面：

一是试点范围。主要包括三种形式：第一种是先在辖区内的一个或多个区域进行试点，条件成熟时推广至整个辖区，该形式与中国当前长期护理保险“试点先行，全国推广”的渐进式发展模式基本一致，如上海市 B 计划、上饶市等；第二种是在整个辖区范围推广，如青岛、上海 A 计划和海淀区等；第三种是仅辖区城镇范围，不包括农村地区，如南通市、长春市和安庆市等。

二是制度称谓和保障对象。制度设计的理念体现在制度称谓上，如上海市 A 计划主要针对 80 岁及以上的高龄老人，北京市海淀区则是所有成年人（18 周岁以上）之间的互助保险，青岛市主要为失

〔1〕 上海市 A 计划为《高龄老人医疗护理计划试点工作的意见》（沪府办〔2013〕38 号）文件规定于 2013 年 7 月开始启动的高龄老人医疗护理计划；上海市 B 计划为《上海市长期护理保险试点办法》（沪府发〔2016〕110 号）文件规定于 2017 年 1 月开始启动的长期护理保险试点。

能人员提供长期的医疗护理。而试点范围的差异也带来保障对象的不同,这一点主要体现在是否涵盖城乡居民方面,且与各地试点范围也有着直接相关,如长春市、南通市保障对象为城镇居民和城镇职工,不包括农村居民,而安庆市仅为城镇职工,不包括所有的城乡居民,青岛市、上海市B计划、北京市海淀区、荆门市和苏州市则为城乡居民和城镇职工。

三是服务内容和形式。除青岛市和上海市A计划的服务仅为医疗护理服务外,其余各地区的服务内容均为生活照料服务和医疗护理服务两类,这基本与国外典型国家建立的长期护理保险服务内容一致;在服务形式方面,各地区均包括居家护理和机构护理两类,但部分省市也包括额外护理形式,如上海市B计划、荆门市和苏州市的住院医疗护理,上饶市将居家护理细分为自主护理和上门护理,石河子市将居家自行护理作为一种独立的护理形式。

四是护理机构。从当前各地试点情况来看,机构服务主要是由护理站、护理院、社区卫生服务中心等医疗机构以及定点或签订协议的养老照护机构来提供,只是不同地区对不同机构有所侧重,也存在部分地区将残疾人托养机构等纳入护理机构范围。

五是待遇给付。80号文件规定"基金支付水平总体上控制在70%左右",而不同地区在具体给付水平上差异较大。如青岛市、长春市根据参保职工和参保居民身份不同,待遇给付比例分别为90%和80%;〔1〕南通市、安庆市则根据接受护理服务床位的不同,规定医疗和养老照护床位的报销比例分别为60%和50%,而海淀区根据老人失能程度进行划分,规定轻度、中度和重度失能老人可分别接受900元/月、1 400元/月和1 900元/月的护理服务。

---

〔1〕 青岛市居民细分为一档和二档缴费成年居民,其中一档的报销比例为80%,二档(接受社区巡护服务)的报销比例为40%。

二、 中国试点地区长期护理保险制度资金筹集比较

(一) 长期护理社会保险资金筹集

根据各地实践来看,实行长期护理社会保险模式的试点地区,其资金筹集大体分为三种类型:一是完全依靠医保基金划转,如青岛市和长春市,其中青岛市城镇职工和城乡居民分别按照个人账户的0.5%和当年筹资总额的10%划拨,长春市城镇职工部分统筹账户和个人账户分别筹资0.3%和0.2%,城镇居民标准为30元/人/年;二是采取社会保险筹资方式,即由个人、单位和政府三方筹资,如上海市B计划(参见图9.1),城镇职工个人和单位分别缴纳医保缴费基数的0.1%和1%,城乡居民部分由个人和财政(市、区财政各承担一半)按照3∶17分担;[1]三是多种筹资渠道混合方式,如南通市和荆门市个人缴纳、医保统筹基金和政府补助分别按3∶3∶4和3∶2∶3的比例进行筹资,且每人年筹资标准分别为上年度居民人均可支配收入的0.3%和0.4%,而安庆市筹资仅依靠医保基金划拨和个人缴费,分配比例为2∶1。

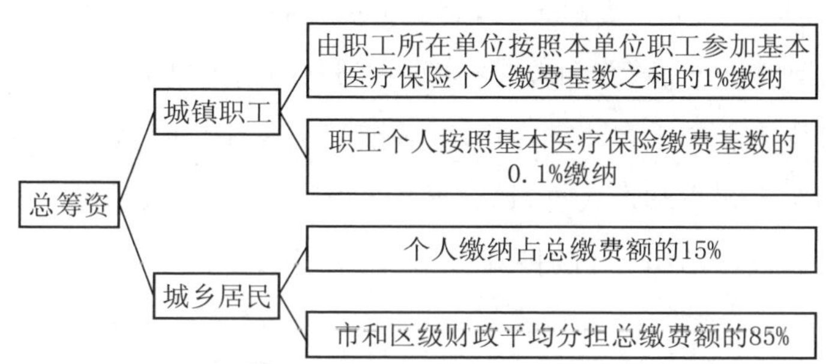

图9.1 上海长期护理保险资金筹资构成(B计划)

(二) 长期护理商业保险资金筹集

实行长期护理商业保险模式的是北京市海淀区,其保险基金由商业保险公司按年度收缴,基金分为统筹账户和个人账户两部分,其

〔1〕 本处是指为上海市全市试点后的资金筹集方式,在先行试点期间,资金由医保基金划拨,个人和单位不需要缴费。

中统筹账户基金由政府补助和照护服务机构缴纳构成，个人账户基金来源于个人缴费，并根据城乡户籍和年龄差别而制定不同标准(参见表9.1)。其中个人缴费方面，将参保人年龄划分为18—39岁、40—59岁和60岁及以上，年龄越大，月缴费金额越高，且各年龄段内城镇户籍人员月缴费金额比农村户籍人员高10元/人；财政补贴方面，农村户籍和城镇户籍均能享受到市区财政缴费额20%的补贴，且农村户籍的参保人员还能够获得乡(镇)每人每年120元的补贴。

表9.1　2016年海淀区居家养老失能护理互助保险资金筹集比例

年龄段	缴费标准(元/人/月)		财政补贴	
	农村户籍	城镇户籍	农村户籍	城镇户籍
18—39岁	65	75	市区财政补贴总缴费的20%，乡(镇)补助120元/人/年	市区财政补贴总缴费的20%
40—59岁	73.6	83.6		
60岁+	81.2	91.2		

(三) 长期护理福利津贴资金筹集

选择长期护理福利津贴模式的上海市A计划的待遇享受对象为70周岁及以上的高龄老人，而支付护理服务的费用来源主要是医保基金划拨、个人缴费和政府补助三部分，即高龄老人享受的居家医疗护理服务所产生费用的90%由城镇职工医保统筹基金支付，剩余部分由个人账户和个人自付，且政府对困难高龄老人补助5%，即这部分老人仅需承担5%的护理费用(参见图9.2)。

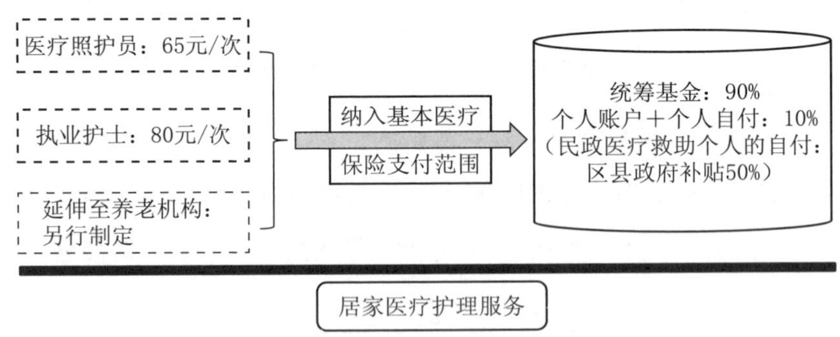

图9.2　上海高龄老人医疗护理计划费用负担构成(A计划)

综合比较不同地区长期护理保险制度试点中资金筹集的方式及比例构成可以发现，当前多数地区资金主要依靠个人缴费、医保基金划拨和政府财政补贴，其中医保基金占据较大比重，甚至青岛市和长春市完全依靠医保基金。杨俊(2012)认为医保基金的筹集标准是依据医疗保险参保人数、收入水平、支出需求等因素制定的，社会医疗保险的资金筹集与风险分担是紧密相关的，因此医保基金是应对特定的疾病风险而筹集的，对于老年人的失能风险和对长期护理服务的需求，医疗保险制度设计中并未涵盖，因此通过划拨医保统筹账户和个人账户资金的方式来为长期护理保险制度筹措资金的方式有待时间和实践的检验。同时可以看出，2017 年 1 月上海市启动完全意义上的长期护理社会保险，原有高龄老人医疗护理计划自动停止，这也从侧面反映了通过福利津贴的方式来满足老人的长期护理需求是难以为继的。因此，长期护理保险的基金筹集应当同样遵循“现收现付，以支定收，略有结余”的原则(杨翠迎、程煜，2016)。

第二节　长期护理保险费率的国际比较与启示

埃斯平(1990)根据个人及家庭的去商品化程度，国家、市场和家庭的相互作用，以及体现地位与阶级分化和不平等程度的分层系统等三个维度，将主要资本主义国家分为三种类型，即社会主义(北欧)模式、保守主义(欧洲社会)模式和自由主义(盎格鲁-撒克逊)模式。尽管该分类得到众多学者的评判和改进，如卡斯特斯等(Castles et al.，2010)认为这种分类存在对性别问题的忽视、对地中海国家分类的不准确性、对澳洲“自由主义”标签的不恰当以及雇主对国家发展重要性认识的错误等问题，但其对福利国家体制划分的贡献不可估量，且后续众多学者对德国保守主义、美国自由主义和瑞典社会主义模式等基本形成了共识。考虑到津贴模式的特殊性，本书在曹艳春(2016)观点的基础上，[1]将国外长期护理保险模式分为长期护理社会保险、长期护理商业保险和新加坡与法国的混合模式三类，对应埃斯平的分类，前两者分别为保守主义和自由主义模式(杨翠迎、程煜，2019)。

一、国外长期护理保险实践及费率比较

(一)保守主义模式的实践与费率

根据埃斯平(1990)的分类方式，本书粗略地将长期护理社会保险模式视作保守主义模式，因此实行长期护理保守主义模式的国家包括德国、日本、韩国、卢森堡、以色列、荷兰六个国家，接下来我们将以保守主义模式的部分国家来分析其长期护理保险实践及费率。

在覆盖人群方面，德国1994年长期护理保险法的颁布，标志着长期护理保险成为德国继养老保险、医疗保险、事故保险、失业保险四大险种之后的“第五大支柱”险种(戴卫东，2015)。根据规定，德国实行“护理保险遵循医疗保险”的原则，当前德国长期护理保险的覆盖对象包括两部分:强制医疗保险覆盖的人群自动参加社会长期护理保险，购买私人医疗保险的人群必须购买同等的私人长期护理保险。日本长期护理保险制度于2000年正式实施，规定40岁及以上公民强制参保，其中65岁及以上老年人为“第1号被保险者”(Primary Insured Persons)，40—64岁参保者为“第2号被保险者”(Secondary Insured Persons)。韩国长期护理保险制度于2008年7月1日正式实施，覆盖对象为65岁及以上老人及65岁以下患老年痴呆症、心血管等老年疾病需要长期护理的人员。

在护理等级和类型方面，德国长期护理保险制度的护理等级分为一至三级，包括居家护理和机构护理两种类型，表9.2为截至2013年12月31日，不同等级人员接受服务的情况，两种护理类型均表现出护理等级与护理人数的反向变化。而日本的护理等级在2005年改革后包括7个等级，其中“要支援”1—2两个等级，“要护理”1—5五个等

---

〔1〕 本观点来源于曹艳春于2016年4月在华东师范大学长期护理保险论坛的发言。

级；护理类型包括居家护理（home care）、机构护理（institutional care）以及改革后增加的地区紧贴型服务（community-based services）和护理预防服务（services of care prevention）四部分。根据韩国保健福祉部网站介绍，韩国经过 ADL 和 IADL 等量表评估后将参保老人分为五个等级，但仅一至三级才能申请护理服务；护理类型包括居家护理、机构护理和特别现金津贴（special cash benefits）三部分。表 9.3 为实行长期护理社会保险制度的六个国家在护理等级和服务类型上的比较，可以看出六国均对护理等级进行了划分，护理类型均包括居家护理和机构护理，也有部分国家进行不同层次的补充。

表 9.2　德国社会长期护理保险护理等级人数

	居家护理		机构护理	
	数量（人）	占比（%）	数量（人）	占比（%）
等级 1	1 094 521	63.0	316 125	42.7
等级 2	501 609	28.8	278 294	37.6
等级 3	143 207	8.2	145 843	19.7
重度护理①	2 481	1.7	6 463	4.4
总　数	1 739 337	100	715 304	100

注：①此处的重度护理人数是等级 3 的一部分，所占比重在不同年份有所差异。居家护理和机构护理中符合重度护理的人员占等级 3 的比重最高分别为 3%和 5%。

资料来源：Bundesministerium für Gesundheit（Federal Ministry of Health）. Selected Facts and Figures about Long-Term Care Insurance（2014/1），截止时间为 2013 年 12 月 31 日。

表 9.3　长期护理社会保险国家护理等级与服务类型比较

	护理等级	服务类型		
		居家护理	机构护理	其　他
德　国	三级①	√	√	
日　本	七级	√	√	地区紧贴型服务、护理预防服务
韩　国	三级	√	√	特别现金津贴
荷　兰	八级	√	√	家庭护理、日间护理
卢森堡	三级②	√	√③	
以色列	三级	√	√④	

注：说明：①根据德国护理保险第二加强法［Second Long Term Care Act Strengthening Act（PSG II）］规定，2017 年 1 月 1 日开始，德国护理等级将由三级增加至五级；②是根据卢森堡社会保障部文章 Long term care insurance-practical guide（2015.5）对在进行服务和现金给付时依据评估和单位补助定位分为达到 7 小时、7—14 小时和 14 小时以上三级而定；③机构护理包括持续护理（continuous stay）和间歇（intermittent stay）护理；④此处专指以色列的特殊护理。

根据德国的健康保险制度，德国公民可以向公共疾病基金或者私营健康保险公司[1]缴付保费参加强制性长期护理保险（何林广、陈滔，2006）。基金筹集主要分成两部分：一是公共疾病基金，根据现收现付制的原则，雇主和雇员各承担一半；二是私人健康基金，主要是由私人健康保险公司根据保险待遇给付情况等计算参保人所缴纳的保费，同时为了应对因收取的保费不能及时支付参保人的保险待遇而在私人健康保险公司设置一笔互动补助金。德国 1995 年制度建立之初，雇主和雇员按照税前月工资的 1.7%进行缴费，雇员应缴纳的保费由雇主自动扣除。后期为了应对加剧的人口老龄化，缴费比例也做了相应调整，从 1996 年的 1.7%上升到 2008 年的 1.95%（无子女者为 2.2%），到 2016 年为 2.35%。同时规定随保家属不用另交保费，失业人员保费由劳工局支付，退休人员保费由退休人员和养老保险机构共同负担，以法定养老金和其他收入作为筹资计算基础（吴贵明、钟洪亮，2010）。日本长期护理保险由于提供的护理服务皆是日常生活中的护理照料，不直接涉及代际问题，因此采用现收现付的筹资模式（闻武刚，2010）。日本第 1 号被保险者根据年金（老龄及退休年金）的收入来确定不同等级的缴费水平，截至 2015 年共分为 9 级，第 2 号被保险者的保费缴纳比例则以其医疗保险的积累额为基数而计算。日本长期护理保险的资金包括两大部分：一部分为国家公费（占 50%），即按照中央、都道府县、市町村的比例为 2∶1∶1 方式进行分责；另一部分则来源于护理保险参保人的缴费，占 50%，2015 年第 1、2 号被保险者缴费金额分别占 22%和 28%。

（二）自由主义模式的实践与费率

自由主义模式的代表国家是美国，其长期护理保险制度由社会保险和商业保险共同构成，但由于后者在整个长期护理服务中占比最

[1] 德国长期护理保险法规定，个人收入水平低于强制医疗门槛时必须强制参加长期护理社会保险，而收入较高者，则可以在社会保险和商业保险中任选一个强制参保。

高，故作为一种典型的商业保险模式而被广泛研究。美国长期护理商业保险主要是由不同的保险公司进行承保，因此对保险对象的要求存在较大差异，美国规划和评估助理秘书处（Assistant Secretary for Planning and Evaluation，ASPE）的统计资料显示，2008 年 65 岁及以上和 55 岁到 65 岁之间分别仅有 12.4%和 8.8%的人拥有私人长期护理保险。在长期护理服务类型方面，美国卫生和人类服务部（Department of Health and Human Service，DHHS）规定，长期护理保险服务主体部分由家庭提供，剩余部分则由社区服务组织和长期护理服务机构进行提供。

由于美国商业性长期护理保险存在不同的种类，因此接下来我们将选择联邦长期护理保险计划（The Federal Long Term Care Insurance Program，FLTCIF）[1]为例进行介绍，其参保者可以通过三种形式缴纳保费，从年金或养老金中扣除（包括按月扣除和按双周扣除）、自动银行储蓄及直接现金缴纳。美国联邦长期护理保险的筹资结构主要是根据投保人所选的投保方案来确定：选择“预定套餐计划”（Prepackaged Plans）的投保人根据年龄分为按月和按周缴费；选择“个性化计划”（Customize a Plan）的投保人和 80 岁以上的投保人根据美国联邦长期护理保险部门规定另行计算。图 9.3 为美国联邦长期护理保险“预定套餐计划”下四种方案的月缴金额：当投保人处于 18—30 岁时，方案 A—D 在 4%的自由通货膨胀率条件下缴费金额分别为 57.87 美元、78.71 美元、104.94 美元、166.18 美元；在 5%的自由通货膨胀率条件下缴费金额分别为 97.52 美元、133.76 美元、178.35 美元、284.49 美元；在未来购买型的缴费金额分别为 12.85 美元、14.67 美元、19.56 美元、27.83 美元。根据图 9.3 所显示的变化趋

〔1〕 说明：由于不同类型的护理保险参保对象在保费缴纳、待遇水平等方面差距较大，因此后文主要选择联邦长期护理保险计划（FLTCIF）作为论述主体，其保险对象主要是有联邦邮政服务年金的员工、军警部门的活跃退休人员，及其合格亲属。

势可以看出，方案设计中充分考虑到不同收入(养老金)水平投保人的经济水平，出现阶梯形的选择方案，有利于满足不同层次的投保需求。

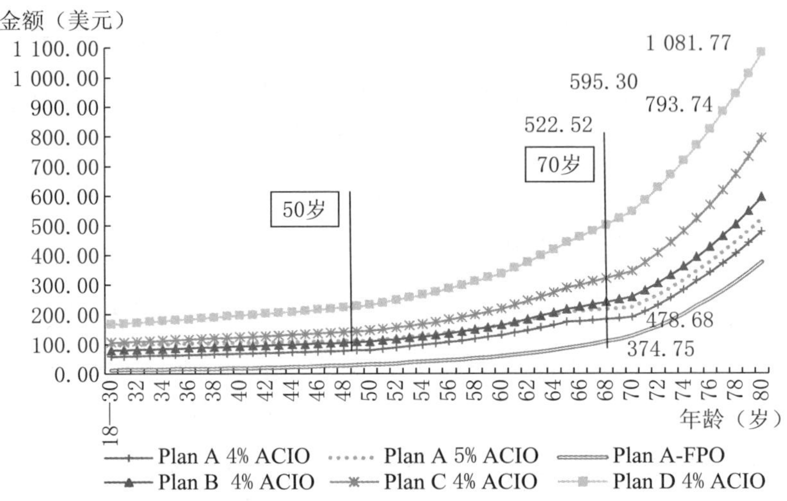

图 9.3 美国联邦长期护理保险不同方案的月缴金额对比

注：其中 Plan A—D 指方案 A—D，4%和 5%ACIO 分别指 4%、5%的自由通货膨胀(automatic compound inflation option，ACIO)，FPO 指未来购买型(future purchase option，FPO)。

资料来源：The Federal Long Term Care Insurance Program，Book One Program Details and Rates，https://www.ltcfeds.com/documents/index.html?pf&zoom_highlight=book+one+program+details+and+++65330%3Bates.

美国长期护理商业保险的待遇给付范围不仅包括在家接受护理，还包括在辅助生活机构和疗养院接受护理，以及享受住院临终关怀环境等。表 9.4 为美国联邦长期护理保险待遇计算方法，根据投保人选择的不同方案来计算，其中时间根据日历天数来计算(即不考虑中国平年和闰年的区别)，二年、三年、五年的天数分别为 730 天、1 095 天和 1 825 天，无限则表示没有最高给付额。计算方法为：最高给付额(MLB)=每日给付额(DBA)×受益期(BP)×365(天)，例如方案 B 的 MLB=150×3×365=164 250(美元)。

表 9.4 美国联邦长期护理保险待遇计算方法

		每日给付额（美元）	受益期（年）	终身最大给付额（美元）	等待期	通货膨胀保护选项
预包装计划	方案 A	150	2	109 500	90(天)	4%、5%的自由通货膨胀率；未来购买时选择
	方案 B	150	3	164 250		
	方案 C	200	3	219 000		
	方案 D	200	5	365 000		
自定义计划		100—450①	2/3/5/无限	/		

注：①100—450 之间以 50 为间距，共包括 8 个等级。

资料来源：The Federal Long Term Care Insurance Program, Book One Program Details and Rates, https://www.ltcfeds.com/documents/index.html?pf&zoom_highlight=book+one+program+details+and+++65330%3Bates.

（三）混合模式的实践与费率

新加坡政府在推出具有社会医疗保险性质的乐龄健保计划(Eldershield Plans)和具有商业保险性质的额外保健计划(Eldershield Supplements Plans)时，都由保险公司操作。法国长期护理保险包括两部分，即个人津贴支付生活照料部分，健康保险支付医疗保健部分。因此可以将新加坡的长期护理保险看作是社会保险和商业保险结合的"混合模式"，将法国长期护理保险看作是社会保险与福利津贴结合的"混合模式"。

在覆盖人群方面，根据新加坡卫生部资料显示，乐龄健保计划的覆盖对象主要是 40 岁以上的新加坡市民及永久居民，主要分为三类情形：一是有个人公积金储蓄账户的成员自动参保由卫生部指定的三家私人保险公司中的一家，除非主动拒绝参保；二是达到年龄但在保险实施前已患有高血压等疾病的人员可以参保；三是在保险实施之前患有严重残疾的人员不可参保。[1]额外保健计划则是针对具有高水平需求的成员，可在三家保险公司中选择任意一家进行私人投

〔1〕 根据新加坡卫生部规定，乐龄健保计划实施前超过年龄或已经重度残疾而不能加入的人员，由老年临时残疾援助计划(Interim Disability Assistance Programme For The Elderly, IDAPE)这一政府的救助制度来为其提供经济帮助。

保。而法国长期护理保险的覆盖人群是60岁及以上的老年人,但能够享受个人护理津贴(Personalised Allowance for Autonomy, APA)的老年人仅是通过ADLs评估为1—4级的失能老人。

在护理等级与护理类型方面,新加坡乐龄健保300计划和400计划[1]的护理服务均由大东方人寿保险有限公司(Great Eastern Life)、职总英康保险合作社(Income)和英杰华人寿保险有限公司(Aviva)三家保险公司[2]提供,护理类型包括居家和机构两大类,其中在家庭接受的护理又分为家庭护理(Home-based Care)和中心护理(Centre-based Care)。法国采用的则是基于ADLs量表形成的AGGIR(Autonomie Gérontologique-Groupes Iso-Ressources)量表来确定护理对象的依赖等级,共包括六个级别,但仅1—4级能享受APA。护理类型包括居家和机构两种类型,且均包括看护护理服务(Nursing Care Services)、日常生活护理服务(Care Services)和住宿、食物等管理服务。

在资金筹集和保险费率方面,新加坡乐龄保健(Eldershield Plans)的资金全部依靠保健储蓄账户,根据新加坡中央公积金局公布的2013年保健储蓄账户的缴费额,共分为三部分(参见表9.5)。可以发现,新加坡长期护理保险筹资与医疗保险筹资是合并的,同时整个保健储蓄账户也并未独立于中央公积金账户筹资,相当于对资金的再分配。乐龄健保计划是根据参保者的性别和加入计划的年龄确定年缴费额的,而额外保健计划则是根据选择的保险公司的不同略有差异,以AVIVA公司300计划和400计划下两类保险的保费缴纳情况为例(参见表9.6)即可发现这一特征。根据经济政策研究

---

〔1〕说明:乐龄健保300计划(Eldershield 300)针对2002年9月—2007年8月参加的投保者,乐龄健保400计划(Eldershield 400)针对2007年9月以后参加的投保者。

〔2〕三家保险公司的网站分别为大东方人寿保险有限公司(Great Eastern Life, https://www.greateasternlife.com/sg/en/index.html!)、职总英康保险合作社(Income, https://www.income.com.sg/)、英杰华人寿保险有限公司(Aviva)新加坡子公司(https://www.aviva.com/)。

表 9.5 新加坡 2016 年 1 月 1 日起筹资比例及账户计入比例

雇员年龄(岁)	缴纳比例(工资%)			账户计入比例(工资%)①		
	雇主	雇员	总计	普通账户	特殊账户	保健储蓄账户
35 岁及以下				23	6	8
36—45	17	20	37	21	7	9
46—50				19	8	10
51—55				15	11.5	10.5
56—60	13	13	26	12	3.5	10.5
61—65	9	7.5	16.5	3.5	2.5	10.5
65 岁以上	7.5	5	12.5	1	1	10.5

注:①冯鹏程和荆涛(2013)提出:"普通账户用于购买组屋、支付获准情况下的投资、保险和教育支出等;特别账户用于养老和特殊情况下的应急支出;保健储蓄账户用于支付本人或亲属的获准情况下的医疗支出。"

资料来源:Singapore, Central Provident Fund Board, CPF Contribution and Allocation Rates.

表 9.6 AVIVA 公司不同计划下的投保保费

单位:美元

	300 计划				400 计划			
	护理计划(MyCare)		升级护理计划(MyCare Plus)		护理计划(MyCare)		升级护理计划(MyCare Plus)	
	男性	女性	男性	女性	男性	女性	男性	女性
方案 1	300	370	—	—	245	301	—	—
方案 2	199	245	249	306	164	200	205	249
方案 3	354	447	—	—	295	373	—	—
方案 4	226	285	283	356	169	236	236	295

资料来源:Singapore Ministry of health, Comparison of Eldershield 300 plans & 400 plans, 2016. https://www.moh.gov.sg/content/moh_web/eldershield/claims.html.

所欧洲网络(European Network of Economic Policy Research Institutes, ENEPRI)的统计数据显示,法国国家自治团结基金会(CNSA)的资金来源中,与社会保险费相似的税收"一般团结税"(General Solidarity Contribution)的缴纳比例为 0.1%,另外一个新增的税种"团结自治缴费"(Solidarity and Autonomy Contribution)的税率是企业总收入的 0.3%(相当于所有法国公司的雇员无偿地缴纳 1 天的工资收入)。另一筹资主体是健康保险的缴费,主要是用于支付失能人员发生在居家和机构中的医疗护理费用,雇主、雇员保险费缴纳比例分别为12.8%和6.8%。

二、 不同模式费率的综合比较

通过对典型国家长期护理保险费率结构的对比,可以发现各国费率存在较大差异(见表9.7)。一是在总费率上,荷兰、新加坡和法国雇主与雇员缴费率总和超过10%,法国甚至接近20%;德国、韩国低于10%,最低的是以色列,仅为员工工资的0.23%,远低于其余建立长期护理保险制度的国家。二是在雇主、雇员的缴纳比例上,德国、日本、韩国雇主和雇员实行相同费率;以色列、法国在雇主和雇员之间实行差别费率,但两个国家在侧重点上有差异;卢森堡和荷兰的雇主不缴费,全部由雇员缴费。三是在政府作用上,基本上所有国家在长期护理保险中都承担一定责任,但责任承担方式有所差异,德国、荷兰、新加坡政府主要是对儿童、低收入群体进行补助;韩国和卢森堡政府根据支出金额缴纳一定比例;以色列和法国则是缴纳固定比例的保费。四是美国的特殊性,投保者个人依靠商业性的保险公司进行投保,而不同的商业保险公司主要根据投保者预期的待遇水平、等待期和待遇周期等来确定具体的缴费金额,因此费率难以给出具体的标准。

综上可以看出,保守主义下的大多数国家均需雇主和雇员共同缴费(卢森堡和荷兰例外),去商品化程度较低,且国家负担保费的一定比例。而自由主义模式的美国根据个人的不同需求购买不同层次的商业保险,使得参保人个人选择余地足够大,由个人根据偏好决定自己的福利水平。混合模式下的新加坡同时受到保守主义和自由主义的双重影响,依靠统一账户进行筹资,费率结构不够明显;而法国则更加偏向于保守主义,因此其特征更符合社会保险模式(杨翠迎、程煜,2019)。

表 9.7　长期护理保险主要国家筹资结构

国家	保守主义模式						自由主义模式	混合模式	
	德　国	日　本	韩　国	卢森堡	以色列	荷　兰④	美　国	新加坡	法　国
雇主	1.175%	0.5%	3.275%	0%	0.09%	0%	商业保险公司确定	8%—10.5%	12.8%
雇员	1.175%	0.5%	3.275%	1.4%③	0.14%	12.15%			6.8%
合计	2.35%	1%①	6.55%②		0.23%	12.15%			19.6%
政府	补助	负担一半	保费的20%	总支出的20%	0.02%	税收补贴⑤	补助	补助	0.1%

注：①戴卫东(2015)提到日本第 1 号被保险者中 80%参保人员的保费从年金扣除，20%参保人员自主缴纳；第 2 号被保险者的护理保险费与医疗保险费一起缴纳，总共 9%，其中 8%为医疗保费，雇主雇员各承担一半。②6.55%为 2010 年以后的费率，2008 年为 4.05%。③数据来源于卢森堡 Site of the Ministry for Social Security, Long term care insurance-practical guide, 2015；在职、退休均需缴费。④数据来源于 European Network of Economic Policy Research Institutes, The Dutch Long-Term Care System, 2010, http://www.ancien-longtermcare.eu/node/27. ⑤余洋(2012)认为荷兰长期护理保险的资金主要通过三个渠道筹措，即强制性保险费(compulsory premium)、合作付费(co-payment)和一般性税收(general taxation)。

三、 国外长期护理保险费率对中国的启示

(一) 独立资金筹集方式

德国、韩国、荷兰和法国等国家在筹资方面主要是通过制定独立的长期护理保险筹资比例，由参保者和雇主进行缴费，政府提供财政补贴；而日本长期护理保险缴费与医疗保险缴费几乎合并在一起，缺乏资金筹集的独立性；新加坡居民用于购买长期护理保险投保方案的资金全部来源于保健储蓄账户，而保健储蓄账户是三类公积金账户的一种，雇主和雇员在进行公积金账户缴费时没有明确划定长期护理保险缴费，仅是在最终的缴费比例中划出 8%—10.5%计入保健储蓄账户。可以看出，日本和新加坡资金筹集的独立性要弱于德国和韩国等国家。当前中国长期护理保障制度试点地区中，资金均来源于医疗保险账户，资金的独立性严重缺乏，可持续性值得考量，这就导致长期护理保障严重依赖医疗保险。因此，结

合发达国家的做法和中国试点地区的实践经验，中国应当确定独立的资金筹集方式，建立长期护理保险的专门基金，从而保证资金的可持续性。

（二）明确筹资主体责任

国外建立长期护理保险制度的国家在资金筹集主体上主要包括三部分：个人、企业和政府。一方面，仅卢森堡和荷兰，雇主不需要为雇员缴纳长期护理保费；美国则是鼓励投保人个人进行投保；其余如德国、日本、韩国、新加坡和法国等国家均规定，雇主同样需要为雇员缴纳保费，仅是在两者保费缴纳比例方面有所差异；此外，政府给予有限的补助和兜底。因此，中国长期护理保险在进行制度设计时，必须充分考虑不同筹资主体的责任，保证资金的可持续性。当前中国个人收入与发达国家还有较大差距，仅依靠个人缴费或者购买商业保险计划的方式肯定行不通。因此必须由单位和个人共同缴费，政府进行一定程度的补贴，积极拓宽筹资渠道，引入社会力量加入资金筹集，促进筹资渠道的多样化。

另一方面，老年人也应当承担一定的缴费责任。纵观实行长期护理保险的国家中，多数均规定老年人需要缴费，如日本的第1号被保险人为65岁及以上的老年人。而根据美国社会保障署出版的《全球社会保障计划：欧洲2016年》（*Social Security Programs throughout the World*：*Europe 2016*）的介绍，2016年德国退休老人长期护理保险的平均费率为养老金的2.35%，而医疗保险为养老金的8.2%。伍江和陈海波（2012）认为“荷兰凡是年满15周岁并且有纳税收入所得的公民都应该依法缴纳相关保险费用”（含长期照护保险费）。戴卫东（2015）指出“在卢森堡工作或退休的每一个人都要缴纳他们全部收入的1.4%作为长期护理保险税”。各国的实践均一致说明，为保障长期护理保险资金的可持续性，老年人应当缴纳长期护理保险费。

（三）合理确定费率结构

前文分析过国外长期护理保险制度的费率结构差异较大，主要表现在雇主雇员缴费比例的统一与差异，雇主是否缴费，政府的参与以及缴费比例的水平高低等方面。德国、日本、新加坡等国家将费率确定在雇员收入的较低比例，政府进行适当补贴，能够快速有效地积累保险基金；卢森堡和荷兰等国家雇主不需要为雇员的长期护理保险买单，由雇员根据一定比例进行缴费，这无疑会加大雇员的经济负担；而法国几乎高达20％的缴费率中，雇主和雇员的缴费比例均比较高，但很明显，在中国如果按照此模式，雇主和雇员均将不堪重负。人力资源和社会保障部发布《关于开展长期护理保险制度试点的指导意见》中指出"筹资标准根据当地经济发展水平、护理需求、护理服务成本以及保障范围和水平等因素，按照以收定支、收支平衡、略有结余的原则合理确定"。这里仅有一个较为笼统的规定，对资金的筹集依旧与前期青岛市、南通市相同，依靠城镇职工基本医疗保险统筹资金进行划拨，费率结构与原有城镇职工基本医疗保险相同。因此，在下一步建立长期护理保险制度中，在明确各方筹资主体的责任后，必须综合考虑职工基本收入、物价水平、护理成本和护理需求等多方面因素，合理确定费率结构。同时需要根据经济发展态势和物价水平，对费率结构进行适时调整，以保障资金的可持续性和服务的可持续性。

第三节　中国长期护理保险的制度定位及筹资模式

一、长期护理保险的制度定位

当前国外，特别是OECD国家大多建立起了长期护理保险制度，但在制度设计、模式选择上存在着多种差异，相关机构和学者对该制度的划分亦不同。如世界卫生组织（WHO）在2003年从两个维度对长期护理保险制度的设计进行划分，第一个维度包括“仅针对穷人，还是穷人和非穷人均可”和“获得某些福利的资格是被限定，还是非限定或两者结合”两个方面；第二个维度包括资金来源（税收或保险缴费）、收入调查（严格或宽松）、家庭支持（普遍或极少）、资格标准的灵活性（灵活或不灵活）、福利水平（高、中、低）、残疾覆盖（全体、中、低等范围）、现金福利（普遍或较少）七个方面。在长期护理保险制度的研究中，国内外学者较为一致地体现了长期护理保险可以是社会保险、商业保险或者福利津贴模式的观点，也有部分学者根据筹资方式、国家制度特征等提出更为细致而个性化的划分。根据国外学者对长期护理保险制度运行与模式选择的介绍，结合国内学者的制度设计与构建建议，本书认为我国长期护理保险应当选取社会保险模式，将其建设成为独立于当前“五大险种”之外的“第六大险种”〔1〕。

二、 长期护理保险的政府责任及筹资模式分析

根据前文论述，长期护理社会保险模式是当前符合中国实际情况的选择，也是当前国家层面和各地试点普遍采取的方式。社会保险是由政府、单位和个人共同筹资，目标是保证劳动者因年老、疾病、工伤、生育、死亡、失业等风险暂时或永久失去劳动能力从而失去收入来源时，能够从国家或社会获得物质帮助，以此解决劳动者的后顾之忧（郑功成，2006）。长期护理社会保险模式与商业保险模式的一个显著区别是前者能够得到国家和单位的支持，参保劳动者具有“经济福利性”，而政府对社会保险制度的支持主要体现在政府直接对社会保险基金进行资金的补贴（如补贴基金收入、补贴待遇支出、承担管理费用）和通过让渡税收收益等方式间接补贴社会保险基金。长期护理保险作为一项社会保险，应当符合社会保险的基本特征。

---

〔1〕 尽管生育保险和医疗保险在进行合并实施，但目前两种制度暂未真正意义的合并，因此本书仍旧将两者视为两项社会保险制度。

选择长期护理社会保险模式的典型国家有荷兰、以色列、德国、卢森堡、日本以及韩国，各国基金筹集均采取现收现付制度，实行缴费与财政补贴相结合的筹资模式，待遇水平与缴费水平适度挂钩（钟仁耀、宋雪程，2017）。根据相关统计，OECD 国家中实施公共长期护理保险制度的如德国、卢森堡、荷兰、日本、韩国等，其长期护理保险基金来源渠道均是多元的。具体来说，德国长期护理保险资金筹集包括政府财政和收入关联的保险缴费两部分，卢森堡包括政府财政、保险缴费和特殊税三部分，荷兰包括工薪税、收入关联的保险缴费和家计调查的共付三部分，日本和韩国均包括政府财政、保险缴费和个体自付三部分。此外，日本、德国和卢森堡等国家的老年人均需承担一定的缴费责任，如日本“第 1 号被保险者”即为 65 岁及以上的老年人，德国老年人需要从养老金中扣除长期护理保险费，卢森堡老人的保费来源于其总收入。中国长期护理保险制度的筹资模式可以借鉴德日等采取社会保险模式的国家，采用现收现付模式，形成政府、单位和个人三方的责任共担机制，且老年人同样需要承担缴费责任，而老年人能够承担的具体责任边界，本书将在后面的章节中探讨。

第四节　本章小结

本章主要对当前中国长期护理保险制度试点情况进行介绍，同时对国外建立长期护理保险制度的典型国家的实践做法和费率结构进行分析，提出对中国的启示，在此基础上形成中国长期护理保险的制度定位及筹资模式。本章主要结论如下：

第一，当前各地长期护理保险制度试点中的资金来源主要包括医保基金划拨、个人和单位缴费、财政补贴和彩票公益金等诸多方面，筹集方式和构成比例差异较大，即使正在按照中国 80 号文件进行长期护理社会保险模式试点的地区也存在较大差别。

第二，通过对长期护理保险典型国家费率结构的比较，可以发现各国费率在总费率上、雇主与雇员的缴纳比例上、政府作用上存在较大差异。保守主义下的大多数国家均需雇主和雇员共同缴费（卢森堡和荷兰例外），去商品化程度较低，国家负担保费的一定比例；自由主义模式的美国个人选择余地足够大；混合模式下的新加坡费率结构不够明显，法国则更加偏向于保守主义，因此其特征更符合社会保险模式。

第三，根据国外学者对 LTC 制度运行与模式选择的介绍，结合国内学者的主流观点及中国实际，本书认为中国长期护理保险应当选取社会保险模式，并建议将其建设成为独立于当前“五大险种”之外的“第六大险种”。

第四，中国长期护理保险制度应当采用现收现付模式，形成政府、单位和个人三方的责任共担机制，且老年人同样需要承担缴费责任。

第十章
中国老年人长期护理服务需求及筹资能力分析

随着中国人口老龄化的加剧和人口预期寿命的延长，失能老人数量不断增多，对护理服务的需求也随之增加。不同特征和条件下的失能老人对护理服务需求存在着一定的差异，因此有必要对影响护理服务需求的因素进行识别和分析。伴随着老年人护理服务需求的一个重要问题就是护理服务费用的支出，在缺乏稳定资金保障的情况下，老年人能否承担护理服务费用支出，以及支付护理费用的资金从哪里来，这些同样都是值得思考的问题。

本章研究所涉及的数据，来源于北京大学老龄健康与家庭研究中心组织的2014年中国老年健康影响因素跟踪调查(Chinese Longitudinal Healthy Longevity Study，简称“CLHLS调查”)，该项目在全国22个省进行了七次调查，调查区域人口约占全国总人口的85%，调查对象主要为65岁及以上老年人。[1]该项目在随机选中的县、县级市、区调查点中对老年人进行入户访问，调查内容包括老年人的个人及家庭基本状况、日常生活自理能力、认知功能、患慢性疾

〔1〕 1998年、2000年、2002年、2005年的调查包括22个省，海南省澄迈市自2008—2009年调查起加入“健康长寿典型地区调研”。

病情况、照料需求及成本、精神状况、经济来源等超过 180 个子项。CLHLS 2014 年调查共收集 7 192 个样本，其中 1 125 个样本为 2014 年首次调查，其余样本均为对前六次调查中某次或多次的追踪调查。通过对原始问卷和原始数据的筛选处理，本书最终得到 3 583 个有效样本。其中，65 岁及以上老年人中男性比重为 45.41%，女性为 54.59%；城乡老年人所占比例为 50.57%，对应的农村老年人占比为 49.43%。

第一节　老年人长期护理服务需求及特征

一、 变量选取与描述性统计

（一）被解释变量

本节研究的主题是“老年人长期护理服务需求”，鉴于难以严格识别老年人对长期护理服务的需求，因此我们假设达到失能状态的老年人均为长期护理服务的实际或潜在需求对象，故本书主要选取两类被解释变量来衡量影响老年人长期护理服务需求的影响因素，分别是“是否失能”的二分类变量和“健康程度”的四分类变量。〔1〕老年人的失能和健康状态有许多测量指标，其中常用的有自评健康(SRH)、ADL 与 IADL、老年人的生活满意度和自评完好度等，近些年也出现肢体表现状况、虚弱指数、整体健康评价等新的测量指标(曾毅等，2010)。也有较多的学者或课题组基于 CLHLS 数据展开对老年人“失能状况”“生活自理能力”“老年健康状态”“长期护理状态”等进行界定，如王德文等(2004)、中国老龄科学研究中心课题组(2011)、曾毅等(2012)、王新军和郑超(2014)、苏群等(2015)、金卉(2017)等均通过 ADL 量表来界定老年人失能状态，主要利用当前已被广泛认可的最早由卡茨(Katz)提出的利用 ADL 独立性来评判老

〔1〕 后文实际将健康程度划分为五类，但由于研究不涉及死亡的老年人，故在纳入模型时主要是四类健康程度。

年人生活自理能力，包括洗澡、穿衣、室内活动、如厕、吃饭和尿便控制六个项目；胡宏伟等（2015）同时使用 ADL 量表和 IADL 量表，将老年人的健康状态分为五类，每项状态对应某些日常生活活动能力或器械性活动能力失能；黄枫和吴纯杰（2012）利用 ADL、IADL 和认知功能三者作为评定老年人是否需要护理的标准，将老年人健康状态分为四类；黄匡时和陆杰华（2014）则从身体照料、家务照料、心理照料、疾病照料和认知护理五个方面来对老年人日常生活照料状态进行界定；还有学者将个人自评健康作为评定标准，如田丰和郑真真（2004）、彭等（Peng et al., 2010）。为了更加全面、充分地体现老年人的健康状态和可能的长期护理需求，本书最终采取黄枫和吴纯杰（2012）对失能的划分指标，以 ADL、IADL 和 MMSE〔1〕三类量表结合作为评价我国老年人是否失能的指标。

表 10.1 为衡量老年人失能状态的 ADL、IADL 和 MMSE 三类量表定义及分布，其中 ADL 和 IADL 的 0 项及 MMSE 等于或高于 24 分均为健康状态，其余则定义为老年人处于失能状态。〔2〕可以发现，单独根据 ADL、IADL 和 MMSE 三类量表进行失能评估中健康老年人所占比例均是最高，分别为 72.09%、35.47%和 93.63%，这说明需要工具性生活帮助的老年人较多，需要日常生活帮助的老年人比重处于中等，而需要认知功能帮助的老年人最少，同时可以发现使用 IADL 量表评估老年人失能状态较为宽松，MMSE 量表则较为严格。我们进一步对所选样本中老年人的健康程度进行划分（参见表 10.2），共分为健康、轻度失能、中度失能、重度失能和死亡五类，由

〔1〕 MMSE 量表（Mini Metal State Examination），简易认知状态量表。CLHLS 调查所采用的 MMSE 量表是根据 Folstein 等人的量表修订而得到的，问卷中用于测量老年人认知功能水平的指标共包括 24 个项目，共计 30 分；根据 CLHLS 研究课题组对认知功能水平的界定，24—30 分为认知功能健全，低于 24 分为不健全。

〔2〕 问卷在考察老年人注意力及计算能力的 MMSE 量表中，明确将老年人画出 B 卡上的图形选项 9 定义为“无法做（功能障碍）”，因此本书将此项作为 ADLs 量表的一部分，即如果该选题答案为 9，则认定该老年人具有功能性障碍，视为失能。

于本书主要考察现今存活老年人的长期护理需求及可能的筹资能力，因此在样本筛选时不考虑对死亡老年人临终状态的调查。

表 10.1　老年人失能状态衡量指标描述性统计

变　量	变量定义	百分比
ADLs（六项）	0 项	72.09
	1—2 项	15.29
	3—4 项	5.89
	5—6 项	6.72
IADLs（八项）	0 项	35.47
	其他	64.53
MMSE（N=1 680）	0—23 分	6.37
	≥24 分	93.63

表 10.2　老年人健康程度划分依据及占比统计

健康程度	划　分　依　据	百分比
健　　康	无任何 ADL 障碍；无 IADL 障碍；无认知障碍	51.47
轻度失能	仅 1—2 项 ADL 障碍；仅 IADL 障碍；无认知障碍	27.32
中度失能	仅 3—4 项 ADL 障碍；同时拥有两项 ADL、IADL、MMSE 障碍（除 5—6 项 ADL 障碍）	17.69
重度失能	所有 5—6 项 ADL 障碍；仅拥有认知障碍；同时拥有三项 ADL、IADL、MMSE 障碍	3.52
死　　亡	死亡	0

（二）解释变量

WHO 认为环境因素、行为因素、医疗因素和生物遗传因素会影响个体健康，曾毅等（2010）从基本人口特征、社会环境、行为和医疗因素四个方面来分析中国老年人健康与存活的影响因素，本书在借鉴前述两种分类的基础上结合所选数据，将影响老年人长期护理需求的因素分为四类：个体特征因素、家庭环境因素、生活习惯因素和健康保障因素。

第一类因素为个体特征因素，主要选取与老年人自身相关的变量，包括性别、年龄、民族、婚姻、教育、居住地等八个变量（参见表 10.3）。在对老年人健康相关的研究中，这些特征通常都会全部或部分被研究者纳入考查范围，且对各变量是否显著影响老年人健康进行了显著性检验（田丰、郑真真，2004；杜本峰、王旋，2013；曹杨、Vincent，2017）。本书所选样本中女性老年人所占比例较高（54.59%），这符合我国老年人口的年龄分布特征；从民族来看，老年人主要以汉族为主（接近 95%），少数民族老年人所占比重较低；从年龄来看，老年人平均年龄较高（超过 85 岁），若以 80 岁为划分标准，则高龄老人（80 岁及以上）和低龄老人（65—79 岁）分别占比 66.42%和 33.58%，高龄老人比重接近所有老年人的三分之二；从地区和居住地来看，老年人所占比例按东、中、西顺序递减，且城乡老年人所占比重基本一致；从受教育年龄来看，超过一半（56.38%）的老年人文化水平为文盲，且老年人普遍受教育水平较低；从子女个数来看，低于 4 个子女的老年人比重较低（32.8%），说明可以提供照料资源和资金支持的家庭较多；从老年人婚姻状态来看，超过一半的老年人目前为丧偶状态（58.41%），这部分老年人对于长期护理服务需求将会更多。

表 10.3　个体特征因素变量的描述性统计

变　量	变量定义	百分比	变　量	变量定义	百分比
性　别	0=男	45.41	居住地	0=城乡	50.57
	1=女	54.59		1=农村	49.43
民　族	0=汉族	94.98		0=0 个	1.95
	1=其他	5.02	了女个数	1=1　3 个	32.38
	0=东部	49.12		2≥3 个	65.67
地　区	1=中部	38.57		0=已婚且同居	39.21
	2=西部	12.31	婚姻状态	1=丧偶	58.41
	0=0 年	56.38		2=其他	2.37
受教育年限	1=1—5 年	24.78	年　龄	85.61 岁	10.33
	2≥5 年	18.84			

注：年龄变量的变量定义和百分比显示结果分别为年龄的均值和标准差。

第二类为家庭环境因素，主要考察家庭能够为老年人提供的经济供给和生活照料对老年人长期护理服务需要的影响（参见表 10.4）。其中，生活照料主要体现在老年人的居住安排、生活来源以及生活来源是否满足需要三个层面，已有学者对部分影响变量进行了显著性检验(蔡天骥，2004；戴卫东，2011)。可以看出老年人主要是与家人生活在一起，独居和入住养老院的老年人偏少，而且老年人的生活来源主要是来自子女的供给，且超过80%的老年人认为生活来源能够满足自己的需求。基于此，本书将老年人从子女和孙子女处获得的收入归为家庭环境因素而非个体特征因素。同时，老年人的家庭收入和个人从子女与孙子女处获得的收入均为连续变量，较大的取值导致其方差较大，故对两类收入取对数；并对老年人收入和家庭收入进行了相关性检验(参见表10.5)。

表10.4　家庭环境因素变量的描述性统计

变　量	变量定义	百分比	变　量	变量定义	百分比
老年人收入(元)	2 886.28	4 914.22		0=和家人一起	81.66
老年人收入对数	5.99	3.30	居住安排	1=独居	16.75
家庭收入(元)	32 369.27	30 052.39		2=养老院	1.59
家庭收入对数	9.71	1.61		0=其他	45.89
	0=是	82.25	生活来源	1=配偶	2.37
生活来源满足	1=否	17.75		2=子女	51.74

注：老年人收入、老年人收入对数、家庭收入、家庭收入对数四个变量的变量定义和百分比显示结果分别为变量的均值和标准差。

表10.5　家庭收入与老年人收入相关性检验

	家庭收入	家庭收入对数	老年人收入	老年人收入对数
家庭收入	1.000 0			
家庭收入对数	0.804 7***	1.000 0		
老年人收入	0.072 1***	0.036 4**	1.000 0	
老年人收入对数	−0.067 3***	−0.043 4***	0.495 2***	1.000 0

注：显著性水平*** $p<0.01$，** $p<0.05$，* $p<0.1$。

第三类为生活习惯因素，该类因素是在曾毅等(2010)研究影响老年人健康和存活行为因素的基础上增加了饮酒这一变量(参见表10.6)，但通常饮酒和抽烟是个体重要的生活习惯，因此这样的变量选取可以更全面地体现老年人的日常生活习惯对其健康状态的影响，也有学者进行了相关变量研究(湛泳和徐乐，2016)。此外，可以看出，老年人吃水果和吃蔬菜体现出较大差异：较少吃水果(有时吃或很少吃)和较多吃蔬菜(每天吃或经常吃)的老年人比重较高；抽烟、饮酒和锻炼的老年人比重均较低，体现出一致的特征，这主要是由老年人的身体健康状况和体能特征所限制的。

表 10.6　生活习惯因素变量的描述性统计

变　量	变量定义	百分比	变　量	变量定义	百分比
水　果	0＝每天吃	14.35	吸　烟	0＝是	16.75
	1＝经常吃	26.57		1＝否	83.25
	2＝有时吃	32.24	饮　酒	0＝是	15.80
	3＝很少吃	26.85		1＝否	84.20
蔬　菜	0＝每天吃	58.30	锻　炼	0＝是	28.02
	1＝经常吃	30.20		1＝否	71.98
	2＝有时吃	7.70			
	3＝很少吃	3.80			

第四类为健康保障因素，主要包括为老年人健康提供非家庭的资金保障和对健康重视与否两类(参见表 10.7)，同样得到部分学者对相关因素进行了考察(黄枫、甘犁，2010；杜本峰、王旋，2013；刘一伟，2016)。具体来说，对健康重视与否主要体现在是否每年进行体检和生病是否能够及时就医两项，可以看出，是否参加体检所占比例相差较小(11.30％)，而超过 95％的老年人均认为自己生病了能够及时就医，说明多数家庭和老年人对自身的健康重视程度较高。为老年人健康提供非家庭的资金保障主要是通过社会保障或商业保险而实现的，原始问卷主要通过询问老年人是否拥有“退休金、公共养老金、商业养老保险、公费医疗、城镇职工医疗保险、城镇居民医疗保险、新型农村合作医疗保险、商业医疗保险”八类保险(保障)进行考察的。本书中将“退休金、公共养老金”两类归

为“养老保障”，将“公费医疗、城镇职工医疗保险、城镇居民医疗保险、新型农村合作医疗”四项归为“医疗保障”，并与“商业养老保险”和“商业医疗保险”共同作为非家庭的资金保障对老年人健康状态的影响因素。

表 10.7　健康保障因素变量的描述性统计

变　量	变量定义	百分比	变　量	变量定义	百分比
每年体检	0＝是	55.65	城镇居民医疗保险	0＝有	8.18
	1＝否	44.35		1＝无	91.82
生病及时就医	0＝能	96.76	“新农合”	0＝有	70.44
	1＝不能	3.24		1＝无	29.56
退休金	0＝有	18.09	商业养老保险	0＝有	0.75
	1＝无	81.91		1＝无	99.25
公共养老金	0＝有	24.67	商业医疗保险	0＝有	0.73
	1＝无	75.33		1＝无	99.27
公费医疗	0＝有	2.93	养老保障	0＝有	39.49
	1＝无	97.07		1＝无	60.51
城镇职工医疗保险	0＝有	11.75	医疗保障	0＝有	91.77
	1＝无	88.25		1＝无	8.23

二、 老年人长期护理服务需求的影响因素分析

前文已说明本书默认老年人失能即具有长期护理服务需求，因此考虑到因变量的特征，在构建模型时主要考虑两类：一是对二分类“是否失能”构建二分类 Logistic 回归模型；二是对“健康程度”构建多分类 Logistic 回归模型。

（一）“是否失能”的实证分析结果

以二分类变量“是否失能”为被解释变量（健康＝0，失能＝1），表 10.8 中的模型 1—4 分别以个体特征因素、家庭环境因素、生活习惯因素和健康保障因素为解释变量所得到的估计结果，模型 5 为四类解释变量同时代入模型所得到的估计结果，并输出优势比（Odds Ratio，OR）。

表 10.8　二分类 Logistic 回归模型估计结果

变　量	(1) OR 模型 1	(2) OR 模型 2	(3) OR 模型 3	(4) OR 模型 4	(5) OR 模型 5
个体特征因素					
性别(男性)	1.599***				1.282**
	(0.146)				(0.131)
民族(汉族)	0.748				0.621**
	(0.141)				(0.123)
年龄	1.115***				1.102***
	(0.005 63)				(0.005 87)
区域(东部)					
中部	0.684***				0.575***
	(0.060 9)				(0.055 9)
西部	0.831				0.876
	(0.104)				(0.118)
居住地(城镇)	0.975				0.898
	(0.078 3)				(0.080 5)
受教育年限(0 年)					
1—5 年	0.835*				0.882
	(0.084 1)				(0.094 8)
>5 年	0.760**				0.846
	(0.092 2)				(0.113)
婚姻(已婚且同居)					
丧偶	1.337***				1.473***
	(0.124)				(0.160)
其他	1.913**				1.939**
	(0.506)				(0.541)
子女个数(0 个)					
1—3 个	1.111				1.122
	(0.317)				(0.343)
>3 个	1.216				1.304
	(0.339)				(0.394)
家庭环境因素					
家庭收入对数		1.005			0.985
		(0.023 0)			(0.028 7)
个人收入对数		0.945***			0.968**
		(0.010 4)			(0.013 3)
居住安排(和家人一起)					
独居		0.847*			0.625***
		(0.082 1)			(0.077 3)
养老院		2.674***			2.326**
		(0.784)			(0.786)

续表

变　　量	(1) OR 模型 1	(2) OR 模型 2	(3) OR 模型 3	(4) OR 模型 4	(5) OR 模型 5
生活来源(其他)					
配偶		1.347			2.260***
		(0.305)			(0.597)
子女		2.517***			1.650***
		(0.187)			(0.164)
生活来源满足(是)		1.231**			1.295**
		(0.112)			(0.147)
生活习惯因素					
吃水果(每天吃)					
经常吃			0.660***		0.752*
			(0.081 0)		(0.109)
有时吃			0.726***		0.857
			(0.085 5)		(0.121)
很少吃			0.995		1.115
			(0.120)		(0.162)
吃蔬菜(每天吃)					
经常吃			1.390***		1.325***
			(0.116)		(0.129)
有时吃			1.646***		1.275
			(0.232)		(0.211)
很少吃			5.236***		3.294***
			(1.268)		(0.906)
抽烟(是)			2.126***		1.473***
			(0.223)		(0.184)
饮酒(是)			1.893***		1.637***
			(0.202)		(0.205)
锻炼(是)			2.937***		2.340***
			(0.246)		(0.234)
健康保障因素					
及时就医(是)				2.105***	1.518*
				(0.436)	(0.373)
每年体检(是)				1.883***	1.601***
				(0.130)	(0.135)
养老保障(有)				0.760***	1.514***
				(0.053 3)	(0.145)
医疗保障(有)				0.593***	0.763*
				(0.076 5)	(0.122)
商业养老保险(有)				0.174***	0.301**
				(0.095 1)	(0.178)

续表

变　量	(1) OR 模型 1	(2) OR 模型 2	(3) OR 模型 3	(4) OR 模型 4	(5) OR 模型 5
商业医疗保险(有)				1.135	1.644
				(0.481)	(0.763)
Constant	6.30e-05***	0.752	0.135***	1.264*	4.48e-05***
	(3.32e-05)	(0.186)	(0.020 9)	(0.168)	(3.07e-05)
N	3 583	3 583	3 583	3 583	3 583
LR chi2	1 093.54	185.28	455.78	154.32	1 392.72
Pseudo R^2	0.220 3	0.037 3	0.091 8	0.031 1	0.280 6

注:显著性水平*** $p<0.01$, ** $p<0.05$, * $p<0.1$。

模型 1 主要考察个体特征因素对老年人是否失能的影响,实证结果表明性别、年龄、受教育年限和婚姻状况均对老年人是否失能有着显著影响,民族变量不显著与薛新东和葛凯啸(2017)的研究基本一致。具体来说,老年人失能存在性别差异,女性老年人失能的概率高于男性老年人失能的概率,这一结果与当前相关研究基本一致,主要是因为女性在进入老年后衰老速度较快;年龄对失能影响的 OR 值高于 1,说明年龄对失能的影响具有正效应,即年龄越高,老年人失能的概率越高;受教育年限对老年人失能的影响与年龄对失能的影响相反,即受教育年限越低的老年人其失能的可能越大;婚姻状况对失能的影响同样体现这一特征,与已婚且同居的老年人相比,丧偶和其他类型(已婚但不同居、离婚、未婚)的老年人失能的概率更高。个体特征因素对老年人失能的影响基本与当前研究一致,年龄越高的老年人、受教育年限越低的老年人以及丧偶、离婚和未婚的老年人受到年龄、身体素质、经济能力和精神状态等条件的限制,失能的风险和概率较高。

模型 2 主要考察家庭环境因素对老年人是否失能的影响,结果表明个人收入、居住安排和生活来源是否满足对老年人失能与否具有显著影响。取对数后的个人收入对老年人失能具有负效应,说明失能的老年人收入更高,主要是因为模型中的老年人收入是老年人从子女和孙子女处得到的收入之和，而子女和孙子女是否为老年人提供经济供给在很大程度上受到老年人健康程度和支出需求的影响；在老年人的居住安排上，独居和住养老院的老年人失能的概率分别是与家人居住的老年人的0.847倍和2.674倍，原因可能是独居老年人由于身体健康状况较好，基本能够生活自理而不需要家人照顾，因此其对长期护理需求相对较低，而入住养老院的老年人主要是健康状况较差、生活自理能力较低的老年人，更需要专业性的机构照料；生活来源不能满足基本生活需求的老年人失能的概率是能够满足需求老年人的1.231倍，可能是因为生活来源不能够满足基本生活需求，老年人维持健康和生活的难度增大，预防失能的支出较少，因此失能的概率增加。

模型3主要考察生活习惯因素对老年人是否失能的影响，吃蔬菜、抽烟、饮酒和锻炼对老年人失能具有显著影响，吃水果对老年人失能的影响不够显著。可以看出，吃蔬菜和体育锻炼对老年人健康具有正向影响，而抽烟和饮酒对老年人健康存在着负向影响，这基本与曾毅等(2010)结果一致，但老年人的生活习惯因素与老年人的失能之间存在着严重的双向影响，即吃蔬菜频率较低和不锻炼导致老年人失能的可能增加，而老年人较差的健康状态也会减少老年人抽烟和饮酒的可能。限于篇幅，本书并未对此种情况进行深入检验，这也是后续需要进一步研究的部分。

模型4主要考察健康保障对老年人是否失能的影响，除去是否拥有商业医疗保险对老年人健康不具备显著影响，其余各变量均对老年人健康具有显著影响。具体来看，老年人生病能够及时就医以及老年人每年能够进行一次体检均对老年人健康具有显著的正向影响，失能的概率分别增加110.50％和88.30％；养老保障、医疗保障和商业养老保险三者对老年人失能具有显著的负向效应。

模型5是将四类影响因素均代入二分类Logistic回归模型而得

到的估计结果，相较于模型1—4来说，模型5中各相对应的变量对老年人失能影响的偏回归系数绝对值有一定的缩小，即与单独将四类因素带入模型相比，各变量对失能的影响强度减弱。在模型5中，个体特征因素中的民族变量变得显著，与曾毅等(2010)研究结果基本一致，汉族失能概率高于少数民族；城乡居住地差异和家庭收入对老年人失能无显著影响；受教育年限在综合因素中不显著，因为变量的增加导致教育对失能的影响弱化。

(二)"健康程度"的实证分析结果

以多分类变量"健康程度"为被解释变量(健康＝0，轻度失能＝1，中度失能＝2，重度失能＝3)，表10.9展示以健康为基准，以个体特征因素、家庭环境因素、生活习惯因素和健康保障因素为解释变量，考察不同失能程度而得到的多分类Logistic回归估计结果。

表10.9 多分类Logistic回归模型估计结果

变　量	轻度失能	中度失能	重度失能
个体特征因素			
性别(男性)	1.343***	1.048	1.560*
	(0.151)	(0.149)	(0.384)
民族(汉族)	0.664*	0.482**	0.856
	(0.142)	(0.140)	(0.363)
年龄	1.090***	1.140***	1.065***
	(0.006 30)	(0.008 35)	(0.012 8)
区域(东部)			
中部	0.637***	0.444***	0.569**
	(0.067 1)	(0.060 3)	(0.130)
西部	0.857	0.947	0.840
	(0.127)	(0.172)	(0.261)
居住地(城镇)	1.024	0.753**	0.544***
	(0.099 8)	(0.092 7)	(0.115)
受教育年限(0年)			
1—5年	0.849	0.827	1.413
	(0.101)	(0.131)	(0.355)
>5年	0.772*	1.017	0.868
	(0.116)	(0.200)	(0.294)

续表

变　　量	轻度失能	中度失能	重度失能
婚姻(已婚且同居)			
丧偶	1.430***	1.527***	1.556*
	(0.174)	(0.241)	(0.415)
其他	1.855**	1.636	3.010*
	(0.560)	(0.709)	(1.786)
子女个数(0个)			
1—3个	1.083	1.010	1.542
	(0.361)	(0.410)	(1.215)
>3个	1.223	1.349	1.508
	(0.403)	(0.540)	(1.179)
家庭环境因素			
家庭收入对数	0.981	0.999	0.963
	(0.030 6)	(0.039 7)	(0.061 7)
个人收入对数	0.978	0.938***	0.985
	(0.014 9)	(0.017 0)	(0.030 1)
居住安排(和家人一起)			
独居	0.780*	0.363***	0.443**
	(0.103)	(0.067 8)	(0.140)
养老院	1.656	2.455**	5.001***
	(0.657)	(1.010)	(2.613)
生活来源(其他)			
配偶	2.131**	2.313**	3.369**
	(0.635)	(0.923)	(1.829)
子女	1.779***	1.421***	1.497*
	(0.193)	(0.192)	(0.350)
生活来源满足(是)	1.411***	1.250	0.649
	(0.171)	(0.197)	(0.195)
生活习惯因素			
吃水果(每天吃)			
经常吃	0.811	0.576***	0.944
	(0.131)	(0.114)	(0.350)
有时吃	0.915	0.658**	1.210
	(0.143)	(0.126)	(0.427)
很少吃	1.218	0.791	1.739
	(0.194)	(0.155)	(0.610)

续表

变　量	轻度失能	中度失能	重度失能
吃蔬菜（每天吃）			
经常吃	1.179	1.651***	1.737**
	(0.125)	(0.223)	(0.413)
有时吃	1.068	1.539**	2.629***
	(0.193)	(0.332)	(0.891)
很少吃	2.155**	4.811***	10.17***
	(0.647)	(1.512)	(4.005)
抽烟（是）	1.317**	1.956***	1.577
	(0.180)	(0.382)	(0.522)
饮酒（是）	1.422***	2.112***	2.350**
	(0.193)	(0.413)	(0.880)
锻炼（是）	1.722***	5.462***	2.605***
	(0.187)	(0.945)	(0.663)
健康保障因素			
及时就医（是）	1.625*	1.509	0.893
	(0.420)	(0.470)	(0.569)
每年体检（是）	1.396***	2.051***	2.092***
	(0.129)	(0.239)	(0.416)
养老保障（有）	1.495***	1.394**	2.113***
	(0.156)	(0.185)	(0.463)
医疗保障（有）	0.947	0.529***	0.654
	(0.170)	(0.105)	(0.210)
商业养老保险（有）	0.331*	1.31e-06	0.855
	(0.215)	(0.000 675)	(0.917)
商业医疗保险（有）	2.167	0.271	2.734
	(1.034)	(0.306)	(2.303)
Constant	8.14e-05***	4.87e-07***	2.11e-05***
	(6.04e-05)	(4.65e-07)	(3.37e-05)
N		3 583	
LR chi2		1 728.58	
Pseudo R^2		0.215 3	

注：显著性水平*** p＜0.01，** p＜0.05，* p＜0.1。

在轻度失能老人中，四类因素中各变量的显著关系基本与老年人是否失能所得结果相一致，但个人收入、老年人居住安排、医疗保障等变量未体现一致性的显著影响。在中度和重度失能老人中，各变量的影响较老年人失能与否出现一定差异，主要表现在以下几个方面：

一是在个体特征因素方面，性别和婚姻状况并未显示出 0.05 水平的显著影响，部分变量或类别对中度失能和重度失能的影响减弱，显著性水平达到 0.1 或更低，说明失能程度中、高的老人在性别和婚姻状态上体现较小的差异。

二是在家庭环境因素方面，生活来源是否满足对中度失能和重度失能均未体现出显著性影响，与轻度失能体现出较大差异，这说明获得的基本生活来源是否能够满足基本需求对中度和重度老人影响较小，且对于重度失能老人而言，生活来源的渠道影响显著性水平较低。

三是在生活习惯因素方面，相较于轻度失能而言，中度失能和重度失能的老年人对于吃蔬菜频率的影响更加明显，且根据吃蔬菜频率这一变量各分类的 OR 值，可以看出后两者的影响均比轻度失能高。

四是在健康保障因素方面，生病能够得到及时就医这一变量在中度失能和重度失能中均表现出显著性影响，说明失能等级为中度和重度的老年人对就医的需求不够明显；医疗保障和商业性养老保险在三类失能等级的显著性影响上有一定的差异，在养老保障上则显示出较为一致的显著性，说明养老保障对各等级失能老人均具有明显影响。

第二节　老年人长期护理费用支出及负担状况

一、老年人长期护理费用支出分析

国家应对人口老龄化战略研究课题组根据中国老龄科学研究中心 2000 年、2006 年和 2009 年开展的多次调查数据[1]将城乡老年

〔1〕 说明：其中，2000 年开展的是“中国城乡老年人口状况一次性抽样调查”，2006 年开展的是“中国城乡老年人口状况追踪调查”，2009 年开展的是四个科研基地的“老年人家庭户状况按月登记”500 户观测数据。

人支出结构划分为日常生活支出、家庭转移、文化娱乐、人际交往和医药费五类，但由于身体功能受损、行动不便等原因，具有长期护理需求的老年人其费用支出与普通老年人费用存在一定的差异。CLHLS 2014年调查数据中涉及的老年人支出主要包括养老院月平均支出、照料周支出、个人门诊年支出、个人住院年支出四部分，因此本书首先考察失能老人的支出情况（参见表10.10），考虑到建立长期护理保险制度是为了满足最基本的长期护理需求，而非满足老年人所有照料需求，因此后续分析中均采用B类照料周支出代替照料周支出。同时，为了能够对失能老人费用支出进行对比，本书对各项支出均值进行标准化，转换成年支出金额，具体结果参见图10.1。可以看出，失能老人各项年均费用支出中，门诊年支出和住院年支出相对较低，养老院年支出最高，照料年支出处于中等水平；其中照料年支出约为医疗总支出的2.24倍，养老院年支出约为照料年支出的1.69倍。主要原因是失能老人对疾病治疗的需求较小，对医疗护理需求较大护理；而失能老人由于缺乏生活基本自理能力，日常生活均需要正式和非正式的照料，且对生活照料的需求高于医疗护理和医药治疗的需求；入住养老院的失能老人通常失能程度较严重，生活自理能力最差，对照料和护理服务需求大，且入住养老院同样存在一定的费用支出，因此养老院年支出远远高于医疗总支出和照料年支出。

表10.10　失能老人支出种类统计

		均值(元)	标准差	极小值(元)	极大值(元)	N
养老院月平均支出		1 922.73	1 098.53	60	4 002	41
照料周支出	A类	376.79	1 540.56	0	25 000	889
	B类	263.27	550.61	0	6 000	883
门诊年支出		2 267.30	6 861.62	0	10万	1 739
住院年支出		3 849.24	11 542.20	0	10万	1 739

说明：A类照料周支出是对所有符合条件的失能老人每周照料支出的统计，共有889个样本，B类照料周支出是删除A类支出中6个极端值样本（10 000、11 494、18 000、20 000、2 160、25 000，占总样本规模的0.67%）后得到的结果，共有883个样本。

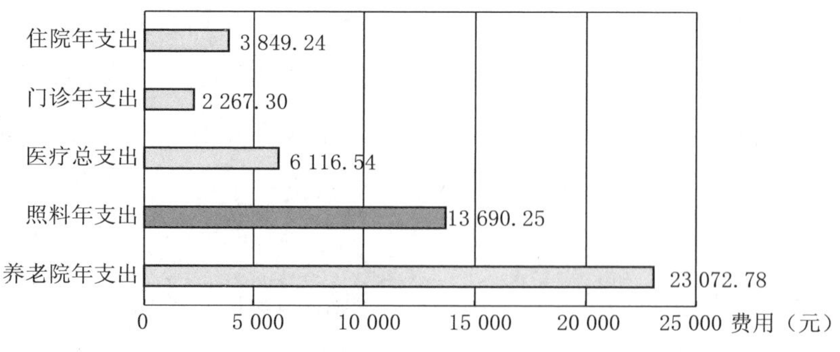

图 10.1　失能老人年均费用支出

注：医疗总支出是住院年支出与门诊年支出之和。

二、 老年人长期护理支出负担状况分析

综合前文对老年人长期护理支出及收入的分析，本书提出“老年人长期护理支出负担比”概念，即失能老人在长期护理方面的支出与其收入之间的比值，用公式表示为：

$$LEBR = LE/EI \tag{10-1}$$

其中：*LEBR* 为长期护理支出负担比（Long-term Care Expenditure Burden Ratio）；*LE* 为长期护理支出（Long-term Care Expenditure）；*EI* 为失能老人收入（Elder Income）。

需要说明的是，长期护理支出负担比（LEBR）是针对失能老人而言的，即长期护理支出（LE）的前提条件是老年人由于失能原因需要生活照料和医疗护理而产生的支出，不包括老年人正常的消费、人际交往、文化娱乐及门诊医疗费用支出等，老年人收入（EI）是老年人从配偶及后代得到的经济供养、养老金收入以及其他正当收入之和。

应用于本书，LE 主要包括老年人年生活照料支出和年住院支出两项，[1]根据前述对失能老人收入来源及结构的分析，结合 CLHLS 2014 年调查数据，涉及老年人收入的项目主要包括老年人从子女或孙

〔1〕 老年人在医疗方面的支出主要包括个人门诊支出和住院支出。本书中，失能老人进行门诊可以视为疾病治疗支出，而入住医院的支出则视为医疗护理支出。

子女处获得的收入和养老金两部分，因此将其分为后代供养和养老金两类。经过计算，两类收入来源的均值分别为 2 886.275 元/年和 1 513.634 元/年，总收入为 4 399.909 元/年，代入公示计算出 LEBR。

计算结果表 10.11 展示了在不同支出类型下，失能老人不同收入来源的负担比。从支出类型看，养老院支出由于金额较大，其对应的负担比在不同收入来源下均是最高，生活照料支出低于养老院支出负担比，但高于住院和门诊支出负担比，LEBR 由于是生活照料和住院支出共同计算得来，因此高于前两者对应的负担比。从收入来源看，由于年养老金收入低于后代供养收入，因此养老金对应的各项支出负担比均高于后代供养对应的支出负担比，EI 作为老年人的总体收入，其对应的支出负担比最低。因此，如果仅将生活照料支出或医疗护理支出（住院支出）单独作为失能长期护理支出，在老年人总收入下的支出负担比分别是 3.11 和 0.87；老年人收入来源仅单独考虑养老金或后代供养时，LEBR 分别为 11.72 和 6.14；综合考虑生活照料与医疗护理、养老金与后代供养时，LEBR 为 4.03，是一个中等水平的支出负担比。

表 10.11　不同收入来源下的长期护理支出负担比

	年支出金额（元）	养老金	后代供养	*EI*
养老院支出负担比	23 072.78	15.24	7.99	5.24
生活照料支出负担比	13 690.25	9.04	4.74	3.11
门诊支出负担比	2 267.30	1.50	0.79	0.52
住院支出负担比	3 849.24	2.54	1.33	0.87
医疗支出负担比	6 116.53	4.04	2.12	1.39
LEBR	17 734.14	11.72	6.14	4.03

第三节　老年人长期护理保险筹资能力分析

一、老年人长期护理保险筹资渠道分析

国家应对人口老龄化战略研究课题组（2014）将城乡老年人支出结构划分为市场挣得、养老金、公共转移、家庭转移和其他收入五部分，其

中养老金包括各类社会保障性退休金、基本养老保险金和城乡居民养老金三类，家庭转移包括子女、孙子女和亲属供养等。[1]CLHLS 2014年调查数据将失能老人的照料者分为十类(参见图10.2)，可以看出为失能老人提供照料的人员中，儿子占比最高，接近总体的三分之一(33.23%)；由儿媳、女儿和配偶提供照料的比例均超过10%；孙子女、儿女以及无人提供的比例较低；有女婿提供照料的比例最小(0.20%)。因此可以看出，后代(主要是儿子、儿媳和女儿)及配偶是老年人生活照料提供的主要来源。结合图10.3失能老人生活照料费用支付者结构可以发现，由子女及其配偶为失能老人提供支付的比例最高，接近75%；老年人自己的收入占比为14.07%，仅次于由子女及其配偶提供支付的比例；由孙子女及其配偶提供支付的比例为4.22%，前三项占比和为92.45%。根据老年人长期护理费用支出结构可以看出生活照料在长期护理支出中占有较大比重，同时考虑调查数据的内容约束和结构特征，将为其照料提供经济支持的多种渠道视作失能老人收入来源渠道，因此在计算老年人收入时，以老年人从子女及孙子女处获得经济供养和养老金之和作为替代存在一定的合理性。

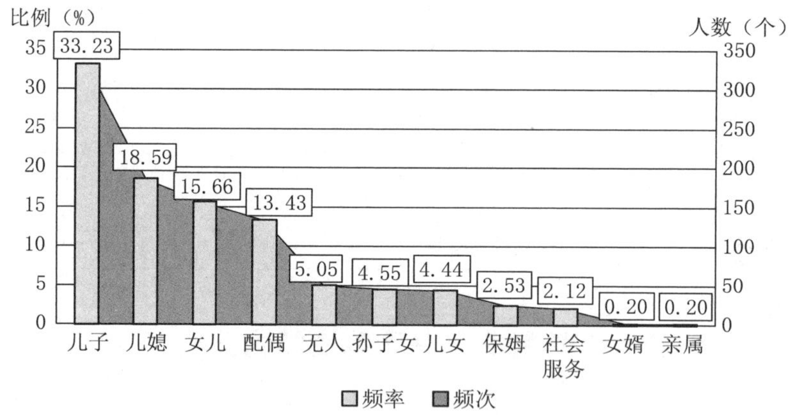

图10.2　失能老人的主要照料者分布

---

〔1〕 国家应对人口老龄化战略研究中心：《中国城乡老年人基本状况问题与对策研究》，华领出版社2014年版，第88—105页。

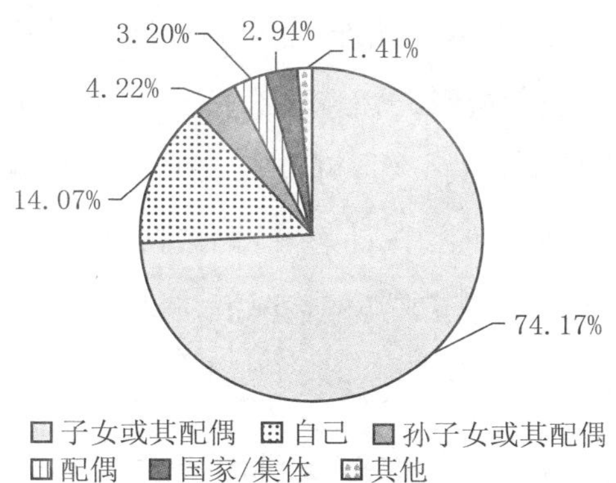

图 10.3　失能老人生活照料费用支付者结构

二、 老年人长期护理保险筹资能力分析

根据前述分析得知，老年人获得收入的渠道主要包括后代供养和养老金两类，因此若老年人缴纳长期护理保险费，其筹资能力仍主要来源于后代供养和养老金两部分。本部分以养老金和后代供养金额的均值作为划分标准，将老年人筹资能力划分为低—低、中等和高—高三部分，并在此基础上考察不同因素下老年人筹资能力的差异。

前文已经对所选样本中老年人养老金和后代供养进行了一定界定，并计算出老年人两类经济来源的均值分别为 1 513.634 元和 2 886.275 元，以此为标准将养老金和后代供养分别分为低水平和高水平，参见表 10.12。可以发现，养老金低水平和高水平所占比例差距较小，而高水平后代供养所占比例超过低水平的 2 倍，说明低水平的后代供养金额较为集中，高水平的后代供养金额存在较大差异。进一步将养老金和后代供养同为低水平的筹资能力界定为低—低水平，将养老金和后代供养同为高水平的筹资能力界定为高—高水平，将剩余两部分的筹资能力界定为中等水平。低—低水平占总体的比例接近三分之一，高—高水平所占比例接近五分之一，因此可以认为当前筹资能力较弱的老年人比例适中，较强的老年人比例较低，主体为中等筹资能力的老年人。此外，老年人长期护理保险筹资能力的水平在不同地区间也存在较大差异，图 10.4 展示了 22 个省份在养老金和后代供给高低水平的分布，可以看出位于两类筹资来源均值附近的省份较多，分布较为集中，也存在部分省份偏离均值分布。总体来看，在综合考虑两类筹资来源的情况下，各省份老年人基本具备为长期护理保险筹资的能力。

表 10.12　老年人长期护理筹资能力

单位：%

养老金	后代供养		合　计
	低水平	高水平	
低水平	30.33	12.71	43.04
高水平	38.54	18.42	56.96
合　计	68.87	31.13	100

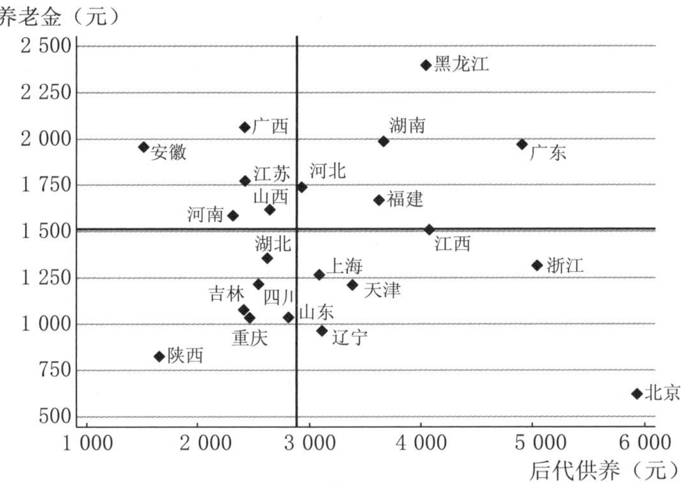

图 10.4　老年人长期护理保险筹资能力的地区分布

注：图中指示线所代表的数值分别为养老金和后代供养的均值。

进一步对老年人长期护理保险筹资能力的异质性进行分析（表 10.13），可以看出年龄、性别、地区等不同特征下，老年人的筹资能力体现出一定的差异。其中较为明显的是，高龄老年人对应着较高水平的养老金和较低水平的后代供养，丧偶老年人的养老金和低水平的后代供养中均占据较大比例，城乡老年人仅在低水平养老金比例上差距超过10%，西部地区的老年人两类筹资能力比例普遍较低。在老年人健康状况中，重度失能老人比例最低，均低于3%。

表10.13　两类筹资能力的异质性统计

单位：%

变　量	类　型	养老金		后代供养	
		低水平	高水平	低水平	高水平
年　龄	低　龄	16.62	22.82	22.47	11.11
	高　龄	26.43	34.13	44.91	21.52
性　别	男　性	19.92	22.92	30.67	14.74
	女　性	23.12	34.03	36.70	17.89
婚　姻	已婚且同居	17.62	21.42	25.82	13.40
	丧　偶	24.82	33.63	39.80	18.62
	其　他	0.60	1.90	1.76	0.61
居住地	城　镇	27.13	30.03	33.60	16.97
	农　村	15.92	26.93	33.77	15.66
地　区	东　部	24.02	19.92	31.76	17.36
	中　部	8.61	30.63	26.77	11.81
	西　部	10.41	6.41	8.85	3.46
失　能	否	22.52	29.73	33.55	17.92
	是	20.52	27.23	33.83	14.71
健康状况	健　康	22.52	29.73	33.55	17.92
	轻度失能	10.41	16.32	18.87	8.46
	中度失能	7.41	9.41	12.45	5.25
	重度失能	2.70	1.50	2.51	1.00

注：N=999。

第四节　本章小结

本章分析中国失能老人对长期护理服务的需求及老年人的筹资能力，主要通过CLHLS 2014年微观调查数据，以老年人失能标准来判定老年人的健康状态，并进一步确定老年人是否存在长期护理服务需求。在此基础上，进一步考察失能老人的护理服务费用支出和老年人的筹资能力，并简单分析老年人筹资能力的异质性。本章主要有以下三个方面的研究发现：

首先，通过运用微观调查数据，根据 ADL、IADL 和 MMSE 三种标准对中国老年人是否失能以及失能程度进行界定，并假设符合失能标准的老年人均为长期护理服务的实际或潜在需求者，在此基础上从个体特征、家庭环境、生活习惯和健康保障四个方面分析长期护理服务需求的影响因素。结果显示四类因素中多数变量均对服务需求有着显著影响。

其次，结合老年人的生活照料支出和住院支出计算老年人对长期护理服务费用支出负担比，综合考虑生活照料与医疗护理、养老金与后代供养时，支出负担比为中等水平。研究发现，失能老人各项年均费用支出中，门诊年支出和住院年支出相对较低，养老院年支出最高，照料年支出处于中等水平，其中照料年支出约为医疗总支出的 2.24 倍，养老院年支出约为照料年支出的 1.69 倍。考察老年人的负担能力时，如果仅将生活照料支出或医疗护理支出(住院支出)单独作为失能长期护理支出，在老年人总收入下的支出负担比分别是 3.11 和 0.87；老年人收入来源仅单独考虑养老金或后代供养时，LEBR 分别为 11.72 和 6.14；综合考虑生活照料与医疗护理、养老金与后代供养时，LEBR 为 4.03，是一个中等水平的支出负担比。

最后，从老年人长期护理费用支出结构可以看出，生活照料在长期护理支出中占有较大比重，以老年人从子女及孙子女处获得经济供养和养老金之和作为筹资能力的替代。以养老金和后代供养金额的均值作为划分标准，将老年人筹资能力划分为低—低、中等和高—高三部分，总体来看，在综合考虑两类筹资来源的情况下，各省份老年人基本具备为长期护理保险筹资的能力。

第十一章
长期护理保险费率的测算

前一章我们讨论了老年人对长期护理服务需求及其费用支出情况，并进一步分析了老年人支付护理费用的资金来源、老年人支付长期护理保险费的可行能力。通过考察国外长期护理保险的主要做法及其基金筹集模式后，认为老年人缴纳长期护理保险费有一定的理论与实践依据。为此本章围绕长期护理保险费率问题，运用保险精算原理，重点探讨不同失能测量方法、不同筹资能力下老年人缴纳长期护理保险的费率水平。

从学术界对长期护理保险费率定价的方法看，主要包括马尔科夫模型、减量表模型和曼联方法三种。曹信邦(2016)认为前两者在中国现有数据条件下难以实现，而将曼联方法和国际劳工组织的ILO模型应用于长期护理保险费率的厘定较为恰当。由于对老年人长期护理保险费率测算涉及的变量较多，在现有数据条件下无法获取统一口径的测算数据。本章所使用的数据包括微观调查数据、宏观统计数据以及权威机构的预测数据，较为重要的数据指标包括老年人口预测、老年人失能率、护理成本及老年人筹资能力等。其中，老年人失能率及老年人筹资能力的确定主要来源于CLHLS 2014年数据，在衡量老年人失能率时通过放宽数据筛选标准，得到有效样本

6 981 个;老年人口数据来源于联合国官方预测数据;护理成本数据来源于当前研究中较为公认的计算方法和《中国统计年鉴》2014 年城镇单位服务业就业人员年平均工资。

第一节　测算假设及模型建立

一、 测算假设

学术界已有研究中关于长期护理社会保险费率的测算主要包括横向平衡和纵向平衡,即现收现付制和基金积累制两类方法,通过综合比较国外实行长期护理保险的典型国家及国内多地试点情况,本书主张采用现收现付制,并通过总体仿真模式来建立老年人长期护理保险费率厘定的模型。考虑到老年人缴纳长期护理保险费率标准测算的复杂性和涉及变量的不确定性,本书作以下几点假设:

假设 1:遵循社会保险权利义务对等原则,即老年人需要缴纳长期护理保险费,且本书仅考虑老年人对于长期护理保险缴费的贡献,以老年人人数和老年人收入代入模型,不考虑 65 岁以下城镇职工和城乡居民及政府的责任。

假设 2:保险给付对象仅为 65 岁及以上的失能老人,不包括失能的非老年群体。

假设 3:老年人失能率在未来基本保持不变。尽管有部分学者对老年人的健康状态转移概率进行测算,但由于结合老年人失能率后计算过程较为烦琐,且缺乏较为一致的健康转移概率,因此本书仍与当前测算长期护理保险费率的主流方法一致,假设失能率保持稳定。

假设 4:所有 65 岁及以上老年人的缴费率保持一致,不存在城乡、年龄和性别差异。当前养老保险、医疗保险等制度由于城乡二元结构而受到诸多批判,众多学者认为应当消除城乡差距,如仇雨临等(2011)认为城乡医疗保障制度需要"消除城乡、职业和地区之间的不合理差距，每个社会成员享受同等的医保待遇水平"，魏后凯（2016）也认为我国应当"分阶段逐步建立'全民覆盖、普惠共享、城乡一体、均等服务'的基本社会保障体系"。

假设 5：财务需求模型中仅考虑长期护理支出的成本，不考虑制度运行过程中所产生的管理成本及其他成本，财务供给模型中仅考虑老年人所能提供的资金供给，不考虑政府补助资金和投资运营收入。

二、 模型建立

在对现有研究归纳的基础上，根据已有数据和前述假设，本书分别建立中国失能老人长期护理财务需求模型和中国老年人长期护理财务供给模型，通过设定和计算相关变量指标来测算费率。

中国失能老人长期护理财务需求模型为：

$$TD(t)=\sum_{i=1}^{m}\sum_{j=1}^{n}P(t)\times D_i(t)\times U_{ij}(t)\times C_{ij}(t)\times(1+g(t))+OE(t) \tag{11-1}$$

其中，$TD(t)$为第 t 年失能老人长期护理财务需求总额；

$P(t)$为第 t 年老年人人口数；

$D_i(t)$为第 t 年护理等级为第 i 级的老年人比例；

$U_{ij}(t)$为第 t 年护理等级为第 i 级的老人使用第 j 类护理方式的比例；

$C_{ij}(t)$为第 t 年护理等级为第 i 级的老人使用第 j 类护理方式的成本；

$g(t)$为第 t 年护理成本的增长率；

$OE(t)$为第 t 年除护理直接相关成本之外的其他成本。

因此，$P(t)\times D_i(t)$是护理等级为第 i 级的失能老人数量，

$\sum\sum P(t)\times D_i(t)\times U_{ij}(t)\times C_{ij}(t)$ 是不考虑增长率第 t 年失能老人的长期护理财务需求额，根据假设 5 可知，变量 $OE(t)$ 取值为 0。因此需要对未来老年人总人口、失能率、护理方式使用比例及使用成本、护理成本增长率等变量进行量化。

中国第 t 年老年人长期护理财务供给模型为：

$$TS(t)=\sum_{k=1}^{w}P(t)\times R(t)\times I_k(t)\times[1+f_k(t)]+G(t)+OI(t) \tag{11-2}$$

其中，$TS(t)$ 为老年人长期护理财务供给总额；

$R(t)$ 为第 t 年仅有老年人筹资时老年人应当承担的费率；

$I_k(t)$ 为第 t 年老年人的第 k 类收入，体现出老年人的筹资能力；

$f_k(t)$ 为第 t 年老年人的第 k 类收入的增长率；

$G(t)$ 第 t 年政府对长期护理的财政补贴；

$OI(t)$ 第 t 年长期护理的其他收入。

$\sum P(t)\times R(t)\times I_k(t)$ 是不考虑增长率时第 t 年老年人的长期护理财务供给额，根据假设 5 可知，变量 $G(t)$ 和 $OI(t)$ 取值为 0。因此需要对老年人的筹资能力、收入增长率等变量进行量化。

在现收现付制下，根据基金收支平衡法，各年长期护理财务需求总额应当与供给总额相等，结合财务需求模型和财务供给模型，即 $TD(t)=TS(t)$，因此老年人缴纳长期护理保险的费率表达式为：

$$\begin{aligned}R(t)&=\frac{\sum_{i=1}^{m}\sum_{j=1}^{n}P(t)\times D_i(t)\times U_{ij}(t)\times C_{ij}(t)\times(1+\mathrm{g}(t))+OE(t)}{\sum_{k=1}^{w}P(t)\times I_k(t)\times(1+f_k(t))+G(t)+OI(t)}\\&=\frac{\sum_{i=1}^{m}\sum_{j=1}^{n}P(t)\times D_i(t)\times U_{ij}(t)\times C_{ij}(t)\times(1+\mathrm{g}(t))}{\sum_{k=1}^{w}P(t)\times I_k(t)\times(1+f_k(t))}\end{aligned} \tag{11-3}$$

第二节　参数选取

一、 老年人失能率

根据前文分析，当前研究中并未出现关于老年人是否失能的较为统一的衡量标准，主流观点包括三类：仅使用 ADLs 指标；同时使用 ADLs 和 IADLs 指标；同时使用 ADLs、IADLs 和 MMSE 指标。本部分在界定老年人是否失能时对三种情况均进行分析，考察不同失能指标下老年人的失能率及费率情况。具体来说，一是以 ADLs 指标作为衡量老年人是否失能的标准（以下简称“ADL 标准”），采用聂丽丽（2016）、汪群龙和金卉（2017）等的划分方式，分别以老年人需要 1—2 项、3—4 项、5—6 项帮助界定为轻度、失能和重度失能；二是同时使用 ADLs 和 IADLs 指标作为衡量标准（以下简称“IADL 标准”），采用胡宏伟等（2015）的划分方式，分别以有 IADLs 失能但无 ADLs 失能、有 1—3 项 ADLs 失能、有 4—6 项 ADLs 失能界定为轻度、中度和重度失能；三是借鉴黄枫和吴纯杰（2012）的划分方式（以下简称“MMSE 标准”），得到前文老年人长期护理需求及保险筹资能力部分中所划分的失能等级。此外，假定轻度、中度和重度失能分别对应一级、二级和三级护理。

在放宽 CLHLS 2014 年数据筛选标准后，共得到有效样本 6 981 个，根据三类标准界定老年人是否失能以及失能等级，在此基础上计算老年人的失能率，计算公式为：

$$D_i(a)=\frac{N_i(a)}{\sum N(a)} \tag{11-4}$$

其中，$D_i(a)$为 a 年龄段失能等级为第 i 级的老年人比例；

$N_i(a)$为 a 年龄段失能等级为第 i 级的老年人口数；

$\sum N(a)$ 为 a 年龄段老年人口总数。

表 11.1、11.2 和 11.3 分别为 ADL 标准、IADL 标准和 MMSE 标准下 2014 年分性别、分年龄段老年人失能率。总体来看，三类标准下均呈现三个特征：一是年龄越高（ADL 标准下 70—74 岁除外），失能率越高，这与当前已有研究基本一致；二是三类标准下女性加权平均的总失能率约为男性的 2 倍，说明女性老年人失能的概率更高；三是失能程度越低，失能率越高。但三类标准下的老年人失能率也体现出一定差异：一是 ADL 标准下不同性别、不同失能等级和不同年龄段的老年人失能率均低于 IADL 标准和 MMSE 标准对应的失能率，这也说明当前界定失能的多数研究采用 ADL 标准这一做法还值得商榷；二是 ADL 标准下根据性别加权的老年人总体失能率与 IADL 标准和 MMSE 标准对应的失能率相差较大，分别为 9.32%[1]、24.05% 和 23.62%，后两者分别约为前者的 2.58 倍和 2.53 倍；三是由于仅依靠 MMSE 标准而界定的失能老人人数较少，因此 IADL 标准和 MMSE 标准所计算的失能率相差较小。

表 11.1　2014 年 ADL 标准下分性别、分年龄段老年人失能率

单位：%

	男性				女性				总计
	轻度失能	中度失能	重度失能	合计	轻度失能	中度失能	重度失能	合计	
65—69 岁	2.68	0.45	0.45	3.57	0.89	0.45	0.00	1.34	4.91
70—74 岁	1.18	0.43	0.22	1.83	0.86	0.32	0.11	1.29	3.12
75—79 岁	2.80	0.34	0.59	3.73	2.54	0.34	0.34	3.22	6.96
80—84 岁	3.12	0.85	0.66	4.63	3.88	1.23	0.38	5.48	10.11
85 岁+	6.63	1.59	0.97	9.19	13.09	4.12	2.59	19.80	28.99
加权平均	4.60	1.07	0.74	6.42	7.89	2.42	1.46	11.77	9.32

注：表中数据均进行过四舍五入取近似值，因此合计项并不完全等于三类失能率之和，下同。

[1] ADL 标准下 2004 年国家统计局计算的老人失能率为 11.61%，2010 年全国老龄办开展的“中国城乡老年人状况调查”计算的老人失能率为 19.0%，“第六次全国人口普查”数据计算的老人失能率为 3.99%；根据 CLHLS 2011 年数据，曹信邦（2016）计算的老人失能率为 10.48%。

表 11.2　2014 年 IADL 标准下分性别、分年龄段老年人失能率

单位：%

	男性				女性				总计
	轻度失能	中度失能	重度失能	合计	轻度失能	中度失能	重度失能	合计	
65—69 岁	1.79	2.68	0.89	5.36	2.68	1.34	0.00	4.02	9.38
70—74 岁	4.52	1.18	0.65	6.35	7.10	0.97	0.32	8.40	14.75
75—79 岁	5.51	2.97	0.76	9.25	11.37	2.63	0.59	14.59	23.83
80—84 岁	8.88	3.59	1.04	13.52	15.60	4.06	1.42	21.08	34.59
85 岁+	12.89	7.32	1.87	22.08	26.79	15.01	4.79	46.59	68.67
加权平均	9.57	5.06	1.36	15.99	19.09	8.95	2.82	30.87	24.05

表 11.3　2014 年 MMSE 标准下分性别、分年龄段老年人失能率

单位：%

	男性				女性				总计
	轻度失能	中度失能	重度失能	合计	轻度失能	中度失能	重度失能	合计	
65—69 岁	2.68	2.23	0.89	5.80	2.23	1.79	0.00	4.02	9.82
70—74 岁	4.52	1.51	0.54	6.57	6.89	1.29	1.08	9.26	15.82
75—79 岁	5.85	2.63	1.53	10.01	11.45	2.63	1.61	15.69	25.70
80—84 岁	9.07	3.59	1.32	13.99	14.56	5.77	1.23	21.55	35.54
85 岁+	12.70	5.35	1.62	19.66	25.17	17.43	3.37	45.98	65.64
加权平均	9.58	4.01	1.39	14.98	18.08	10.51	2.33	30.93	23.62

二、不同失能等级的老年人数量

不同年份的失能老人数量为当年老年人总数与老年人失能率之积，因此首先需要对未来中国老年人口数量进行确定。当前国内外权威机构和众多学者通过控制不同变量、采取不同人口测算方法，对中国未来总人口或老年人口进行了测算，本书选择联合国经济和社会事务部《世界人口展望：2017 年修订版》中对中国不同年龄段人口预测的数据。表 11.4 为联合国预测的中国 2015—2050 年间历年 65 岁及以上老年人口数量，其中老年人口总量始终保持增长态势，但在 2038 年后增长速度放缓；80—84 岁和 85 岁及以上两个年龄段老年人数同样保持增长趋势，且增长速度较快；65—69 岁和 70—74 岁两个年龄段老年人数分别在 2037 年和 2042 年后开始下降，失能老人总数随着老年人口数在2059年开始减少(参见附录G)。

表11.4　中国2015—2050年老年人口预测

单位:千人

年份	65—69岁	70—74岁	75—79岁	80—84岁	85岁+	合　计
2015	52 347	34 699	24 878	14 730	8 524	135 179
2016	56 481	35 907	25 084	15 262	9 341	142 075
2017	61 593	37 398	25 233	15 740	10 028	149 992
2018	66 874	39 340	25 489	16 153	10 538	158 393
2019	71 095	41 986	26 050	16 459	10 837	166 428
2020	73 589	45 439	27 032	16 664	10 906	173 631
2021	74 041	49 198	28 183	16 955	11 802	180 178
2022	72 918	53 807	29 451	17 150	12 545	185 872
2023	71 229	58 537	31 015	17 395	13 061	191 237
2024	70 442	62 301	33 165	17 839	13 280	197 027
2025	71 372	64 536	36 044	18 556	13 188	203 697
2026	73 233	64 824	39 330	19 530	13 992	210 908
2027	76 428	63 811	43 290	20 488	14 610	218 627
2028	80 584	62 455	47 255	21 617	15 054	226 965
2029	85 166	62 033	50 299	23 197	15 344	236 039
2030	89 835	63 198	52 027	25 347	15 496	245 902
2031	94 074	65 028	52 309	28 015	16 706	256 132
2032	98 555	67 971	51 566	31 128	17 695	266 917
2033	102 870	71 732	50 624	34 132	18 602	277 959
2034	106 427	75 918	50 517	36 315	19 637	288 814
2035	108 845	80 288	51 749	37 431	20 866	299 180
2036	109 602	84 154	53 593	37 718	23 516	308 584
2037	109 460	88 289	56 217	37 256	26 199	317 422
2038	108 442	92 336	59 405	36 726	28 558	325 466
2039	106 571	95 738	62 938	36 883	30 227	332 357
2040	103 907	98 140	66 723	38 038	31 104	337 911
2041	99 956	98 820	70 197	39 759	33 008	341 740
2042	95 280	98 774	73 914	41 891	34 343	344 202
2043	90 526	98 045	77 535	44 350	35 294	345 750
2044	86 668	96 608	80 564	47 082	36 092	347 014
2045	84 311	94 458	82 737	50 078	36 860	348 444
2046	82 863	90 870	83 465	53 017	39 500	349 715
2047	82 600	86 629	83 641	56 109	41 805	350 785
2048	83 609	82 395	83 285	59 090	43 811	352 190
2049	86 063	79 088	82 308	61 564	45 708	354 731
2050	89 966	77 241	80 675	63 341	47 668	358 892

资料来源:United Nations, Department of Economic and Social Affairs, Population Division(2017). World Population Prospects: The 2017 Revision.

在得到2015—2050年老年人口总数之后，结合表11.1中的ADL标准下分性别的老年人失能率即可计算出历年失能老人总数(参见表11.5)。同时，依据附录G中联合国测算的2051—2100年中国老年人总数，结合表11.1、11.2和11.3三类失能标准下的不同失能等级老年人的失能率，计算出不同标准下失能老人总数，参见附录H。可以看出，失能老人总数及不同失能等级的失能老人数量在2015—2050年间均呈现出增长态势，其中轻度失能老人数量增长速度相对较快；如果将时间段延长至2015—2100年，则可以发现，在2055—2060年间，不同失能等级的失能老人数量开始下降，同样轻度失能老人数量下降速度相对较快。在IADL和MMSE标准下的失能老人仅是绝对数量较高，但总体变化态势基本保持一致(参见附录H)。

表11.5 ADL标准下老年人口总数及分性别的失能老人总数预测

单位：千人

年份	男性失能老人				女性失能老人				失能老人总数
	轻度失能	中度失能	重度失能	合计	轻度失能	中度失能	重度失能	合计	
2015	2 999	701	486	4 186	5 521	1 693	1 022	8 236	12 422
2016	3 152	736	511	4 399	5 803	1 780	1 074	8 658	13 057
2017	3 327	777	539	4 643	6 128	1 879	1 134	9 142	13 785
2018	3 512	821	569	4 902	6 473	1 985	1 198	9 657	14 559
2019	3 687	862	597	5 146	6 806	2 088	1 260	10 154	15 300
2020	3 843	898	623	5 363	7 108	2 180	1 316	10 604	15 967
2021	3 985	931	646	5 562	7 380	2 264	1 366	11 010	16 572
2022	4 107	960	665	5 732	7 620	2 337	1 411	11 368	17 101
2023	4 221	986	684	5 891	7 849	2 407	1 453	11 709	17 600
2024	4 344	1 015	704	6 063	8 094	2 483	1 498	12 076	18 138
2025	4 486	1 048	727	6 261	8 376	2 569	1 551	12 496	18 758
2026	4 644	1 085	752	6 482	8 675	2 661	1 606	12 941	19 423
2027	4 813	1 125	780	6 717	8 995	2 759	1 665	13 418	20 135
2028	4 994	1 167	809	6 970	9 341	2 865	1 729	13 936	20 906
2029	5 191	1 213	841	7 245	9 720	2 981	1 799	14 501	21 745
2030	5 404	1 263	875	7 542	10 133	3 108	1 876	15 117	22 659

续表

年份	男性失能老人				女性失能老人				失能老人总数
	轻度失能	中度失能	重度失能	合计	轻度失能	中度失能	重度失能	合计	
2031	5 628	1 315	912	7 855	10 556	3 238	1 954	15 747	23 602
2032	5 862	1 370	950	8 182	11 004	3 375	2 037	16 417	24 599
2033	6 102	1 426	988	8 515	11 466	3 517	2 122	17 105	25 620
2034	6 336	1 480	1 026	8 843	11 920	3 656	2 207	17 783	26 625
2035	6 560	1 533	1 063	9 155	12 354	3 789	2 287	18 430	27 585
2036	6 768	1 581	1 096	9 445	12 739	3 907	2 358	19 004	28 450
2037	6 963	1 627	1 128	9 718	13 101	4 018	2 425	19 545	29 263
2038	7 141	1 668	1 157	9 966	13 432	4 120	2 486	20 038	30 003
2039	7 291	1 703	1 181	10 175	13 718	4 207	2 539	20 465	30 640
2040	7 409	1 731	1 200	10 340	13 953	4 280	2 583	20 816	31 156
2041	7 493	1 751	1 214	10 457	14 112	4 328	2 612	21 052	31 510
2042	7 544	1 763	1 222	10 529	14 218	4 361	2 632	21 211	31 739
2043	7 574	1 770	1 227	10 571	14 288	4 382	2 645	21 316	31 887
2044	7 597	1 775	1 231	10 603	14 348	4 401	2 656	21 405	32 009
2045	7 624	1 781	1 235	10 640	14 416	4 421	2 669	21 506	32 146
2046	7 653	1 788	1 240	10 681	14 466	4 437	2 678	21 580	32 261
2047	7 678	1 794	1 244	10 715	14 508	4 450	2 686	21 644	32 359
2048	7 710	1 801	1 249	10 760	14 564	4 467	2 696	21 727	32 487
2049	7 769	1 815	1 259	10 843	14 663	4 497	2 714	21 875	32 717
2050	7 866	1 838	1 274	10 978	14 825	4 547	2 744	22 116	33 094

三、 不同护理等级的长期护理月成本

（一）护理方式构成

失能老人护理总成本的确定取决于老年人对护理方式的选择及护理所需的单项成本两部分。根据 OECD 网站的相关介绍，老年人所享受到的护理主要包括由专业护理人员提供的正式护理和由家人、亲戚、朋友等提供的非正式护理，而当前国内学者对正式护理方式的划分主要包括两类：一是分为居家护理、社区护理和机构护理三类，如聂丽丽（2016）等；二是仅分为社区居家护理和机构护理。

在实行长期护理保险制度的国家或地区中，日本、德国均为社区居家护理和机构护理两类，中国台湾地区长期照护的服务方式根据支持单位提供的资源不同可以分为居家、小区和机构式三种（伍小兰、曲嘉瑶，2010）。曹信邦和陈强（2014）等认为当前国内研究中以调查数据划分护理方式的使用比例未能考虑制度的诱导性，认为德国实施长期护理保险制度后使用比例的数据是反映诱导性的结果，且总体比例差异较小，因此本书参照该标准，以德国 2013 年不同护理方式的比例作为中国不同失能等级的老年人对护理方式的选择比例（参见表 11.6）。

表 11.6　德国 2013 年不同失能等级老年人护理方式的构成

失能等级	居家护理		机构护理	
	人数（千人）	比例（%）	人数（千人）	比例（%）
轻度失能	1 094 521	77.59	316 125	22.41
中度失能	501 609	64.32	278 294	35.68
重度失能	145 688	49.54	145 843	50.46

注：原始数据中对失能等级的划分包括第四类严重类型（Severe Case），也是需要第三类护理的失能人员的一部分（比例不超过 3%），因此本书将其视为重度失能的人数和比例。

资料来源：Bundesministerium für Gesundheit（Federal Ministry of Health）. Selected Facts and Figures about Long-Term Care Insurance（2014/1），截止时间为 2013 年 12 月 31 日。

（二）护理时长

失能老人享受的护理时长直接影响着其护理服务的满足程度，同时也受其失能程度的影响。本书中所涉及的社区居家护理时长来源于上海市政府出台的《上海市长期护理保险试点办法》（沪府发〔2016〕110 号）对社区居家照护待遇的规定，该试点办法规定失能老人每周享受上门服务的次数包括 3 小时、5 小时和 7 小时三类，同时规定连续接受居家照护服务 1—6 个月和 6 个月以上的老年人每月分别增加 1 小时（或 40 元补助）和 2 小时（或 80 元补助），本书采取该试点办法的规定，同时参考当前学者研究中对社区居家护理时长的界定，最终确定一级、二级和三级护理的周护理时长分别为 5 小时、7 小时和 9 小时，即将鼓励居家照护服务的月小时数放大为周小时数。机构护理时长则采用史承明等(2011)依据 95 例病人 24 小时护理操作跟踪调查所得出的护理时长，一级、二级和三级护理的日护理时长分别为 92 分钟、339 分钟和 376 分钟。

(三) 护理成本系数

当前学者对不同护理方式下的护理成本进行了一定的研究，尚未形成一致的成本构成认同，但对社区居家护理成本和机构护理成本的计算方法却表现出"大同小异"的特点。

在社区居家护理成本方面，季晓鹏和王志红(2007)认为家庭护理成本包括直接成本、间接成本和无形成本三部分；刘锦丹和王志红(2009)认为家庭护理成本包括家庭层面的成本以及由提供家庭护理的机构成本和社会成本构成的家庭护理之后的支持系统成本；张薇等(2010)以上海市 13 项家庭护理服务实际成本及收费标准为例，对前述研究进行量化，将 13 项服务划分为"一般治疗、特殊治疗、辅助监测和教育指导"四类，并以"人力成本、材料成本、设备成本、管理成本和教育成本"五部分来衡量老年人享受家庭护理服务所需要的成本，前三类为直接成本，后两类为间接成本，最终得出的家庭护理总成本即五项成本之和是人力成本的 1.80 倍，本书采用此观点。

在机构护理成本方面，学者主要参照医院护理成本的计算方法和相关数据来估计老年人在机构接受护理服务的成本，如肖友平和任小红(2007)主张将护理成本分为直接成本和间接成本两类；叶和梅等(2014)认为中国当前公立医院护理成本的核算方法主要包括"项目成本核算法、病种成本核算法和等级成本核算法"三类；李馨等(2016)在叶和梅等(2014)的基础上增加了基础护理操作项目成本核算法和作业成本核算法；宋雁宾等（2005）、钟紫凤等（2009）和彭雅君等（2010）将医院护理成本分为“人力成本、护理设备折旧、护理材料、作业费用、行政管理费用和教学研究费用”六类，并运用样本数据对各项成本进行核算；彭雅君等（2010）最终计算出一级、二级和三级护理的人力成本分别占总成本的56.16％、52.90％和46.80％，即三类护理的总成本分别是人力成本的1.78倍、1.89倍和2.14倍，本书采用此观点。

（四）人力成本

考虑到本书所采用的失能率是由CLHLS 2014年的调查数据而得来的，因此在考察人力成本时主要依据2014年的工资水平而定。学者在对工资水平的选择方面也存在一定差异，如宋占军和朱铭来（2012）、聂丽丽（2016）等采用城镇单位服务业就业人员平均工资、曹信邦（2016）等采用城镇单位就业人员平均日工资和农村劳动力月纯收入来计算护理的人力成本。本书依照宋占军（2012）、聂丽丽（2016）等的研究，以2014年城镇单位服务业（居民服务、维修和其他服务业）就业人员年平均工资41 882元为基准，按年平均工作日250天和日平均工作8小时来计算，最终得到护理人员的小时工资为20.941元。

（五）长期护理月成本

当前对不同护理方式对应的长期护理成本的计算较为一致，其计算公式为：

$$社区居家护理月给付成本=周护理时长\times周数\times社区居家护理成本系数\times人力成本 \tag{11-5}$$

$$机构护理月给付成本=日护理时长\times日数\times机构护理成本系数\times人力成本 \tag{11-6}$$

需要说明的是，为简便计算，在进行不同护理方式下长期护理月成本的计算中，周数和日数分别取固定值 4 和 30，社区居家护理成本系数为固定值 1.80，机构护理成本系数根据一级、二级和三级护理不同分别为 1.78、1.89 和 2.14，人力成本取固定值 20.941。此外，曹信邦(2016)指出普通病房的床位与护理人员比例应该达到 1∶0.4，因此在实际计算机构护理月给付成本时会在上述公式后乘以比例 0.4。具体计算结果参加表 11.7。

表 11.7　2014 年不同护理方式的长期护理月成本

单位:元

护理等级	社区居家护理	机构护理
一级护理	753.876	685.859 6
二级护理	1 055.426	2 683.422
三级护理	1 356.977	3 369.994

第三节　测算结果

一、 中国失能老人长期护理财务需求

在计算失能老人长期护理财务需求时还需将经济发展因素考虑进去，即随着时间的推移，中国经济发展水平和职工工资水平会发生变化，也就是人力成本会发生变化。当前多数研究对中国未来经济发展态势均保持乐观态度，也就是会出现经济发展和职工工资增长的趋势(张宏性，1994；范志勇，2008；罗继明，2012；梁永礼，2015)。假设经济增长率与城镇单位服务业就业人员工资率同步增长，本书选取齐明珠(2010)对中国经济增长率的假定，中国 GDP 在 2016—2020 年、2021—2030 年、2031—2040 年、2041—2050 年间的年均增长率均为 4%。同时，假设 2051—2100 年间年均增长率均为 4%，保持不变，结果参见附录 I。将失能老人数量、护理方式比例、护理时长、护理成本及成本增长率代入财务需求模型，最终计算出的中国失

能老年人长期护理总财务需求参见表 11.8 和图 11.1。

表 11.8　2015—2050 年不同标准下的中国失能老人长期护理财务总需求

年份	ADL 标准		IADL 标准		MMSE 标准	
	总需求（亿元）	人均费用（元）	总需求（亿元）	人均费用（元）	总需求（亿元）	人均费用（元）
2015	1 713	13 787	4 630	14 458	4 563	14 530
2016	1 808	13 849	4 888	14 525	4 818	14 596
2017	1 918	13 917	5 186	14 595	5 112	14 668
2018	2 037	13 989	5 506	14 671	5 427	14 744
2019	2 152	14 067	5 818	14 752	5 735	14 826
2020	2 259	14 150	6 108	14 839	6 021	14 913
2021	2 358	14 227	6 373	14 918	6 283	14 994
2022	2 447	14 307	6 614	15 002	6 520	15 078
2023	2 533	14 393	6 847	15 091	6 751	15 168
2024	2 627	14 484	7 101	15 186	7 002	15 264
2025	2 735	14 578	7 393	15 287	7 289	15 365
2026	2 852	14 681	7 708	15 393	7 601	15 472
2027	2 978	14 789	8 049	15 506	7 937	15 586
2028	3 116	14 903	8 422	15 626	8 305	15 707
2029	3 267	15 024	8 831	15 752	8 709	15 834
2030	3 433	15 153	9 281	15 887	9 153	15 970
2031	3 603	15 267	9 740	16 006	9 605	16 089
2032	3 785	15 385	10 230	16 130	10 089	16 214
2033	3 974	15 510	10 741	16 261	10 594	16 346
2034	4 165	15 641	11 257	16 398	11 103	16 485
2035	4 353	15 780	11 766	16 543	11 604	16 630
2036	4 531	15 925	12 246	16 695	12 078	16 782
2037	4 704	16 075	12 716	16 854	12 541	16 942
2038	4 871	16 235	13 167	17 021	12 986	17 109
2039	5 026	16 402	13 585	17 197	13 398	17 286
2040	5 165	16 578	13 962	17 381	13 770	17 472
2041	5 270	16 726	14 246	17 535	14 051	17 627
2042	5 357	16 880	14 482	17 696	14 283	17 789
2043	5 433	17 039	14 687	17 864	14 486	17 958
2044	5 507	17 206	14 887	18 037	14 683	18 133
2045	5 587	17 379	15 101	18 219	14 895	18 314
2046	5 665	17 559	15 312	18 407	15 103	18 504
2047	5 742	17 745	15 521	18 603	15 310	18 701
2048	5 828	17 939	15 753	18 807	15 538	18 906
2049	5 935	18 142	16 044	19 019	15 824	19 118
2050	6 073	18 352	16 416	19 239	16 191	19 340

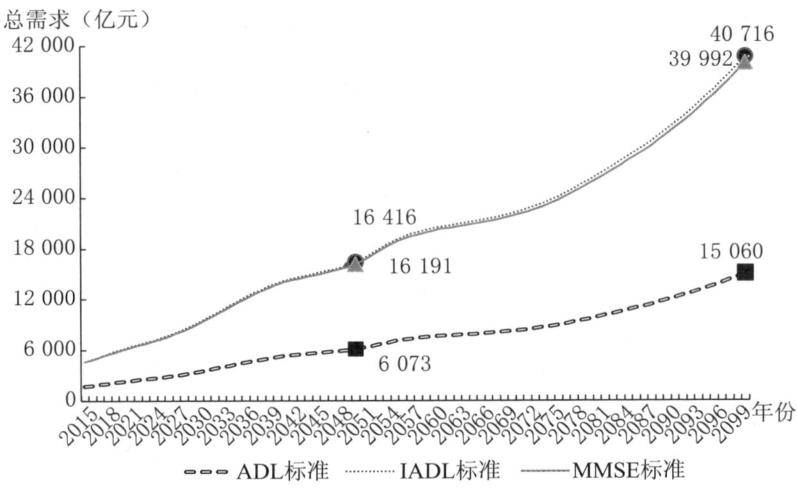

图 11.1　2015—2100 年不同标准下的中国失能老人长期护理财务总需求

根据表 11.8 和图 11.1 所展示的不同标准下中国失能老人长期护理财务总需求，主要体现出以下几点特征：一是在 2015—2100 年间，需求总额始终是保持增长态势，ADL、IADL、MMSE 三类标准下 2050 年和 2100 年需求总额分别约为 2015 年的 3.55 倍和 8.79 倍（MMSE 标准下，2100 年总需求是 2015 年的 8.76 倍）；二是三类标准下，长期护理财务总需求在 2070 年前后增长速度加快，主要是因为老年人口总量和高龄老年人数量增加，从而导致失能老人绝对数量增加，对长期护理服务的需求量增多；三是相较于 IADL 标准和 MMSE 标准而言，ADL 标准下的长期护理财务总需求绝对数量较低，且随着时间的推移，与前两类标准下的财务需求量之间的差距在增大。

二、 中国老年人长期护理财务供给

根据假设 1，本书暂时仅考虑老年人对长期护理保险缴费的贡献，不考虑 65 岁以下城镇职工和城乡居民及政府的责任，因此在计算老年人对长期护理财务供给时仅考虑老年人能够为长期护理保险提供的资金总额。根据前述分析，本书将老年人缴纳长期护理保险的收入来源(即筹资能力)分为养老金收入和后代供养收入两部分，同样需要考虑到老年人筹资能力随着时间而发生的变化。

在养老金待遇调整方面，郝勇等(2011)认为主要包括"与物价指数挂钩、与工资增长率挂钩、与物价指数和工资增长率双挂钩"三种方式，并基于工资增长率1—5年的移动平均值来计算养老金调整幅度；何文炯等(2012)认为养老金的待遇调整应当考虑生活成本的上涨和在职职工收入水平的增长两种因素，提出养老金待遇调整应当遵循适度分享发展成果的原则，即"养老金在按照CPI增长率调整的基础上，附加一个值为 $\alpha(0\leqslant\alpha<100\%)$ 的分享系数"；周娅娜等(2017)在总结前述文献的基础上提出以通货膨胀率和上年度在岗职工平均工资增长率代入养老金调整公式，并加入分享系数，其公式为 $g_t=\pi_{t-1}+\alpha(gw_{t-1}-\pi_{t-1})$。[1]通过多次测算得出 α 为0.44和0.64分别是满足财务可持续性但不满足待遇充足性、满足待遇充足性但不满足财务可持续性时的分享系数，最终取值 $\alpha=0.54$，并将通货膨胀率取值为2%。尽管当前学者研究中还考虑延迟退休(张熠，2011；施岚，2012；刘万，2013)、"二孩"政策(曾益等，2016；王翠琴等，2017)等方面考察养老金待遇调整，但为了简便计算，本书以周娅娜等(2017)的计算公式来估计中国历年的养老金增长率。

在后代供养收入增长方面，由于老年人的后代供养收入主要来自子女家庭和孙子女家庭，假设子女和孙子女的收入主要来源于城镇就业所得，因此其工资增长率等同于财务需求模型中的人力成本增长率，这样老年人获得的后代供养收入增长率同样等于人力成本增长率。最终计算出的中国失能老人长期护埋财务总供给参见表11.9和图11.2。

---

〔1〕 根据周娅娜等(2017)的界定，g_t 为 t 年养老金调整比例，π_{t-1} 为 $t-1$ 年通货膨胀率，gw_{t-1} 为 $t-1$ 年在岗职工平均工资增长率，$0<\alpha<1$ 为实际工资增长分享比例。

表 11.9　2015—2050 年不同筹资能力下的中国失能老人长期护理财务总供给

年份	养老金		后代供养		总收入	
	总供给（亿元）	人均供给（元）	总供给（亿元）	人均供给（元）	总供给（亿元）	人均供给（元）
2015	2 159	1 597	4 175	3 088	6 333	4 685
2016	2 275	1 601	4 408	3 102	6 683	4 704
2017	2 409	1 606	4 676	3 118	7 085	4 724
2018	2 552	1 611	4 964	3 134	7 516	4 745
2019	2 691	1 617	5 244	3 151	7 935	4 768
2020	2 817	1 622	5 503	3 170	8 321	4 792
2021	2 934	1 628	5 742	3 187	8 676	4 815
2022	3 038	1 634	5 957	3 205	8 995	4 839
2023	3 138	1 641	6 165	3 224	9 303	4 865
2024	3 246	1 647	6 392	3 244	9 637	4 891
2025	3 370	1 654	6 652	3 265	10 022	4 920
2026	3 505	1 662	6 935	3 288	10 440	4 950
2027	3 649	1 669	7 242	3 312	10 891	4 982
2028	3 806	1 677	7 576	3 338	11 382	5 015
2029	3 977	1 685	7 943	3 365	11 920	5 050
2030	4 164	1 694	8 345	3 394	12 510	5 087
2031	4 361	1 702	8 757	3 419	13 118	5 122
2032	4 568	1 711	9 197	3 446	13 765	5 157
2033	4 783	1 721	9 656	3 474	14 438	5 194
2034	4 998	1 730	10 117	3 503	15 115	5 234
2035	5 207	1 741	10 573	3 534	15 780	5 275
2036	5 404	1 751	11 005	3 566	16 409	5 318
2037	5 592	1 762	11 428	3 600	17 021	5 362
2038	5 770	1 773	11 834	3 636	17 604	5 409
2039	5 930	1 784	12 209	3 674	18 139	5 458
2040	6 070	1 796	12 546	3 713	18 616	5 509
2041	6 181	1 809	12 801	3 746	18 983	5 555
2042	6 268	1 821	13 012	3 780	19 280	5 601
2043	6 340	1 834	13 194	3 816	19 535	5 650
2044	6 410	1 847	13 372	3 853	19 781	5 700
2045	6 485	1 861	13 561	3 892	20 046	5 753
2046	6 559	1 875	13 752	3 932	20 310	5 808
2047	6 628	1 890	13 940	3 974	20 569	5 864
2048	6 706	1 904	14 149	4 018	20 856	5 922
2049	6 809	1 919	14 412	4 063	21 221	5 982
2050	6 945	1 935	14 750	4 110	21 695	6 045

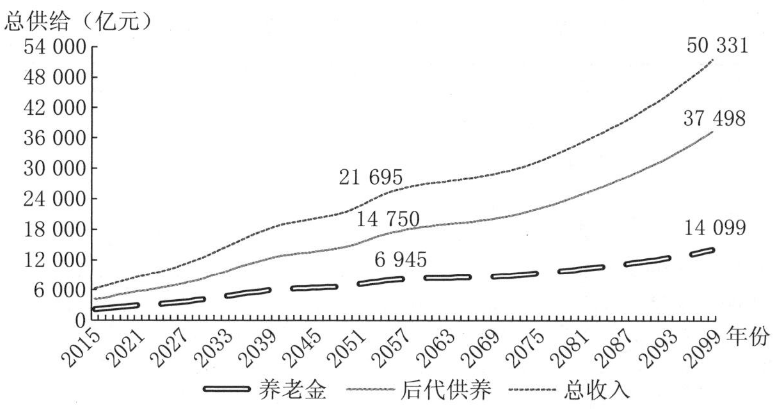

图 11.2　2015—2100 年不同筹资能力下的中国失能老人长期护理财务总供给

根据计算出的中国失能老人长期护理财务总供给可以发现，三类收入下的总供给金额均是增加的，但增长速度有着明显的阶段性。2050 年养老金、后代供养和总收入分别是 2015 年的 3.22 倍、3.53 倍和 3.43 倍，而 2100 年三类收入分别是 2015 年的 6.53 倍、8.98 倍和 8.15 倍，且后代供养和总收入在 2060 年以后的增长速度出现大幅度提高(参见附录 J)。其主要原因是养老金收入不仅在绝对数值上低于后代供养收入，且在历年增长率上也低于后代供养的增长率，而总收入为养老金和后代供养两类收入之和，因此其增长率受到后代供养影响更大，在 2040 年后基本与后代供养收入保持同步变化。

三、 老年人的长期护理保险费率

将前文预测的中国失能老人长期护理财务总需求和中国失能老人长期护理财务总供给代入费率厘定模型，得出 2015—2100 年基于老年人筹资能力的长期护理保险费率(参见表 11.10、图 11.3 和附录 K)。尽管费率中出现超过 100%的情况，但考虑到本书在财务供给模型中仅考虑老年人的筹资能力，而忽略城镇职工、城乡居民、政府和社会的筹资能力，因此这种情况在本书中仍属于合理情形。

表 11.10　2015—2050 年老人长期护理保险费率

年份	养老金			后代供养			总收入		
	ADL标准	IADL标准	MMSE标准	ADL标准	IADL标准	MMSE标准	ADL标准	IADL标准	MMSE标准
2015	0.793	2.145	2.114	0.410	1.109	1.093	0.270	0.731	0.721
2016	0.795	2.148	2.118	0.410	1.109	1.093	0.271	0.731	0.721
2017	0.796	2.152	2.122	0.410	1.109	1.093	0.271	0.732	0.721
2018	0.798	2.157	2.126	0.410	1.109	1.093	0.271	0.733	0.722
2019	0.800	2.162	2.131	0.410	1.109	1.094	0.271	0.733	0.723
2020	0.802	2.168	2.137	0.411	1.110	1.094	0.272	0.734	0.724
2021	0.804	2.172	2.141	0.411	1.110	1.094	0.272	0.735	0.724
2022	0.805	2.177	2.146	0.411	1.110	1.095	0.272	0.735	0.725
2023	0.807	2.182	2.152	0.411	1.111	1.095	0.272	0.736	0.726
2024	0.809	2.188	2.157	0.411	1.111	1.095	0.273	0.737	0.727
2025	0.811	2.194	2.163	0.411	1.111	1.096	0.273	0.738	0.727
2026	0.814	2.199	2.169	0.411	1.111	1.096	0.273	0.738	0.728
2027	0.816	2.206	2.175	0.411	1.112	1.096	0.273	0.739	0.729
2028	0.819	2.213	2.182	0.411	1.112	1.096	0.274	0.740	0.730
2029	0.821	2.220	2.190	0.411	1.112	1.096	0.274	0.741	0.731
2030	0.824	2.229	2.198	0.411	1.112	1.097	0.274	0.742	0.732
2031	0.826	2.234	2.203	0.411	1.112	1.097	0.275	0.742	0.732
2032	0.829	2.239	2.209	0.411	1.112	1.097	0.275	0.743	0.733
2033	0.831	2.246	2.215	0.412	1.112	1.097	0.275	0.744	0.734
2034	0.833	2.253	2.222	0.412	1.113	1.097	0.276	0.745	0.735
2035	0.836	2.259	2.228	0.412	1.113	1.098	0.276	0.746	0.735
2036	0.838	2.266	2.235	0.412	1.113	1.097	0.276	0.746	0.736
2037	0.841	2.274	2.243	0.412	1.113	1.097	0.276	0.747	0.737
2038	0.844	2.282	2.251	0.412	1.113	1.097	0.277	0.748	0.738
2039	0.847	2.291	2.259	0.412	1.113	1.097	0.277	0.749	0.739
2040	0.851	2.300	2.269	0.412	1.113	1.098	0.277	0.750	0.740
2041	0.853	2.305	2.273	0.412	1.113	1.098	0.278	0.750	0.740
2042	0.855	2.310	2.279	0.412	1.113	1.098	0.278	0.751	0.741
2043	0.857	2.316	2.285	0.412	1.113	1.098	0.278	0.752	0.742
2044	0.859	2.322	2.291	0.412	1.113	1.098	0.278	0.753	0.742
2045	0.862	2.329	2.297	0.412	1.114	1.098	0.279	0.753	0.743
2046	0.864	2.335	2.303	0.412	1.113	1.098	0.279	0.754	0.744
2047	0.866	2.342	2.310	0.412	1.113	1.098	0.279	0.755	0.744
2048	0.869	2.349	2.317	0.412	1.113	1.098	0.279	0.755	0.745
2049	0.872	2.356	2.324	0.412	1.113	1.098	0.280	0.756	0.746
2050	0.874	2.364	2.331	0.412	1.113	1.098	0.280	0.757	0.746

注:考虑到费率出现超过 100%的情况,因此在数据展示时并非以百分比的形式出现,而是以老年人收入的倍数展示。

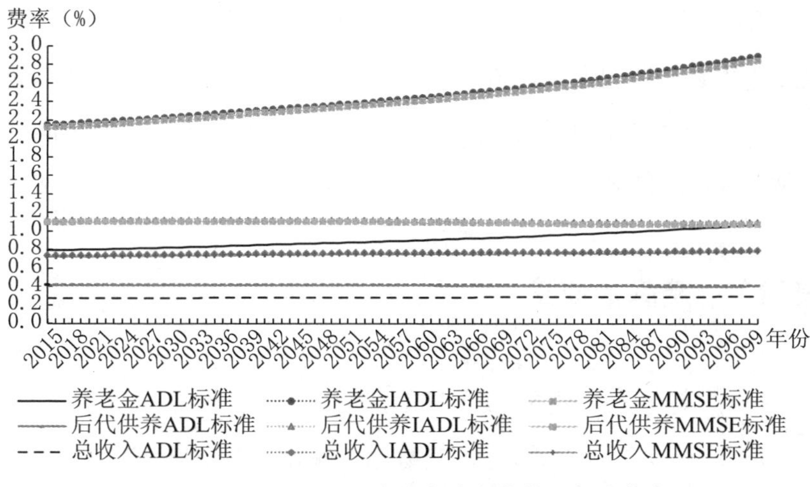

图 11.3　2015—2100 年老年人长期护理保险费率

总体来看，仅以养老金收入为老年人收入时，IADL 标准和 MMSE 标准下老年人筹资费率较高，均超过 200%，且增长速度相对较快，其主要原因是养老金收入较低，增长较慢，难以达到护理成本的增长速度。除此之外，老年人不同筹资能力所对应的不同失能标准下的费率变化相对较为平稳。从老年人的不同筹资能力来看，收入来源为养老金、后代供养和总收入的方案下，老年人的筹资率是递减的，这是由老年人的绝对收入决定的。从不同失能标准来看，ADL 标准下的费率远低于 IADL 标准和 MMSE 标准，这主要是因为 ADL 标准较为宽松，达到该标准的老年人总量较少，长期护理需求总额较低，在相同的长期护理供给情况下，其对应的费率较低。

经过对比，可以认为以包含两类收入的总收入作为老年人的筹资能力，纳入长期护理财务供给模型进行费率测算相对较为合理，但其所对应的费率仍旧较高。在 ADL 标准、IADL 标准和 MMSE 标准下，老年人缴纳长期护理保险的费率分别在 27%—29.2%、73.1%—78.9%和 72.1%—77.5%之间，这说明老年人具有缴纳长期护理保险费的能力；但同时这也意味着如果分别以 ADL 量表、ADL＋IADL

量表和 ADL+IADL+MMSE 量表来衡量老年人是否失能，仅依靠老年人为其长期护理保险进行筹资，则老年人分别需要将其收入的约 1/3、4/5 和 4/5 用来缴纳长期护理保险费，相较于当前城镇职工缴纳养老保险的 8%来说无疑超出很多，因此需要进行多渠道筹资。

第四节　费率的修正

一、 老年人筹资能力变量的修正

前文以 CLHLS 2014 年调查数据为基础，以老年人领取的养老金和从后代(子女或孙子女)处获得的经济供养为筹资能力，测算不同失能标准下仅依靠老年人缴纳长期护理保险费时老年人的费率水平。

在老年人养老金收入方面，通过统计分析，本书所选取的老年人年龄均值为 85.61 岁，第一和第三分位的年龄分别为 77 岁和 93 岁，这验证了曹信邦(2016)认为"该调查在设计样本时已对高龄老人进行超比例抽样"的观点，年龄分布的抽样导致老年人养老金收入整体水平较低。此外，由于数据来源于对老年人养老金的问卷调查，主观性较强，数据的准确性值得考量。因此在对财务供给模型进行修正时，我们选取老年人养老金的宏观统计数据。根据人力资源和社会保障部发布的《中国社会保险发展年度报告(2014)》所统计的数据，2014 年我国企业离退休人员和城乡居民月人均养老金分别为 2 061 元和 90 元，通过计算和相关资料显示，2014 年领取养老金的离退休老年人和城乡居民数量分别约为 11 490 万人和 14 313 万人，[1]

〔1〕 2014 年领取养老金的城乡居民数量来源于人力资源和社会保障部《人力资源和社会保障事业发展统计公报(2014)》。《中国社会保险发展年度报告(2014)》的数据显示 2014 年底城镇职工基本养老保险参保人数为 34 124 万人，而当年制度内赡养比为 2.97∶1，由此计算出 2014 年领取养老金的离退休老人数量。

通过加权平均得出 2014 年月人均养老金为 967.67 元，年人均养老金为 11 611.94 元，约为前文根据 CLHLS 调查数据所得人均养老金的 7.67 倍。

在非养老金收入方面，前述研究以后代经济供养收入代入模型，但老年人的非养老金收入来源较多，构成较为复杂，因此在对老年人筹资能力修正时拓宽后代供养收入范围，以老年人非保障性收入代入模型。三部委发起的“第四次中国城乡老年人生活状况抽样调查”结果显示，2014 年城镇和农村老年人的人均年收入分别为 23 930 和 7 621 元，其中非保障性收入的比例分别为 20.6%和 64%，因此人均年非保障性收入分别为 4 929.58 元和 4 877.44，同时以城乡老年人比例（城镇和农村老年人占比分别为 52%和 48%）进行加权，最终得到老年人人均年非保障性收入为 4 904.55 元，约为前文根据 CLHLS 调查数据所得后代供养收入的 1.70 倍。[1]

在保持财务需求模型不变时，替换财务供给模型中的老年人筹资能力，并假设养老金和非保障性收入增长率均与修正前模型的增长率一致，在此基础上测算不同失能标准下老年人缴纳长期护理保险的费率，结果参见表 11.11 和图 11.4。与模型修正前的结果相比，由于养老金收入和非保障性收入呈现较大幅度提高，因此仅依靠老年人缴费所得出的保险费率有了较大程度的下降。

具体来说，在 ADL、IADL 和 MMSE 三类标准下，当以老年人养老金收入代入财务供给模型时，为保持财务供求平衡，老年人分别需要将约占养老金收入的 10.3%—11.4%、28%—30.8%和 27.6%—30.4%用来缴纳长期护理保险费，这与模型修正前以 CLHLS 2014 年数据得

[1] 数据来源于民政部《三部门发布第四次中国城乡老年人生活状况抽样调查成果》，2016 年 10 月 9 日，http://www.mca.gov.cn/article/zwgk/mzyw/201610/20161000001974.shtml；非保障性收入包括经营性收入、财产性收入、家庭转移性收入等。

表 11.11　修正老年人筹资能力的 2015—2050 年长期护理保险费率

年份	养老金			非保障性收入			总收入		
	ADL标准	IADL标准	MMSE标准	ADL标准	IADL标准	MMSE标准	ADL标准	IADL标准	MMSE标准
2015	0.103	0.280	0.276	0.241	0.653	0.643	0.072	0.196	0.193
2016	0.104	0.280	0.276	0.241	0.653	0.643	0.072	0.196	0.193
2017	0.104	0.281	0.277	0.241	0.653	0.643	0.073	0.196	0.193
2018	0.104	0.281	0.277	0.241	0.653	0.643	0.073	0.197	0.194
2019	0.104	0.282	0.278	0.242	0.653	0.644	0.073	0.197	0.194
2020	0.105	0.283	0.279	0.242	0.653	0.644	0.073	0.197	0.194
2021	0.105	0.283	0.279	0.242	0.653	0.644	0.073	0.198	0.195
2022	0.105	0.284	0.280	0.242	0.653	0.644	0.073	0.198	0.195
2023	0.105	0.284	0.280	0.242	0.654	0.644	0.073	0.198	0.195
2024	0.105	0.285	0.281	0.242	0.654	0.645	0.073	0.199	0.196
2025	0.106	0.286	0.282	0.242	0.654	0.645	0.074	0.199	0.196
2026	0.106	0.287	0.283	0.242	0.654	0.645	0.074	0.199	0.197
2027	0.106	0.288	0.284	0.242	0.654	0.645	0.074	0.200	0.197
2028	0.107	0.288	0.284	0.242	0.654	0.645	0.074	0.200	0.197
2029	0.107	0.289	0.285	0.242	0.654	0.645	0.074	0.201	0.198
2030	0.107	0.290	0.286	0.242	0.654	0.645	0.074	0.201	0.198
2031	0.108	0.291	0.287	0.242	0.654	0.645	0.075	0.202	0.199
2032	0.108	0.292	0.288	0.242	0.655	0.646	0.075	0.202	0.199
2033	0.108	0.293	0.289	0.242	0.655	0.646	0.075	0.202	0.200
2034	0.109	0.294	0.290	0.242	0.655	0.646	0.075	0.203	0.200
2035	0.109	0.295	0.290	0.242	0.655	0.646	0.075	0.203	0.200
2036	0.109	0.295	0.291	0.242	0.655	0.646	0.075	0.204	0.201
2037	0.110	0.296	0.292	0.242	0.655	0.646	0.075	0.204	0.201
2038	0.110	0.297	0.293	0.242	0.655	0.646	0.076	0.205	0.202
2039	0.110	0.299	0.295	0.242	0.655	0.646	0.076	0.205	0.202
2040	0.111	0.300	0.296	0.242	0.655	0.646	0.076	0.206	0.203
2041	0.111	0.300	0.296	0.242	0.655	0.646	0.076	0.206	0.203
2042	0.111	0.301	0.297	0.242	0.655	0.646	0.076	0.206	0.203
2043	0.112	0.302	0.298	0.242	0.655	0.646	0.076	0.207	0.204
2044	0.112	0.303	0.299	0.242	0.655	0.646	0.077	0.207	0.204
2045	0.112	0.304	0.299	0.242	0.655	0.646	0.077	0.207	0.205
2046	0.113	0.304	0.300	0.242	0.655	0.646	0.077	0.208	0.205
2047	0.113	0.305	0.301	0.242	0.655	0.646	0.077	0.208	0.205
2048	0.113	0.306	0.302	0.242	0.655	0.646	0.077	0.209	0.206
2049	0.114	0.307	0.303	0.242	0.655	0.646	0.077	0.209	0.206
2050	0.114	0.308	0.304	0.242	0.655	0.646	0.078	0.210	0.207

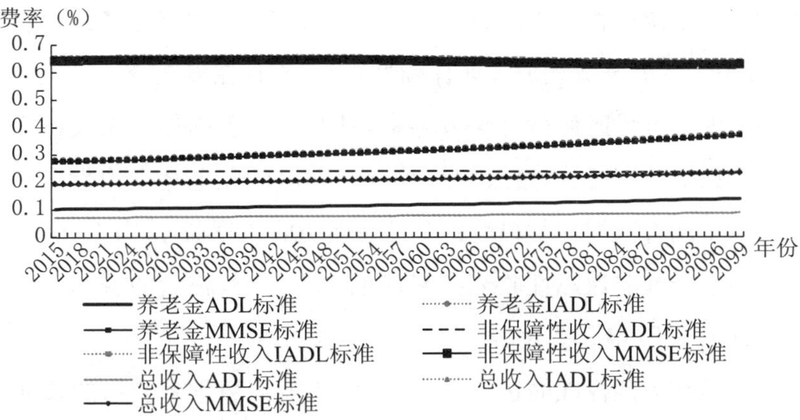

图 11.4　修正老年人筹资能力的 2015—2100 年长期护理保险费率

到的养老金缴费水平（三类标准下分别为 0.739—0.874 倍、2.145—2.364 倍和 2.114—2.331 倍）相比，出现大幅度降低，同样以非保障性收入和总收入代入财务供给模型，均出现显著地下降。

从更长期来看（在 2015—2100 年间，参见附录 L），三类标准下以非保障性收入作为老年人筹资能力时，老年人缴纳的费率（即缴费占该类收入的比重）自 2052 年开始下降，主要是该类收入的增长自 2052 年开始低于需求的增长；以老年人养老金收入作为其筹资能力所对应的费率则始终保持增长，且 2050 年前后增长速度加快；由于老年人养老金收入高于非保障性收入，因此总收入对应的费率尽管保持增长，但 2050 年前后增长速度有所放缓（参见图 11.4）。

修正后的费率测算模型仅是对长期护理保险的老年人筹资能力进行重新界定和取值，尽管两次测算的费率在老年人缴纳其两类收入的比重上存在较大差异，但费率与年份的阶段性变动〔1〕趋势基本一致。通过两次费率的测算，可以得出以下几点结论：

一是在老年人的筹资能力上，模型参数选取修正前后相比，老年

〔1〕 这里的阶段性变动是指长期护理保险费率呈现出长期变动，短期稳定的趋势。

人的收入来源中将老年人的后代供养收入变更为以老年人经营性收入、家庭收入转移等构成的非保障性收入，并且在养老金水平上进行重新取值。这样既使得老年人筹资范围更广，也确保老年人筹资能力更加精确，尤其是通过宏观统计数据得出的养老金平均收入有效地避免了调查数据的主观性。在考虑两类收入增长水平时，ADL 标准下养老金和非保障性收入所对应的 2015 年修正后的费率分别是修正前的 7.70 倍和 1.70 倍。

二是在失能标准的选定上，一方面当前多数学者测算的长期护理服务需求及保险费率均是基于 ADL 标准进行的，仅有少数学者将 IADL 标准纳入考察范围，同时考察 ADL、IADL 和 MMSE 标准的研究更少；而另一方面，也存在部分学者倡导要满足失能老人物质生活的需要和精神层面的需要，强调基本护理和精神慰藉。因此，如果仅以 ADL 标准作为判断老年人是否失能的标准，忽视器械辅助生活和认知层面的失能，将会存在大量实际有长期护理基本需求但未被纳入保险保障范围的老年人。以 2015 年为例，以老年人养老金为长期护理保险筹资来源时，以 IADL 和 MMSE 标准测算的费率分别是 ADL 标准的 2.72 倍、2.70 倍；若以非保障性收入为筹资来源，以 IADL 和 MMSE 标准测算的费率分别是 ADL 标准的则 2.91 倍和 2.69 倍。

三是在费率的阶段性变动上，纵观长期护理保险典型国家的长期护理保险费率可以发现，费率水平在短期内保持不变，但存在长期变动，如德国长期护理保险雇主（或雇员）在 2004—2009 年、2010—2013 年和 2014—2015 年缴纳的保险费率分别为 0.85%、0.975%和 1.025%。修正后模型所测算的费率同样存在此特点，如以总收入作为老年人筹资能力，ADL 标准下的老年人缴纳的费率在 2015—2016 年、2017—2024 年、2025—2030 年、2031—2037 年、2038—2043 年、2044—2049 年的各时间段内均保持不变，这与当前学者以五年为时间间隔测算的费率变动周期并不一致。

四是费率的合理水平上，以 2018 年测算的费率结果为例，在不考虑年轻人、企业和政府等其他筹资来源时，ADL 标准下老年人分别需要缴纳养老金、非保障性收入和总收入的 10.4％、24.1％和 7.3％，IADL 标准下分别需要缴纳 28.1％、65.3％和 19.7％，均低于变量修正前超过收入 100％的缴费水平。以 2014 年养老金、非保障性收入计算，ADL 标准下老年人分别需要缴纳 1 208 元、1 182 元和 1 206 元，IADL 标准下分别需要缴纳 3 263 元、3 203 元和 3 254 元。可以看出，当前中国老年人具备缴纳长期护理保险费的能力，但对比测算的费率和缴费金额可以发现，两种标准下的缴费金额均远超当前中国养老保险和医疗保险城乡居民的缴费水平。日本、德国等国家的老年人均需要缴纳长期护理保险费，且从养老金中扣除。2000—2015 年 65 岁及以上的日本老年人缴费额占总缴费额的比例为 17％—22％，以 2015 年的标准代入财务需求模型且假设在 2015—2050 年间保持不变，扣除使用者自付的 10％，可以计算出不同失能标准下老年人所应缴纳的长期护理保险的费率(参见表 11.12)，该结果与德国和卢森堡老年人缴纳的费率基本一致，分别为养老金的 2.35％和全部收入的 1.4％。因此，如果以严格标准界定老年人是否失能，即采用当前研究较多的 ADL 标准，则老年人缴纳的保费分别为养老金的 2.04％—2.26％和总收入的 1.43％—1.54％；如果以宽松标准界定老年人是否失能，即采用 IADL 标准，则保费分别为老年人养老金的 5.46％—6.02％和总收入的 3.82％—4.10％(具体参见表 11.12)。

表 11.12　2015—2050 年老年人缴纳长期护理保险的费率水平

单位：％

	养老金	非保障性收入	总收入
ADL 标准	2.04—2.26	4.77—4.79	1.43—1.54
IADL 标准	5.54—6.10	12.93—12.97	3.88—4.16
MMSE 标准	5.46—6.02	12.73—12.79	3.82—4.10

二、 筹资主体的修正

进一步地，在对老年人筹资能力修正的基础上，结合我国社会保险适度费率与降费空间精算的分析，本部分将对筹资主体进行修正。前文已得出结论，在 50%的替代率水平下，若养老保险制度在 2016—2050 年间保持固定的费率水平，则财政补贴可为基准情形提供 4.0—5.1 个点的降费空间，为优化情形提供 3.2—4.1 个点的降费空间。本书认为应当在降费空间下，将当前重点试点的长期护理保险制度化，并将其纳入社会保险体系中，形成独立于当前五大险种之外的“第六险种”。此外，在这一考虑下，应当同时将老年人、职工和企业均作为缴费主体。同时，根据实行长期护理保险制度国家的经验，职工和企业实行相同的费率水平。基于此，本部分测算修正筹资主体后的不同主体的长期护理保险费率，得到以下计算公式：

中国第 t 年失能老人长期护理财务需求模型为：

$$TD(t)=\sum_{i=1}^{m}\sum_{j=1}^{n}P(t)\times D_i(t)\times U_{ij}(t)\times C_{ij}(t)\times(1+\mathrm{g}(t))+OE(t) \tag{11-7}$$

中国第 t 年长期护理财务供给模型为：

$$TS(t)=\sum_{k=1}^{w}P(t)\times R(t)\times I_k(t)\times(1+f_k(t))+G(t)+OI(t)+z_1R(t)W(t-1)(\sum_{x=a}^{b-1}F^m(t)x+\sum_{x=c}^{w}F^f(t)_x) \tag{11-8}$$

其中，z_1 表示职工和企业长期护理保险的遵缴率，本书默认为 100%，$F^m_{t,x}$和$F^f_{t,x}$为前文预测得到的 t 年 x 岁男性和女性工作职工人数。

得到老年人缴纳长期护理保险的费率表达式为：

$$R(t)=\frac{\sum_{i=1}^{m}\sum_{j=1}^{n}P(t)\times D_i(t)\times U_{ij}(t)\times C_{ij}(t)\times[1+g(t)]+OE(t)}{\sum_{k=1}^{w}P(t)\times I_k(t)\times[1+f_k(t)]+G(t)+OI(t)+z_1W(t-1)[\sum_{x=a}^{b-1}F^m(t)x+\sum_{x=c}^{w}F^f(t)_x]}$$

$$=\frac{\sum_{i=1}^{m}\sum_{j=1}^{n}P(t)\times D_i(t)\times U_{ij}(t)\times C_{ij}(t)\times[1+g(t)]}{\sum_{k=1}^{w}P(t)\times I_k(t)\times[1+f_k(t)]+W(t-1)[\sum_{x=a}^{b-1}F^m(t)_x+\sum_{x=c}^{w}F^f(t)_x]} \quad (11\text{-}9)$$

在此，以2015年全国职工的平均收入5 103元/月为准，且保持前文假设的年均7%的增长比例，同时保持修正后的老年人筹资能力（养老金和非保障性收入分别为967.662元/月和4 904.55元/月）不变，在此基础上测算出同时包括老年人群体、职工和企业三方筹资主体的长期护理保险总费率以及仅包含职工和企业时的费率水平。

结果如表11.13所示，仅包含职工工资收入时，2016年ADL标准、IADL标准和MMSE标准下的长期护理保险费率分别为0.6%、1.62%和1.59%，对应的同时包含职工工资收入和老年人两类收入时的费率分别为0.4%、1.19%和1.18%，此后年份，费率水平保持上涨态势。到2050年，仅包含职工工资收入时，三类标准下的长期护理保险费率分别为1.81%、4.9%和4.83%，对应的同时包含职工工资收入和老年人两类收入时的费率分别为0.8%、2.38%和2.35%。具体的变动趋势可参见图11.5。

表11.13　修正筹资主体的2015—2050年长期护理保险费率

年份	总收入			职工工资收入		
	ADL标准	IADL标准	MMSE标准	ADL标准	IADL标准	MMSE标准
2016	0.004 4	0.011 9	0.011 8	0.006 0	0.016 2	0.015 9
2017	0.004 5	0.012 3	0.012 1	0.006 2	0.016 8	0.016 5
2018	0.004 7	0.012 6	0.012 5	0.006 5	0.017 5	0.017 2
2019	0.004 8	0.013 0	0.012 8	0.006 7	0.018 2	0.017 9
2020	0.004 9	0.013 3	0.013 1	0.007 0	0.018 8	0.018 5
2021	0.005 0	0.013 6	0.013 4	0.007 1	0.019 3	0.019 0
2022	0.005 1	0.013 8	0.013 6	0.007 3	0.019 8	0.019 5
2023	0.005 2	0.014 1	0.013 9	0.007 6	0.020 4	0.020 1

续表

年份	总收入 ADL标准	总收入 IADL标准	总收入 MMSE标准	职工工资收入 ADL标准	职工工资收入 IADL标准	职工工资收入 MMSE标准
2024	0.005 3	0.014 4	0.014 2	0.007 8	0.021 1	0.020 8
2025	0.005 5	0.014 8	0.014 6	0.008 1	0.021 8	0.021 5
2026	0.005 6	0.015 2	0.015 0	0.008 4	0.022 7	0.022 4
2027	0.005 8	0.015 6	0.015 3	0.008 7	0.023 6	0.023 2
2028	0.005 9	0.016 0	0.015 8	0.009 1	0.024 7	0.024 3
2029	0.006 1	0.016 5	0.016 3	0.009 6	0.025 8	0.025 5
2030	0.006 3	0.017 0	0.016 8	0.010 0	0.027 1	0.026 7
2031	0.006 5	0.017 6	0.017 3	0.010 5	0.028 4	0.028 0
2032	0.006 7	0.018 1	0.017 8	0.011 0	0.029 8	0.029 4
2033	0.006 9	0.018 6	0.018 4	0.011 6	0.031 3	0.030 9
2034	0.007 1	0.019 2	0.018 9	0.012 2	0.032 9	0.032 4
2035	0.007 3	0.019 7	0.019 4	0.012 7	0.034 4	0.033 9
2036	0.007 4	0.020 1	0.019 8	0.013 2	0.035 7	0.035 2
2037	0.007 6	0.020 6	0.020 3	0.013 7	0.037 1	0.036 6
2038	0.007 8	0.021 0	0.020 7	0.014 2	0.038 4	0.037 9
2039	0.007 9	0.021 3	0.021 0	0.014 6	0.039 5	0.039 0
2040	0.008 0	0.021 6	0.021 3	0.015 0	0.040 4	0.039 9
2041	0.008 1	0.021 8	0.021 5	0.015 3	0.041 3	0.040 7
2042	0.008 2	0.022 0	0.021 7	0.015 6	0.042 1	0.041 6
2043	0.008 2	0.022 2	0.021 9	0.015 8	0.042 8	0.042 3
2044	0.008 3	0.022 4	0.022 1	0.016 1	0.043 6	0.043 0
2045	0.008 4	0.022 7	0.022 4	0.016 4	0.044 4	0.043 8
2046	0.008 5	0.022 9	0.022 6	0.016 7	0.045 2	0.044 6
2047	0.008 5	0.023 1	0.022 8	0.017 0	0.046 0	0.045 3
2048	0.008 6	0.023 3	0.023 0	0.017 3	0.046 8	0.046 2
2049	0.008 7	0.023 5	0.023 2	0.017 7	0.047 8	0.047 2
2050	0.008 8	0.023 8	0.023 5	0.018 1	0.049 0	0.048 3

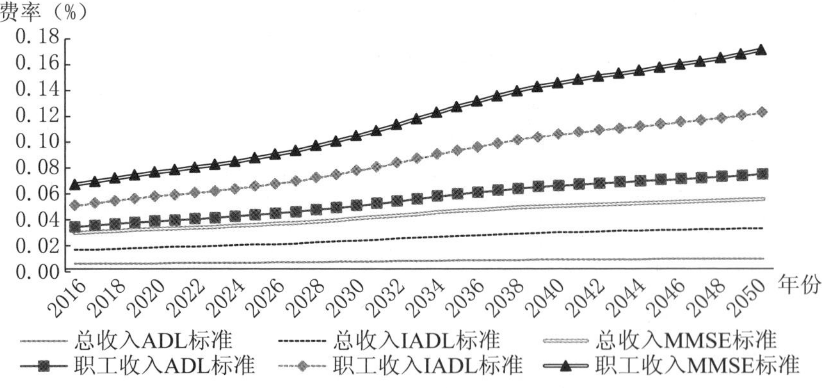

图 11.5 修正筹资主体的 2015—2050 年长期护理保险费率

进一步地，前文已提及，借鉴实行长期护理保险的典型国家的做法，职工和企业缴纳的长期护理保险费率基本保持一致，本书同样认为职工和企业应当遵循相同的长期护理保险费率。此外，前文已经检验老年人具备缴纳长期护理保险费的经济能力，根据部分国家经验和生命周期理论，老年人也应当承担一部分的保险筹资责任。为了简化起见，本书将老年人的费率水平与职工和企业保持一致，即老年人、职工、企业缴纳相同比例的长期护理保险费，三者的缴费之比为1∶1∶1。存在区别的地方是，老年人的缴费资金以其养老金和非保障性收入为基准，职工和企业的缴费资金以职工工资为基准。

因此可以得到三部分筹资主体的长期护理保险费率水平，参见表 11.14。具体来说，同时包含老年人养老金、非保障性收入、职工平均工资计算的长期护理保险费率，2016 年 ADL 标准、IADL 标准和 MMSE 标准下的长期护理保险费率分别为 0.147%、0.398%和 0.392%，到 2050 年三类标准下三类筹资主体分别应当缴纳的费率水平分别为 0.294%、0.794%个 0.783%。

表 11.14　三类筹资主体的长期护理保险费率

年份	总收入			职工工资收入		
	ADL 标准	IADL 标准	MMSE 标准	ADL 标准	IADL 标准	MMSE 标准
2016	0.001 47	0.003 98	0.003 92	0.001 99	0.005 39	0.005 31
2017	0.001 51	0.004 09	0.004 03	0.002 07	0.005 59	0.005 51
2018	0.001 56	0.004 21	0.004 15	0.002 16	0.005 83	0.005 75
2019	0.001 60	0.004 33	0.004 27	0.002 24	0.006 06	0.005 98
2020	0.001 64	0.004 44	0.004 37	0.002 32	0.006 26	0.006 17
2021	0.001 67	0.004 52	0.004 46	0.002 38	0.006 44	0.006 34
2022	0.001 70	0.004 61	0.004 54	0.002 44	0.006 61	0.006 52
2023	0.007 4	0.004 71	0.004 64	0.002 52	0.006 81	0.006 71
2024	0.001 78	0.004 81	0.004 74	0.002 60	0.007 02	0.006 92
2025	0.001 82	0.004 93	0.004 86	0.002 69	0.007 28	0.007 18
2026	0.001 87	0.005 06	0.004 99	0.002 80	0.007 56	0.007 46
2027	0.001 92	0.005 19	0.005 12	0.002 91	0.007 86	0.007 75
2028	0.001 98	0.005 35	0.005 27	0.003 04	0.008 22	0.008 11

续表

年份	总收入			职工工资收入		
	ADL标准	IADL标准	MMSE标准	ADL标准	IADL标准	MMSE标准
2029	0.002 04	0.005 51	0.005 43	0.003 18	0.008 61	0.008 49
2030	0.002 10	0.005 68	0.005 60	0.003 34	0.009 04	0.008 91
2031	0.002 17	0.005 85	0.005 77	0.003 50	0.009 47	0.009 34
2032	0.002 23	0.006 03	0.005 95	0.003 68	0.009 94	0.009 81
2033	0.002 30	0.006 21	0.006 13	0.003 86	0.010 45	0.010 30
2034	0.002 37	0.006 39	0.006 31	0.004 06	0.010 96	0.010 81
2035	0.002 43	0.006 56	0.006 47	0.004 24	0.011 46	0.011 31
2036	0.002 48	0.006 71	0.006 62	0.004 41	0.011 91	0.011 75
2037	0.002 53	0.006 85	0.006 76	0.004 58	0.012 37	0.012 20
2038	0.002 58	0.006 98	0.006 89	0.004 74	0.012 80	0.012 62
2039	0.002 63	0.007 10	0.007 00	0.004 87	0.013 18	0.012 99
2040	0.002 66	0.007 18	0.007 09	0.004 98	0.013 47	0.013 29
2041	0.002 69	0.007 27	0.007 17	0.005 09	0.013 77	0.013 58
2042	0.002 72	0.007 35	0.007 25	0.005 20	0.014 04	0.013 85
2043	0.002 74	0.007 41	0.007 31	0.005 28	0.014 28	0.014 08
2044	0.002 77	0.007 48	0.007 38	0.005 38	0.014 53	0.014 33
2045	0.002 80	0.007 56	0.007 45	0.005 48	0.014 81	0.014 61
2046	0.002 82	0.007 62	0.007 52	0.005 57	0.015 06	0.014 85
2047	0.002 85	0.007 69	0.007 59	0.005 67	0.015 32	0.015 12
2048	0.002 87	0.007 76	0.007 66	0.005 77	0.015 61	0.015 40
2049	0.002 90	0.007 85	0.007 74	0.005 90	0.015 94	0.015 73
2050	0.002 94	0.007 94	0.007 83	0.006 04	0.016 34	0.016 11

此外前文提出，在 50%的替代率水平下，若养老保险制度在2016—2050 年间保持固定的费率水平，则财政补贴可为基准情形提供 4.0—5.1 个点的降费空间，为优化情形提供 3.2—4.1 个点的降费空间。而根据本章对参数修正后测算的长期护理保险费率，可以看出职工和企业共同承担的部分远低于当前存在的降费空间，因此本书主张的在社会保险阶段性降费中积极建立和完善长期护理保险制度存在一定的合理性。

第五节　本章小结

本章主要是在对老年人长期护理需求及由此产生的支出研究的

基础上，进一步分析了老年人支付护理保险费的资金来源，运用年度精算模型，选取不同的参数测算老年人应当承担的长期护理保险费率。在此基础上，本章对模型所涉及的老年人的筹资能力和筹资主体进行校正，测算出更加精确和合理的长期护理保险费率水平，使得研究更加完善。

首先，通过综合比较国外实行长期护理保险的典型国家及国内多地试点情况，本书主张采用现收现付制，并通过总体仿真模型来建立老年人长期护理保险费率厘定模型。经过测算，在 ADL 标准、IADL 标准和 MMSE 标准下，如果仅依靠老年人个人承担长期护理费用，则需要缴纳的长期护理保险费率分别在 27%—29.2%、73.1%—78.9%和 72.1%—77.5%，均低于 100%，也就是说老午人的个人收入能够负担。尽管后两类标准下费率水平较高，但这也能说明老年人具有缴纳长期护理保险费的能力，但是显然这一水平远高于当前个人承担的各项社会保险的费率水平，因此需要对老年人的筹资能力进行修正，也需要拓宽长期护理保险的筹资渠道。

其次，在对老年人筹资能力变量进行修正后，本章发现如果以严格标准界定老年人是否失能，即采用当前研究较多的 ADL 标准，则老年人缴纳的保费分别为养老金的 2.04%—2.26%和总收入的1.43%—1.54%；如果以宽松标准界定老年人是否失能，即采用 IADL 标准，则保费分别为老年人养老金的 5.46%—6.02%和总收入的 3.82%—4.10%。

最后，在对筹资主体进行修正，将职工和企业纳入缴费范围时，本章得出同时包含老年人养老金、非保障性收入、职工平均工资计算的长期护理保险费率。具体来说，2016 年 ADL 标准、IADL 标准和 MMSE标准下的长期护理保险费率分别为 0.147%、0.398%和 0.392%，到 2050 年三类标准下三类筹资主体应当缴纳的费率水平分别为 0.294%、0.794%个 0.783%。而根据本章对参数修正后测算的长期护理保险费率，可以看出职工和企业共同承担的部分远低于当前存在的降费空间。

第四部分

结论与政策建议

本书第二、第三部分对我国社会保险制度的费率水平及降费空间、长期护理保险费率结构及费率水平进行了深入研究，本部分主要是对前两个部分研究成果进行全面总结，并基于研究结论，提出推进社会保险制度费率改革及尽快建立长期护理保险制度的政策建议，最后对本书的不足也提出了未来的研究展望。

第十二章
结论、建议与研究展望

第一节　研究结论

一方面，费率设计以及基金筹集是社会保险制度运行的重要环节，鉴于中国社会保险政策费率标准较高这一制度事实，国家在2013年的中共十八届三中全会中提出“适时适当降低社会保险费率”，2015年以来针对各社会保险项目也陆续提出了降费方案，但是实质性降费却面临着诸多困境与障碍。目前中国社会保险制度同时存在着“高费率”和“基金失衡”现象，且最近十几年里国家连年提高职工养老金水平以确保职工的待遇水平。由此，“维持基金平衡”以及“不降低职工待遇”成了约束社会保险降费的现实条件，如何在满足这两个条件的前提下有效降低制度的费率标准，或者说，在满足这两个条件的情况下，社会保险制度应如何设计费率水平以及是否存在降费空间，这是中国当下社会保险降费改革须破解的难题，也是本书研究的第一个核心问题。

另一方面，自2012年青岛率先开始长期护理保险制度试点，人力资源和社会保障部于2016年出台15个地区开展试点的文件，中国长期护理保险制度在理论和实践层面均出现了较大的进步，该项制度在中国的建立和实施也初具雏形，下一步将是在全国范围内统一制度并全面开展。因此本书从完善社会保险制度体系、扩展社会保险功能、将长期护理保险纳入社会保险制度体系的目标出发，在研究社会保险费率水平和降费空间的基础上，进一步探讨长期护理保险的合理筹资主体和费率水平，为中国建立正式且统一的长期护理保险制度提供理论参考。这是本书研究的另一核心问题。

围绕这两个核心问题，本书开展了以下研究：在研究社会保险费率和降费空间方面，本书首先从历史变迁、国际比较、地区差异多维度考察中国职工社会保险制度的政策费率标准，揭示中国制度面临的困境并提出相应的解释；然后，从基金缴费、企业缴费、职工缴费三个层面测算社会保险制度的真实缴费水平，比较实际缴费与政策费率间的差距；接着，从缴费能力、基金平衡角度出发，构建评价指标，评估社会保险费率体系的适度性，比较企业、职工的缴费能力与其政策费率，以评判总体费率的适度性，比较各社会保险项目的政策费率、实际费率和均衡费率，以评判单项费率的适度性；最后，用替代率衡量职工养老金待遇水平，采用年度精算平衡和长期精算平衡方法，考察在“不降低待遇”和“维持基金平衡”这两个条件下，养老保险制度的适度费率标准及其可行的降费空间。在研究长期护理保险筹资主体和费率水平方面，本书首先对中国开展的长期护理保险试点和国外典型国家长期护理保险制度的实践进行概述，重点分析其筹资结构和费率水平，纵观实行长期护理保险的国家，多数均规定老年人需要缴费；然后，本书在对国际经验借鉴的基础上，利用微观调研数据，对中国老年人长期护理服务需求的影响因素进行深入分析，并重点分析老年人是否具备缴纳长期护理保险费的能力；接着，本书构建精算平衡模型，选取不同参数，对长期护理保险的财务需求和财务供给进行量化，最终测算了仅考虑老年人收入水平的长期护理保险费率；最后，本书对精算模型中的老年人筹资能力变量进行修正，且重点将职工和企业纳入缴费范围，考察多渠道筹资体系下的长期护理保险的费率水平。通过以上研究，本书的主要结论如下：

一是中国社会保险政策费率水平偏高，费率结构失衡。第一，从时间维度来看，中国职工社会保险政策费率的调整经历了三个历史阶段，当前的高费率体系成型于 21 世纪初，至今持续的高费率已运行了将近 20 年。第二，从国际比较维度来看，中国社会保险政策费率水平高于世界多数国家，养老保险表现更为明显；中国的高费率与其人口老龄化程度极不相称，在所比较的 160 多个国家或地区中，中国的人口老龄化程度排在第 60 位左右，而社会保险费率则居前 10 位，费率的排名远高于老龄化的排名；中国的政策费率高于根据亚、非、欧、美四大洲人口老龄化程度与费率关系所作的预测值。第三，从缴费主体的费率分担来看，中国企业承担了过高的缴费比例，相比于四大洲地区，中国的企业—职工费率比是最高的，在 2.8—2.9 之间，而非洲国家的分担比均值在 2.5—2.8，欧洲国家为 1.7—1.9，亚太国家为 1.7—2.0，美洲国家为 1.5—1.6。由此可见，中国职工社会保险制度的政策费率水平确实偏高，尤其是养老保险费率以及企业费率过高，因此，在社会保险降费改革中更应该考虑降低养老保险费率以及企业承担的费率。第四，从地区差异来看，中国各省间的政策费率标准存在差异，政策费率较高的省份其职工待遇水平往往较低，其基金平衡情况也较差。

二是过早“退休”与缴费不实是造成中国社会保险制度“高费率”与“基金失衡”困境的原因。一方面，中国存在严重的过早“退休”现象，劳动年龄人口过早退出就业市场，导致社会保险制度赡养率过高。根据第五、第六次全国人口普查数据测算中国城镇人口的劳动参与率发现，从 45 岁左右开始，随着年龄的上升，各年龄城镇人口的就业率逐渐下降，大量的劳动者在达到法定退休年龄以前就已退出劳动力市场。这种过早“退休”现象在既定的人口年龄结构下，提高了社会保险制度的赡养率，降低了社会保险的有效缴费收入，进而迫使制度提高费率或维持高费率，而高费率则会降低高龄劳动者的就业与缴费积极性。另一方面，社会保险制度的“高费率”提高了企业的用工成本，为降低成本，企业有逃费的内在动机，而企业逃费造成有效缴费不足，为维持基金支付需求，社会保险制度不得不维持高费率甚至进一步提高费率，而费率的提高又会进一步强化企业的逃费动机，进而陷入恶性循环。

三是社会保险费率虚高，企业实际缴费与工资具有替代性，职工实际缴费具有累退性。中国社会保险制度的实际缴费比例远低于政策费率，从基金缴费层面来看，2010—2015 年间，社会保险基金实际缴费比例仅在 24%左右，比政策费率低了近 17 个百分点，政策费率和实际缴费比例呈倒 U 形关系。从企业缴费层面来看，2010 年企业社会保险实际缴费比例的均值为 17.75%，相比于 30%左右的政策费率，企业实际缴费比例低了近 12 个百分点，且企业的实际缴费比例具有下降趋势，2015 年企业实际缴费比例的均值降至 14.59%。对企业实际缴费异质性的分析表明，不同所有制性质、不同盈利水平企业的实际缴费水平存在差异，工资水平越高的企业其实际缴费比例越低，也即企业工资与社会保险缴费具有替代性，企业通过降低工资水平转嫁了一部分社会保险缴费。从职工层面来看，2012 年职工社会保险实际缴费比例的均值为 6.31%，2014 年有所上升，也仅为 7.03%，均低于政策费率。此外，职工的实际缴费比例因教育程度、就业单位等的差异而有所不同，工资水平越高的职工其实际缴费比例越低，从而表现出累退性。

四是社会保险费率体系的适度性较弱，养老保险费率的适度性最差。中国社会保险费率体系成型于 21 世纪初，但整体运行不尽人意，本书从缴费能力以及基金平衡角度构建社会保险费率评价指标，对社会保险总费率以及各保险项目的费率标准进行评价。根据评价结果，中国社会保险制度的总体费率标准过高，已超过了企业和职工的缴费能力，2015 年降费改革前，中国社会保险制度总费率标准为 41%，而企业和职工的总缴费能力在 35%左右。针对各项社会保险制度，本书构建了包括政策费率、实际费率和均衡费率在内的三项评价指标，各指标的取值越接近，表明费率的适度性越强。根据评价结果，养老保险费率的适度性最差，无论是从全国层面来看还是从省级层面来看，养老保险制度三项指标间的背离度最高。以 2015 年为例，养老保险政策费率为 28%，实际费率为 14.1%，均衡费率为 17.2%。实际费率远低于政策费率，表明养老保险制度缴费不实现象非常严重；实际费率低于均衡费率，表明养老保险制度处于基金失衡状态；均衡费率低于政策费率，表明养老保险制度存在降费的可能性。

五是养老保险制度存在降费空间。在费率适度性评价的基础上，本书以养老保险为例，以“不降低待遇”和“维持基金平衡”作为约束条件，探讨在不同制度情形下，养老保险维持既定的替代率所需的费率标准。第一，在保证基金年度收支平衡以及最高遵缴率条件下，在基准制度情形中，若要不降低职工养老金替代率，则养老保险维持基金平衡所需的费率逐年上升，相比于当前的政策费率标准，养老保险仅在短期内存在降费空间。而在优化制度情形中（渐进延迟退休），若维持当前的养老金替代率水平，则养老保险制度在 2016—2050 年间均存在降费空间，其中 2016 年对应的费率为 17.1%，2050 年对应的费率为 23.1%。第二，在保证 2016—2050 年基金长期精算平衡以及最高遵缴率条件下，在基准制度情形中，若要不降低职工养老金替代率，则 2016—2050 年养老保险费率可维持在 26.3%，此时相比于当前的政策费率而言，养老保险的降费空间有限。而在优化制度情形中（渐进延迟退休），2016—2050 年养老保险费率可维持在 20.8%，相比于当前的政策费率存在较大的降费空间。在优化情形中，若将养老金替代率定为50%，则2016—2050年间的费率可维持在21.2%，若继续将替代率提高至60%，则对应的费率可维持在25.4%，也即在优化情形中养老保险制度存在同时降低费率和提高替代率的可能性。第三，除保证遵缴率和延迟退休外，财政补贴也能够为养老保险提供降费空间。以长期精算平衡费率为例，若养老保险制度在2016—2050年间保持50%的替代率水平，则财政补贴可为基准情形提供4.0—5.1个点的降费空间，为优化情形提供3.2—4.1个点的降费空间。且根据费率和财政补贴规模的一般关系可知，在基准制度情形下，财政补贴规模每增加1个百分点，养老保险长期平衡费率平均下降0.268 9个百分点；在优化情形下，财政补贴规模每增加1个百分点，养老保险长期平衡费率平均下降0.213 5个百分点。

六是通过对比不同省市（地区）长期护理保险制度试点政策，大体可以分为三类：即青岛市、长春市、南通市、荆门市、苏州市、上饶市、石河子市、安庆市、上海市B计划等为长期护理社会保险模式；北京市海淀区为长期护理商业保险模式；上海市A计划为长期护理福利津贴模式，其中长期护理社会保险为主流模式。从典型国家长期护理保险制度费率结构来看，保守主义下的大多数国家均需雇主和雇员共同缴费（卢森堡和荷兰例外），去商品化程度较低，国家负担保费的一定比例；自由主义模式的美国根据个人的不同需求购买不同层次的商业保险，使得参保人个人选择余地足够大，由个人根据偏好决定自己的福利水平；混合模式下的新加坡同时受到保守主义和自由主义的双重影响，依靠统一账户进行筹资，费率结构不够明显。通过多维度分析和比较，本书认为中国长期护理保险应实行社会保险模式，采取现收现付制，由老年人、企业和职工三方共同缴费，政府辅之以补贴。

七是个体特征、家庭环境、生活习惯和健康保障等因素均会影响失能老人的长期护理服务需求。而失能老人各项年均费用支出中，门诊年支出和住院年支出相对最低，养老院年支出最高，照料年支出处于中等水平；其中照料年支出约为医疗总支出的 2.24 倍，养老院年支出约为照料年支出的 1.69 倍。进一步从 22 个省份在养老金和后代供给水平的分布可以看出，位于两类筹资来源均值附近的省份较多，分布较为集中，也存在部分省份偏离均值分布。总体来看，在综合考虑两类筹资来源的情况下，各省份老年人基本具备为长期护理保险筹资的能力。

八是采用现收现付制，并通过总体仿真模型来建立老年人长期护理保险费率厘定模型，经过测算，假设老年人承担长期护理保险的全部供款，则在 ADL 标准、IADL 标准和 MMSE 标准下，2016 年老年人缴纳的长期护理保险的费率分别是其收入的 27%—29.2%、73.1%—78.9%和 72.1%—77.5%，该缴费标准虽然均在老年人收入的支付能力范围内，但是显然超出现有的社会保险个人缴费率水平，不符合常理。为此，在考虑多渠道、多因素条件即由老年人、企业和职工共同等额承担长期护理保险缴费责任，且将老年人养老金、非保障性收入、职工平均工资等因素综合考虑后，测算所得的 2016 年长期护理保险费率明显大幅度降低，即在 ADL 标准、IADL 标准和 MMSE 标准下的长期护理保险费率分别为 0.147%、0.398%和 0.392%，该测算结果不仅降低了老年人的缴纳标准，而且也使得职工和企业的缴费率远低于社会保险的降费空间，使得通过社会保险降费来建立长期护理保险制度成为可能。

第二节　政策建议

一、降低社会保险缴费比例是中国社会保险改革的必由之路

鉴于中国社会保险制度政策费率标准偏高这一基本事实，降低

社会保险缴费比例是当前制度改革的必由之路。本书以“高费率”和降费改革为出发点，以制度缴费不实为切入点，以降费空间为落脚点，系统评价了社会保险制度的政策费率体系，测算了企业和职工的实际缴费水平，并以职工养老保险为例，探讨了制度的适度费率水平及其降费空间。基于本书的研究发现以及主要研究结论所依赖的制度条件，提出如下建议。

（一）加强基金征收管理

本书在探讨养老保险制度的适度费率时，考察了不同遵缴率水平所对应的费率，并以最优遵缴率作为调整养老保险费率和确定降费空间的前提条件。当遵缴率水平下降时，既定替代率下养老保险维持基金平衡所需的费率会上升，而低遵缴率和高费率的组合对养老保险制度而言并不是理想的选择。根据本书的长期精算平衡分析，若要维持职工养老金替代率不降低，则在基准制度情形下，只有当遵缴率高于93.9％时，养老保险费率才会低于28％；而在优化制度情形下，若要养老保险费率低于28％，则须将遵缴率提高到74.3％以上。而事实上，当前中国职工社会保险制度的遵缴率水平偏低，从基金收入来看，2006年社会保险实际缴费收入占社会保险基金应征收入的66.4％，至2015年这一比例下降为62.3％。遵缴率水平过低会导致社会保险制度有效缴费不足，从而有着提高缴费比例的潜在需求，这又会降低参保人的遵缴度，因此提高企业和职工的遵缴水平也是社会保险费率改革的必然选择。

另外，根据本书对企业缴费水平的分析可知，2015年企业的社会保险政策费率均值为30.4％，但其实际缴费比例的均值仅为14.59％，由此可以推算企业实际缴费基数仅为职工工资总额的47.99％。缴费基数是影响社会保险缴费收入的重要参数之一，根据制度规定，企业按上年度职工工资总额的一定比例缴纳社会保险费用，职工工资总额是直接支付给本单位全部在岗职工的劳动报酬总额，包括支付给在岗职工的标准工资、奖金、津贴、补贴、加班工资等。而在实际缴费过程中，企业往往通过降低缴费基数来减少缴费支出。根据“51社保网”发布的《中国企业社保白皮书》，2015年有61.66％的企业社保缴费基数不合规，其中24.01％的企业按最低基数缴费，17.96％的企业按内部分档基数缴费，15.20％的企业按不含奖金的固定工资缴费。[1]当前中国社会保险费率改革要求“降费不降低基金收入”“降费须维持基金平衡”，提高遵缴率和做实缴费基数能够在降低费率的同时不降低基金收入，因而是当前社会保险费率改革的必由之路。

为提高社会保险基金缴费率，完善基金征收管理，须强化信息化管理，核实缴费工资。在由企业自行申报缴费人数和缴费基数，以及由企业为职工代缴社会保险费用的制度安排下，企业为降低成本有降低缴费基数的动机，故而有效征收社会保险费用需要及时监控企业的运行以及薪酬状况，以核实缴费工资。对此，要加强社会保险制度的信息化建设，建立一套完善的社会保障信息化操作系统，能够通过企业的纳税、职工薪酬等信息自动分析企业的缴费行为，对企业的缴费程度进行判断，甄别出有疑似逃费行为的企业，进而对其进行审核。

（二）强化就业与缴费激励

参与就业仍是参加职工社会保险制度的基本条件，但是根据2010年人口普查数据可知，中国城镇45岁及以上人口的就业率快速下降，也即提前“退休”现象非常普遍。其原因可能是多方面的，从劳动者自身的角度来看，这一群体大多出生在1965年以前，在中国特殊的历史环境下，其教育等人力资本积累不足，尤其是相比于当前的青年人，其在劳动力市场中的竞争力不足，这可能会导致其被劳动力市场所淘汰。从制度层面来看，这部分群体大多为中国职工社会保

〔1〕 新华网：《中国企业社保白皮书：超六成企业“低缴”员工社保》，http://news.xinhuanet.com/gongyi/2015-08/24/c_128159227.htm。

险制度转轨改革中的“中人”，其在1997年制度转轨前的工作年限被视同为缴费年限，因而其获得领取养老金资格的缴费年限可以低于制度规定的15年，这可能会导致其继续就业的意愿不强。

针对上述两个可能导致就业不足的原因，可以考虑针对该人群提供就业与技能培训，同时积极创造就业岗位。当前中国人口老龄化程度不断加深，养老服务行业快速发展，但一直面临着服务人员紧缺局面。对此，可引导上述人群从事为老服务，优化其薪酬水平，提供社会保险待遇。另外，针对中国社会保险制度的缴费安排，可以考虑延长最低缴费期限。目前，职工养老保险制度的最低缴费期限为15年，最低缴费期限过短，一方面不利于激励职工继续缴费，另一方面也不符合当前职工的工作周期。假设城镇人口25岁开始参加工作，至其60岁退休，将有35年的工作时间，而未来延迟退休政策落实后，工作周期会更长。为鼓励继续缴费，也可考虑对符合条件的职工提供优惠政策，如当累计缴费期限满足一定的年数时，可以降低其随后工作期内的缴费比例或提高后期继续缴费期限对应的养老金计发比例。

（三）推进社会保险全国统筹

统筹层次在一定程度上会影响社会保险制度的费率水平，根据本书对中国职工社会保险费率体系的评估，若以全国社会保险基金收支为测算依据，则2015年养老保险制度维持基金收支平衡所需的均衡费率为17.2％，但从各省层面来看，有22个省（自治区、直辖市）的均衡费率高于17.2％，所有省市均衡费率的均值为19.4％。这表明，如果养老保险制度能够实现全国统筹，做到基金在全国范围内的统收统支，那么养老保险费率可以适当降低。此外，本书对养老保险制度适度费率水平的精算分析也是以全国统筹为假设前提。根据分析结果可知，在这一前提下，结合渐进延迟退休、参保率逐年提高、遵缴率得以优化以及财政补贴等参数条件，养老保险制度在2016—

2050 年间均存在降费空间，并且还可以适当考虑提高职工养老金替代率。

全国统筹意味着在全国层面实现缴费基数、缴费比例、待遇计发办法等的统一，以及社会保险经办机制和监管体制的统一，这既有利于劳动力的流动就业也有利于社会保险的征收管理。在当前地方统筹的背景下，各地的制度安排、覆盖范围、费率标准等均存在差异，"碎片化"现象严重，以致难以实现各地制度之间的有效衔接。不仅如此，地方统筹还导致了各地养老负担的不平衡以及基金使用的低效等问题，部分地区基金结余过多从而放松缴费、随意提高养老金待遇，而部分地区由于基金缺口大，每年需要政府大量的财政补助和转移支付，如此易造成两极分化。

（四）固化财政补贴责任

社会保险要求风险分担，同时也要求自我平衡，目前，政府对社会保险承担托底责任，而社会保险费率的制定却与财政责任并无关联。根据本书的分析，这样的制度设计存在两个弊端：一是财政补贴规模处于失控状态，尤其是当诸如高度老龄化等原因造成社会保险基金缺口不断扩大时，社会保险基金财政补贴的规模很可能超越适度范围，同时也会破坏社会保障财政支出的合理结构；二是财政补贴与社会保险费率的制定存在脱节，社会保险费率的高低会影响基金缺口的大小，进而影响财政补贴需求，但在当前的制度安排下，社会保险费率的制定缺乏对财政补贴能力的考量。

鉴于以上两点，本书建议固化财政补贴责任，尝试在设计费率时纳入对财政补贴的考量。如在讨论养老保险的降费空间时，本书分析了财政补贴规模对费率的影响，依据分析结果，在参保率逐年提高、渐进延迟退休、优化遵缴率等基础上，加入 15%—19% 的财政补贴可进一步为养老保险提 4 个点左右的降费空间。若考虑长期精算平衡，则财政补贴规模每增加 1 个百分点，养老保险长期平衡费率可下降 0.213 5 个百分点。在此基础上，本书以五年为精算平衡周期，考虑逐年提高遵缴率的同时配合财政补贴，以此设计养老保险费率调整方案，在 2016—2050 年间养老保险费率大体维持在 20%—21%。

（五）积极探索社会保险税费改革

在现行征管体制下，企业逃费现象比较严重，而征收部门的监管与惩罚力度较弱。从 2011 年至今，《社会保险法》已经实行了多年，法律明确规定用人单位和个人应依法缴纳社会保险费，对逃费、欠费行为也规定了一定的惩罚措施。但相比于税收领域的“逃税罪”，对社会保险逃费的惩罚力度明显偏低。若社会保险能够实现由费向税的转变，那么对社会保险逃费行为的惩罚力度也相应加大，从而对企业以及职工起到威慑作用。

社会保险费改税不仅有助于加强保险费征收，有助于加大监督，也有助于统一社会保险缴费部门。[1]早期我国社会保险费用主要由劳动与社会保障部门征收，后来改为由地方探索，可以选择由税务部门征收，也可以选择由社保部门征收，从而造就了双重征收主体。在此政策背景下，产生了税务部门和社保部门的征收效率争议。其中，有观点认为由社保部门征收要好于税务部门征收，且该效应在控制了地区社保缴费难度、经济发展水平以及统筹层次之后仍然显著（彭雪梅等，2015）。也有观点认为，税务部门掌握信息优势，由其征收社会保险费更有利于扩大社会保险制度的覆盖面，也更有利于社会保险基金收入的增长（刘军强，2011）。对于社会保险制度而言，征收主体的不统一会导致社会保险管理的碎片化，从而无法在劳动力流动频繁的市场环境下，有效监控劳动者的缴费，也不利于提高社会保险制度的统筹层次。在社会保险制度改革中应积极探讨统一征收部门，明确社会保险基金的征收与监管责任，将保险基金征收效率作为

〔1〕 2018 年 3 月 21 日中共中央印发《深化党和国家机构改革方案》提出将基本养老保险费、基本医疗保险费、失业保险费等各项社会保险费交由税务部门统一征收。

部门考核指标。2018 年新一轮大部制改革，已经明确提出五大社会保险费由税务部门征收，结束长达几十年的双主体征收模式，然而，由于自 2008 年国际金融危机的影响，至今中国实体经济缓不过劲，加之 2018 年遇到中美贸易摩擦，使得实体经济更加受挫，在此背景下，中国不得不暂停执行这一新的征缴体制改革政策。2019 年末中国又遭遇罕见的新冠肺炎疫情，这样一来，社会保险征缴体制改革政策的落实又将延期。不过长远来看，无论是征缴体制的改革，还是费改税，都是大势所趋。

二、 加快推进中国长期护理保险制度建设

社会保险降费改革是建立长期护理保险制度的最佳契机。中国正在 15 个地区试点长期护理保险制度，到目前为止，长期护理保险的功能定位、制度要素、筹资机制等均未定型。本书认为，值此中国全面改革社会保险并加大力度降低社会保险费率的时机，加快步伐推进长期护理保险制度的建设，一方面可以扩展社会保险风险保障功能，另一方面也为长期护理保险筹资充实资金来源。基于此认识，本书在社会保险适度费率及降费空间研究基础上，围绕长期护理保险费率问题展开了深度研究，即通过精算平衡模型，确立了老年人、职工和企业所应缴纳的长期护理保险费率，并考察在不同失能标准及筹资能力下的费率差异，进而从保险功能定位、费率厘定技术、多主体筹资和区域发展四个方面提出加快推进中国长期护理保险制度建设的相关建议。

（一）明确长期护理保险的功能定位

尽管各国在制度模式和资金筹集方式的选择上存在着差异，但通过建立长期护理保险制度应对人口老龄化及带来的护理服务需求增加是各国较为统一的举措，中国由于人口老龄化加剧、家庭结构变化和社会保障制度不够完善，建立长期护理保险制度存在其必要性

（李兵，2015）。学者一致认为福利津贴模式不适合中国的经济发展水平和老年人口规模，但对中国长期护理保险制度走社会保险模式也存在着一定的分歧，不过无论是荆涛（2010）等的“分步走”战略还是“过渡式”方案，其最终归宿还是社会保险模式，本书同样主张应当建立全国统一的长期护理社会保险制度。

长期护理保险制度作为一项社会保险项目，应当遵循《社会保险法》第三条规定的“保基本”的方针，即应当满足劳动者在年老失去劳动能力后的基本护理需求。考虑到本书建议长期护理保险的筹资模式采用现收现付制，而保基本职能与保险费率的确定直接相关，因此按照保险费率所进行的资金筹集应当实现“以支定收、收支平衡、略有结余”的原则。较高的保障水平会带来支出压力大、人力成本增加等问题，而较低的保障水平则无法保障基本需求和稳定社会和市场经济的需要（邓大松，2015）。这就要求中国在制定长期护理保险费率时应当从以下两个方面进行考虑：一方面，费率厘定时应当对长期护理财务需求模型进行充分、全面的考虑，将满足失能老人生活照料和医疗护理所需的合理成本均纳入供给模型，同时识别与老年人失能护理无关的各项支出并进行删除，在考虑到保持财务可持续性的前提下确定保费的筹集比例；另一方面，费率厘定应当合理界定失能老人的基本护理需求，即对不同失能等级的老年人在不同护理方式下的护理需求进行严格筛选和精准衡量，剔除失能老人发展型和福利型的护理需求。

（二）选择符合实际的费率厘定模型

收支平衡的条件为保险费率的厘定提供了可能，邓大松（2015）认为当前五大险种中[1]养老保险精算属于寿险精算的范畴，其基础是生命表和利息理论，而剩余四类险种属于非寿险精算的范畴，其基

〔1〕 此处的五大险种不考虑生育保险与医疗合并和试点以及长期护理保险试点。

础是风险理论，而失能风险这一特殊性风险，既包括劳动者进入老年阶段的必然性，也包括老年人发生失能的概率性，因此其既包括寿险精算部分，也同样包括非寿险精算部分。通常社会保险费率厘定中对所涉及变量的预测方法包括时间序列、回归模型、马尔科夫链和灰色模型(GM)预测法四类，并对短期个体、短期集合和长期集合等风险进行预测，在此基础上建立精算模型(王桂胜，2007)。

国外学者对长期护理保险费率的厘定，通常采用包括马尔科夫模型、减量表模型和曼联方法三种方法。国内学者通常借鉴这些方法，并结合 ILO 模型等来对中国长期护理保险进行定价和测算费率。因此在厘定长期护理保险费率时，应当从以下三个方面进行考虑：一是选择适合中国人口结构和变量选取的精算模型，中国当前缺乏大量的基础性数据和长期的追踪数据(曹信邦，2015)，因此国外部分费率技术在我国当前条件下难以实现；二是合理设定费率厘定的假设条件，任何一个精算模型均是在一定的模型假设下建立的，因此在费率厘定、模型构建和数据代入前应当对人口变化率、人力资本增长率、护理方式变动率等进行严格的假设，只有这样才能测算出规范的长期护理保险费率；三是慎重选择费率测算模型所涉及的变量，费率厘定模型的老年人总数、失能率、护理成本、收入来源等变量范围较广、跨期较长，因此需要对各变量进行反复论证，充分考虑未来时期内在和外在条件变化带来的影响。

(三) 厘清多元筹资主体的缴费能力

社会保险项目的基金筹集模式主要有四类：一是较为普遍的仅由企业承担的工伤保险；二是美国、马来西亚等国家选择的由个人和单位出资的老年保险、残疾和遗属保险；三是日本、新西兰等国家选择的由国家和单位出资的工伤保险；四是多数国家采取的由个人、单位和国家共同出资的养老保险(孙树菡、毛艾琳，2012)。当前学者对于长期护理社会保险筹资方式的研究中，尽管存在部分学者认为在制度运行前期可以划拨养老保险或医疗保险已有的结余基金(曹信邦,2015),但老年人的失能风险不同于老年和疾病风险,且长期护理保险作为一项独立于当前五大险种之外的保险项目,应当实现筹资的独立性。

独立筹资的长期护理保险基金应当充分考虑到基金的稳定性和可持续性,在坚持个人、单位和国家多元化筹资的基础上,借鉴日本、德国、卢森堡等国家的实践经验,老年人也应当承担一定的基金筹集责任。有学者将个人缴费对象分为当前和未来有护理需求的缴费者,认为前者应当在缴纳护理保险费后才能接受护理服务(雷晓康、冯雅茹,2016),在本书中这部分人员即失能老人。本书在构建老年人长期护理财务供给模型中将老年人的筹资能力分为养老金和后代供养两部分,从养老金中扣除老年人的长期护理保险费,在日本和德国长期护理保费构成中占有重要比例。而从前文分析可以看出,如果仅以ADL标准来衡量老年人是否失能,在不考虑老年人其余消费和支出的情况下,则仅依靠老年人的筹资能力即可保持长期护理保险基金的收支平衡,且同时考虑老年人养老金和后代供养两类收入的前提下,老年人所需缴纳的长期护理保险费约占其平均收入的27%—28%,这一比例远高于当前城镇职工个人缴纳的社会保险费之和,以及德国、日本、卢森堡等国家的老年人缴纳的长期护理保险费率。而在IADL标准和MMSE标准下,这一比例更高。在对老年人筹资能力变量进行修正后,这一比例出现大幅度下降,ADL标准下费率分别为养老金的2.04%—2.26%和总收入的1.43%—1.54%,且结果与德国和卢森堡老人缴纳的费率基本一致。因此,在建立三方共同筹资的同时,也应当保障老年人个人的收入水平和筹资能力。

以职工工资为缴费依据的费率测算表明,2016年ADL标准、IADL标准和MMSE标准下的长期护理保险费率分别为0.147%、0.398%和0.392%,到2050年三类标准下三类筹资主体分别应当缴纳的费率水平分别为 0.294%、0.794%和 0.783%。可以看出,同时将老年人、职工和企业三部分筹资主体纳入缴费范围,且三者的筹资比例保持为 1∶1∶1 时,在三类失能标准下测算的费率均低于 1%。这一标准既低于当前五险,特别是与长期护理保险密切相关的养老保险和医疗保险的费率水平,同时远低于本书测算的在一定条件下的降费空间。因此在确定长期护理保险费率结构和费率水平时,应当同时考虑到多元筹资渠道,厘清多筹资主体的缴费能力。

（四）重视不同区域发展的不平衡性

当前社会保险体系下,职工和企业缴费的区域不平衡性已存在,而本书重点突出了除职工和企业这两大筹资主体之外的老年人群体,因此在确定老年人在长期护理保险缴费中的责任时,应当充分重视不同区域间发展的不平衡性。

由于地理区位、制度因素等原因造成中国不同地区和城乡间经济发展存在一定的差距,因此本书在对老年人是否失能和健康程度的影响因素的研究中,分别考察了东、中、西部地区和城乡老年人的差异。结果显示,中部地区老年人失能的概率低于东部地区,而西部地区与东部地区无显著差异,城乡老年人失能的概率也无显著差异。而根据对老年人两类筹资能力在不同省份的分布来看,多数省份集中于筹资能力的均值左右,这也说明不需考虑不同省份间的差别费率。老年人缴纳长期护理保险费率的测算中仅以老年人筹资能力的均值代入供给模型,结果为以老年人筹资能力而测算的统一费率,这与中国当前社会保险中提高统筹层次的观点和合并城镇居民养老保险与新型农村养老保险的做法相一致。

中国区域发展不平衡的现状依旧存在,东、中、西部地区和城乡差距是客观存在的,老年人的养老金水平和后代收入水平同样存在差距。因此在公共服务均等化的视角下,应当保障中西部和农村经济欠发达地区老年人的筹资能力和保险支付能力,具体可以从以下三个方面考虑：一是确保老年人的缴费能力，既要保证当前的老年人能够按时足额领取退休金，也应当鼓励有劳动能力的老年人再就业，提高老年劳动参与率；二是参保老人足额缴纳保费，在确定老年人缴纳长期护理保险费之后，应当加强对保险基金的专项管理，严格核定老年参保人数，提高老人的遵缴率，确保符合缴费条件的老年人按照规定的缴费率缴纳保费；三是加强对中西部地区老年人、农村地区老年人的转移支付，缓解区域发展不平衡带来的老年人筹资能力差距，实现长期护理保险的“广覆盖”。

第三节　研究展望

社会保险“高费率”所引发的争议存在已久，学界也已存在对社会保险适度费率标准的讨论，学者从不同的视角出发得出的结论也往往存在差异。学术界对适度费率并无统一的定义，本书紧密贴合中国当前社会保险费率改革，从制度需求角度讨论社会保险费率的适度性。此外，在研究的降费空间下重点考察当前国家和地方积极试点的长期护理保险制度，在充分分析老年人的长期护理服务需求和为保险筹资的能力后，通过精算模型测算了符合我国国情的长期护理保险费率结构和费率水平。社会保险费率研究涉及诸多方面的因素，特别是长期护理保险费率的研究，本书尚属粗浅探索，难以顾全方方面面。从本书的全部研究过程来看，仍存在不少有待改进和探讨之处。

第一，在社会保险费率的国际比较中，本书仅比较了中国和世界其他国家的费率水平与费率结构，而未考虑各国在缴费基数上的差异。事实上，缴费基数和缴费比例共同构成缴费负担，而各个国家由于薪酬管理体制和职工工资构成不同，其缴费基数也存在差异。本书的目标仅在于比较各国缴费比例的大小，若要进一步比较各国的缴费负担，则需进一步明确各国缴费基数的差异。

第二，在社会保险费率的地区比较中，本书从制度赡养率、人口老龄化和历史债务几个方面比较了各省社会保险政策费率的差异。未来可以进一步通过量化研究，考察各种因素对政策费率的影响大小，比如考察历史债务与费率间的关系，中国社会保险制度的“高费率”中有多少是为了支付历史债务而征收的？从社会保险支付需求的角度，分析中国制度费率的构成，有助于理解中国制度的运作机制。

第三，本书在讨论社会保险适度费率水平时，仅以养老保险制度为例，其理由是在社会保险体系中，养老保险费率的适度性最差，潜在降费空间最大。在未来进一步的研究中，可以探讨其他社会保险项目的适度费率水平，分析在未来人口老龄化程度继续加深、二孩政策、延迟退休政策等的综合影响下，制度的适度费率水平以及基金运行情况。

第四，政府财政对社会保险制度承担补贴与托底责任的事实依据在于，中国社会保险制度的转轨成本内部化，制度转轨时已退休的“老人”和已参加工作的“中人”，其养老金支出全部或部分由统筹基金承担。本书在测算财政补贴能力时未将其与“老人”“中人”对接，而是从总量的角度考察了财政补贴的限额。在测算养老保险制度的适度费率水平时，也未分别考察统筹账户和个人账户的缴费情况。也即本书从总体费率的角度分析适度费率，而未考虑企业和个人的费率分担以及养老金的支出结构，这些在今后的研究中，可以更加细致地讨论。

第五，本书采用年度精算平衡和长期精算平衡模型分析养老保险制度的费率水平，通过假设参保率、遵缴率、就业率等参数的取值来求解费率，得出既定参数取值下的养老保险费率，这实际上是假设这些参数是外生的。在未来的研究中可以尝试使用经济模型，分析这些参数间的变动关系，考察它们之间的一般均衡状态。

第六，本书在对老年人筹资能力的研究中，无论是从微观调查数据中计算而得，还是来源于国家统计数据，老年人的养老金收入和非保障性收入均是全国层面的平均值，较少涉及不同省市、东中西地区、城乡差距等方面，缺乏对异质性老年人筹资能力的分析，这在接下来的研究中是可以尝试的地方。

第七，长期护理保险制度研究中所包含的多元筹资主体事实上仅是指老年人、职工、企业三部分，缺乏对城乡居民缴费能力和缴费水平的考察，同时暂未将政府补贴的部分纳入精算模型。为了更加完善地明确长期护理保险的费率水平，后续研究可以将城乡居民和政府两类筹资主体纳入精算模型。

第八，为简化精算模型，本书在借鉴国外职工和企业缴纳相同长期护理保险费率的基础上，默认老年人的费率与职工一致，从而形成三方共担、水平一致的费率。接下来的研究中可以尝试对三方的费率水平差异化，分析不同比例下的费率结构及其产生的影响。

附　录

附录 A　社会保险基金实际缴费水平

表 A1　各省(自治区、直辖市)社会保险实际缴费比例

省(自治区、直辖市)	2010 年	2011 年	2012 年	2013 年	2014 年	2015 年
北　京	20	19.5	19.7	19.3	18.5	19.2
天　津	21.7	21.3	22.8	22.7	22.2	21.8
河　北	29.8	28.7	27.8	26.4	25.2	24.5
山　西	31.2	31.1	30	28.9	28.5	27.2
内蒙古	28.4	31.9	31.7	30.9	.29.6	27.4
辽　宁	24.6	25.2	26.1	26.2	24.3	25.1
吉　林	24	26.8	25.4	25.9	24.5	24.8
黑龙江	30	30.5	30.7	29.2	28.6	29.4
上　海	18	19.2	23.1	25.7	23.5	26.4
江　苏	23.2	23.4	24.2	22.5	21.1	21.7
浙　江	15.7	16.8	18.6	16.5	17.1	19.8
安　徽	24	24.9	22.4	22.1	22.5	23.6
福　建	20.2	20.5	18.9	18.7	18.2	17.9
江　西	18.2	17.4	19.5	16.4	18.2	19.3
山　东	27.7	27.7	26.1	24.1	22.7	24.5
河　南	21.9	22.1	20.8	20.1	21.2	20.1
湖　北	23.3	26.8	24.1	23.5	23.9	23.2
湖　南	22.5	22.8	19.8	20.6	21.5	21
广　东	13	12.7	12.9	12.9	11.5	11.9
广　西	31.7	27.7	28.2	27.4	25.9	26
海　南	22.7	20.7	17.3	16.2	15.2	15.6
重　庆	23.4	26.7	26.4	24.4	22	21.7
四　川	34.1	32.9	28.5	28.8	26.9	25.2
贵　州	26.2	27.8	27.7	24.7	21.5	20.8
云　南	27.3	32.8	29.8	29.9	28.1	28.7
西　藏	17.8	18.9	18.5	19.6	19.5	20.7

续表

省(自治区、直辖市)	2010 年	2011 年	2012 年	2013 年	2014 年	2015 年
陕　西	25.1	24.9	26.5	24.6	22.9	21.5
甘　肃	30	39.1	36	34.9	33.1	31.3
青　海	29.9	38.6	31.8	31.5	29.8	27.8
宁　夏	35.2	37.1	27.1	26	25.4	23.8
新　疆	38.7	37	33.5	31	32	32.2

注:各省(自治区、直辖市)社会保险实际缴费比例=(社会保险基金收入一财政补贴)/(缴费职工人数×上年度职工社均工资)×100%。

表 A2　各省(自治区、直辖市)养老保险实际缴费比例

省(自治区、直辖市)	2010 年	2011 年	2012 年	2013 年	2014 年	2015 年
北　京	14.3	13.6	12.8	12.2	11.7	12.6
天　津	16.2	14.8	16.2	15.5	15.2	15.2
河　北	23.4	22.4	21.3	20.3	19.1	18.7
山　西	25.3	24.4	23.1	22.5	21.3	20.5
内蒙古	21.9	24.6	24.0	22.8	21.8	20.9
辽　宁	19.1	19.4	20.0	20.4	19.0	19.5
吉　林	19.6	21.6	19.9	20.2	19.2	19.1
黑龙江	24.5	23.7	24.0	23.8	22.4	23.2
上　海	19.5	13.8	17.0	19.1	17.2	20.2
江　苏	16.9	16.9	17.4	15.6	14.8	15.3
浙　江	10.4	12.1	13.5	11.6	12.3	14.6
安　徽	18.8	19.3	17.0	16.9	16.9	18.0
福　建	13.3	13.5	12.5	12.7	12.0	12.0
江　西	14.6	14.0	15.9	13.2	14.4	15.7
山　东	21.3	21.1	19.7	17.9	16.8	18.6
河　南	17.5	17.3	16.1	16.0	16.1	15.5
湖　北	18.8	21.9	18.9	18.5	18.5	18.2
湖　南	17.7	17.7	15.2	16.7	16.5	16.3
广　东	9.9	9.3	9.5	9.2	8.2	8.7
广　西	25.5	20.5	20.6	20.0	18.7	19.1
海　南	17.5	16.0	13.2	12.8	11.5	12.0
重　庆	18.9	21.5	21.3	18.9	16.8	16.5
四　川	27.3	26.3	21.9	22.7	20.8	19.3
贵　州	20.9	21.1	19.6	17.0	14.5	14.6
云　南	23.8	30.3	25.3	24.3	21.4	21.5
西　藏	28.5	26.5	23.9	26.4	24.4	26.2
陕　西	19.7	19.3	20.5	19.0	17.5	16.3
甘　肃	28.0	34.5	29.9	27.5	26.2	24.5
青　海	21.1	28.2	21.6	20.9	19.8	18.6
宁　夏	28.4	29.9	17.7	17.1	16.1	17.5
新　疆	30.8	28.9	24.9	15.7	15.8	24.7

注:各省(自治区、直辖市)养老保险实际缴费比例=(养老保险基金收入一财政补贴)/(缴费职工人数×上年度职工社均工资)×100%。

表 A3　各省(自治区、直辖市)医疗保险实际缴费比例

省(自治区、直辖市)	2010 年	2011 年	2012 年	2013 年	2014 年	2015 年
北　京	6.0	6.0	6.3	6.4	6.2	6.3
天　津	7.5	7.1	7.9	8.1	9.1	9.6
河　北	8.4	8.5	9.2	9.4	9.7	10.0
山　西	6.7	7.1	7.6	7.5	7.3	7.6
内蒙古	7.5	8.0	8.3	8.6	8.6	8.4
辽　宁	7.0	6.9	7.0	7.1	7.1	7.4
吉　林	5.4	6.7	7.0	7.0	7.1	7.6
黑龙江	7.2	8.5	8.7	8.7	9.0	9.2
上　海	4.9	6.0	7.1	7.8	7.3	7.4
江　苏	6.7	6.8	7.0	6.9	6.7	7.0
浙　江	6.7	6.4	7.1	6.5	6.7	6.7
安　徽	6.4	6.6	6.5	6.6	6.7	6.8
福　建	8.3	8.6	7.4	7.5	7.3	7.3
江　西	5.8	5.6	6.2	6.3	6.7	7.0
山　东	6.8	7.2	7.5	7.3	7.3	7.3
河　南	6.2	6.3	6.5	6.7	7.1	7.3
湖　北	6.8	7.1	6.9	7.4	7.6	8.0
湖　南	6.6	7.3	7.3	7.8	8.3	8.6
广　东	3.9	4.2	4.2	4.3	4.5	4.4
广　西	8.5	9.4	9.2	8.8	8.9	8.8
海　南	7.8	7.2	6.1	5.8	6.9	6.9
重　庆	8.0	8.0	8.7	8.3	8.2	8.7
四　川	9.7	9.3	8.5	8.4	8.5	8.4
贵　州	7.6	8.3	7.6	7.2	7.1	7.7
云　南	11.3	11.3	11.2	11.2	11.2	11.4
西　藏	11.0	10.3	10.8	10.3	10.5	11.4
陕　西	8.4	7.2	7.5	8.0	8.1	9.0
甘　肃	8.1	9.1	9.5	10.1	9.1	9.0
青　海	13.6	12.9	12.7	12.4	12.7	12.4
宁　夏	8.3	8.0	12.3	13.8	14.0	8.6
新　疆	11.4	11.5	11.2	11.5	11.7	10.8

注:各省(自治区、直辖市)医疗保险实际缴费比例＝医疗保险基金收入/(缴费职工人数×上年度职工社均工资)×100%。

表 A4　各省(自治区、直辖市)失业保险实际缴费比例

省(自治区、直辖市)	2010 年	2011 年	2012 年	2013 年	2014 年	2015 年
北　京	0.7	0.6	0.7	0.6	0.6	0.7
天　津	1.9	1.9	2.2	2	2	1.4
河　北	2	2	2.6	2.3	2.4	1.8
山　西	1.6	1.8	2.2	1.9	1.9	1.5
内蒙古	1.6	1.8	2.5	2.2	2.3	2
辽　宁	2	2.3	2.5	2.3	1.7	1.5
吉　林	1.9	2.2	2.8	2.4	2.4	2.2
黑龙江	1.1	1.6	1.9	1.7	1.7	2.1
上　海	2	1.9	2.1	2	1.5	1.5
江　苏	1.7	2	2.2	1.9	1.4	1.4
浙　江	1.6	1.6	1.9	1.6	1.6	1.2
安　徽	1.4	1.7	2	1.7	1.9	1.6
福　建	1.1	1.6	1.7	1.3	1.3	1.2
江　西	1.2	1.1	1.2	1	1.1	1
山　东	1.6	2	1.5	1.2	1.2	1.1
河　南	1	1.3	1.7	1.5	1.6	1.3
湖　北	1.2	1.5	2.1	1.9	1.9	1.5
湖　南	1.3	1.4	1.6	1.4	1.4	1.1
广　东	0.5	1	1.4	0.9	0.9	0.9
广　西	1.6	2.3	3	2.6	2.8	2.3
海　南	1.3	1.9	1	0.9	0.8	0.8
重　庆	1.3	1.3	1.8	1.3	1.3	1.1
四　川	3.1	3.4	3.7	3.1	3.4	2.9
贵　州	1.8	2.4	2.8	2.3	2.2	1.6
云　南	1.4	2.5	3.2	2.8	2.5	2.1
西　藏	3	3.3	3.4	3.1	3.1	3.3
陕　西	1.7	1.8	3.1	2.8	1.8	1.4
甘　肃	1.9	2.4	2.8	2.4	2.3	2
青　海	2.2	2.6	3.1	2.8	2.9	2.6
宁　夏	1.8	2	2.2	2	2.2	2.2
新　疆	2.3	2.5	3.2	2.6	2.6	2

注：各省(自治区、直辖市)失业保险实际缴费比例＝失业保险基金收入/(缴费职工人数×上年度职工社均工资)×100%。

表 A5 各省(自治区、直辖市)工伤保险实际缴费比例

省(自治区、直辖市)	2010 年	2011 年	2012 年	2013 年	2014 年	2015 年
北京	0.3	0.3	0.3	0.3	0.3	0.3
天津	0.4	0.4	0.4	0.5	0.4	0.5
河北	1.0	1.0	1.0	1.0	1.0	1.0
山西	1.5	2.2	1.1	1.2	1.1	1.1
内蒙古	0.8	1.3	1.2	1.0	0.9	1.0
辽宁	0.7	1.0	0.8	0.5	0.6	0.7
吉林	0.6	0.9	0.8	0.8	0.9	0.8
黑龙江	1.1	1.9	1.2	1.0	0.9	1.1
上海	0.2	0.2	0.3	0.4	0.4	0.4
江苏	0.4	0.6	0.7	0.8	0.8	0.7
浙江	0.4	0.4	0.5	0.4	0.5	0.5
安徽	0.6	0.8	0.8	0.8	0.8	0.9
福建	0.5	0.6	0.6	0.7	0.5	0.6
江西	0.5	0.8	0.7	0.8	0.8	0.8
山东	0.6	0.7	0.7	0.7	0.7	0.7
河南	0.7	0.8	0.7	0.8	0.6	0.7
湖北	0.4	0.7	0.5	0.6	0.5	0.6
湖南	0.8	1.1	1.0	1.0	0.9	0.9
广东	0.3	0.4	0.4	0.4	0.4	0.4
广西	0.5	0.7	0.6	0.6	0.6	0.6
海南	0.4	0.6	0.5	0.5	0.4	0.5
重庆	0.9	1.1	1.0	0.8	0.7	0.9
四川	0.7	0.9	0.8	0.8	0.8	0.9
贵州	1.4	1.5	1.2	1.0	0.9	1.2
云南	0.9	1.7	1.0	0.9	0.8	1.0
西藏	0.7	0.9	0.8	0.6	0.8	0.8
陕西	0.7	0.8	0.8	0.7	0.5	0.8
甘肃	0.8	1.3	1.0	0.9	0.9	1.1
青海	1.1	1.2	1.1	1.0	1.0	1.0
宁夏	0.8	1.0	2.8	0.8	0.9	0.9
新疆	0.8	0.9	0.9	0.8	0.8	0.8

注:各省(自治区、直辖市)工伤保险实际缴费比例=失业保险基金收入/(缴费职工人数×上年度职工社均工资)×100%。

表 A6　各省(自治区、直辖市)生育保险实际缴费比例

省(自治区、直辖市)	2010年	2011年	2012年	2013年	2014年	2015年
北　京	0.6	0.5	0.5	0.5	0.5	0.5
天　津	0.6	0.5	0.6	0.6	0.6	0.6
河　北	0.3	0.3	0.4	0.4	0.5	0.4
山　西	0.4	0.4	0.4	0.4	0.4	0.4
内蒙古	0.4	0.4	0.5	0.5	0.5	0.5
辽　宁	0.4	0.5	0.5	0.4	0.5	0.5
吉　林	0.3	0.3	0.3	0.3	0.3	0.4
黑龙江	0.4	0.4	0.4	0.4	0.4	0.4
上　海	0.3	0.4	0.5	0.6	0.7	0.7
江　苏	0.5	0.5	0.5	0.5	0.5	0.4
浙　江	0.4	0.4	0.4	0.4	0.4	0.5
安　徽	0.4	0.4	0.3	0.4	0.4	0.4
福　建	0.4	0.5	0.4	0.5	0.8	0.5
江　西	0.2	0.2	0.2	0.3	0.4	0.4
山　东	0.5	0.6	0.7	0.7	0.7	0.6
河　南	0.4	0.5	0.5	0.5	0.6	0.6
湖　北	0.4	0.4	0.4	0.4	0.5	0.5
湖　南	0.3	0.3	0.4	0.4	0.4	0.4
广　东	0.3	0.3	0.3	0.3	0.3	0.4
广　西	0.4	0.5	0.5	0.6	0.6	0.6
海　南	0.3	0.4	0.4	0.4	0.4	0.4
重　庆	0.4	0.4	0.5	0.5	0.5	0.4
四　川	0.4	0.4	0.5	0.5	0.5	0.5
贵　州	0.3	0.3	0.3	0.3	0.3	0.3
云　南	0.5	0.6	0.7	0.7	0.7	0.7
西　藏	0.5	0.5	0.4	0.5	0.5	0.5
陕　西	0.4	0.4	0.5	0.5	0.5	0.4
甘　肃	0.4	0.6	0.5	0.7	0.6	0.6
青　海	0.8	0.8	0.7	0.8	0.8	0.8
宁　夏	0.4	0.5	0.5	0.6	0.6	0.5
新　疆	0.7	0.6	0.9	0.6	0.6	0.6

注:各省(自治区、直辖市)生育保险实际缴费比例=生育保险基金收入/(缴费职工人数×上年度职工社均工资)×100%。

附录B　企业和职工社会保险实际缴费水平

表B1　各省(自治区、直辖市)企业社会保险实际缴费比例

省(自治区、直辖市)	2010年	2011年	2012年	2013年	2014年	2015年
北　京	18.6	18.9	18.8	18.1	16.3	17.4
天　津	18.5	17.7	18.4	18.1	17.3	17.5
河　北	12.3	14.3	14.2	12.9	13.2	13.6
山　西	—	17	17.6	17.3	13.7	14.6
内蒙古	16.2	—	19.9	17.4	14.1	12.7
辽　宁	15.4	16	18.1	18.5	17.8	17.6
吉　林	15.3	21.1	16.8	17.4	18.6	19.6
黑龙江	17.3	19.4	17.8	16.6	16.2	17.8
上　海	17.4	17.1	17.3	17	16.1	17.8
江　苏	15.3	15.8	14.6	13.7	13.4	14.1
浙　江	11.6	12.8	12.6	11.9	11.9	12.2
安　徽	15.8	17.1	15.1	15	14.8	14.4
福　建	11.1	12.7	12.1	11.1	10.2	12.1
江　西	9.3	11.7	11.1	12.4	12.3	13.4
山　东	15.5	15.7	15.8	15	14.2	15.1
河　南	14.3	15.2	13.6	14.6	14.4	13.5
湖　北	15.2	16.8	16.1	15.7	15.8	15.7
湖　南	18.4	17.5	16.6	15.4	14.1	14.6
广　东	10.3	11	9.8	10.3	10	10.7
广　西	15.4	15.7	14.8	13.5	13.1	14.8
海　南	16.8	15.4	14.5	16.4	14	16.2
重　庆	16.4	19	18.2	17.5	18.4	17.7
四　川	16.3	19.7	18.3	17.3	16.6	16.2
贵　州	—	23.4	22.9	20.4	12.8	16.5
云　南	12.1	15.9	14.4	16.8	17.1	14.4
西　藏	15.8	15.1	12.9	11.9	11.5	11.1
陕　西	21.1	19.2	17.4	17.9	16.3	16.5
甘　肃	12.7	11.8	15.3	13.7	15.6	16.2
青　海	22.8	17.3	24.5	19.5	18.3	19.3
宁　夏	—	16.8	13.7	16.4	12.4	16.3
新　疆	11.7	20.2	19	20.1	15.3	17.2

注:企业社会保险实际缴费比例=企业社会保险实际缴费支出总和/企业上年度职工工资总额×100%,得到企业实际缴费比例后,求得各省企业实际缴费比例的均值。个别省份在某些年份里存在缺失值。

表 B2 各省(自治区、直辖市)企业养老保险实际缴费比例

省(自治区、直辖市)	2010 年	2011 年	2012 年	2013 年	2014 年	2015 年
北 京	11.3	12.5	11.3	10.8	10.7	10.9
天 津	10.5	10.6	10.4	10.4	11.1	10.6
河 北	7.8	9.4	9.7	8.2	8.4	8.7
山 西	—	12.5	11.6	11.1	8.8	9.0
内蒙古	10.9	9.4	8.0	8.9	8.9	7.8
辽 宁	11.4	25.1	12.5	13.7	12.1	11.3
吉 林	11.9	13.6	9.6	10.0	11.3	12.1
黑龙江	9.7	9.4	9.5	9.5	9.5	11.6
上 海	10.7	11.2	10.8	10.3	10.3	12.8
江 苏	9.1	9.6	9.3	8.5	8.5	9.1
浙 江	6.5	7.3	7.0	6.7	7.0	7.2
安 徽	8.9	10.6	9.5	9.5	9.6	9.3
福 建	7.9	8.1	7.5	6.7	6.7	7.2
江 西	7.0	7.3	7.8	8.6	8.2	8.9
山 东	10.6	9.7	9.7	9.5	9.6	9.4
河 南	10.0	10.1	8.9	9.4	9.5	8.8
湖 北	9.9	11.7	10.4	9.4	10.5	10.2
湖 南	20.2	11.3	10.4	9.8	9.1	9.0
广 东	7.3	6.9	6.5	6.5	6.5	6.9
广 西	10.5	10.2	9.2	8.4	8.1	9.4
海 南	11.7	11.9	10.1	8.8	8.8	10.2
重 庆	11.0	13.9	13.1	11.3	11.4	10.8
四 川	11.6	12.7	11.5	10.6	10.1	10.6
贵 州	—	16.6	15.2	12.3	23.0	10.6
云 南	8.2	11.1	9.9	11.4	11.3	8.7
西 藏	11.7	9.9	7.4	7.7	7.2	7.0
陕 西	11.3	12.0	11.5	10.8	10.7	10.9
甘 肃	9.2	7.9	9.8	7.6	10.5	14.3
青 海	15.8	11.6	16.8	13.1	12.3	12.4
宁 夏	—	11.9	8.8	10.2	8.3	11.1
新 疆	6.6	12.0	10.5	11.6	9.0	10.3

注：企业养老保险实际缴费比例＝企业养老保险单项实际缴费支出/企业上年度职工工资总额×100%，得到企业实际缴费比例后，求得各省企业实际缴费比例的均值。个别省份在某些年份里存在缺失值。

表 B3 各省(自治区、直辖市)企业医疗保险实际缴费比例

省(自治区、直辖市)	2010年	2011年	2012年	2013年	2014年	2015年
北 京	5.6	5.9	5.4	5.4	5.3	5.4
天 津	5.2	4.6	5.6	5.3	5.1	5.4
河 北	2.5	2.6	3.3	2.9	3.2	3.5
山 西	—	2.9	3.7	4.1	3.5	3.9
内蒙古	4.3	51.1	14.7	6.8	3.4	3.6
辽 宁	4.4	9.6	4.8	5.0	4.9	4.7
吉 林	6.9	5.0	4.3	4.0	5.3	5.2
黑龙江	3.9	6.3	4.3	4.1	4.8	5.4
上 海	4.7	5.3	5.4	5.0	5.4	6.6
江 苏	3.6	4.3	3.9	3.5	3.7	4.0
浙 江	3.7	3.8	3.8	3.7	3.9	3.8
安 徽	3.4	4.8	3.4	3.7	4.1	4.0
福 建	3.5	3.7	3.5	3.6	3.5	3.7
江 西	1.5	1.8	2.1	2.6	2.9	3.2
山 东	3.7	4.1	4.1	3.9	3.9	4.2
河 南	2.9	3.5	2.9	3.4	3.2	3.2
湖 北	4.6	4.6	4.3	3.8	3.9	4.0
湖 南	6.2	4.7	4.4	4.1	3.7	3.8
广 东	2.4	2.7	2.9	2.5	2.7	2.9
广 西	3.6	3.6	3.9	3.7	3.6	4.0
海 南	3.8	5.0	4.7	4.1	4.0	4.6
重 庆	3.8	5.5	6.2	5.4	5.2	5.4
四 川	4.1	5.1	4.5	5.0	4.5	4.8
贵 州	—	3.8	5.3	4.0	8.7	4.4
云 南	5.3	6.3	5.4	7.3	5.3	4.4
西 藏	3.1	3.9	4.2	2.9	3.1	3.1
陕 西	7.1	4.1	4.0	4.0	4.0	4.4
甘 肃	2.1	2.2	3.0	2.5	4.4	4.7
青 海	4.6	3.4	5.2	3.9	3.7	4.5
宁 夏	—	2.8	3.1	3.7	2.9	3.8
新 疆	3.1	5.6	5.0	5.5	4.3	5.0

注:企业医疗保险实际缴费比例=企业医疗保险单项实际缴费支出/企业上年度职工工资总额×100%,得到企业实际缴费比例后,求得各省企业实际缴费比例的均值。个别省份在某些年份里存在缺失值。

表 B4　各省(自治区、直辖市)企业失业保险实际缴费比例

省(自治区、直辖市)	2010 年	2011 年	2012 年	2013 年	2014 年	2015 年
北　京	0.6	0.7	0.7	0.7	0.7	0.6
天　津	0.9	0.9	0.9	0.9	1.1	0.8
河　北	1.0	0.8	0.9	0.8	0.8	0.7
山　西	—	0.6	1.0	0.6	0.7	0.8
内蒙古	0.6	0.6	0.7	0.9	0.9	0.6
辽　宁	1.1	2.6	1.3	1.3	0.7	0.6
吉　林	1.1	1.2	0.9	0.8	1.0	1.1
黑龙江	0.4	1.0	0.6	0.7	0.9	0.7
上　海	0.9	0.9	0.9	0.7	0.7	0.8
江　苏	0.7	1.0	0.9	0.8	0.7	0.9
浙　江	0.8	0.9	1.0	0.8	0.8	0.7
安　徽	0.7	1.1	0.7	0.7	0.7	0.7
福　建	0.6	0.8	0.6	0.6	0.7	0.8
江　西	0.4	0.6	0.4	0.6	0.6	0.5
山　东	0.7	0.9	0.9	0.5	0.6	0.6
河　南	0.6	0.9	0.8	0.8	0.9	0.6
湖　北	0.8	1.1	1.0	0.9	1.0	0.7
湖　南	1.9	1.1	1.0	0.9	0.8	0.7
广　东	0.3	0.5	0.5	0.5	0.5	0.5
广　西	0.4	1.1	0.9	0.8	0.8	0.7
海　南	0.8	1.3	1.3	0.5	0.5	0.6
重　庆	1.0	0.9	1.1	0.9	0.9	0.7
四　川	0.8	1.2	1.1	1.0	0.9	0.8
贵　州	—	1.8	1.4	1.1	2.1	0.8
云　南	0.5	0.8	0.8	0.9	0.8	0.5
西　藏	0.6	0.9	0.8	0.7	0.6	0.6
陕　西	1.2	1.1	1.0	1.0	0.8	0.6
甘　肃	0.8	1.0	0.9	0.7	1.0	1.0
青　海	1.2	1.1	1.4	1.1	1.0	1.0
宁　夏	—	0.2	0.2	0.2	0.1	0.1
新　疆	0.5	1.1	1.1	1.1	1.2	0.8

注:企业失业保险实际缴费比例＝企业失业保险单项实际缴费支出/企业上年度职工工资总额×100%,得到企业实际缴费比例后,求得各省企业实际缴费比例的均值。个别省份在某些年份里存在缺失值。

表 B5　各省(自治区、直辖市)企业生育保险实际缴费比例

省(自治区、直辖市)	2010 年	2011 年	2012 年	2013 年	2014 年	2015 年
北　京	0.2	0.3	0.4	0.4	0.4	0.4
天　津	0.3	0.4	0.3	0.3	0.4	0.3
河　北	0.3	0.3	0.3	0.3	0.3	0.3
山　西	—	0.2	0.4	0.4	0.3	0.4
内蒙古	0.2	0.2	0.4	0.4	0.3	0.3
辽　宁	0.4	1.0	0.5	0.3	0.3	0.3
吉　林	0.3	0.4	0.3	0.3	0.4	0.4
黑龙江	0.2	0.2	0.3	0.2	0.3	0.3
上　海	0.2	0.3	0.3	0.3	0.4	0.5
江　苏	0.3	0.4	0.3	0.3	0.3	0.3
浙　江	0.2	0.3	0.3	0.3	0.3	0.4
安　徽	0.3	0.3	0.2	0.3	0.3	0.3
福　建	0.3	0.4	0.3	0.4	0.3	0.3
江　西	0.2	0.3	0.2	0.2	0.3	0.3
山　东	0.4	0.4	0.4	0.4	0.4	0.4
河　南	0.3	0.4	0.3	0.3	0.4	0.3
湖　北	0.3	0.3	0.4	0.3	0.3	0.3
湖　南	0.3	0.3	0.3	0.3	0.3	0.3
广　东	0.2	0.2	0.3	0.2	0.3	0.3
广　西	0.4	0.3	0.3	0.3	0.3	0.3
海　南	0.1	0.5	0.4	0.4	0.3	0.3
重　庆	0.2	0.3	0.4	0.4	0.4	0.3
四　川	0.2	0.3	0.4	0.3	0.3	0.3
贵　州	—	0.2	0.3	0.3	0.6	0.3
云　南	0.3	0.4	0.4	0.5	0.4	0.4
西　藏	0.2	0.3	0.2	0.2	0.2	0.3
陕　西	0.3	0.3	0.3	0.4	0.3	0.2
甘　肃	0.4	0.1	0.2	0.2	0.3	0.3
青　海	0.0	0.0	0.2	0.5	0.4	0.5
宁　夏	—	0.3	0.3	0.3	0.2	0.4
新　疆	0.2	0.4	0.3	0.4	0.3	0.3

注:企业生育保险实际缴费比例=企业生育保险单项实际缴费支出/企业上年度职工工资总额×100%,得到企业实际缴费比例后,求得各省企业实际缴费比例的均值。个别省份在某些年份里存在缺失值。

表 B6　各省(自治区、直辖市)企业工伤保险实际缴费比例

省(自治区、直辖市)	2010 年	2011 年	2012 年	2013 年	2014 年	2015 年
北　京	0.4	0.4	0.4	0.4	0.4	0.4
天　津	0.3	0.3	0.3	0.4	0.4	0.4
河　北	0.5	0.6	0.5	0.5	0.5	0.5
山　西	—	0.8	0.7	0.8	0.6	0.6
内蒙古	0.2	3.0	0.2	0.4	0.5	0.3
辽　宁	0.4	1.7	0.8	0.6	0.5	0.6
吉　林	0.6	1.1	0.5	0.7	0.7	0.6
黑龙江	0.4	0.5	1.4	1.0	0.7	1.0
上　海	0.2	0.3	0.3	0.4	0.4	0.5
江　苏	0.3	0.5	0.6	0.6	0.7	0.7
浙　江	0.5	0.5	0.6	0.5	0.5	0.6
安　徽	0.5	0.6	0.5	0.5	0.5	0.5
福　建	0.6	0.6	0.5	0.5	0.5	0.4
江　西	0.4	1.1	0.9	0.8	0.7	0.8
山　东	0.6	0.6	0.7	0.6	0.7	0.7
河　南	0.4	0.6	0.5	0.5	0.6	0.5
湖　北	0.4	0.4	0.5	0.4	0.5	0.5
湖　南	1.7	0.5	0.6	0.9	0.8	0.8
广　东	0.3	0.3	0.3	0.3	0.3	0.3
广　西	0.5	0.5	0.4	0.4	0.3	0.4
海　南	0.3	0.4	0.4	0.4	0.4	0.5
重　庆	0.4	0.6	0.5	0.5	0.5	0.6
四　川	0.4	0.7	0.7	0.7	0.7	0.7
贵　州	—	1.2	0.7	0.5	0.7	0.5
云　南	0.2	0.4	0.3	0.4	0.6	0.4
西　藏	0.2	0.3	0.3	0.3	0.3	0.3
陕　西	0.7	0.5	0.5	0.5	0.5	0.4
甘　肃	0.4	0.3	0.4	0.3	0.5	0.5
青　海	1.2	1.1	0.9	0.9	0.8	0.9
宁　夏	—	1.6	1.4	1.9	0.8	0.9
新　疆	0.2	0.6	0.4	0.5	0.6	0.6

注:企业工伤保险实际缴费比例=企业工伤保险单项实际缴费支出/企业上年度职工工资总额×100%,得到企业实际缴费比例后,求得各省企业实际缴费比例的均值。个别省份在某些年份里存在缺失值。

表 B7 各省(自治区、直辖市)职工社会保险实际缴费比例

省(自治区、直辖市)	实际缴费比例		省(自治区、直辖市)	实际缴费比例	
	2012 年	2014 年		2012 年	2014 年
北 京	5.6	7.4	湖 北	6.3	7.4
天 津	7.6	7.1	湖 南	6.4	7.1
河 北	6.2	6.9	广 东	5.9	6.2
山 西	6.3	7.3	广 西	6.2	6.0
内蒙古	—	9.3	海 南	—	—
辽 宁	7.5	7.9	重 庆	5.9	5.5
吉 林	5.4	7.1	四 川	6.4	6.3
黑龙江	7.2	7.1	贵 州	4.4	5.6
上 海	6.3	7.5	云 南	6.1	7.0
江 苏	6.8	6.8	西 藏	—	—
浙 江	6.1	7.2	陕 西	6.7	6.5
安 徽	5.0	6.2	甘 肃	6.0	7.3
福 建	5.0	5.9	青 海	—	—
江 西	4.6	5.8	宁 夏	—	—
山 东	6.6	6.9	新 疆	—	7.3
河 南	6.1	6.9			

注:职工社会保险实际缴费比例＝职工社会保险实际缴费支出/职工缴费基数×100%。职工缴费基数通过比较职工本人过去一年工资收入和职工所在省市社会保险缴费基数上下限后得到。

附录 C 社会保险均衡费率

表 C1 各省(自治区、直辖市)养老保险均衡费率

省(自治区、直辖市)	2010 年	2011 年	2012 年	2013 年	2014 年	2015 年
北 京	9.3	8.3	7.5	7.2	7.0	7.2
天 津	17.8	18.0	17.6	17.6	18.0	17.9
河 北	19.2	20.2	22.5	22.8	22.7	22.8
山 西	18.1	17.8	18.2	20.5	22.2	24.2
内蒙古	19.2	20.6	22.9	24.7	26.9	26.3
辽 宁	21.0	21.3	22.5	23.1	25.8	28.6
吉 林	21.9	22.7	24.3	25.1	26.1	27.4
黑龙江	28.7	30.0	30.4	32.4	34.5	36.9
上 海	17.9	13.2	14.2	14.4	14.9	18.1
江 苏	11.7	11.2	11.8	11.9	12.5	13.1

续表

省(自治区、直辖市)	2010 年	2011 年	2012 年	2013 年	2014 年	2015 年
浙　江	7.0	7.1	8.4	8.3	9.4	12.1
安　徽	15.9	14.6	15.3	15.5	16.6	17.4
福　建	11.0	10.2	9.6	10.1	9.9	10.0
江　西	14.4	14.1	14.5	14.8	16.7	17.5
山　东	15.5	15.2	15.1	14.8	16.0	16.5
河　南	17.1	16.8	16.7	17.9	17.9	18.2
湖　北	17.5	18.3	19.7	21.7	22.2	22.8
湖　南	17.3	16.5	16.8	18.6	19.6	19.9
广　东	5.4	4.9	4.9	5.2	4.9	4.8
广　西	19.5	21.5	22.6	23.4	23.3	22.0
海　南	17.6	17.0	17.7	15.1	15.0	14.3
重　庆	19.8	19.6	19.3	20.0	19.0	19.7
四　川	21.3	19.9	20.0	20.1	20.5	20.2
贵　州	17.9	16.2	15.5	14.3	13.9	13.0
云　南	21.2	20.4	21.4	21.4	21.6	20.5
西　藏	20.6	23.6	20.9	20.0	18.9	13.7
陕　西	19.3	19.4	19.4	19.3	20.2	19.8
甘　肃	25.1	26.5	27.4	27.0	27.5	28.7
青　海	21.4	22.4	23.2	23.7	23.9	25.7
宁　夏	16.1	17.9	19.3	18.8	19.4	19.7
新　疆	23.8	23.5	22.1	22.1	22.9	23.4

注:各省(自治区、直辖市)养老保险均衡费率为该省市当年度维持养老保险基金收支平衡所需的费率,即根据当年度的养老保险基金支出、缴费职工人数以及上年度社均工资反推出来的费率。

表 C2　各省(自治区、直辖市)医疗保险均衡费率

省(自治区、直辖市)	2010 年	2011 年	2012 年	2013 年	2014 年	2015 年
北　京	5.1	5.2	5.6	5.8	5.4	5.3
天　津	5.7	6.2	6.3	7.2	7.7	7.5
河　北	5.6	5.9	6.3	7.1	7.0	6.9
山　西	4.7	4.7	5.0	5.6	6.1	6.2
内蒙古	5.3	5.9	6.2	6.7	7.1	6.6
辽　宁	5.3	5.6	5.8	5.9	6.3	6.6
吉　林	4.2	4.6	4.9	5.4	5.3	5.9
黑龙江	5.4	6.0	6.7	7.1	7.6	7.6
上　海	3.9	4.3	4.6	4.5	4.6	4.7
江　苏	4.7	4.8	5.0	4.9	5.3	5.4

续表

省(自治区、直辖市)	2010年	2011年	2012年	2013年	2014年	2015年
浙　江	4.8	4.2	4.4	4.4	4.5	4.5
安　徽	4.7	4.6	4.8	5.0	5.3	5.5
福　建	6.0	5.6	4.8	4.8	4.9	5.1
江　西	4.0	4.1	4.4	4.6	5.2	5.0
山　东	5.1	5.3	5.3	5.4	5.7	6.0
河　南	4.6	4.7	4.8	5.2	5.6	5.7
湖　北	4.8	5.1	5.8	6.4	6.6	6.6
湖　南	5.8	5.7	5.7	6.3	6.4	6.3
广　东	2.5	2.8	2.7	3.1	3.0	3.0
广　西	5.7	6.8	7.0	7.0	7.1	6.5
海　南	4.9	4.6	4.7	4.3	5.0	4.8
重　庆	5.6	5.4	5.5	6.7	6.7	7.2
四　川	6.1	6.0	6.0	6.2	6.2	6.1
贵　州	5.4	5.4	6.1	6.1	6.2	5.8
云　南	9.0	7.9	8.4	8.5	9.0	8.7
西　藏	6.5	6.8	6.7	7.0	7.5	4.9
陕　西	5.3	5.0	5.1	5.4	6.2	6.7
甘　肃	5.7	6.9	7.4	8.4	7.6	7.1
青　海	8.7	9.2	9.2	9.9	9.7	9.7
宁　夏	5.9	5.8	8.2	10.6	11.2	6.9
新　疆	8.4	7.9	7.8	7.9	8.6	7.7

注:各省(自治区、直辖市)医疗保险均衡费率为该省市当年度维持医疗保险基金收支平衡所需的费率,即根据当年度的医疗保险基金支出、缴费职工人数以及上年度社均工资反推出来的费率。

表 C3　各省(自治区、直辖市)失业保险均衡费率

省(自治区、直辖市)	2010年	2011年	2012年	2013年	2014年	2015年
北　京	0.5	0.4	0.4	0.3	0.3	0.3
天　津	1.0	1.0	0.8	0.7	1.6	1.3
河　北	1.5	0.9	1.0	0.9	0.9	1.0
山　西	0.6	0.4	0.3	0.3	0.6	0.6
内蒙古	0.6	0.6	0.6	0.5	0.5	0.7
辽　宁	0.7	0.8	0.6	0.5	0.5	0.5
吉　林	0.8	0.7	1.1	0.9	0.9	0.6
黑龙江	1.2	0.4	0.4	0.4	0.3	1.0
上　海	1.5	1.3	1.6	1.4	1.3	1.2
江　苏	0.8	1.2	0.9	0.8	0.8	0.8

续表

省(自治区、直辖市)	2010年	2011年	2012年	2013年	2014年	2015年
浙　江	0.6	0.7	0.8	0.7	0.7	0.7
安　徽	0.7	0.4	1.0	0.9	0.8	0.9
福　建	0.5	0.4	0.5	0.4	0.4	0.3
江　西	0.6	0.5	0.3	0.3	0.2	0.3
山　东	1.0	0.7	1.1	0.9	0.8	0.8
河　南	0.7	0.6	0.6	0.6	0.5	0.5
湖　北	0.5	0.3	0.4	0.4	1.0	0.5
湖　南	0.6	0.5	0.5	0.4	0.4	0.5
广　东	0.5	0.4	0.2	0.2	0.2	0.2
广　西	0.8	0.7	0.8	0.7	0.7	0.9
海　南	0.5	0.3	0.6	0.5	0.5	0.4
重　庆	0.6	0.3	0.3	0.2	0.2	0.5
四　川	1.1	0.8	1.2	1.0	1.2	1.5
贵　州	1.1	0.6	1.8	1.4	0.9	0.7
云　南	1.0	0.3	0.5	0.4	0.5	1.0
西　藏	1.5	1.2	0.3	0.3	0.1	0.1
陕　西	1.0	0.4	1.1	1.0	0.3	0.5
甘　肃	1.5	0.6	0.4	0.4	0.2	0.6
青　海	0.7	0.3	0.5	0.5	0.2	1.6
宁　夏	0.6	0.4	0.4	0.4	0.9	1.1
新　疆	1.7	2.0	1.3	1.1	1.3	1.7

注:各省(自治区、直辖市)失业保险均衡费率为该省市当年度维持失业保险基金收支平衡所需的费率,即根据当年度的失业保险基金支出、缴费职工人数以及上年度社均工资反推出来的费率。

表C4　各省(自治区、直辖市)工伤保险均衡费率

省(自治区、直辖市)	2010年	2011年	2012年	2013年	2014年	2015年
北　京	0.2	0.2	0.2	0.2	0.2	0.2
天　津	0.3	0.4	0.4	0.4	0.3	0.3
河　北	0.7	0.8	0.9	1.0	0.9	0.8
山　西	0.8	0.8	0.7	0.8	0.9	0.9
内蒙古	0.4	0.5	0.5	0.5	0.5	0.5
辽　宁	0.4	0.5	0.6	0.6	0.6	0.6
吉　林	0.4	0.4	0.5	0.5	0.5	0.5
黑龙江	0.7	0.8	0.9	0.9	0.9	0.8
上　海	0.1	0.1	0.3	0.3	0.3	0.3
江　苏	0.3	0.4	0.5	0.6	0.6	0.6

续表

省(自治区、直辖市)	2010年	2011年	2012年	2013年	2014年	2015年
浙　江	0.2	0.3	0.3	0.3	0.3	0.3
安　徽	0.3	0.3	0.5	0.5	0.6	0.5
福　建	0.2	0.2	0.3	0.3	0.4	0.3
江　西	0.2	0.4	0.5	0.4	0.5	0.4
山　东	0.4	0.4	0.5	0.5	0.5	0.4
河　南	0.3	0.4	0.4	0.5	0.5	0.5
湖　北	0.2	0.2	0.3	0.4	0.4	0.4
湖　南	0.5	0.6	0.6	0.6	0.7	0.7
广　东	0.2	0.2	0.2	0.2	0.2	0.2
广　西	0.2	0.3	0.3	0.3	0.3	0.2
海　南	0.2	0.2	0.2	0.2	0.2	0.2
重　庆	0.7	0.7	0.9	0.8	0.7	0.7
四　川	0.4	0.5	0.6	0.6	0.6	0.5
贵　州	1.0	0.9	0.8	0.9	0.8	0.6
云　南	0.6	0.8	0.8	0.8	0.8	0.6
西　藏	—	—	0.5	—	0.2	0.2
陕　西	0.3	0.3	0.4	0.4	0.5	0.5
甘　肃	0.4	0.9	0.7	0.8	0.7	0.6
青　海	0.6	0.8	0.7	0.8	0.7	0.6
宁　夏	0.4	0.5	0.6	0.8	0.7	0.7
新　疆	0.4	0.5	0.7	0.6	0.6	0.6

注：各省(自治区、直辖市)工伤保险均衡费率为该省市当年度维持工伤保险基金收支平衡所需的费率，即根据当年度的工伤保险基金支出、缴费职工人数以及上年度社均工资反推出来的费率。

表C5　各省(自治区、直辖市)生育保险均衡费率

省(自治区、直辖市)	2010年	2011年	2012年	2013年	2014年	2015年
北　京	0.3	0.3	0.3	0.4	0.5	0.5
天　津	0.4	0.3	0.4	0.4	0.5	0.5
河　北	0.1	0.2	0.2	0.3	0.3	0.3
山　西	0.2	0.2	0.1	0.2	0.2	0.3
内蒙古	0.2	0.2	0.3	0.3	0.4	0.3
辽　宁	0.3	0.3	0.4	0.4	0.5	0.4
吉　林	0.1	0.1	0.2	0.2	0.3	0.2
黑龙江	0.2	0.2	0.3	0.3	0.3	0.2
上　海	0.3	0.3	0.5	0.5	0.5	0.5
江　苏	0.3	0.3	0.3	0.3	0.4	0.4

续表

省(自治区、直辖市)	2010年	2011年	2012年	2013年	2014年	2015年
浙　江	0.3	0.3	0.3	0.3	0.3	0.3
安　徽	0.2	0.2	0.2	0.3	0.3	0.3
福　建	0.2	0.2	0.3	0.3	0.5	0.4
江　西	0.1	0.1	0.1	0.1	0.1	0.2
山　东	0.3	0.4	0.4	0.5	0.6	0.5
河　南	0.2	0.2	0.2	0.3	0.4	0.4
湖　北	0.2	0.2	0.2	0.2	0.3	0.3
湖　南	0.2	0.2	0.2	0.2	0.2	0.3
广　东	0.1	0.1	0.2	0.2	0.2	0.2
广　西	0.2	0.3	0.3	0.3	0.3	0.3
海　南	0.1	0.2	0.2	0.3	0.2	0.3
重　庆	0.3	0.3	0.3	0.3	0.3	0.5
四　川	0.2	0.2	0.3	0.3	0.3	0.4
贵　州	0.1	0.1	0.1	0.2	0.2	0.2
云　南	0.3	0.3	0.5	0.6	0.6	0.5
西　藏	0.2	0.2	0.3	0.3	0.4	0.3
陕　西	0.2	0.2	0.2	0.2	0.3	0.2
甘　肃	0.2	0.2	0.2	0.4	0.4	0.3
青　海	0.3	0.4	0.2	0.3	0.4	0.3
宁　夏	0.2	0.3	0.3	0.4	0.5	0.4
新　疆	0.3	0.3	0.5	0.4	0.5	0.4

注:各省(自治区、直辖市)生育保险均衡费率为该省市当年度维持生育保险基金收支平衡所需的费率,即根据当年度的生育保险基金支出、缴费职工人数以及上年度社均工资反推出来的费率。

附录 D　养老保险年度精算平衡费率

表 D1　不同遵缴率下的年度精算平衡费率(替代率=49.2%)

年　份	基准情形			优化情形		
	Z=100	Z=80	Z=60	Z=100	Z=80	Z=60
2015	10.1	12.6	16.8	16.8	21.0	28.0
2016	10.2	12.8	17.1	17.1	21.3	28.4
2017	10.1	12.7	16.9	16.9	21.1	28.2
2018	10.2	12.7	17.0	17.0	21.2	28.3

续表

年份	基准情形			优化情形		
	Z=100	Z=80	Z=60	Z=100	Z=80	Z=60
2019	10.2	12.7	16.9	16.9	21.2	28.2
2020	10.2	12.7	17.0	17.0	21.2	28.3
2021	10.2	12.7	17.0	17.0	21.2	28.3
2022	10.1	12.6	16.8	16.8	21.0	28.0
2023	10.4	13.0	17.4	17.4	21.7	29.0
2024	10.8	13.5	17.9	17.9	22.4	29.9
2025	10.7	13.4	17.9	17.9	22.3	29.8
2026	11.0	13.8	18.4	18.4	23.0	30.7
2027	11.2	14.1	18.7	18.7	23.4	31.2
2028	11.4	14.2	18.9	18.9	23.7	31.6
2029	11.6	14.5	19.3	19.3	24.2	32.2
2030	12.0	15.0	20.0	20.0	25.0	33.3
2031	12.0	14.9	19.9	19.9	24.9	33.2
2032	12.3	15.3	20.4	20.4	25.6	34.1
2033	12.6	15.7	20.9	20.9	26.1	34.9
2034	12.5	15.7	20.9	20.9	26.1	34.9
2035	12.8	16.0	21.4	21.4	26.7	35.6
2036	12.9	16.1	21.5	21.5	26.9	35.8
2037	12.8	16.1	21.4	21.4	26.8	35.7
2038	13.2	16.5	22.0	22.0	27.4	36.6
2039	13.3	16.6	22.1	22.1	27.7	36.9
2040	13.3	16.6	22.2	22.2	27.7	37.0
2041	13.3	16.7	22.2	22.2	27.8	37.0
2042	13.4	16.7	22.3	22.3	27.8	37.1
2043	13.4	16.7	22.3	22.3	27.8	37.1
2044	13.4	16.7	22.3	22.3	27.9	37.2
2045	13.4	16.8	22.4	22.4	28.0	37.3
2046	13.5	16.9	22.5	22.5	28.1	37.5
2047	13.6	17.0	22.6	22.6	28.3	37.7
2048	13.6	17.0	22.7	22.7	28.4	37.8
2049	13.7	17.1	22.9	22.9	28.6	38.1
2050	13.9	17.3	23.1	23.1	28.9	38.5

注:上表为在不同遵缴率水平下,不降低职工养老金替代率水平,且维持基金收支平衡所需的费率,Z表示遵缴率。

表 D2　不同替代率下的年度精算平衡费率

单位:%

年份	基准情形				优化情形			
	T=49.2	T=50	T=55	T=60	T=49.2	T=50	T=55	T=60
2015	16.8	17.1	18.8	20.5	16.8	17.1	18.8	20.5
2016	17.1	17.3	19.1	20.8	17.1	17.3	19.1	20.8
2017	16.9	17.2	18.9	20.6	16.9	17.2	18.9	20.6
2018	17.0	17.2	18.9	20.7	17.0	17.2	18.9	20.7
2019	16.9	17.2	18.9	20.6	16.9	17.2	18.9	20.6
2020	17.0	17.2	19.0	20.7	17.0	17.2	19.0	20.7
2021	17.0	17.2	19.0	20.7	17.0	17.2	19.0	20.7
2022	17.2	17.5	19.2	21.0	16.8	17.1	18.8	20.5
2023	17.7	18.0	19.8	21.6	17.4	17.7	19.4	21.2
2024	18.1	18.4	20.3	22.1	17.9	18.2	20.1	21.9
2025	18.6	18.9	20.7	22.6	17.9	18.2	20.0	21.8
2026	19.0	19.3	21.2	23.2	18.4	18.7	20.6	22.4
2027	19.3	19.6	21.6	23.6	18.7	19.1	21.0	22.9
2028	19.9	20.2	22.3	24.3	18.9	19.3	21.2	23.1
2029	20.4	20.7	22.8	24.8	19.3	19.6	21.6	23.6
2030	21.0	21.3	23.5	25.6	20.0	20.3	22.3	24.3
2031	21.7	22.0	24.3	26.5	19.9	20.2	22.3	24.3
2032	22.4	22.8	25.1	27.3	20.4	20.8	22.9	24.9
2033	23.3	23.6	26.0	28.4	20.9	21.3	23.4	25.5
2034	24.0	24.4	26.8	29.2	20.9	21.3	23.4	25.5
2035	24.7	25.1	27.6	30.1	21.4	21.7	23.9	26.1
2036	25.2	25.7	28.2	30.8	21.5	21.8	24.0	26.2
2037	26.0	26.4	29.1	31.7	21.4	21.8	23.9	26.1
2038	26.9	27.4	30.1	32.8	22.0	22.3	24.5	26.8
2039	27.7	28.2	31.0	33.8	22.1	22.5	24.7	27.0
2040	28.4	28.9	31.8	34.7	22.2	22.5	24.8	27.1
2041	29.0	29.5	32.5	35.4	22.2	22.6	24.8	27.1
2042	30.0	30.5	33.5	36.6	22.3	22.6	24.9	27.1
2043	30.8	31.3	34.4	37.5	22.3	22.6	24.9	27.2
2044	31.6	32.1	35.3	38.5	22.3	22.7	24.9	27.2
2045	32.3	32.9	36.2	39.4	22.4	22.8	25.1	27.3
2046	32.8	33.4	36.7	40.0	22.5	22.8	25.1	27.4
2047	33.4	34.0	37.4	40.8	22.6	23.0	25.3	27.6
2048	34.1	34.7	38.2	41.6	22.7	23.1	25.4	27.7
2049	34.8	35.4	39.0	42.5	22.9	23.2	25.6	27.9
2050	35.5	36.1	39.7	43.3	23.1	23.5	25.8	28.2

注:上表为在最优遵缴率(100%)条件下,养老保险制度选择不同替代率水平,且维持基金平衡所需的费率,T 表示替代率。

表 D3　不同财政补贴规模下的年度精算平衡费率

单位:%

年　份	基准情形			优化情形		
	F=15	F=17	F=19	F=15	F=17	F=19
2016	14.7	14.4	14.0	14.7	14.4	14.0
2017	14.6	14.3	13.9	14.6	14.3	13.9
2018	14.6	14.3	14.0	14.6	14.3	14.0
2019	14.6	14.3	13.9	14.6	14.3	13.9
2020	14.7	14.3	14.0	14.7	14.3	14.0
2021	14.7	14.3	14.0	14.7	14.3	14.0
2022	14.9	14.5	14.2	14.5	14.2	13.8
2023	15.3	15.0	14.6	15.0	14.7	14.3
2024	15.7	15.3	14.9	15.5	15.1	14.8
2025	16.0	15.7	15.3	15.4	15.1	14.7
2026	16.4	16.0	15.6	15.9	15.5	15.1
2027	16.7	16.3	15.9	16.2	15.8	15.4
2028	17.2	16.8	16.4	16.4	16.0	15.6
2029	17.6	17.2	16.8	16.7	16.3	15.9
2030	18.1	17.7	17.3	17.2	16.8	16.4
2031	18.7	18.3	17.9	17.2	16.8	16.4
2032	19.4	18.9	18.5	17.7	17.2	16.8
2033	20.1	19.6	19.1	18.1	17.6	17.2
2034	20.7	20.2	19.7	18.1	17.6	17.2
2035	21.3	20.8	20.3	18.5	18.0	17.6
2036	21.8	21.3	20.8	18.6	18.1	17.7
2037	22.5	21.9	21.4	18.5	18.1	17.6
2038	23.3	22.7	22.2	19.0	18.5	18.1
2039	24.0	23.4	22.8	19.1	18.7	18.2
2040	24.6	24.0	23.4	19.2	18.7	18.3
2041	25.1	24.5	23.9	19.2	18.7	18.3
2042	25.9	25.3	24.7	19.2	18.8	18.3
2043	26.6	26.0	25.3	19.2	18.8	18.3
2044	27.3	26.6	26.0	19.3	18.8	18.4
2045	27.9	27.3	26.6	19.4	18.9	18.4
2046	28.4	27.7	27.0	19.4	19.0	18.5
2047	28.9	28.2	27.5	19.5	19.1	18.6
2048	29.5	28.8	28.1	19.6	19.1	18.7
2049	30.1	29.4	28.7	19.7	19.3	18.8
2050	30.7	29.9	29.2	20.0	19.5	19.0

注:上表为在最优遵缴率(100%)以及养老金替代率为 50%条件下,不同财政补贴规模对应的养老保险年度精算平衡费率,F 表示财政补贴规模,即财政补贴占养老保险基金支出的比重。

附录E　养老保险长期精算平衡费率

表 E1　不同遵缴率和替代率组合下的长期精算平衡费率

单位：%

遵缴率	T=49.2		T=50		T=55		T=60	
	基准	优化	基准	优化	基准	优化	基准	优化
100	26.3	20.8	26.7	21.2	29.4	23.3	32.1	25.4
98	26.8	21.2	27.2	21.6	30.0	23.8	32.8	25.9
96	27.4	21.7	27.8	22.1	30.6	24.3	33.4	26.5
94	28.0	22.1	28.4	22.6	31.3	24.8	34.1	27.0
92	28.6	22.6	29.0	23.0	32.0	25.3	34.9	27.6
90	29.2	23.1	29.7	23.6	32.7	25.9	35.7	28.2
88	29.9	23.6	30.3	24.1	33.4	26.5	36.5	28.9
86	30.6	24.2	31.0	24.7	34.2	27.1	37.3	29.5
84	31.3	24.8	31.8	25.2	35.0	27.7	38.2	30.2
82	32.1	25.4	32.6	25.9	35.9	28.4	39.1	31.0
80	32.9	26.0	33.4	26.5	36.8	29.1	40.1	31.8
78	33.7	26.7	34.2	27.2	37.7	29.9	41.2	32.6
76	34.6	27.4	35.1	27.9	38.7	30.7	42.2	33.4
74	35.5	28.1	36.1	28.6	39.7	31.5	43.4	34.3
72	36.5	28.9	37.1	29.4	40.8	32.4	44.6	35.3
70	37.6	29.7	38.1	30.3	42.0	33.3	45.9	36.3
68	38.7	30.6	39.3	31.2	43.2	34.3	47.2	37.4
66	39.8	31.5	40.5	32.1	44.5	35.3	48.6	38.5
64	41.1	32.5	41.7	33.1	45.9	36.4	50.2	39.7
62	42.4	33.5	43.1	34.2	47.4	37.6	51.8	41.0
60	43.8	34.7	44.5	35.3	49.0	38.8	53.5	42.3

注：上表为不同遵缴率和替代率组合下，养老保险制度在2016—2050年间维持基金精算平衡所需的费率。

表 E2　不同财政补贴规模下的年度精算平衡费率

单位：%

财政补贴	0	1	2	3	4	5	6	7	8	9
优　化	21.2	20.9	20.7	20.5	20.3	20.1	19.9	19.7	19.4	19.2
基　准	26.7	26.5	26.2	25.9	25.7	25.4	25.1	24.8	24.6	24.3
财政补贴	10	11	12	13	14	15	16	17	18	19
优　化	19	18.8	18.6	18.4	18.2	18	17.7	17.5	17.3	17.1
基　准	24	23.8	23.5	23.2	23	22.7	22.4	22.2	21.9	21.6

附录 F　中国人口生命表

表 F1　城镇男性人口生命表

年龄	死亡率	死亡概率	尚存人数（人）	死亡人数（人）	平均人年数（人×年）	累计人年数（人×年）	平均余命（年）
0	0.002 500 99	0.002 496 30	100 000	250	99 875	7 867 798	79
1	0.000 720 37	0.000 720 11	99 750	72	99 713	7 767 923	78
2	0.000 367 66	0.000 367 59	99 679	37	99 660	7 668 210	77
3	0.000 284 74	0.000 284 70	99 642	28	99 627	7 568 550	76
4	0.000 232 64	0.000 232 62	99 614	23	99 602	7 468 922	75
5	0.000 216 45	0.000 216 42	99 590	22	99 580	7 369 320	74
6	0.000 204 55	0.000 204 53	99 569	20	99 559	7 269 741	73
7	0.000 196 39	0.000 196 37	99 548	20	99 539	7 170 182	72
8	0.000 199 02	0.000 199 00	99 529	20	99 519	7 070 644	71
9	0.000 198 01	0.000 198 00	99 509	20	99 499	6 971 125	70
10	0.000 205 27	0.000 205 25	99 489	20	99 479	6 871 625	69
11	0.000 208 09	0.000 208 06	99 469	21	99 459	6 772 146	68
12	0.000 223 54	0.000 223 52	99 448	22	99 437	6 672 688	67
13	0.000 214 61	0.000 214 59	99 426	21	99 415	6 573 250	66
14	0.000 229 80	0.000 229 77	99 405	23	99 393	6 473 835	65
15	0.000 238 29	0.000 238 26	99 382	24	99 370	6 374 442	64
16	0.000 220 84	0.000 220 82	99 358	22	99 347	6 275 072	63
17	0.000 251 50	0.000 251 47	99 336	25	99 324	6 175 725	62
18	0.000 274 71	0.000 274 68	99 311	27	99 298	6 076 401	61
19	0.000 275 83	0.000 275 79	99 284	27	99 270	5 977 103	60
20	0.000 313 48	0.000 313 43	99 257	31	99 241	5 877 833	59
21	0.000 322 63	0.000 322 57	99 225	32	99 209	5 778 592	58
22	0.000 347 83	0.000 347 77	99 193	34	99 176	5 679 382	57
23	0.000 397 49	0.000 397 42	99 159	39	99 139	5 580 206	56
24	0.000 421 80	0.000 421 71	99 120	42	99 099	5 481 067	55
25	0.000 418 68	0.000 418 59	99 078	41	99 057	5 381 968	54
26	0.000 425 91	0.000 425 82	99 036	42	99 015	5 282 911	53
27	0.000 435 51	0.000 435 41	98 994	43	98 973	5 183 896	52
28	0.000 437 97	0.000 437 88	98 951	43	98 929	5 084 923	51
29	0.000 498 65	0.000 498 53	98 908	49	98 883	4 985 994	50
30	0.000 487 26	0.000 487 14	98 858	48	98 834	4 887 111	49

续表

年龄	死亡率	死亡概率	尚存人数（人）	死亡人数（人）	平均人年数（人×年）	累计人年数（人×年）	平均余命（年）
31	0.000 557 04	0.000 556 89	98 810	55	98 783	4 788 277	48
32	0.000 619 93	0.000 619 73	98 755	61	98 725	4 689 494	47
33	0.000 641 30	0.000 641 09	98 694	63	98 662	4 590 769	47
34	0.000 702 62	0.000 702 37	98 631	69	98 596	4 492 107	46
35	0.000 794 18	0.000 793 87	98 561	78	98 522	4 393 511	45
36	0.000 822 93	0.000 822 59	98 483	81	98 443	4 294 988	44
37	0.000 910 89	0.000 910 47	98 402	90	98 357	4 196 546	43
38	0.000 992 44	0.000 991 94	98 313	98	98 264	4 098 188	42
39	0.001 121 58	0.001 120 95	98 215	110	98 160	3 999 924	41
40	0.001 245 99	0.001 245 21	98 105	122	98 044	3 901 764	40
41	0.001 324 24	0.001 323 36	97 983	130	97 918	3 803 721	39
42	0.001 580 16	0.001 578 91	97 853	155	97 776	3 705 803	38
43	0.001 704 09	0.001 702 64	97 699	166	97 615	3 608 027	37
44	0.001 811 06	0.001 809 42	97 532	176	97 444	3 510 411	36
45	0.002 090 72	0.002 088 54	97 356	203	97 254	3 412 967	35
46	0.002 206 77	0.002 204 34	97 153	214	97 045	3 315 713	34
47	0.002 407 79	0.002 404 89	96 938	233	96 822	3 218 667	33
48	0.003 051 69	0.003 047 04	96 705	295	96 558	3 121 846	32
49	0.003 256 52	0.003 251 23	96 411	313	96 254	3 025 288	31
50	0.003 576 35	0.003 569 96	96 097	343	95 926	2 929 034	30
51	0.003 698 33	0.003 691 50	95 754	353	95 577	2 833 108	30
52	0.003 957 63	0.003 949 81	95 401	377	95 212	2 737 531	29
53	0.004 445 50	0.004 435 65	95 024	421	94 813	2 642 319	28
54	0.004 869 30	0.004 857 48	94 602	460	94 373	2 547 506	27
55	0.005 134 58	0.005 121 43	94 143	482	93 902	2 453 133	26
56	0.005 618 12	0.005 602 38	93 661	525	93 398	2 359 232	25
57	0.006 158 50	0.006 139 59	93 136	572	92 850	2 265 833	24
58	0.006 913 61	0.006 889 80	92 564	638	92 245	2 172 983	23
59	0.007 687 63	0.007 658 20	91 926	704	91 574	2 080 738	23
60	0.008 277 26	0.008 243 14	91 222	752	90 846	1 989 164	22
61	0.009 229 60	0.009 187 20	90 470	831	90 055	1 898 318	21
62	0.010 237 18	0.010 185 04	89 639	913	89 183	1 808 263	20
63	0.010 929 79	0.010 870 38	88 726	964	88 244	1 719 080	19
64	0.012 746 85	0.012 666 13	87 762	1 112	87 206	1 630 836	19
65	0.013 997 36	0.013 900 08	86 650	1 204	86 048	1 543 630	18
66	0.014 440 18	0.014 336 67	85 446	1 225	84 833	1 457 582	17
67	0.016 724 27	0.016 585 58	84 221	1 397	83 522	1 372 749	16

续表

年龄	死亡率	死亡概率	尚存人数（人）	死亡人数（人）	平均人年数（人×年）	累计人年数（人×年）	平均余命（年）
68	0.018 281 54	0.018 115 95	82 824	1 500	82 074	1 289 227	16
69	0.021 204 31	0.020 981 86	81 323	1 706	80 470	1 207 153	15
70	0.024 461 60	0.024 166 03	79 617	1 924	78 655	1 126 683	14
71	0.025 446 47	0.025 126 77	77 693	1 952	76 717	1 048 028	13
72	0.029 432 87	0.029 006 01	75 741	2 197	74 642	971 311	13
73	0.032 305 88	0.031 792 34	73 544	2 338	72 375	896 669	12
74	0.036 159 36	0.035 517 22	71 206	2 529	69 941	824 294	12
75	0.040 905 46	0.040 085 60	68 677	2 753	67 300	754 352	11
76	0.041 639 36	0.040 790 12	65 924	2 689	64 579	687 052	10
77	0.050 151 72	0.048 924 89	63 235	3 094	61 688	622 473	10
78	0.055 144 77	0.053 665 10	60 141	3 227	58 527	560 785	9
79	0.059 539 07	0.057 817 86	56 914	3 291	55 268	502 258	9
80	0.070 896 80	0.068 469 66	53 623	3 672	51 787	446 989	8
81	0.075 104 44	0.072 386 18	49 951	3 616	48 143	395 202	8
82	0.081 979 01	0.078 751 04	46 336	3 649	44 511	347 059	7
83	0.090 513 15	0.086 594 19	42 687	3 696	40 838	302 548	7
84	0.100 787 99	0.095 952 56	38 990	3 741	37 120	261 709	7
85	0.109 479 51	0.103 797 65	35 249	3 659	33 420	224 590	6
86	0.117 437 14	0.110 923 85	31 590	3 504	29 838	191 170	6
87	0.128 233 91	0.120 507 34	28 086	3 385	26 394	161 332	6
88	0.140 771 61	0.131 514 83	24 702	3 249	23 077	134 938	5
89	0.153 694 77	0.142 726 60	21 453	3 062	19 922	111 861	5
90	0.172 824 26	0.159 077 99	18 391	2 926	16 928	91 939	5
91	0.175 871 70	0.161 656 31	15 465	2 500	14 215	75 011	5
92	0.192 195 89	0.175 345 54	12 965	2 273	11 829	60 795	5
93	0.185 931 47	0.170 116 47	10 692	1 819	9 782	48 967	5
94	0.191 461 67	0.174 734 22	8 873	1 550	8 098	39 184	4
95	0.189 837 92	0.173 380 80	7 323	1 270	6 688	31 086	4
96	0.185 578 33	0.169 820 80	6 053	1 028	5 539	24 399	4
97	0.149 626 15	0.139 211 32	5 025	700	4 675	18 859	4
98	0.132 728 68	0.124 468 42	4 326	538	4 056	14 184	3
99	0.208 371 04	0.188 710 17	3 787	715	3 430	10 128	3
100	0.458 713 45	1.000 000 00	3 072	3 072	6 698	6 698	2

表 F2 城镇女性人口生命表

年龄	死亡率	死亡概率	尚存人数（人）	死亡人数（人）	平均人年数（人×年）	累计人年数（人×年）	平均余命（年）
0	0.002 517	0.002 512	100 000	251	99 874	8 291 384	83
1	0.000 663	0.000 662	99 749	66	99 714	8 191 510	82
2	0.000 333	0.000 332	99 683	33	99 666	8 091 795	81
3	0.000 227	0.000 227	99 650	23	99 638	7 992 130	80
4	0.000 186	0.000 186	99 627	19	99 618	7 892 492	79
5	0.000 161	0.000 161	99 608	16	99 600	7 792 874	78
6	0.000 148	0.000 148	99 592	15	99 585	7 693 274	77
7	0.000 127	0.000 127	99 578	13	99 571	7 593 689	76
8	0.000 129	0.000 129	99 565	13	99 558	7 494 118	75
9	0.000 121	0.000 121	99 552	12	99 546	7 394 559	74
10	0.000 131	0.000 131	99 540	13	99 533	7 295 013	73
11	0.000 133	0.000 133	99 527	13	99 520	7 195 480	72
12	0.000 135	0.000 135	99 514	13	99 507	7 095 959	71
13	0.000 121	0.000 121	99 500	12	99 494	6 996 452	70
14	0.000 128	0.000 128	99 488	13	99 482	6 896 958	69
15	0.000 125	0.000 125	99 475	12	99 469	6 797 476	68
16	0.000 117	0.000 117	99 463	12	99 457	6 698 007	67
17	0.000 130	0.000 130	99 451	13	99 445	6 598 550	66
18	0.000 137	0.000 137	99 439	14	99 432	6 499 105	65
19	0.000 121	0.000 121	99 425	12	99 419	6 399 673	64
20	0.000 133	0.000 133	99 413	13	99 406	6 300 254	63
21	0.000 147	0.000 147	99 400	15	99 392	6 200 848	62
22	0.000 167	0.000 167	99 385	17	99 377	6 101 455	61
23	0.000 182	0.000 182	99 368	18	99 359	6 002 079	60
24	0.000 188	0.000 188	99 350	19	99 341	5 902 719	59
25	0.000 180	0.000 180	99 332	18	99 323	5 803 378	58
26	0.000 190	0.000 190	99 314	19	99 304	5 704 056	57
27	0.000 206	0.000 206	99 295	20	99 285	5 604 751	56
28	0.000 206	0.000 206	99 274	20	99 264	5 505 467	55
29	0.000 228	0.000 228	99 254	23	99 243	5 406 202	54
30	0.000 230	0.000 230	99 231	23	99 220	5 306 960	53
31	0.000 256	0.000 256	99 208	25	99 196	5 207 740	52
32	0.000 274	0.000 274	99 183	27	99 169	5 108 544	52
33	0.000 279	0.000 279	99 156	28	99 142	5 009 375	51
34	0.000 331	0.000 331	99 128	33	99 112	4 910 233	50
35	0.000 345	0.000 345	99 095	34	99 078	4 811 121	49
36	0.000 377	0.000 377	99 061	37	99 042	4 712 043	48
37	0.000 414	0.000 414	99 024	41	99 003	4 613 000	47
38	0.000 457	0.000 457	98 983	45	98 960	4 513 997	46

续表

年龄	死亡率	死亡概率	尚存人数（人）	死亡人数（人）	平均人年数（人×年）	累计人年数（人×年）	平均余命（年）
39	0.000 497	0.000 497	98 938	49	98 913	4 415 037	45
40	0.000 597	0.000 597	98 888	59	98 859	4 316 124	44
41	0.000 612	0.000 612	98 829	60	98 799	4 217 265	43
42	0.000 742	0.000 741	98 769	73	98 732	4 118 466	42
43	0.000 779	0.000 778	98 696	77	98 657	4 019 734	41
44	0.000 863	0.000 863	98 619	85	98 576	3 921 077	40
45	0.001 013	0.001 013	98 534	100	98 484	3 822 500	39
46	0.001 035	0.001 035	98 434	102	98 383	3 724 016	38
47	0.001 159	0.001 159	98 332	114	98 275	3 625 633	37
48	0.001 444	0.001 443	98 218	142	98 147	3 527 358	36
49	0.001 507	0.001 506	98 076	148	98 003	3 429 211	35
50	0.001 705	0.001 703	97 929	167	97 845	3 331 208	34
51	0.001 828	0.001 826	97 762	179	97 673	3 233 363	33
52	0.001 900	0.001 899	97 583	185	97 491	3 135 690	32
53	0.002 151	0.002 149	97 398	209	97 294	3 038 199	31
54	0.002 445	0.002 442	97 189	237	97 070	2 940 906	30
55	0.002 556	0.002 552	96 952	247	96 828	2 843 836	29
56	0.002 805	0.002 801	96 704	271	96 569	2 747 008	28
57	0.003 107	0.003 102	96 433	299	96 284	2 650 439	27
58	0.003 473	0.003 467	96 134	333	95 967	2 554 155	27
59	0.003 907	0.003 900	95 801	374	95 614	2 458 188	26
60	0.004 398	0.004 388	95 427	419	95 218	2 362 574	25
61	0.004 874	0.004 862	95 009	462	94 778	2 267 356	24
62	0.005 537	0.005 522	94 547	522	94 286	2 172 578	23
63	0.006 072	0.006 054	94 024	569	93 740	2 078 293	22
64	0.007 137	0.007 112	93 455	665	93 123	1 984 553	21
65	0.008 046	0.008 014	92 791	744	92 419	1 891 430	20
66	0.008 245	0.008 211	92 047	756	91 669	1 799 011	20
67	0.009 736	0.009 688	91 291	884	90 849	1 707 342	19
68	0.010 745	0.010 687	90 407	966	89 924	1 616 493	18
69	0.012 593	0.012 514	89 440	1 119	88 881	1 526 570	17
70	0.014 952	0.014 841	88 321	1 311	87 666	1 437 689	16
71	0.016 030	0.015 903	87 010	1 384	86 319	1 350 023	16
72	0.018 730	0.018 556	85 627	1 589	84 832	1 263 704	15
73	0.020 828	0.020 614	84 038	1 732	83 172	1 178 872	14
74	0.023 557	0.023 283	82 306	1 916	81 347	1 095 701	13
75	0.026 316	0.025 974	80 389	2 088	79 345	1 014 353	13
76	0.028 099	0.027 710	78 301	2 170	77 216	935 008	12
77	0.034 073	0.033 502	76 131	2 551	74 856	857 792	11

续表

年龄	死亡率	死亡概率	尚存人数（人）	死亡人数（人）	平均人年数（人×年）	累计人年数（人×年）	平均余命（年）
78	0.038 513	0.037 785	73 581	2 780	72 191	782 935	11
79	0.043 064	0.042 157	70 801	2 985	69 308	710 745	10
80	0.051 931	0.050 616	67 816	3 433	66 100	641 436	9
81	0.056 169	0.054 635	64 383	3 518	62 625	575 337	9
82	0.062 483	0.060 590	60 866	3 688	59 022	512 712	8
83	0.070 155	0.067 778	57 178	3 875	55 240	453 690	8
84	0.078 466	0.075 504	53 302	4 025	51 290	398 450	7
85	0.085 645	0.082 128	49 278	4 047	47 254	347 160	7
86	0.093 261	0.089 106	45 231	4 030	43 216	299 906	7
87	0.103 950	0.098 814	41 201	4 071	39 165	256 690	6
88	0.117 840	0.111 283	37 129	4 132	35 063	217 525	6
89	0.126 547	0.119 016	32 997	3 927	31 034	182 462	6
90	0.146 312	0.136 338	29 070	3 963	27 089	151 428	5
91	0.156 481	0.145 126	25 107	3 644	23 285	124 339	5
92	0.172 226	0.158 571	21 463	3 403	19 761	101 054	5
93	0.181 820	0.166 668	18 060	3 010	16 555	81 293	5
94	0.181 912	0.166 746	15 050	2 509	13 795	64 738	4
95	0.195 741	0.178 292	12 540	2 236	11 422	50 943	4
96	0.199 675	0.181 550	10 304	1 871	9 369	39 521	4
97	0.184 722	0.169 104	8 434	1 426	7 721	30 151	4
98	0.182 626	0.167 345	7 008	1 173	6 421	22 431	3
99	0.230 128	0.206 381	5 835	1 204	5 233	16 010	3
100	0.429 682	1.000 000	4 631	4 631	10 777	10 777	2

表 F3　农村男性人口生命表

年龄	死亡率	死亡概率	尚存人数（人）	死亡人数（人）	平均人年数（人×年）	累计人年数（人×年）	平均余命（年）
0	0.004 548 1	0.004 532 6	100 000	453	99 773	7 319 852	73
1	0.001 463 3	0.001 462 2	99 547	146	99 472	7 220 078	73
2	0.000 893 3	0.000 892 9	99 401	89	99 356	7 120 607	72
3	0.000 652 8	0.000 652 6	99 312	65	99 280	7 021 251	71
4	0.000 545 8	0.000 545 6	99 248	54	99 220	6 921 971	70
5	0.000 487 0	0.000 486 9	99 193	48	99 169	6 822 751	69
6	0.000 491 9	0.000 491 8	99 145	49	99 121	6 723 582	68
7	0.000 463 3	0.000 463 2	99 096	46	99 073	6 624 461	67
8	0.000 454 8	0.000 454 7	99 051	45	99 028	6 525 387	66

续表

年龄	死亡率	死亡概率	尚存人数（人）	死亡人数（人）	平均人年数（人×年）	累计人年数（人×年）	平均余命（年）
9	0.000 472 0	0.000 471 9	99 005	47	98 982	6 426 359	65
10	0.000 498 4	0.000 498 3	98 959	49	98 934	6 327 377	64
11	0.000 461 6	0.000 461 5	98 909	46	98 887	6 228 443	63
12	0.000 484 4	0.000 484 3	98 864	48	98 840	6 129 557	62
13	0.000 474 3	0.000 474 2	98 816	47	98 792	6 030 717	61
14	0.000 515 1	0.000 515 0	98 769	51	98 744	5 931 924	60
15	0.000 659 3	0.000 659 1	98 718	65	98 686	5 833 181	59
16	0.000 754 0	0.000 753 8	98 653	74	98 616	5 734 495	58
17	0.000 849 0	0.000 848 7	98 579	84	98 537	5 635 879	57
18	0.000 890 3	0.000 889 9	98 495	88	98 451	5 537 342	56
19	0.000 995 9	0.000 995 4	98 407	98	98 358	5 438 891	55
20	0.001 092 9	0.001 092 3	98 310	107	98 256	5 340 532	54
21	0.001 105 5	0.001 104 9	98 202	109	98 148	5 242 276	53
22	0.001 123 1	0.001 122 5	98 094	110	98 039	5 144 129	52
23	0.001 192 3	0.001 191 6	97 984	117	97 925	5 046 090	51
24	0.001 249 3	0.001 248 5	97 867	122	97 806	4 948 165	51
25	0.001 317 9	0.001 317 0	97 745	129	97 680	4 850 359	50
26	0.001 289 2	0.001 288 4	97 616	126	97 553	4 752 679	49
27	0.001 336 0	0.001 335 1	97 490	130	97 425	4 655 126	48
28	0.001 428 4	0.001 427 4	97 360	139	97 290	4 557 701	47
29	0.001 529 1	0.001 527 9	97 221	149	97 147	4 460 411	46
30	0.001 575 3	0.001 574 1	97 072	153	96 996	4 363 264	45
31	0.001 738 4	0.001 736 9	96 920	168	96 835	4 266 268	44
32	0.001 784 1	0.001 782 6	96 751	172	96 665	4 169 433	43
33	0.001 816 4	0.001 814 8	96 579	175	96 491	4 072 768	42
34	0.002 023 9	0.002 021 9	96 404	195	96 306	3 976 276	41
35	0.002 210 5	0.002 208 0	96 209	212	96 102	3 879 970	40
36	0.002 233 6	0.002 231 1	95 996	214	95 889	3 783 868	39
37	0.002 333 7	0.002 331 0	95 782	223	95 670	3 687 979	39
38	0.002 412 5	0.002 409 6	95 559	230	95 444	3 592 309	38
39	0.002 678 0	0.002 674 4	95 328	255	95 201	3 496 865	37
40	0.002 933 8	0.002 929 5	95 074	279	94 934	3 401 664	36
41	0.002 960 6	0.002 956 2	94 795	280	94 655	3 306 730	35
42	0.003 384 4	0.003 378 7	94 515	319	94 355	3 212 075	34
43	0.003 412 6	0.003 406 8	94 195	321	94 035	3 117 720	33
44	0.003 735 1	0.003 728 1	93 875	350	93 700	3 023 685	32
45	0.004 165 6	0.004 157 0	93 525	389	93 330	2 929 985	31
46	0.004 250 9	0.004 241 9	93 136	395	92 938	2 836 655	30
47	0.004 416 6	0.004 406 9	92 741	409	92 536	2 743 717	30

续表

年龄	死亡率	死亡概率	尚存人数（人）	死亡人数（人）	平均人年数（人×年）	累计人年数（人×年）	平均余命（年）
48	0.005 347 0	0.005 332 8	92 332	492	92 086	2 651 180	29
49	0.005 730 5	0.005 714 1	91 840	525	91 577	2 559 095	28
50	0.006 130 6	0.006 111 9	91 315	558	91 036	2 467 517	27
51	0.006 158 4	0.006 139 4	90 757	557	90 478	2 376 482	26
52	0.006 465 8	0.006 445 0	90 200	581	89 909	2 286 003	25
53	0.007 047 0	0.007 022 2	89 618	629	89 304	2 196 094	25
54	0.008 000 5	0.007 968 6	88 989	709	88 634	2 106 791	24
55	0.008 171 8	0.008 138 6	88 280	718	87 921	2 018 157	23
56	0.008 832 7	0.008 793 9	87 561	770	87 176	1 930 236	22
57	0.009 347 4	0.009 303 9	86 791	807	86 388	1 843 060	21
58	0.010 433 3	0.010 379 1	85 984	892	85 538	1 756 672	20
59	0.011 686 4	0.011 618 5	85 091	989	84 597	1 671 135	20
60	0.012 929 4	0.012 846 3	84 103	1 080	83 563	1 586 538	19
61	0.014 030 5	0.013 932 8	83 022	1 157	82 444	1 502 975	18
62	0.015 284 3	0.015 168 4	81 866	1 242	81 245	1 420 531	17
63	0.016 352 9	0.016 220 2	80 624	1 308	79 970	1 339 286	17
64	0.019 063 1	0.018 883 1	79 316	1 498	78 567	1 259 316	16
65	0.020 349 5	0.020 144 5	77 818	1 568	77 035	1 180 749	15
66	0.021 094 9	0.020 874 7	76 251	1 592	75 455	1 103 715	14
67	0.024 690 7	0.024 389 6	74 659	1 821	73 749	1 028 260	14
68	0.026 574 2	0.026 225 8	72 838	1 910	71 883	954 511	13
69	0.031 303 3	0.030 820 9	70 928	2 186	69 835	882 628	12
70	0.036 645 4	0.035 986 0	68 742	2 474	67 505	812 793	12
71	0.037 622 7	0.036 928 0	66 268	2 447	65 045	745 288	11
72	0.043 460 5	0.042 536 2	63 821	2 715	62 464	680 244	11
73	0.046 931 5	0.045 855 5	61 106	2 802	59 705	617 780	10
74	0.052 623 5	0.051 274 4	58 304	2 990	56 809	558 075	10
75	0.058 107 3	0.056 466 8	55 315	3 123	53 753	501 266	9
76	0.057 700 6	0.056 082 6	52 191	2 927	50 728	447 513	9
77	0.069 713 6	0.067 365 4	49 264	3 319	47 605	396 785	8
78	0.076 522 0	0.073 702 1	45 946	3 386	44 252	349 180	8
79	0.084 372 3	0.080 957 1	42 559	3 445	40 836	304 928	7
80	0.100 826 7	0.095 987 7	39 114	3 754	37 237	264 091	7
81	0.104 027 1	0.098 883 8	35 359	3 496	33 611	226 855	6
82	0.113 797 1	0.107 670 8	31 863	3 431	30 148	193 244	6
83	0.122 631 0	0.115 546 2	28 432	3 285	26 790	163 096	6
84	0.136 022 3	0.127 360 4	25 147	3 203	23 546	136 307	5
85	0.144 609 4	0.134 858 5	21 944	2 959	20 465	112 761	5
86	0.155 143 8	0.143 975 4	18 985	2 733	17 618	92 297	5

续表

年龄	死亡率	死亡概率	尚存人数（人）	死亡人数（人）	平均人年数（人×年）	累计人年数（人×年）	平均余命（年）
87	0.166 456 3	0.153 666 9	16 251	2 497	15 003	74 678	5
88	0.182 947 4	0.167 615 0	13 754	2 305	12 601	59 676	4
89	0.202 120 8	0.183 569 2	11 449	2 102	10 398	47 074	4
90	0.226 391 3	0.203 370 6	9 347	1 901	8 397	36 676	4
91	0.233 171 4	0.208 825 3	7 446	1 555	6 669	28 280	4
92	0.251 625 6	0.223 505 7	5 891	1 317	5 233	21 611	4
93	0.256 420 3	0.227 280 6	4 575	1 040	4 055	16 378	4
94	0.250 655 5	0.222 740 0	3 535	787	3 141	12 323	3
95	0.260 517 3	0.230 493 5	2 747	633	2 431	9 182	3
96	0.257 273 5	0.227 950 7	2 114	482	1 873	6 751	3
97	0.229 536 3	0.205 905 0	1 632	336	1 464	4 878	3
98	0.235 046 1	0.210 327 8	1 296	273	1 160	3 414	3
99	0.307 361 5	0.266 418 2	1 024	273	887	2 254	2
100	0.549 361 4	1.000 000 0	751	751	1 367	1 367	2

表 F4 农村女性生命表

年龄	死亡率	死亡概率	尚存人数（人）	死亡人数（人）	平均人年数（人×年）	累计人年数（人×年）	平均余命（年）
0	0.004 869 3	0.004 851 6	100 000	485	99 757	7 851 886	79
1	0.001 331 7	0.001 330 8	99 515	132	99 446	7 752 129	78
2	0.000 748 0	0.000 747 8	99 382	74	99 344	7 652 683	77
3	0.000 510 1	0.000 509 9	99 308	51	99 282	7 553 338	76
4	0.000 408 1	0.000 408 0	99 257	40	99 237	7 454 056	75
5	0.000 386 0	0.000 385 9	99 217	38	99 198	7 354 819	74
6	0.000 333 1	0.000 333 0	99 179	33	99 162	7 255 621	73
7	0.000 277 7	0.000 277 7	99 146	28	99 132	7 156 459	72
8	0.000 277 2	0.000 277 1	99 118	27	99 104	7 057 327	71
9	0.000 267 8	0.000 267 8	99 091	27	99 077	6 958 223	70
10	0.000 307 6	0.000 307 5	99 064	30	99 049	6 859 145	69
11	0.000 294 2	0.000 294 2	99 034	29	99 019	6 760 096	68
12	0.000 283 3	0.000 283 3	99 005	28	98 990	6 661 077	67
13	0.000 287 6	0.000 287 6	98 976	28	98 962	6 562 087	66
14	0.000 276 7	0.000 276 6	98 948	27	98 934	6 463 125	65
15	0.000 343 5	0.000 343 4	98 921	34	98 904	6 364 190	64
16	0.000 370 7	0.000 370 6	98 887	37	98 868	6 265 287	63
17	0.000 406 2	0.000 406 1	98 850	40	98 830	6 166 418	62

续表

年龄	死亡率	死亡概率	尚存人数（人）	死亡人数（人）	平均人年数（人×年）	累计人年数（人×年）	平均余命（年）
18	0.000 415 7	0.000 415 6	98 810	41	98 789	6 067 588	61
19	0.000 418 6	0.000 418 5	98 769	41	98 748	5 968 799	60
20	0.000 462 3	0.000 462 2	98 727	46	98 705	5 870 051	59
21	0.000 456 9	0.000 456 8	98 682	45	98 659	5 771 346	58
22	0.000 465 6	0.000 465 5	98 637	46	98 614	5 672 687	58
23	0.000 496 4	0.000 496 3	98 591	49	98 566	5 574 073	57
24	0.000 519 8	0.000 519 6	98 542	51	98 516	5 475 507	56
25	0.000 557 9	0.000 557 7	98 491	55	98 463	5 376 990	55
26	0.000 550 4	0.000 550 3	98 436	54	98 409	5 278 527	54
27	0.000 602 1	0.000 601 9	98 382	59	98 352	5 180 118	53
28	0.000 579 5	0.000 579 4	98 322	57	98 294	5 081 766	52
29	0.000 661 8	0.000 661 6	98 265	65	98 233	4 983 473	51
30	0.000 730 6	0.000 730 3	98 200	72	98 165	4 885 240	50
31	0.000 784 1	0.000 783 8	98 129	77	98 090	4 787 075	49
32	0.000 779 5	0.000 779 2	98 052	76	98 014	4 688 985	48
33	0.000 789 6	0.000 789 3	97 975	77	97 937	4 590 971	47
34	0.000 950 8	0.000 950 4	97 898	93	97 852	4 493 034	46
35	0.000 964 6	0.000 964 2	97 805	94	97 758	4 395 183	45
36	0.001 003 8	0.001 003 3	97 711	98	97 662	4 297 425	44
37	0.001 044 7	0.001 044 2	97 613	102	97 562	4 199 763	43
38	0.001 091 6	0.001 091 0	97 511	106	97 458	4 102 202	42
39	0.001 188 9	0.001 188 2	97 404	116	97 347	4 004 744	41
40	0.001 360 3	0.001 359 4	97 289	132	97 223	3 907 398	40
41	0.001 375 7	0.001 374 7	97 156	134	97 090	3 810 175	39
42	0.001 555 9	0.001 554 7	97 023	151	96 947	3 713 085	38
43	0.001 560 0	0.001 558 8	96 872	151	96 796	3 616 138	37
44	0.001 765 1	0.001 763 5	96 721	171	96 636	3 519 342	36
45	0.001 961 9	0.001 959 9	96 550	189	96 456	3 422 706	35
46	0.001 999 0	0.001 997 0	96 361	192	96 265	3 326 250	35
47	0.002 124 4	0.002 122 2	96 169	204	96 067	3 229 985	34
48	0.002 547 2	0.002 543 9	95 965	244	95 843	3 133 918	33
49	0.002 785 6	0.002 781 8	95 721	266	95 587	3 038 076	32
50	0.003 159 4	0.003 154 5	95 454	301	95 304	2 942 488	31
51	0.003 213 0	0.003 207 8	95 153	305	95 001	2 847 185	30
52	0.003 359 2	0.003 353 6	94 848	318	94 689	2 752 184	29
53	0.003 723 8	0.003 716 9	94 530	351	94 354	2 657 495	28
54	0.004 291 8	0.004 282 6	94 178	403	93 977	2 563 141	27
55	0.004 430 4	0.004 420 6	93 775	415	93 568	2 469 164	26
56	0.004 814 7	0.004 803 2	93 361	448	93 136	2 375 596	25

续表

年龄	死亡率	死亡概率	尚存人数（人）	死亡人数（人）	平均人年数（人×年）	累计人年数（人×年）	平均余命（年）
57	0.005 173 3	0.005 159 9	92 912	479	92 672	2 282 460	25
58	0.005 778 8	0.005 762 1	92 433	533	92 166	2 189 788	24
59	0.006 645 6	0.006 623 6	91 900	609	91 596	2 097 621	23
60	0.007 500 2	0.007 472 2	91 291	682	90 950	2 006 025	22
61	0.008 194 7	0.008 161 2	90 609	739	90 240	1 915 075	21
62	0.009 177 8	0.009 135 8	89 870	821	89 459	1 824 835	20
63	0.009 833 6	0.009 785 5	89 049	871	88 613	1 735 376	19
64	0.011 600 8	0.011 533 9	88 177	1 017	87 669	1 646 763	19
65	0.012 739 6	0.012 658 9	87 160	1 103	86 609	1 559 094	18
66	0.013 252 4	0.013 165 2	86 057	1 133	85 491	1 472 486	17
67	0.015 760 7	0.015 637 5	84 924	1 328	84 260	1 386 995	16
68	0.017 010 8	0.016 867 4	83 596	1 410	82 891	1 302 735	16
69	0.020 312 1	0.020 107 9	82 186	1 653	81 360	1 219 844	15
70	0.023 971 2	0.023 687 3	80 533	1 908	79 580	1 138 484	14
71	0.025 451 8	0.025 132 0	78 626	1 976	77 638	1 058 905	13
72	0.029 358 5	0.028 933 8	76 650	2 218	75 541	981 267	13
73	0.031 823 6	0.031 325 2	74 432	2 332	73 266	905 726	12
74	0.035 292 1	0.034 680 1	72 100	2 500	70 850	832 460	12
75	0.038 896 7	0.038 154 6	69 600	2 656	68 272	761 610	11
76	0.039 503 2	0.038 738 1	66 944	2 593	65 648	693 338	10
77	0.047 983 9	0.046 859 7	64 351	3 015	62 843	627 690	10
78	0.052 696 9	0.051 344 1	61 336	3 149	59 761	564 846	9
79	0.059 185 5	0.057 484 4	58 186	3 345	56 514	505 085	9
80	0.071 665 6	0.069 186 5	54 842	3 794	52 944	448 571	8
81	0.075 053 1	0.072 338 5	51 047	3 693	49 201	395 627	8
82	0.083 593 2	0.080 239 4	47 355	3 800	45 455	346 426	7
83	0.090 669 8	0.086 737 6	43 555	3 778	41 666	300 971	7
84	0.100 808 0	0.095 970 7	39 777	3 817	37 868	259 305	7
85	0.107 471 5	0.101 991 0	35 960	3 668	34 126	221 437	6
86	0.115 103 4	0.108 839 5	32 292	3 515	30 535	187 311	6
87	0.127 685 3	0.120 022 8	28 777	3 454	27 050	156 776	5
88	0.142 365 7	0.132 905 2	25 323	3 366	23 641	129 726	5
89	0.155 225 1	0.144 045 4	21 958	3 163	20 376	106 085	5
90	0.173 809 6	0.159 912 4	18 795	3 006	17 292	85 709	5
91	0.187 485 7	0.171 416 6	15 789	2 707	14 436	68 417	4
92	0.205 797 0	0.186 596 5	13 083	2 441	11 862	53 981	4
93	0.214 075 6	0.193 377 0	10 642	2 058	9 613	42 118	4
94	0.219 255 6	0.197 593 8	8 584	1 696	7 736	32 506	4
95	0.235 033 2	0.210 317 4	6 888	1 449	6 163	24 770	4

续表

年龄	死亡率	死亡概率	尚存人数（人）	死亡人数（人）	平均人年数（人×年）	累计人年数（人×年）	平均余命（年）
96	0.238 652 4	0.213 210 7	5 439	1 160	4 859	18 607	3
97	0.238 002 2	0.212 691 7	4 279	910	3 824	13 747	3
98	0.229 558 0	0.205 922 4	3 369	694	3 022	9 923	3
99	0.283 582 1	0.248 366 0	2 675	664	2 343	6 901	3
100	0.441 223 5	1.000 000 0	2 011	2 011	4 558	4 558	2

附录G　老年人口总数及分性别的失能老人总数预测

单位：千人

年份	男性失能老人				女性失能老人				失能老人总数	老人总数
	轻度失能	中度失能	重度失能	合计	轻度失能	中度失能	重度失能	合计		
2015	2 999	701	486	4 186	5 521	1 693	1 022	8 236	12 422	135 179
2016	3 152	736	511	4 399	5 803	1 780	1 074	8 658	13 057	142 075
2017	3 327	777	539	4 643	6 128	1 879	1 134	9 142	13 785	149 992
2018	3 512	821	569	4 902	6 473	1 985	1 198	9 657	14 559	158 393
2019	3 687	862	597	5 146	6 806	2 088	1 260	10 154	15 300	166 428
2020	3 843	898	623	5 363	7 108	2 180	1 316	10 604	15 967	173 631
2021	3 985	931	646	5 562	7 380	2 264	1 366	11 010	16 572	180 178
2022	4 107	960	665	5 732	7 620	2 337	1 411	11 368	17 101	185 872
2023	4 221	986	684	5 891	7 849	2 407	1 453	11 709	17 600	191 237
2024	4 344	1 015	704	6 063	8 094	2 483	1 498	12 076	18 138	197 027
2025	4 486	1 048	727	6 261	8 376	2 569	1 551	12 496	18 758	203 697
2026	4 644	1 085	752	6 482	8 675	2 661	1 606	12 941	19 423	210 908
2027	4 813	1 125	780	6 717	8 995	2 759	1 665	13 418	20 135	218 627
2028	4 994	1 167	809	6 970	9 341	2 865	1 729	13 936	20 906	226 965
2029	5 191	1 213	841	7 245	9 720	2 981	1 799	14 501	21 745	236 039
2030	5 404	1 263	875	7 542	10 133	3 108	1 876	15 117	22 659	245 902
2031	5 628	1 315	912	7 855	10 556	3 238	1 954	15 747	23 602	256 132
2032	5 862	1 370	950	8 182	11 004	3 375	2 037	16 417	24 599	266 917
2033	6 102	1 426	988	8 515	11 466	3 517	2 122	17 105	25 620	277 959

续表

年份	男性失能老人				女性失能老人				失能老人总数	老人总数
	轻度失能	中度失能	重度失能	合计	轻度失能	中度失能	重度失能	合计		
2034	6 336	1 480	1 026	8 843	11 920	3 656	2 207	17 783	26 625	288 814
2035	6 560	1 533	1 063	9 155	12 354	3 789	2 287	18 430	27 585	299 180
2036	6 768	1 581	1 096	9 445	12 739	3 907	2 358	19 004	28 450	308 584
2037	6 963	1 627	1 128	9 718	13 101	4 018	2 425	19 545	29 263	317 422
2038	7 141	1 668	1 157	9 966	13 432	4 120	2 486	20 038	30 003	325 466
2039	7 291	1 703	1 181	10 175	13 718	4 207	2 539	20 465	30 640	332 357
2040	7 409	1 731	1 200	10 340	13 953	4 280	2 583	20 816	31 156	337 911
2041	7 493	1 751	1 214	10 457	14 112	4 328	2 612	21 052	31 510	341 740
2042	7 544	1 763	1 222	10 529	14 218	4 361	2 632	21 211	31 739	344 202
2043	7 574	1 770	1 227	10 571	14 288	4 382	2 645	21 316	31 887	345 750
2044	7 597	1 775	1 231	10 603	14 348	4 401	2 656	21 405	32 009	347 014
2045	7 624	1 781	1 235	10 640	14 416	4 421	2 669	21 506	32 146	348 444
2046	7 653	1 788	1 240	10 681	14 466	4 437	2 678	21 580	32 261	349 715
2047	7 678	1 794	1 244	10 715	14 508	4 450	2 686	21 644	32 359	350 785
2048	7 710	1 801	1 249	10 760	14 564	4 467	2 696	21 727	32 487	352 190
2049	7 769	1 815	1 259	10 843	14 663	4 497	2 714	21 875	32 717	354 731
2050	7 866	1 838	1 274	10 978	14 825	4 547	2 744	22 116	33 094	358 892
2051	8 002	1 870	1 296	11 168	15 023	4 608	2 781	22 411	33 579	364 354
2052	8 170	1 909	1 324	11 403	15 275	4 685	2 828	22 787	34 190	371 215
2053	8 352	1 952	1 353	11 657	15 549	4 769	2 878	23 197	34 854	378 652
2054	8 516	1 990	1 380	11 886	15 792	4 844	2 923	23 559	35 445	385 295
2055	8 643	2 019	1 400	12 062	15 968	4 898	2 956	23 822	35 884	390 269
2056	8 739	2 042	1 416	12 196	16 065	4 927	2 974	23 967	36 163	393 590
2057	8 797	2 055	1 425	12 277	16 094	4 936	2 979	24 009	36 286	395 211
2058	8 822	2 061	1 429	12 313	16 065	4 927	2 974	23 966	36 279	395 404
2059	8 826	2 062	1 430	12 318	16 000	4 907	2 962	23 869	36 187	394 657
2060	8 815	2 059	1 428	12 302	15 915	4 881	2 946	23 742	36 044	393 330
2061	8 792	2 054	1 424	12 271	15 798	4 845	2 924	23 568	35 839	391 363
2062	8 748	2 044	1 417	12 208	15 648	4 799	2 897	23 344	35 552	388 491
2063	8 689	2 030	1 408	12 126	15 476	4 747	2 865	23 087	35 213	385 032
2064	8 626	2 015	1 397	12 039	15 298	4 692	2 832	22 822	34 862	381 425
2065	8 568	2 002	1 388	11 958	15 130	4 641	2 801	22 571	34 530	378 032
2066	8 515	1 990	1 379	11 884	14 957	4 588	2 769	22 314	34 198	374 689
2067	8 463	1 977	1 371	11 811	14 787	4 535	2 737	22 059	33 870	371 391
2068	8 414	1 966	1 363	11 743	14 624	4 485	2 707	21 816	33 560	368 271

续表

年份	男性失能老人				女性失能老人				失能老人总数	老人总数
	轻度失能	中度失能	重度失能	合计	轻度失能	中度失能	重度失能	合计		
2069	8 372	1 956	1 356	11 684	14 474	4 439	2 679	21 592	33 276	365 441
2070	8 337	1 948	1 351	11 636	14 341	4 399	2 655	21 394	33 030	363 013
2071	8 303	1 940	1 345	11 588	14 196	4 354	2 628	21 179	32 766	360 429
2072	8 273	1 933	1 340	11 546	14 062	4313	2 603	20 979	32 525	358 079
2073	8 250	1 928	1 337	11 514	13 946	4 277	2 582	20 805	32 319	356 113
2074	8 237	1 925	1 334	11 496	13 849	4 248	2 564	20 661	32 157	354 611
2075	8 234	1 924	1 334	11 491	13 773	4 224	2 550	20 547	32 038	353 563
2076	8 227	1 922	1 333	11 482	13 690	4 199	2 534	20 422	31 905	352 366
2077	8 226	1 922	1 333	11 481	13 621	4 178	2 522	20 321	31 802	351 480
2078	8 229	1 923	1 333	11 485	13 565	4 161	2 511	20 237	31 722	350 828
2079	8 233	1 924	1 334	11 490	13 515	4 145	2 502	20 162	31 651	350 268
2080	8 236	1 924	1 334	11 494	13 467	4 131	2 493	20 091	31 585	349 731
2081	8 237	1 924	1 334	11 495	13 420	4 116	2 484	20 020	31 515	349 150
2082	8 231	1 923	1 333	11 487	13 366	4 100	2 474	19 940	31 427	348 346
2083	8 218	1 920	1 331	11 469	13 304	4 080	2 463	19 847	31 316	347 272
2084	8 201	1 916	1 328	11 445	13 238	4 060	2 451	19 748	31 193	346 060
2085	8 186	1 913	1 326	11 424	13 181	4 043	2 440	19 664	31 088	345 015
2086	8 162	1 907	1 322	11 391	13 113	4 022	2 427	19 562	30 953	343 640
2087	8 131	1 900	1 317	11 348	13 036	3 998	2 413	19 447	30 795	341 991
2088	8 100	1 892	1 312	11 304	12 965	3 976	2 400	19 341	30 646	340 412
2089	8 073	1 886	1 308	11 267	12 908	3 959	2 390	19 257	30 524	339 116
2090	8 052	1 881	1 304	11 238	12 866	3 946	2 382	19 193	30 431	338 114
2091	8 013	1 872	1 298	11 183	12 795	3 925	2 369	19 089	30 272	336 374
2092	7 974	1 863	1 292	11 129	12 732	3 905	2 357	18 994	30 124	334 739
2093	7 938	1 855	1 286	11 079	12 677	3 888	2 347	18 912	29 991	333 248
2094	7 906	1 847	1 281	11 034	12 631	3 874	2 338	18 843	29 876	331 956
2095	7 879	1 841	1 276	10 996	12 594	3 863	2 331	18 789	29 784	330 909
2096	7 833	1 830	1 269	10 931	12 527	3 842	2 319	18 688	29 620	329 054
2097	7 790	1 820	1 262	10 872	12 470	3 825	2 308	18 604	29 475	327 405
2098	7 752	1 811	1 256	10 818	12 425	3 811	2 300	18 536	29 355	326 003
2099	7 718	1 803	1 250	10 771	12 389	3 800	2 293	18 482	29 253	324 806
2100	7 688	1 796	1 245	10 729	12 358	3 790	2 288	18 436	29 165	323 762

附录 H　不同标准下失能老人总数预测

单位：千人

年份	ADL标准				IADL标准				MMSE标准			
	轻度失能	中度失能	重度失能	合计	轻度失能	中度失能	重度失能	合计	轻度失能	中度失能	重度失能	合计
2015	8 520	2 394	1 508	12 422	19 598	9 561	2 862	32 021	18 896	9 971	2 540	31 407
2016	8 955	2 516	1 585	13 057	20 599	10 049	3 008	33 655	19 861	10 480	2 669	33 010
2017	9 455	2 657	1 673	13 785	21 748	10 609	3 176	35 533	20 969	11 065	2 818	34 852
2018	9 985	2 806	1 767	14 559	22 969	11 205	3 354	37 528	22 146	11 687	2 976	36 809
2019	10 494	2 949	1 857	15 300	24 140	11 776	3 525	39 440	23 274	12 283	3 128	38 685
2020	10 951	3 078	1 938	15 967	25 193	12 289	3 679	41 161	24 289	12 821	3 264	40 374
2021	11 366	3 195	2 012	16 572	26 148	12 754	3 818	42 721	25 210	13 308	3 388	41 905
2022	11 728	3 297	2 076	17 101	26 983	13 161	3 940	44 084	26 014	13 734	3 495	43 243
2023	12 070	3 393	2 137	17 600	27 771	13 544	4 055	45 371	26 773	14 137	3 597	44 508
2024	12 438	3 498	2 202	18 138	28 622	13 959	4 180	46 761	27 593	14 572	3 707	45 872
2025	12 863	3 617	2 277	18 758	29 601	14 435	4 323	48 358	28 535	15 072	3 834	47 441
2026	13 319	3 746	2 358	19 423	30 651	14 947	4 476	50 074	29 547	15 607	3 970	49 124
2027	13 807	3 883	2 445	20 135	31 776	15 495	4 640	51 911	30 632	16 180	4 115	50 927
2028	14 336	4 032	2 538	20 906	32 992	16 088	4 818	53 898	31 804	16 800	4 273	52 876
2029	14 911	4 194	2 640	21 745	34 317	16 734	5 011	56 062	33 081	17 476	4 444	55 001
2030	15 537	4 371	2 751	22 659	35 759	17 436	5 222	58 418	34 471	18 212	4 631	57 313
2031	16 184	4 553	2 866	23 602	37 249	18 162	5 440	60 850	35 906	18 971	4 823	59 700
2032	16 867	4 745	2 987	24 599	38 822	18 929	5 669	63 420	37 422	19 773	5 027	62 222
2033	17 567	4 942	3 111	25 620	40 435	19 715	5 905	66 056	38 977	20 596	5 236	64 808
2034	18 256	5 136	3 233	26 625	42 022	20 488	6 137	68 648	40 506	21 406	5 441	67 352
2035	18 914	5 322	3 350	27 585	43 538	21 227	6 358	71 123	41 966	22 179	5 637	69 782
2036	19 507	5 489	3 455	28 450	44 903	21 892	6 558	73 352	43 282	22 873	5 814	71 969
2037	20 064	5 645	3 553	29 263	46 185	22 518	6 745	75 448	44 519	23 526	5 980	74 025
2038	20 572	5 788	3 643	30 003	47 354	23 088	6 915	77 357	45 645	24 121	6 131	75 898
2039	21 009	5 911	3 720	30 640	48 359	23 578	7 062	78 998	46 614	24 633	6 261	77 508
2040	21 362	6 011	3 783	31 156	49 174	23 975	7 181	80 330	47 399	25 050	6 367	78 816
2041	21 604	6 079	3 826	31 510	49 732	24 247	7 263	81 242	47 937	25 334	6 439	79 710
2042	21 762	6 123	3 854	31 739	50 096	24 423	7 316	81 835	48 287	25 520	6 486	80 293
2043	21 863	6 152	3 872	31 887	50 329	24 537	7 350	82 216	48 511	25 641	6 516	80 668
2044	21 946	6 176	3 887	32 009	50 522	24 630	7 378	82 531	48 697	25 741	6 540	80 978
2045	22 040	6 203	3 904	32 146	50 740	24 736	7 410	82 886	48 906	25 853	6 568	81 328
2046	22 119	6 225	3 918	32 261	50 922	24 824	7 437	83 183	49 082	25 946	6 592	81 619
2047	22 186	6 244	3 929	32 359	51 076	24 900	7 459	83 435	49 230	26 024	6 612	81 866

续表

年份	ADL标准				IADL标准				MMSE标准			
	轻度失能	中度失能	重度失能	合计	轻度失能	中度失能	重度失能	合计	轻度失能	中度失能	重度失能	合计
2048	22 274	6 268	3 945	32 487	51 277	24 998	7 489	83 764	49 425	26 126	6 638	82 189
2049	22 432	6 313	3 973	32 717	51 640	25 176	7 542	84 358	49 775	26 310	6 685	82 770
2050	22 691	6 385	4 019	33 094	52 234	25 466	7 628	85 328	50 348	26 610	6 763	83 721
2051	23 025	6 477	4 077	33 579	52 995	25 840	7 739	86 574	51 085	26 992	6 862	84 939
2052	23 445	6 594	4 151	34 190	53 956	26 311	7 879	88 146	52 013	27 475	6 988	86 476
2053	23 902	6 721	4 232	34 854	54 999	26 823	8 031	89 853	53 021	27 999	7 124	88 145
2054	24 309	6 834	4 303	35 445	55 928	27 279	8 167	91 373	53 919	28 466	7 245	89 631
2055	24 611	6 917	4 356	35 884	56 616	27 617	8 267	92 500	54 585	28 810	7 335	90 731
2056	24 804	6 969	4 390	36 163	57 051	27 833	8 330	93 214	55 008	29 023	7 393	91 425
2057	24 890	6 991	4 404	36 286	57 240	27 929	8 357	93 527	55 194	29 112	7 419	91 725
2058	24 887	6 989	4 403	36 279	57 224	27 924	8 355	93 503	55 182	29 096	7 418	91 696
2059	24 826	6 970	4 392	36 187	57 074	27 855	8 333	93 261	55 040	29 013	7 400	91 453
2060	24 729	6 941	4 374	36 044	56 844	27 745	8 299	92 888	54 821	28 889	7 372	91 082
2061	24 590	6 900	4 349	35 839	56 515	27 588	8 250	92 354	54 507	28 714	7 330	90 551
2062	24 395	6 843	4 314	35 552	56 059	27 369	8 183	91 611	54 070	28 475	7 272	89 817
2063	24 164	6 777	4 272	35 213	55 520	27 109	8 104	90 734	53 553	28 194	7 204	88 952
2064	23 924	6 708	4 229	34 862	54 961	26 839	8 023	89 823	53 017	27 904	7 132	88 053
2065	23 698	6 643	4 189	34 530	54 433	26 584	7 945	88 963	52 511	27 629	7 065	87 204
2066	23 472	6 577	4 148	34 198	53 905	26 330	7 868	88 103	52 004	27 352	6 998	86 355
2067	23 250	6 513	4 108	33 870	53 384	26 079	7 791	87 254	51 505	27 080	6 932	85 516
2068	23 038	6 451	4 070	33 560	52 889	25 841	7 719	86 448	51 031	26 820	6 869	84 720
2069	22 845	6 395	4 036	33 276	52 437	25 624	7 652	85 713	50 598	26 583	6 811	83 992
2070	22 678	6 347	4 005	33 030	52 044	25 435	7 595	85 074	50 222	26 376	6 762	83 360
2071	22 499	6 294	3 973	32 766	51 622	25 233	7 533	84 389	49 819	26 154	6 709	82 681
2072	22 335	6 246	3 943	32 525	51 236	25 048	7 476	83 761	49 450	25 949	6 660	82 059
2073	22 196	6 205	3 918	32 319	50 907	24 891	7 428	83 226	49 136	25 774	6 619	81 528
2074	22 087	6 172	3 898	32 157	50 647	24 768	7 389	82 804	48 888	25 634	6 586	81 109
2075	22 007	6 148	3 883	32 038	50 454	24 677	7 361	82 492	48 705	25 529	6 562	80 797
2076	21 917	6 121	3 867	31 905	50 239	24 575	7 329	82 144	48 501	25 413	6 536	80 449
2077	21 848	6 100	3 854	31 802	50 072	24 497	7 305	81 874	48 343	25 321	6 515	80 179
2078	21 794	6 083	3 844	31 722	49 942	24 436	7 285	81 663	48 219	25 248	6 500	79 967
2079	21 747	6 069	3 835	31 651	49 827	24 383	7 268	81 479	48 111	25 184	6 486	79 781
2080	21 703	6 055	3 827	31 585	49 719	24 332	7 252	81 303	48 009	25 124	6 473	79 605
2081	21 656	6 040	3 818	31 515	49 606	24 280	7 236	81 121	47 902	25 061	6 459	79 422
2082	21 597	6 023	3 808	31 427	49 464	24 213	7 215	80 892	47 768	24 985	6 441	79 194
2083	21 522	6 001	3 794	31 316	49 286	24 127	7 189	80 602	47 598	24 890	6 419	78 907
2084	21 438	5 976	3 779	31 193	49 090	24 034	7 160	80 284	47 410	24 787	6 394	78 592
2085	21 366	5 955	3 766	31 088	48 922	23 953	7 135	80 010	47 249	24 699	6 373	78 320

续表

年份	ADL标准				IADL标准				MMSE标准			
	轻度失能	中度失能	重度失能	合计	轻度失能	中度失能	重度失能	合计	轻度失能	中度失能	重度失能	合计
2086	21 275	5 929	3 750	30 953	48 708	23 850	7 104	79 661	47 044	24 587	6 345	77 977
2087	21 167	5 898	3 730	30 795	48 457	23 728	7 067	79 252	46 803	24 458	6 313	77 574
2088	21 065	5 869	3 712	30 646	48 220	23 613	7 032	78 866	46 575	24 336	6 283	77 194
2089	20 981	5 845	3 697	30 524	48 028	23 520	7 004	78 553	46 390	24 237	6 258	76 886
2090	20 918	5 827	3 686	30 431	47 881	23 448	6 983	78 312	46 248	24 162	6 239	76 649
2091	20 808	5 797	3 667	30 272	47 630	23 325	6 946	77 901	46 006	24 034	6 207	76 247
2092	20 707	5 768	3 649	30 124	47 397	23 212	6 912	77 521	45 781	23 917	6 176	75 874
2093	20 615	5 743	3 633	29 991	47 188	23 109	6 882	77 178	45 579	23 811	6 149	75 539
2094	20 536	5 721	3 619	29 876	47 008	23 021	6 856	76 884	45 405	23 721	6 125	75 252
2095	20 473	5 704	3 608	29 784	46 864	22 950	6 835	76 649	45 266	23 650	6 107	75 022
2096	20 360	5 672	3 588	29 620	46 606	22 823	6 797	76 225	45 016	23 520	6 073	74 608
2097	20 260	5 645	3 570	29 475	46 379	22 711	6 764	75 855	44 797	23 407	6 043	74 247
2098	20 177	5 622	3 556	29 355	46 191	22 618	6 736	75 545	44 614	23 313	6 018	73 945
2099	20 107	5 603	3 544	29 253	46 032	22 540	6 713	75 285	44 460	23 235	5 997	73 692
2100	20 046	5 587	3 533	29 165	45 895	22 472	6 694	75 060	44 326	23 168	5 979	73 473

附录I　2015—2100年中国失能老人长期护理财务需求

年份	ADL标准		IADL标准		MMSE标准	
	总需求（亿元）	人均费用（元）	总需求（亿元）	人均费用（元）	总需求（亿元）	人均费用（元）
2015	1 713	13 787	4 630	14 458	4 563	14 530
2016	1 808	13 849	4 888	14 525	4 818	14 596
2017	1 918	13 917	5 186	14 595	5 112	14 668
2018	2 037	13 989	5 506	14 671	5 427	14 744
2019	2 152	14 067	5 818	14 752	5 735	14 826
2020	2 259	14 150	6 108	14 839	6 021	14 913
2021	2 358	14 227	6 373	14 918	6 283	14 994
2022	2 447	14 307	6 614	15 002	6 520	15 078
2023	2 533	14 393	6 847	15 091	6 751	15 168
2024	2 627	14 484	7 101	15 186	7 002	15 264
2025	2 735	14 578	7 393	15 287	7 289	15 365
2026	2 852	14 681	7 708	15 393	7 601	15 472
2027	2 978	14 789	8 049	15 506	7 937	15 586

续表

年份	ADL 标准		IADL 标准		MMSE 标准	
	总需求（亿元）	人均费用（元）	总需求（亿元）	人均费用（元）	总需求（亿元）	人均费用（元）
2028	3 116	14 903	8 422	15 626	8 305	15 707
2029	3 267	15 024	8 831	15 752	8 709	15 834
2030	3 433	15 153	9 281	15 887	9 153	15 970
2031	3 603	15 267	9 740	16 006	9 605	16 089
2032	3 785	15 385	10 230	16 130	10 089	16 214
2033	3 974	15 510	10 741	16 261	10 594	16 346
2034	4 165	15 641	11 257	16 398	11 103	16 485
2035	4 353	15 780	11 766	16 543	11 604	16 630
2036	4 531	15 925	12 246	16 695	12 078	16 782
2037	4 704	16 075	12 716	16 854	12 541	16 942
2038	4 871	16 235	13 167	17 021	12 986	17 109
2039	5 026	16 402	13 585	17 197	13 398	17 286
2040	5 165	16 578	13 962	17 381	13 770	17 472
2041	5 270	16 726	14 246	17 535	14 051	17 627
2042	5 357	16 880	14 482	17 696	14 283	17 789
2043	5 433	17 039	14 687	17 864	14 486	17 958
2044	5 507	17 206	14 887	18 037	14 683	18 133
2045	5 587	17 379	15 101	18 219	14 895	18 314
2046	5 665	17 559	15 312	18 407	15 103	18 504
2047	5 742	17 745	15 521	18 603	15 310	18 701
2048	5 828	17 939	15 753	18 807	15 538	18 906
2049	5 935	18 142	16 044	19 019	15 824	19 118
2050	6 073	18 352	16 416	19 239	16 191	19 340
2051	6 235	18 569	16 854	19 468	16 622	19 569
2052	6 426	18 795	17 371	19 707	17 129	19 808
2053	6 633	19 032	17 930	19 955	17 679	20 056
2054	6 833	19 277	18 469	20 213	18 208	20 315
2055	7 009	19 531	18 945	20 481	18 676	20 584
2056	7 159	19 796	19 351	20 760	19 074	20 863
2057	7 283	20 071	19 688	21 050	19 403	21 154
2058	7 386	20 358	19 965	21 352	19 674	21 456
2059	7 475	20 657	20 206	21 666	19 910	21 770
2060	7 557	20 967	20 428	21 993	20 127	22 097
2061	7 630	21 289	20 624	22 332	20 317	22 437
2062	7 688	21 624	20 782	22 685	20 470	22 791
2063	7 737	21 973	20 916	23 052	20 600	23 158
2064	7 786	22 335	21 049	23 434	20 729	23 541

续表

年份	ADL 标准		IADL 标准		MMSE 标准	
	总需求（亿元）	人均费用（元）	总需求（亿元）	人均费用（元）	总需求（亿元）	人均费用（元）
2065	7 843	22 713	21 201	23 831	20 876	23 939
2066	7 901	23 105	21 360	24 244	21 029	24 352
2067	7 964	23 514	21 529	24 674	21 193	24 783
2068	8 033	23 936	21 717	25 121	21 375	25 230
2069	8 112	24 379	21 930	25 585	21 582	25 695
2070	8 204	24 837	22 178	26 069	21 823	26 179
2071	8 295	25 314	22 423	26 571	22 061	26 682
2072	8 395	25 809	22 694	27 094	22 324	27 205
2073	8 508	26 326	23 002	27 638	22 624	27 749
2074	8 638	26 863	23 353	28 203	22 966	28 314
2075	8 785	27 421	23 750	28 791	23 353	28 903
2076	8 934	28 002	24 152	29 402	23 745	29 516
2077	9 097	28 606	24 594	30 038	24 176	30 152
2078	9 273	29 233	25 070	30 699	24 642	30 815
2079	9 460	29 887	25 574	31 387	25 134	31 503
2080	9 654	30 567	26 100	32 102	25 649	32 220
2081	9 855	31 272	26 646	32 847	26 181	32 965
2082	10 060	32 010	27 196	33 620	26 720	33 740
2083	10 264	32 774	27 747	34 424	27 259	34 546
2084	10 471	33 568	28 309	35 261	27 809	35 384
2085	10 693	34 394	28 908	36 131	28 397	36 257
2086	10 913	35 257	29 503	37 036	28 978	37 163
2087	11 132	36 150	30 097	37 977	29 561	38 107
2088	11 364	37 081	30 722	38 955	30 174	39 088
2089	11 614	38 048	31 399	39 972	30 837	40 108
2090	11 885	39 056	32 132	41 031	31 557	41 170
2091	12 140	40 105	32 821	42 131	32 233	42 274
2092	12 409	41 193	33 548	43 276	32 946	43 423
2093	12 694	42 327	34 319	44 467	33 703	44 617
2094	12 998	43 505	35 140	45 705	34 509	45 858
2095	13 323	44 733	36 019	46 992	35 375	47 152
2096	13 627	46 005	36 841	48 331	36 182	48 496
2097	13 951	47 331	37 717	49 722	37 044	49 893
2098	14 299	48 711	38 657	51 171	37 968	51 346
2099	14 670	50 147	39 658	52 677	38 952	52 858
2100	15 060	51 639	40 716	54 244	39 992	54 431

附录J　中国失能老人长期护理财务总供给

年份	养老金		后代供养		总收入	
	总供给（亿元）	人均供给（元）	总供给（亿元）	人均供给（元）	总供给（亿元）	人均供给（元）
2015	2 159	1 597	4 175	3 088	6 333	4 685
2016	2 275	1 601	4 408	3 102	6 683	4 704
2017	2 409	1 606	4 676	3 118	7 085	4 724
2018	2 552	1 611	4 964	3 134	7 516	4 745
2019	2 691	1 617	5 244	3 151	7 935	4 768
2020	2 817	1 622	5 503	3 170	8 321	4 792
2021	2 934	1 628	5 742	3 187	8 676	4 815
2022	3 038	1 634	5 957	3 205	8 995	4 839
2023	3 138	1 641	6 165	3 224	9 303	4 865
2024	3 246	1 647	6 392	3 244	9 637	4 891
2025	3 370	1 654	6 652	3 265	10 022	4 920
2026	3 505	1 662	6 935	3 288	10 440	4 950
2027	3 649	1 669	7 242	3 312	10 891	4 982
2028	3 806	1 677	7 576	3 338	11 382	5 015
2029	3 977	1 685	7 943	3 365	11 920	5 050
2030	4 164	1 694	8 345	3 394	12 510	5 087
2031	4 361	1 702	8 757	3 419	13 118	5 122
2032	4 568	1 711	9 197	3 446	13 765	5 157
2033	4 783	1 721	9 656	3 474	14 438	5 194
2034	4 998	1 730	10 117	3 503	15 115	5 234
2035	5 207	1 741	10 573	3 534	15 780	5 275
2036	5 404	1 751	11 005	3 566	16 409	5 318
2037	5 592	1 762	11 428	3 600	17 021	5 362
2038	5 770	1 773	11 834	3 636	17 604	5 409
2039	5 930	1 784	12 209	3 674	18 139	5 458
2040	6 070	1 796	12 546	3 713	18 616	5 509
2041	6 181	1 809	12 801	3 746	18 983	5 555
2042	6 268	1 821	13 012	3 780	19 280	5 601
2043	6 340	1 834	13 194	3 816	19 535	5 650
2044	6 410	1 847	13 372	3 853	19 781	5 700
2045	6 485	1 861	13 561	3 892	20 046	5 753
2046	6 559	1 875	13 752	3 932	20 310	5 808
2047	6 628	1 890	13 940	3 974	20 569	5 864
2048	6 706	1 904	14 149	4 018	20 856	5 922
2049	6 809	1 919	14 412	4 063	21 221	5 982

续表

年份	养老金		后代供养		总收入	
	总供给（亿元）	人均供给（元）	总供给（亿元）	人均供给（元）	总供给（亿元）	人均供给（元）
2050	6 945	1 935	14 750	4 110	21 695	6 045
2051	7 110	1 952	15 153	4 159	22 263	6 110
2052	7 308	1 969	15 627	4 210	22 935	6 178
2053	7 521	1 986	16 141	4 263	23 662	6 249
2054	7 724	2 005	16 636	4 318	24 360	6 322
2055	7 898	2 024	17 074	4 375	24 972	6 399
2056	8 043	2 044	17 454	4 435	25 497	6 478
2057	8 158	2 064	17 770	4 496	25 928	6 561
2058	8 247	2 086	18 034	4 561	26 280	6 646
2059	8 319	2 108	18 264	4 628	26 583	6 736
2060	8 382	2 131	18 477	4 698	26 858	6 828
2061	8 434	2 155	18 668	4 770	27 102	6 925
2062	8 469	2 180	18 824	4 845	27 292	7 025
2063	8 493	2 206	18 958	4 924	27 451	7 130
2064	8 516	2 233	19 091	5 005	27 607	7 238
2065	8 546	2 261	19 241	5 090	27 788	7 351
2066	8 580	2 290	19 402	5 178	27 981	7 468
2067	8 616	2 320	19 571	5 270	28 188	7 590
2068	8 659	2 351	19 758	5 365	28 417	7 716
2069	8 712	2 384	19 968	5 464	28 681	7 848
2070	8 777	2 418	20 210	5 567	28 987	7 985
2071	8 841	2 453	20 453	5 675	29 294	8 128
2072	8 915	2 490	20 719	5 786	29 633	8 276
2073	9 001	2 528	21 018	5 902	30 019	8 430
2074	9 103	2 567	21 357	6 023	30 460	8 590
2075	9 221	2 608	21 738	6 148	30 958	8 756
2076	9 339	2 650	22 124	6 279	31 463	8 929
2077	9 471	2 695	22 545	6 414	32 017	9 109
2078	9 615	2 741	22 998	6 555	32 613	9 296
2079	9 767	2 788	23 476	6 702	33 243	9 491
2080	9 925	2 838	23 974	6 855	33 899	9 693
2081	10 089	2 889	24 488	7 014	34 577	9 903
2082	10 252	2 943	25 007	7 179	35 259	10 122
2083	10 413	2 999	25 526	7 350	35 939	10 349
2084	10 577	3 056	26 055	7 529	36 632	10 585
2085	10 752	3 116	26 617	7 715	37 369	10 831
2086	10 923	3 179	27 175	7 908	38 098	11 087
2087	11 093	3 244	27 731	8 109	38 824	11 352

续表

年份	养老金		后代供养		总收入	
	总供给（亿元）	人均供给（元）	总供给（亿元）	人均供给（元）	总供给（亿元）	人均供给（元）
2088	11 270	3 311	28 314	8 318	39 585	11 628
2089	11 465	3 381	28 943	8 535	40 408	11 916
2090	11 676	3 453	29 622	8 761	41 298	12 214
2091	11 870	3 529	30 259	8 996	42 129	12 525
2092	12 075	3 607	30 930	9 240	43 005	12 847
2093	12 292	3 689	31 640	9 494	43 932	13 183
2094	12 525	3 773	32 394	9 759	44 920	13 532
2095	12 777	3 861	33 202	10 034	45 979	13 895
2096	13 006	3 952	33 957	10 319	46 962	14 272
2097	13 251	4 047	34 760	10 617	48 011	14 664
2098	13 516	4 146	35 619	10 926	49 135	15 072
2099	13 799	4 248	36 533	11 248	50 331	15 496
2100	14 099	4 355	37 498	11 582	51 597	15 937

附录 K　2015—2100 年基于老人筹资能力的长期护理保险费率

年　份	养老金			后代供养			总收入		
	ADL标准	IADL标准	MMSE标准	ADL标准	IADL标准	MMSE标准	ADL标准	IADL标准	MMSE标准
2015	0.793	2.145	2.114	0.410	1.109	1.093	0.270	0.731	0.721
2016	0.795	2.148	2.118	0.410	1.109	1.093	0.271	0.731	0.721
2017	0.796	2.152	2.122	0.410	1.109	1.093	0.271	0.732	0.721
2018	0.798	2.157	2.126	0.410	1.109	1.093	0.271	0.733	0.722
2019	0.800	2.162	2.131	0.410	1.109	1.094	0.271	0.733	0.723
2020	0.802	2.168	2.137	0.411	1.110	1.094	0.272	0.734	0.724
2021	0.804	2.172	2.141	0.411	1.110	1.094	0.272	0.735	0.724
2022	0.805	2.177	2.146	0.411	1.110	1.095	0.272	0.735	0.725
2023	0.807	2.182	2.152	0.411	1.111	1.095	0.272	0.736	0.726
2024	0.809	2.188	2.157	0.411	1.111	1.095	0.273	0.737	0.727
2025	0.811	2.194	2.163	0.411	1.111	1.096	0.273	0.738	0.727
2026	0.814	2.199	2.169	0.411	1.111	1.096	0.273	0.738	0.728
2027	0.816	2.206	2.175	0.411	1.112	1.096	0.273	0.739	0.729
2028	0.819	2.213	2.182	0.411	1.112	1.096	0.274	0.740	0.730

续表

年　份	养老金			后代供养			总收入		
	ADL标准	IADL标准	MMSE标准	ADL标准	IADL标准	MMSE标准	ADL标准	IADL标准	MMSE标准
2029	0.821	2.220	2.190	0.411	1.112	1.096	0.274	0.741	0.731
2030	0.824	2.229	2.198	0.411	1.112	1.097	0.274	0.742	0.732
2031	0.826	2.234	2.203	0.411	1.112	1.097	0.275	0.742	0.732
2032	0.829	2.239	2.209	0.411	1.112	1.097	0.275	0.743	0.733
2033	0.831	2.246	2.215	0.412	1.112	1.097	0.275	0.744	0.734
2034	0.833	2.253	2.222	0.412	1.113	1.097	0.276	0.745	0.735
2035	0.836	2.259	2.228	0.412	1.113	1.098	0.276	0.746	0.735
2036	0.838	2.266	2.235	0.412	1.113	1.097	0.276	0.746	0.736
2037	0.841	2.274	2.243	0.412	1.113	1.097	0.276	0.747	0.737
2038	0.844	2.282	2.251	0.412	1.113	1.097	0.277	0.748	0.738
2039	0.847	2.291	2.259	0.412	1.113	1.097	0.277	0.749	0.739
2040	0.851	2.300	2.269	0.412	1.113	1.098	0.277	0.750	0.740
2041	0.853	2.305	2.273	0.412	1.113	1.098	0.278	0.750	0.740
2042	0.855	2.310	2.279	0.412	1.113	1.098	0.278	0.751	0.741
2043	0.857	2.316	2.285	0.412	1.113	1.098	0.278	0.752	0.742
2044	0.859	2.322	2.291	0.412	1.113	1.098	0.278	0.753	0.742
2045	0.862	2.329	2.297	0.412	1.114	1.098	0.279	0.753	0.743
2046	0.864	2.335	2.303	0.412	1.113	1.098	0.279	0.754	0.744
2047	0.866	2.342	2.310	0.412	1.113	1.098	0.279	0.755	0.744
2048	0.869	2.349	2.317	0.412	1.113	1.098	0.279	0.755	0.745
2049	0.872	2.356	2.324	0.412	1.113	1.098	0.280	0.756	0.746
2050	0.874	2.364	2.331	0.412	1.113	1.098	0.280	0.757	0.746
2051	0.877	2.370	2.338	0.411	1.112	1.097	0.280	0.757	0.747
2052	0.879	2.377	2.344	0.411	1.112	1.096	0.280	0.757	0.747
2053	0.882	2.384	2.351	0.411	1.111	1.095	0.280	0.758	0.747
2054	0.885	2.391	2.357	0.411	1.110	1.095	0.280	0.758	0.747
2055	0.887	2.399	2.365	0.410	1.110	1.094	0.281	0.759	0.748
2056	0.890	2.406	2.371	0.410	1.109	1.093	0.281	0.759	0.748
2057	0.893	2.413	2.378	0.410	1.108	1.092	0.281	0.759	0.748
2058	0.896	2.421	2.386	0.410	1.107	1.091	0.281	0.760	0.749
2059	0.899	2.429	2.393	0.409	1.106	1.090	0.281	0.760	0.749
2060	0.902	2.437	2.401	0.409	1.106	1.089	0.281	0.761	0.749
2061	0.905	2.445	2.409	0.409	1.105	1.088	0.282	0.761	0.750
2062	0.908	2.454	2.417	0.408	1.104	1.087	0.282	0.761	0.750
2063	0.911	2.463	2.425	0.408	1.103	1.087	0.282	0.762	0.750
2064	0.914	2.472	2.434	0.408	1.103	1.086	0.282	0.762	0.751

续表

年份	养老金			后代供养			总收入		
	ADL标准	IADL标准	MMSE标准	ADL标准	IADL标准	MMSE标准	ADL标准	IADL标准	MMSE标准
2065	0.918	2.481	2.443	0.408	1.102	1.085	0.282	0.763	0.751
2066	0.921	2.490	2.451	0.407	1.101	1.084	0.282	0.763	0.752
2067	0.924	2.499	2.460	0.407	1.100	1.083	0.283	0.764	0.752
2068	0.928	2.508	2.468	0.407	1.099	1.082	0.283	0.764	0.752
2069	0.931	2.517	2.477	0.406	1.098	1.081	0.283	0.765	0.752
2070	0.935	2.527	2.486	0.406	1.097	1.080	0.283	0.765	0.753
2071	0.938	2.536	2.495	0.406	1.096	1.079	0.283	0.765	0.753
2072	0.942	2.546	2.504	0.405	1.095	1.077	0.283	0.766	0.753
2073	0.945	2.556	2.514	0.405	1.094	1.076	0.283	0.766	0.754
2074	0.949	2.566	2.523	0.404	1.093	1.075	0.284	0.767	0.754
2075	0.953	2.576	2.533	0.404	1.093	1.074	0.284	0.767	0.754
2076	0.957	2.586	2.542	0.404	1.092	1.073	0.284	0.768	0.755
2077	0.960	2.597	2.553	0.404	1.091	1.072	0.284	0.768	0.755
2078	0.964	2.607	2.563	0.403	1.090	1.071	0.284	0.769	0.756
2079	0.969	2.618	2.573	0.403	1.089	1.071	0.285	0.769	0.756
2080	0.973	2.630	2.584	0.403	1.089	1.070	0.285	0.770	0.757
2081	0.977	2.641	2.595	0.402	1.088	1.069	0.285	0.771	0.757
2082	0.981	2.653	2.606	0.402	1.088	1.069	0.285	0.771	0.758
2083	0.986	2.665	2.618	0.402	1.087	1.068	0.286	0.772	0.758
2084	0.990	2.676	2.629	0.402	1.087	1.067	0.286	0.773	0.759
2085	0.994	2.689	2.641	0.402	1.086	1.067	0.286	0.774	0.760
2086	0.999	2.701	2.653	0.402	1.086	1.066	0.286	0.774	0.761
2087	1.004	2.713	2.665	0.401	1.085	1.066	0.287	0.775	0.761
2088	1.008	2.726	2.677	0.401	1.085	1.066	0.287	0.776	0.762
2089	1.013	2.739	2.690	0.401	1.085	1.065	0.287	0.777	0.763
2090	1.018	2.752	2.703	0.401	1.085	1.065	0.288	0.778	0.764
2091	1.023	2.765	2.715	0.401	1.085	1.065	0.288	0.779	0.765
2092	1.028	2.778	2.729	0.401	1.085	1.065	0.289	0.780	0.766
2093	1.033	2.792	2.742	0.401	1.085	1.065	0.289	0.781	0.767
2094	1.038	2.805	2.755	0.401	1.085	1.065	0.289	0.782	0.768
2095	1.043	2.819	2.769	0.401	1.085	1.065	0.290	0.783	0.769
2096	1.048	2.833	2.782	0.401	1.085	1.066	0.290	0.784	0.770
2097	1.053	2.846	2.796	0.401	1.085	1.066	0.291	0.786	0.772
2098	1.058	2.860	2.809	0.401	1.085	1.066	0.291	0.787	0.773
2099	1.063	2.874	2.823	0.402	1.086	1.066	0.291	0.788	0.774
2100	1.068	2.888	2.837	0.402	1.086	1.067	0.292	0.789	0.775

附录 L　修正的 2015—2050 年老人长期护理保险费率

年　份	养老金			非保障性收入			总收入		
	ADL 标准	IADL 标准	MMSE 标准	ADL 标准	IADL 标准	MMSE 标准	ADL 标准	IADL 标准	MMSE 标准
2015	0.103	0.280	0.276	0.241	0.653	0.643	0.072	0.196	0.193
2016	0.104	0.280	0.276	0.241	0.653	0.643	0.072	0.196	0.193
2017	0.104	0.281	0.277	0.241	0.653	0.643	0.073	0.196	0.193
2018	0.104	0.281	0.277	0.241	0.653	0.643	0.073	0.197	0.194
2019	0.104	0.282	0.278	0.242	0.653	0.644	0.073	0.197	0.194
2020	0.105	0.283	0.279	0.242	0.653	0.644	0.073	0.197	0.194
2021	0.105	0.283	0.279	0.242	0.653	0.644	0.073	0.198	0.195
2022	0.105	0.284	0.280	0.242	0.653	0.644	0.073	0.198	0.195
2023	0.105	0.284	0.280	0.242	0.654	0.644	0.073	0.198	0.195
2024	0.105	0.285	0.281	0.242	0.654	0.645	0.073	0.199	0.196
2025	0.106	0.286	0.282	0.242	0.654	0.645	0.074	0.199	0.196
2026	0.106	0.287	0.283	0.242	0.654	0.645	0.074	0.199	0.197
2027	0.106	0.288	0.284	0.242	0.654	0.645	0.074	0.200	0.197
2028	0.107	0.288	0.284	0.242	0.654	0.645	0.074	0.200	0.197
2029	0.107	0.289	0.285	0.242	0.654	0.645	0.074	0.201	0.198
2030	0.107	0.290	0.286	0.242	0.654	0.645	0.074	0.201	0.198
2031	0.108	0.291	0.287	0.242	0.654	0.645	0.075	0.202	0.199
2032	0.108	0.292	0.288	0.242	0.655	0.646	0.075	0.202	0.199
2033	0.108	0.293	0.289	0.242	0.655	0.646	0.075	0.202	0.200
2034	0.109	0.294	0.290	0.242	0.655	0.646	0.075	0.203	0.200
2035	0.109	0.295	0.290	0.242	0.655	0.646	0.075	0.203	0.200
2036	0.109	0.295	0.291	0.242	0.655	0.646	0.075	0.204	0.201
2037	0.110	0.296	0.292	0.242	0.655	0.646	0.075	0.204	0.201
2038	0.110	0.297	0.293	0.242	0.655	0.646	0.076	0.205	0.202
2039	0.110	0.299	0.295	0.242	0.655	0.646	0.076	0.205	0.202
2040	0.111	0.300	0.296	0.242	0.655	0.646	0.076	0.206	0.203
2041	0.111	0.300	0.296	0.242	0.655	0.646	0.076	0.206	0.203
2042	0.111	0.301	0.297	0.242	0.655	0.646	0.076	0.206	0.203
2043	0.112	0.302	0.298	0.242	0.655	0.646	0.076	0.207	0.204
2044	0.112	0.303	0.299	0.242	0.655	0.646	0.077	0.207	0.204
2045	0.112	0.304	0.299	0.242	0.655	0.646	0.077	0.207	0.205
2046	0.113	0.304	0.300	0.242	0.655	0.646	0.077	0.208	0.205
2047	0.113	0.305	0.301	0.242	0.655	0.646	0.077	0.208	0.205
2048	0.113	0.306	0.302	0.242	0.655	0.646	0.077	0.209	0.206
2049	0.114	0.307	0.303	0.242	0.655	0.646	0.077	0.209	0.206

续表

年份	养老金			非保障性收入			总收入		
	ADL标准	IADL标准	MMSE标准	ADL标准	IADL标准	MMSE标准	ADL标准	IADL标准	MMSE标准
2050	0.114	0.308	0.304	0.242	0.655	0.646	0.078	0.210	0.207
2051	0.114	0.309	0.305	0.242	0.655	0.646	0.078	0.210	0.207
2052	0.115	0.310	0.306	0.242	0.654	0.645	0.078	0.210	0.207
2053	0.115	0.311	0.306	0.242	0.654	0.645	0.078	0.211	0.208
2054	0.115	0.312	0.307	0.242	0.653	0.644	0.078	0.211	0.208
2055	0.116	0.313	0.308	0.242	0.653	0.644	0.078	0.211	0.208
2056	0.116	0.314	0.309	0.241	0.652	0.643	0.078	0.212	0.209
2057	0.116	0.315	0.310	0.241	0.652	0.643	0.078	0.212	0.209
2058	0.117	0.316	0.311	0.241	0.652	0.642	0.079	0.213	0.210
2059	0.117	0.317	0.312	0.241	0.651	0.642	0.079	0.213	0.210
2060	0.118	0.318	0.313	0.241	0.651	0.641	0.079	0.213	0.210
2061	0.118	0.319	0.314	0.241	0.650	0.640	0.079	0.214	0.211
2062	0.118	0.320	0.315	0.240	0.650	0.640	0.079	0.214	0.211
2063	0.119	0.321	0.316	0.240	0.649	0.639	0.079	0.215	0.212
2064	0.119	0.322	0.317	0.240	0.649	0.639	0.080	0.215	0.212
2065	0.120	0.323	0.318	0.240	0.648	0.638	0.080	0.216	0.212
2066	0.120	0.325	0.319	0.240	0.648	0.638	0.080	0.216	0.213
2067	0.120	0.326	0.321	0.239	0.647	0.637	0.080	0.217	0.213
2068	0.121	0.327	0.322	0.239	0.647	0.637	0.080	0.217	0.214
2069	0.121	0.328	0.323	0.239	0.646	0.636	0.081	0.218	0.214
2070	0.122	0.329	0.324	0.239	0.646	0.635	0.081	0.218	0.215
2071	0.122	0.331	0.325	0.239	0.645	0.635	0.081	0.219	0.215
2072	0.123	0.332	0.326	0.238	0.645	0.634	0.081	0.219	0.215
2073	0.123	0.333	0.328	0.238	0.644	0.633	0.081	0.220	0.216
2074	0.124	0.334	0.329	0.238	0.643	0.633	0.081	0.220	0.216
2075	0.124	0.336	0.330	0.238	0.643	0.632	0.082	0.221	0.217
2076	0.125	0.337	0.331	0.238	0.642	0.632	0.082	0.221	0.217
2077	0.125	0.338	0.333	0.237	0.642	0.631	0.082	0.222	0.218
2078	0.126	0.340	0.334	0.237	0.641	0.631	0.082	0.222	0.218
2079	0.126	0.341	0.335	0.237	0.641	0.630	0.082	0.223	0.219
2080	0.127	0.343	0.337	0.237	0.641	0.630	0.083	0.223	0.219
2081	0.127	0.344	0.338	0.237	0.640	0.629	0.083	0.224	0.220
2082	0.128	0.346	0.340	0.237	0.640	0.629	0.083	0.224	0.221
2083	0.128	0.347	0.341	0.237	0.640	0.628	0.083	0.225	0.221
2084	0.129	0.349	0.343	0.237	0.639	0.628	0.083	0.226	0.222
2085	0.130	0.350	0.344	0.236	0.639	0.628	0.084	0.226	0.222
2086	0.130	0.352	0.346	0.236	0.639	0.628	0.084	0.227	0.223
2087	0.131	0.354	0.347	0.236	0.639	0.627	0.084	0.228	0.224

续表

年　份	养老金			非保障性收入			总收入		
	ADL标准	IADL标准	MMSE标准	ADL标准	IADL标准	MMSE标准	ADL标准	IADL标准	MMSE标准
2088	0.131	0.355	0.349	0.236	0.639	0.627	0.084	0.228	0.224
2089	0.132	0.357	0.351	0.236	0.638	0.627	0.085	0.229	0.225
2090	0.133	0.359	0.352	0.236	0.638	0.627	0.085	0.230	0.226
2091	0.133	0.360	0.354	0.236	0.638	0.627	0.085	0.230	0.226
2092	0.134	0.362	0.356	0.236	0.638	0.627	0.085	0.231	0.227
2093	0.135	0.364	0.357	0.236	0.638	0.627	0.086	0.232	0.228
2094	0.135	0.366	0.359	0.236	0.638	0.627	0.086	0.233	0.228
2095	0.136	0.367	0.361	0.236	0.638	0.627	0.086	0.233	0.229
2096	0.137	0.369	0.363	0.236	0.638	0.627	0.087	0.234	0.230
2097	0.137	0.371	0.364	0.236	0.639	0.627	0.087	0.235	0.230
2098	0.138	0.373	0.366	0.236	0.639	0.627	0.087	0.235	0.231
2099	0.139	0.375	0.368	0.236	0.639	0.627	0.087	0.236	0.232
2100	0.139	0.376	0.370	0.236	0.639	0.628	0.088	0.237	0.233

参考文献

阿瑟·塞西尔·庇古:《福利经济学》,金镝译,华夏出版社 1972 年版,第 31 页。

边恕:《基于消费水平稳定的养老金适度缴费率研究》,《理论界》2007 年第 8 期,第 79—80 页。

边恕、穆怀中:《基于福利最大化的辽宁养老保险个人账户最优缴费率分析》,《人口与发展》2009 年第 4 期,第 89—93 页。

边恕、孙雅娜、穆怀中:《辽宁省企业养老保险缴费水平与财政负担能力分析》,《社会科学辑刊》2005 年第 1 期,第 97—101 页。

布莱克:《养老金经济学》,王莉莉、肖明智、尹银译,机械工业出版社 2014 年版,第 12—17 页。

蔡昉:《中国劳动与社会保障体制改革 30 年研究》,经济管理出版社 2008 年版,第 213—221 页。

蔡天骥:《女性独居老人自评生活满意度的影响因素分析》,《中国人口科学》2004 年第 S1 期,第 72—76 页。

曹信邦、陈强:《中国长期护理保险需求影响因素分析》,《中国人口科学》2014 年第 4 期,第 102—109 页。

曹信邦:《中国失能老人长期护理保险制度研究——基于财务均衡视角》,社会科学文献出版社 2016 年版,第 17 页。

曹信邦:《中国失能老人公共长期护理保险制度的构建》,《中国行政管理》2015 年第 7 期，第 66—69 页。

曹杨、Vincent M.:《失能老年人的照料需求：未满足程度及其差异》，《兰州学刊》2017 年第 11 期，第 144—156 页。

常彩：《上海市社会长期护理保险缴费率研究》，上海工程技术大学，2014 年。

陈岱婉：《综合责任长期护理保险的精算模型》，《山西师范大学学报（自然科学版）》2008 年第 1 期，第 40—43 页。

陈冬梅、袁艺豪：《人口老龄化背景下我国长期护理保险需求的分析：以上海市为例》，《上海大学学报（社会科学版）》2015 年第 6 期，第 13—22 页。

陈红：《北京发展商业长期护理保险的必要性及途径》，《人口与经济》2012 年第 6 期，第 82—87 页。

陈垦：《长期护理保险费率研究》，浙江大学，2010 年。

陈璐、刘绘如：《日本长期护理保险制度的改革及启示——基于资金的“开源”与“节流”视角》，《理论学刊》2016 年第 6 期，第 69—74 页。

陈强：《高级计量经济学及 stata 应用》，高等教育出版社 2013 年版，第 418—420 页。

陈书荣：《我国城市化现状、问题及发展前景》，《城市问题》2000 年第 1 期，第 3—5 页。

陈卫：《2000 年以来中国生育水平估计》，《学海》2014 年第 1 期，第 16—25 页。

陈晓安：《公私合作构建我国的长期护理保险制度：国外的借鉴》，《保险研究》2010 年第 11 期，第 55—60 页。

陈友华、胡小武：《低生育率是中国的福音？——从第六次人口普查数据看中国人口发展现状与前景》，《南京社会科学》2011 年第 8 期，第 53—59 页。

程煜、沈亦骏:《中国试点地区长期护理保险制度的比较与思考——基于五个试点地区的政策文本分析》,《公共治理评论》2017年第1期,第15—24页。

仇雨临、翟绍果、郝佳:《城乡医疗保障的统筹发展研究:理论、实证与对策》,《中国软科学》2011年第4期,第75—87页。

《从"单独二孩"走向"全面二孩":中国养老金支付危机能破解吗》,《财贸经济》2016年第7期,第133—146页。

丛春霞、靳文惠:《基本养老保险缴费机制对基金长期收支平衡的影响研究》,《社会保障研究》2017年第4期,第3—13页。

崔红艳、徐岚、李睿:《对2010年人口普查数据准确性的估计》,《人口研究》2013年第1期,第10—21页。

戴卫东:《病有所医不再遥远:建设覆盖城乡居民的医疗卫生服务体系》,人民出版社2008年版,第118—119页。

戴卫东:《长期护理保险制度理论与模式构建》,《人民论坛》2011年第29期,第31—34页。

戴卫东:《老年长期护理需求及其影响因素分析——基于苏皖两省调查的比较研究》,《人口研究》2011年第4期,第86—94页。

邓大松、刘昌平:《中国养老社会保险基金敏感性实证研究》,《经济科学》2001年第6期,第13—20页。

邓大松:《社会保险》,中国劳动社会保障出版社2015年版,第48页。

邓大松、杨红燕:《老龄化趋势下基本医疗保险筹资费率测算》,《财经研究》2003年第12期,第39—44页。

邓力群等主编:《当代中国的职工工资福利和社会保险》,中国社会科学出版社1987年版,第324页。

邓文燕、邓晶:《美日长期照护保险筹资方式比较分析及启示》,《医学与哲学(A)》2016年第12期,第66—68页。

杜本峰、沈航:《老年人口的长期护理服务需求及产业发展模式略探》,《经济问题探索》2008 年第 3 期,第 34—38 页。

杜本峰、王旋:《老年人健康不平等的演化、区域差异与影响因素分析》,《人口研究》2013 年第 5 期,第 81—90 页。

范志勇:《中国通货膨胀是工资成本推动型吗? ——基于超额工资增长率的实证研究》,《经济研究》2008 年第 8 期,第 102—112 页。

封进:《社会保险对工资的影响——基于人力资本差异的视角》,《金融研究》2014 年第 7 期,第 109—123 页。

封进、张素蓉:《社会保险缴费率对企业参保行为的影响——基于上海社保政策的研究》,《上海经济研究》2012 年第 3 期,第 47—55 页。

封进:《中国城镇职工社会保险制度的参与激励》,《经济研究》2013 年第 7 期,第 104—117 页。

冯鹏程、荆涛:《新加坡乐龄健保计划概述》,《中国医疗保险》2014 年第 2 期,第 62—65 页。

冯鹏程、荆涛:《新加坡乐龄健保计划运行情况及借鉴意义》,《中国医疗保险》2014 年第 3 期,第 64—66 页。

顾和军、李青:《全面二孩政策对中国劳动年龄人口数量和结构的影响:2017—2050》,《人口与经济》2017 年第 4 期,第 1—9 页。

郭志刚:《六普结果表明以往人口估计和预测严重失误》,《中国人口科学》2011 年第 6 期,第 2—13 页。

国家应对人口老龄化战略研究中心:《中国城乡老年人基本状况问题与对策研究》,华领出版社 2014 年版,第 88—105 页。

海龙:《我国高龄老人长期护理需求测度及保障模式选择》,《西北人口》2014 年第 2 期,第 40—44 页。

韩俊江、张友:《老年社会需要长期护理保险》,《中国人力资源社会保障》2011 年第 5 期,第 42—43 页。

韩伟:《中国统筹养老金缴费率优化研究》,《经济问题》2010 年第 5 期,第 120—122 页。

韩伟、朱晓玲:《农民工对失业保险的潜在需求研究——基于河北省的社会调查》,《人口学刊》2011 年第 1 期,第 54—58 页。

郝君富、李心愉:《德国长期护理保险:制度设计、经济影响与启示》,《人口学刊》2014 年第 2 期,第 104—112 页。

郝勇、周敏、郭丽娜:《适度的养老保险保障水平:基于弹性的养老金替代率的确定》,《数量经济技术经济研究》2010 年第 8 期,第 74—87 页。

郝勇、周敏、郭丽娜:《养老金调整的适度水平研究》,《预测》2011 年第 5 期,第 31—35 页。

何文炯、洪蕾、陈新彦:《职工基本养老保险待遇调整效应分析》,《中国人口科学》2012 年第 3 期,第 19—30 页。

何文炯、杨一心、刘晓婷等:《社会医疗保险纵向均衡费率及其计算方法》,《中国人口科学》2010 年第 3 期,第 88—94 页。

何林广:《长期护理保险定价研究》,西南财经大学,2007 年。

何林广、陈滔:《德国强制性长期护理保险概述及启示》,《软科学》2006 年第 5 期,第 55—58 页。

何玉东:《中国长期护理保险供给问题研究》,武汉大学,2012 年。

贺京同、侯文杰:《从自发消费的影响因素看如何扩大居民消费——基于 2000—2008 年省际面板数据的实证》,《甘肃社会科学》2010 年第 2 期,第 104—107 页。

洪丽、曾国安:《养老保险制度的储蓄效应:基于中国的经验研究》,《社会保障研究》2016 年第 3 期,第 17—22 页。

侯佳伟、黄四林、辛自强等:《中国人口生育意愿变迁:1980—2011》,《中国社会科学》2014 年第 4 期,第 78—97 页。

侯立平:《发达国家(地区)的老龄人口长期护理体系及其启示》,

《城市问题》2012 年第 1 期，第 89—95 页。

胡鞍钢：《城市化是今后中国经济发展的主要推动力》，《中国人口科学》2003 年第 6 期，第 78—84 页。

胡宏伟、李延宇、张澜：《中国老年长期护理服务需求评估与预测》，《中国人口科学》2015 年第 3 期，第 79—89 页。

胡晓宁、陈秉正、祝伟：《基于家庭微观数据的长期护理保险定价》，《保险研究》2016 年第 4 期，第 57—67 页。

胡晓义：《中国养老保险制度的历史沿革》，《经济要参》2003 年第 15 期，第 2 页。

胡晓义：《走向和谐：中国社会保障发展 60 年》，中国劳动社会保障出版社 2009 年版。

黄枫、甘犁：《过度需求还是有效需求？——城镇老人健康与医疗保险的实证分析》，《经济研究》2010 年第 6 期，第 105—119 页。

黄枫、吴纯杰：《基于转移概率模型的老年人长期护理需求预测分析》，《经济研究》2012 年第 S2 期，第 119—130 页。

黄匡时、陆杰华：《中国老年人平均预期照料时间研究——基于生命表的考察》，《中国人口科学》2014 年第 4 期，第 92—101 页。

季晓鹏、王志红：《家庭护理成本核算的方法及其意义》，《中华护理杂志》2007 年第 8 期，第 735—737 页。

贾洪波、温源：《基本养老金替代率优化分析》，《中国人口科学》2005 年第 1 期，第 81—87 页。

贾洪波：《中国基本医疗保险适度缴费率模型与测算》，《预测》2010 年第 1 期，第 54—59 页。

简新华、黄锟：《中国城镇化水平和速度的实证分析与前景预测》，《经济研究》2010 年第 3 期，第 28—39 页。

江正发、冯晨阳、岑敏华：《中国城镇职工基本养老保险精算平衡的条件》，《金融经济学研究》2017 年第 3 期，第 117—128 页。

金卉:《失能老人的社会地位与生活照料——基于 CLHLS 2011 的分析》,《浙江学刊》2017 年第 2 期,第 45—50 页。

荆涛:《长期护理保险研究》,对外经济贸易大学,2005 年。

荆涛:《建立适合中国国情的长期护理保险制度模式》,《保险研究》2010 年第 4 期,第 77—82 页。

荆涛、王靖韬、李莎:《影响我国长期护理保险需求的实证分析》,《北京工商大学学报(社会科学版)》2011 年第 6 期,第 90—96 页。

荆涛、杨舒、谢桃方:《政策性长期护理保险定价研究——以北京市为例》,《保险研究》2016 年第 9 期,第 74—88 页。

景鹏、胡秋明:《企业职工基本养老保险统筹账户缴费率潜在下调空间研究》,《中国人口科学》2017 年第 1 期,第 21—33 页。

景鹏、胡秋明:《生育政策调整、退休年龄延迟与城镇职工基本养老保险最优缴费率》,《财经研究》2016 年第 4 期,第 26—37 页。

康传坤,楚天舒:《人口老龄化与最优养老金缴费率》,《世界经济》2014 年第 4 期,第 139—160 页。

雷晓康、冯雅茹:《社会长期护理保险筹资渠道:经验借鉴、面临困境及未来选择》,《西北大学学报(哲学社会科学版)》2016 年第 5 期,第 108—115 页。

李兵:《我国构建长期护理保险制度的可行性与必要性探讨》,《改革与战略》2015 年第 3 期,第 63—66 页。

李含伟、汪泓、王亦奇:《养老保险最优缴费比率研究》,《系统管理学报》2011 年第 2 期,第 175—179 页。

李建梅、姚红、李成志:《上海市开展高龄老人医疗护理计划试点的实践与展望》,《中国医疗保险》2015 年第 11 期,第 40—42 页。

李庆霞:《长期健康保险精算研究》,厦门大学,2007 年。

李善同:《对城市化若干问题的再认识》,《中国软科学》2001 年第 5 期,第 4—8 页。

李馨、党晓伟、苗玉东、左欣鹭、秦博文、邢凤梅、张晓丽:《护理成本核算的国内外研究进展》,《河北医学》2016 年第 9 期,第 1579—1581 页。

李友元:《税收经济学》,光明日报出版社 2003 年版,第 172—174 页。

李珍:《基本养老保险制度分析与评估——基于养老金水平的视角》,人民出版社 2013 年版,第 49 页。

李珍:《缴费基数对收支平衡的影响》,《中国社会保障》2000 年第 3 期,第 10—11 页。

李珍、王向红:《减轻企业社会保险负担与提高企业竞争力》,《经济评论》1999 年第 5 期,第 56—60 页。

梁永礼:《基于工资增长率视角下我国经济增长和就业之间的关系研究》,《经济问题探索》2015 年第 12 期,第 16—19 页。

林宝:《人口老龄化对企业职工基本养老保险制度的影响》,《中国人口科学》2010 年第 1 期,第 84—92 页。

林姗姗:《我国长期照护保险制度的构建与财务平衡分析》,《福建师范大学学报(哲学社会科学版)》2013 年第 1 期,第 34—40 页。

林忠晶、龚六堂:《退休年龄、教育年限与社会保障》,《经济学季刊》2008 年第 1 期,第 211—230 页。

刘畅:《社会保险缴费水平的效率研究——基于天津市的实证分析》,《江西财经大学学报》2007 年第 1 期,第 28—32 页。

刘丹:《基本公共服务均等化视角下我国农村老年照护服务研究》,《重庆工商大学社会科学版》2013 年第 5 期,第 60—67 页。

刘金涛、陈树文:《构建我国老年长期护理保险制度》,《财经问题研究》2012 年第 3 期,第 78—82 页。

刘锦丹、王志红:《我国医院护理和家庭护理的成本核算现状及展望》,《护理学报》2009 年第 7 期,第 18—20 页。

刘军强:《资源、激励与部门利益：中国社会保险缴费体制的纵贯研究(1999—2008)》,《中国社会科学》2011 年第 3 期,第 139—156 页。

刘钧:《社会保险缴费水平的确定:理论与实证分析》,《财经研究》2004 年第 2 期,第 73—79 页。

刘苓玲、慕欣芸:《企业社会保险缴费的劳动力就业挤出效应研究——基于中国制造业上市公司数据的实证分析》,《保险研究》2015 年第 10 期,第 107—118 页。

刘万:《延迟退休一定有损退休利益吗？——基于对城镇职工不同退休年龄养老金财富的考察》,《经济评论》2013 年第 4 期,第 27—36 页。

刘小兵:《中国医疗保险费率水平研究》,《管理世界》2002 年第 7 期,第 69—74 页。

刘鑫宏:《企业社会保险缴费水平的实证评估》,《江西财经大学学报》2009 年第 1 期,第 28—34 页。

刘燕斌:《各国社会保险费率比较》,《中国社会保障》2009 年第 3 期,第 36—37 页。

刘一伟:《互补还是替代:“社会养老”与“家庭养老”——基于城乡差异的分析视角》,《公共管理学报》2016 年第 4 期,第 77—88 页。

刘勇:《中国城镇化战略研究》,经济科学出版社 2004 年版。

柳清瑞、苗红军:《基于部分积累制的养老金替代率水平研究》,《市场与人口分析》2003 年第 4 期,第 32—37 页。

柳清瑞、王虎邦、苗红军:《城镇企业基本养老保险缴费率优化路径分析》,《辽宁大学学报(哲学社会科学版)》2013 年第 6 期,第 99—107 页。

龙志和、周浩明:《中国城镇居民预防性储蓄实证研究》,《经济研究》2000 年第 11 期,第 33—38 页。

陆大道、宋林飞、任平:《中国城镇化发展模式:如何走向科学发展之路》,《苏州大学学报(哲学社会科学版)》2007 年第 2 期,第 1—7 页。

路锦非:《合理降低我国城镇职工基本养老保险缴费率的研究——基于制度赡养率的测算》,《公共管理学报》2016 年第 1 期,第 128—140 页。

吕国营、韩丽:《中国长期护理保险的制度选择》,《财政研究》2014 年第 8 期,第 69—71 页。

吕志勇、王霞:《延迟退休年龄对社保养老基金收支规模及就业的影响》,经济科学出版社 2016 年版,第 94—104 页。

罗伯特·巴罗、夏威尔·萨拉伊马丁:《经济增长》,夏俊译,中国社会科学出版社 2000 年版,第 141 页。

罗继明:《以曲线拟合预测我国经济发展和工资增长》,《现代经济信息》2012 年第 3 期,第 9—10 页。

马树才、孙长清:《经济增长与最优财政支出规模研究》,《统计研究》2005 年第 1 期,第 15—20 页。

马双、孟宪芮、甘犁:《养老保险企业缴费对员工工资、就业的影响分析》,《经济学(季刊)》2014 年第 3 期,第 969—1000 页。

梅梅:《社会福利思想》,东北林业大学出版社 2012 年版,第 142 页。

米红、余蒙:《中国城镇社会养老保险个人缴费能力测定的模型创新》,《统计与决策》2010 年第 11 期,第 29—31 页。

穆光宗:《出生人口性别比异常偏高与生育政策有关吗?》,《人口与发展》2008 年第 2 期,第 22—36 页。

穆怀中、陈洋、陈曦:《基础养老保险缴费率膨胀系数研究》,《经济理论与经济管理》2015 年第 2 期,第 44—54 页。

穆怀中:《社会保障适度水平研究》,《经济研究》1997 年第 2 期,第 56—63 页。

聂丽丽:《基于我国长期护理保险制度设计的缴费率研究》,南京财经大学,2016年。

彭浩然、陈斌开:《鱼和熊掌能否兼得:养老金危机的代际冲突研究》,《世界经济》2012年第2期,第84—97页。

彭浩然、申曙光、宋世斌:《中国养老保险隐性债务问题研究——基于封闭与开放系统的测算》,《统计研究》2009年第3期,第45—50页。

彭华民:《西方社会福利理论前沿:论国家、社会、体制与政策》,中国社会出版社2009年版,第17—25页。

彭荣:《基于马尔科夫模型的老年人口护理需求分析》,《统计与信息论坛》2009年第3期,第77—80页。

彭雪梅、刘阳、林辉:《征收机构是否会影响社会保险费的征收效果?——基于社保经办和地方税务征收效果的实证研究》,《管理世界》2015年第6期,第63—71页。

彭雅君、李文燕、陈瑞华、杨利红、钟秀霞、杨玲媛:《急诊病房分级护理服务项目成本书》,《护理学杂志》2010年第2期,第68—70页。

彭宅文:《财政分权、转移支付与地方政府养老保险逃费治理的激励》,《社会保障研究(北京)》2010年第1期,第138—150页。

齐明珠:《我国2010—2050年劳动力供给与需求预测》,《人口研究》2010年第5期,第76—87页。

乔晓春:《"单独二孩"政策的利与弊》,《人口与社会》2014年第1期,第3—6页。

乔晓春:《性别偏好、性别选择与出生性别比》,《中国人口科学》2004年第1期,第14—24页。

乔治·拉姆塞著:《论财富的分配》,李任初译,上海商务印书馆1984年版,第225—226页。

邱东、李东阳、张向达:《养老金替代率水平及其影响的研究》,

《财经研究》1999年第1期,第30—32页。

人口老龄化与经济可持续发展研究课题组:《老龄问题研究与对策:国家应对人口老龄化战略研究》,华龄出版社2014年版,第167—168页。

施建淮、朱海婷:《中国城市居民预防性储蓄及预防性动机强度:1999—2003》,《经济研究》2004年第10期,第66—74页。

施岚:《养老金正常调整机制与养老负担关系分析》,《人口与经济》2012年第3期,第77—83页。

石贝贝、唐代盛、候蔺:《中国人口生育意愿与男孩偏好研究》,《人口学刊》2017年第2期,第28—36页。

石晨曦:《城镇企业基本养老保险个人账户保障水平——基于绝对与相对水平的精算分析》,《当代经济管理》2017年第9期,第91—97页。

石人炳、陈宁:《不同人口变动路径对职工基本养老保险基金收支的影响研究——基于“全面二孩”政策调整后的人口模拟分析》,《华中师范大学学报(人文社会科学版)》2017年第5期,第35—44页。

石人炳、陈宁:《单独二孩政策实施对出生人口性别比的影响研究》,《华中师范大学学报(人文社会科学版)》2015年第2期,第27—33页。

石人炳:《生育控制政策对人口出生性别比的影响研究》,《中国人口科学》2009年第5期,第86—96页。

石阳、王满仓:《现收现付制养老保险对储蓄的影响——基于中国面板数据的实证研究》,《数量经济技术经济研究》2010年第3期,第24—31页。

史承明、陈玉红、熊小燕:《住院病人等级护理收费现状调查与分析》,《全科护理》2011年第11期,第1025—1025页。

宋世斌、申曙光:《社会保险精算》,中国劳动社会保障出版社2007年版,第140—147页。

宋雁宾、陆龙、吴雁鸣:《护理服务单项成本核算的研究》,《中华护理杂志》2005年第3期,第16—18页。

宋占军、朱铭来:《我国长期护理保险需求测算与发展战略》,2012年中国保险与风险管理国际年会、中国山东青岛。

苏群、彭斌霞、陈杰:《我国失能老人长期照料现状及影响因素——基于城乡差异的视角》,《人口与经济》2015年第4期,第69—76页。

孙博,吕晨红:《不同所有制企业社会保险缴费能力比较研究——基于超越对数生产函数的实证分析》,《江西财经大学学报》2011年第1期,第50—55页。

孙博:《我国工业企业社会保险负担的区域差异分析——基于超越对数生产函数的实证研究》,《社会保障研究》2010年第6期,第33—38页。

孙树菡、毛艾琳:《社会保险学》,北京师范大学出版社2012年版,第78—80页。

孙雅娜、边恕、穆怀中:《行业收入差异的养老保险最优企业缴费率的分析》,《人口与经济》2009年第5期,第91—96页。

孙正成:《老年长期护理现状调查与需求分析——以浙江省17个县市为样本》,《社会保障研究》2013年第2期,第16—22页。

谭睿:《长期护理保险筹资:德日韩经验与中国实践》,《中国卫生政策研究》2017年第8期,第7—12页。

谭睿:《国外长期护理保障制度的实践及启示》,《社会福利(理论版)》2014年第7期,第52—55页。

谭湘渝、樊国昌:《中国养老保险制度未来偿付能力的精算预测与评价》,《人口与经济》2004年第1期,第55—58页。

汤在新:《近代西方经济史》,上海人民出版社 1990 年版,第 507 页。

田丰、郑真真:《高龄老人健康自我评价的变化及影响因素分析》,《中国人口科学》2004 年第 S1 期,第 65—71 页。

汪华、汪润泉:《养老保险制度的性别间再分配效应研究——基于上海市政策与数据的测算》,《妇女研究论丛》2014 年第 5 期,第 33—40 页。

汪群龙、金卉:《城市失能老人照护需求、偏好及长期照护服务体系建设》,《中国老年学杂志》2017 年第 11 期,第 2805—2807 页。

汪润泉、金昊、杨翠迎:《中国社会保险负担实高还是虚高?——基于企业和职工实际缴费的实证分析》,《江西财经大学学报》2017 年第 6 期,第 53—63 页。

王翠琴、田勇、薛惠元:《城镇职工基本养老保险基金收支平衡测算:2016—2060——基于生育政策调整和延迟退休的双重考察》,《经济体制改革》2017 年第 4 期,第 29—36 页。

王东进:《从完善社会保障体系的战略高度考量构建长期照护保险制度》,《中国医疗保险》2015 年第 6 期,第 5—8 页。

王广州:《生育政策调整研究中存在的问题与反思》,《中国人口科学》2015 年第 2 期,第 2—15 页。

王广州:《影响全面二孩政策新增出生人口规模的几个关键因素分析》,《学海》2016 年第 1 期,第 67—75 页。

王桂胜:《社会保险精算》,中国劳动社会保障出版社 2007 年版,第 90—98 页。

王金营、戈艳霞:《2010 年人口普查数据质量评估以及对以往人口变动分析校正》,《人口研究》2013 年第 1 期,第 22—33 页。

王军:《生育政策和社会经济状况对中国出生性别比失衡的影响》,《人口学刊》2013 年第 5 期,第 5—14 页。

王军、王广州:《中国低生育水平下的生育意愿与生育行为的差异研究》,《人口学刊》2016 年第 2 期,第 5—17 页。

王亚柯、王宾、韩冰洁、高云:《我国养老保障水平差异研究——基于替代率与相对水平的比较分析》,《管理世界》2013 年第 8 期,第 109—117 页。

王溦:《社会健康保险筹资比例计算的精算研究》,西南财经大学,2008 年。

王维、唐幼纯、武学慧:《上海市长期护理保险制度需求影响系统结构分析》,《改革与战略》2011 年第 1 期,第 33—35 页。

王曦、陈中飞:《中国城镇化水平的决定因素:基于国际经验》,《世界经济》2015 年第 6 期,第 167—192 页。

王晓军:《对城镇职工养老保险制度长期精算平衡状况的分析》,《人口与经济》2001 年第 10 期,第 39—41 页。

王晓军、康博威:《我国社会养老保险制度的收入再分配效应分析》,《统计研究》2009 年第 11 期,第 75—81 页。

王晓军、米海杰:《养老金支付缺口:口径、方法与测算分析》,《数量经济技术经济研究》2013 年第 10 期,第 49—62 页。

王晓军、赵明:《寿命延长与延迟退休:国际比较与我国实证》,《数量经济技术经济研究》2015 年第 3 期,第 111—128 页。

王新军、郑超:《老年人健康与长期护理的实证分析》,《山东大学学报(哲学社会科学版)》2014 年第 3 期,第 30—41 页。

王雪辉:《老年人长期护理服务需求影响因素研究——基于河南省的抽样调查》,《调研世界》2016 年第 3 期,第 32—36 页。

王德文、叶文振、朱建平、王建红、林和森:《高龄老人日常生活自理能力及其影响因素》,《中国人口科学》2004 年第 S1 期。

王增文、邓大松:《基金缺口、缴费比率与财政负担能力:基于对社会保障主体的缴费能力研究》,《中国软科学》2009 年第 10 期,第

73—81 页。

王增文:《中国社会保障财政支出最优规模研究:基于财政的可持续性视角》,《农业技术经济》2010 年第 1 期,第 111—117 页。

魏后凯:《新常态下中国城乡一体化格局及推进战略》,《中国农村经济》2016 年第 1 期,第 2—16 页。

魏华林、何玉东:《中国长期护理保险市场潜力研究》,《保险研究》2012 年第 7 期,第 7—15 页。

闻武刚:《日本老年护理保险制度的成效分析与启示》,《日本书》2010 年第 4 期,第 22—26 页。

吴贵明、钟洪亮:《德日长期护理保险模式及其启示》,《护理学杂志》2010 年第 23 期,第 76—78 页。

吴中宇:《社会保障学》,华中科技大学出版社 2004 年版,第 46 页。

伍江、陈海波:《荷兰长期照护保险制度简介》,《社会保障研究》2012 年第 5 期,第 102—105 页。

伍小兰、曲嘉瑶:《台湾老年人的长期照护》,中国社会出版社 2010 年版,第 51—63 页。

肖友平、任小红:《护理成本核算及护理收费概况》,《护理学杂志》2007 年第 6 期,第 80—81 页。

谢筱璐:《我国长期护理保险需求的影响因素分析》,《金融与经济》2012 年第 11 期,第 75—78 页。

熊婧、粟芳:《延迟退休对我国养老保险收支平衡的影响》,《上海金融》2017 年第 12 期,第 18—25 页。

熊伟、张荣芳:《财政补助社会保险的法学透析:以二元分立为视角》,《法学研究》2016 年第 1 期,第 110—126 页。

徐丙奎:《西方社会保障三大理论流派述评》,《华东理工大学学报(社会科学版)》2006 年第 3 期,第 24—31 页。

许志涛、丁少群:《各地区不同所有制企业社会保险缴费能力比较研究》,《保险研究》2014 年第 4 期,第 102—109 页。

薛新东、葛凯啸:《社会经济地位对我国老年人健康状况的影响——基于中国老年健康影响因素调查的实证分析》,《人口与发展》2017 年第 2 期,第 61—69 页。

亚当·斯密:《国民财富的性质和原因的研究(下)》,商务印书馆 1994 年版,第 254—284 页。

阳义南:《照护还是医疗:老年人健康支出的产出效率比较》,《统计研究》2016 年第 7 期,第 19—27 页。

杨波:《企业社会保险费财务负担的测量——基于上市公司数据的研究》,《江西财经大学学报》2013 年第 1 期,第 67—74 页。

杨翠迎、程煜:《不同福利国家模式下长期护理保险制度及其费率结构比较》,《经济体制改革》2019 年第 4 期,第 151—159 页。

杨翠迎、程煜:《建立长期护理保险制度的几点建议》,《中国人口报》2016 年 1 月 2 日。

杨翠迎、汪润泉:《我国城镇就业人员养老金待遇的历史考察与思考》,《社会保障研究》2017 年第 1 期,第 88—100 页。

杨舸:《"全面二孩"后的人口预期和政策展望》,《北京工业大学学报(社会科学版)》2016 年第 4 期,第 25—33 页。

杨菊华:《"单独二孩"的政策影响——一个多层次的理论分析》,《中国卫生政策研究》2014 年第 9 期,第 33—38 页。

杨俊、龚六堂:《我国养老保险制度改革对工资增长影响的分析》,《财经问题研究》2009 年第 5 期,第 25—31 页。

杨俊:《社会保险经济学》,复旦大学出版社 2012 年版,第 178 页。

杨俊:《养老保险和工资与就业增长的研究》,《社会保障研究》2008 年第 2 期,第 132—141 页。

杨燕绥、胡乃军、秦勤、于淼:《老龄化背景下养老保险费率平衡机制研究》,《国家行政学院学报》2015 年第 3 期,第 62—68 页。

杨燕绥:《社会保障》,清华大学出版社 2011 年版,第 19 页。

杨一心、何文炯:《养老保险缴费年限增加能够有效改善基金状况吗?——基于现行制度的代际赡养和同代自养之精算分析》,《人口研究》2016 年第 3 期,第 18—28 页。

叶和梅、刘丽萍、徐鸿:《我国公立医院护理服务项目成本的相关研究》,《重庆医学》2014 年第 4 期,第 502—504 页。

于洪:《中国税负归宿研究》,上海财经大学出版社 2004 年版,第 188 页。

于洪、钟和卿:《中国基本养老保险制度可持续运行能力分析——来自三种模拟条件的测算》,《财经研究》2009 年第 6 期,第 26—35 页。

于学军:《对第五次全国人口普查数据中总量和结构的估计》,《人口研究》2002 年第 3 期,第 9—15 页。

袁志刚、李珍珍、封进:《城市化进程中基本养老保险制度的保障水平研究》,《南开经济研究》2009 年第 4 期,第 3—14 页。

原新:《"人口转型"后的计划生育政策走向》,《探索与争鸣》2014 年第 4 期,第 45—49 页。

乐章、陈志:《长期护理制度的启示》,《社会保障研究》2014 年第 2 期,第 92—96 页。

曾丽红、杜选:《中国失业保险缴纳与支付的调整研究》,《理论月刊》2014 年第 5 期,第 176—179 页。

曾益:《人口老龄化背景下我国城镇职工基本医疗保险基金可持续性研究》,上海财经大学,2014 年。

曾毅、陈华帅、王正联:《21 世纪上半叶老年家庭照料需求成本变动趋势分析》,《经济研究》2012 年第 10 期,第 134—149 页。

曾毅等:《老年人口家庭、健康与照料需求成本》,科学出版社

2010年版。

曾毅:《中国老年健康影响因素跟踪调查(1998—2012)及相关政策研究综述(上)》,《老龄科学研究》2013年第1期,第65—72页。

翟振武、陈卫:《1990年代中国生育水平研究》,《人口研究》2007年第1期,第19—32页。

詹长春、汤飞、梅强:《小微企业社会保险缴费负担研究——以江苏省镇江市为例》,《探索》2013年第6期,第154—158页。

湛泳、徐乐:《我国老年人被动吸烟健康支出与其影响因素——基于不同收入水平的分析》,《经济科学》2016年第3期,第76—86页。

张士斌、杨黎源、张天龙:《养老金替代率的国际比较与中国改革路径》,《浙江学刊》2012年第4期,第170—179页。

张川川、赵耀辉:《老年人就业和青年人就业的关系:来自中国的经验证据》,《世界经济》2014年第5期,第74—90页。

张宏性:《我国职工工资增长模拟预测模型》,《统计研究》1994年第2期,第64—67页。

张剑、赵宝爱:《社会福利思想》,山东人民出版社2014年版,第141—148页。

张俊良、杨成洲:《长期照护保险财务制度的国际经验与借鉴》,《社会保障研究》2017年第4期。

张立龙:《福利国家长期照护制度及对中国的启示》,《社会保障研究》2015年第6期,第100—108页。

张强、高向东:《老年人口长期护理需求及影响因素分析——基于上海调查数据的实证分析》,《西北人口》2016年第2期,第87—90页。

张薇、刘锦丹、王志红:《上海市家庭护理服务项目成本核算研究》,《护理研究》2010年第29期,第2650—2652页。

张为民、崔红艳:《对中国2000年人口普查准确性的估计》,《人口研究》2003年第4期,第25—35页。

张熠、刘金东:《养老金双轨制改革:求同还是存异》,《经济研究》2014年第S1期,第1—15页。

张熠:《延迟退休年龄与养老保险收支余额:作用机制及政策效应》,《财经研究》2011年第7期,第4—16页。

张永清:《正确认识当前企业基本养老保险费率和工资替代率》,《中国劳动》2000年第12期。

张勇:《我国失业保险在缴费与支付层面存在的问题研究》,《经济研究参考》2012年第59期,第63—67页。

章萍:《社会养老保险中企业逃费行为的制度成因分析》,《现代管理科学》2007年第7期,第114—116页。

章琦琴、刘畅、侯福妍:《长期护理保险需求文献研究》,《卫生经济研究》2015年第9期,第30—33页。

赵静、毛捷、张磊:《社会保险缴费率、参保概率与缴费水平——对职工和企业逃避费行为的经验研究》,《经济学季刊》2015年第1期,第341—371页。

赵亚男:《护理保险制度财务可行性研究》,浙江大学,2012年。

赵绍阳、杨豪:《我国企业社会保险逃费现象的实证检验》,《统计研究》2016年。

赵耀辉、徐建国:《我国城镇养老保险体制改革中的激励机制问题》,《经济学(季刊)》2001年第1期,第193—206页。

郑秉文、孙永勇:《对中国城镇职工基本养老保险现状的反思——半数省份收不抵支的本质、成因与对策》,《上海大学学报(社会科学版)》2012年第3期,第1—16页。

郑秉文主编:《中国养老金发展报告(2015)》,经济管理出版社2015年版,第65—70页。

郑秉文主编:《中国养老金发展报告(2016)》,经济管理出版社2016年版,第59—69页。

郑秉文主编:《中国养老金发展报告(2013)》,经济管理出版社2013年版,第60—70页。

郑秉文主编:《中国养老金发展报告(2014)》,经济管理出版社2014年版,第51—60页。

郑秉文主编:《中国养老金发展报告(2012)》,经济管理出版社2012年版,第54—60页。

郑秉文主编:《中国养老金发展报告(2011)》,经济管理出版社2011年版,第31—33页。

郑功成:《社会保障学》,劳动和社会保障出版社2006年版。

郑功成:《深化中国养老保险制度改革顶层设计》,《教学与研究》2013年第12期,第12—22页。

郑功成:《中国社会保障30年》,人民出版社2008年版,第52—74页。

郑雄飞:《破解社会保险缴费率的“身世之谜”》,《学术研究》2013年第6期,第43—47页。

中国老龄科学研究中心课题组:《全国城乡失能老年人状况研究》,《残疾人研究》2011年第2期,第11—16页。

钟仁耀、宋雪程:《中国长期基本照护保险制度框架设计研究》,《新疆师范大学学报(哲学社会科学版)》2017年第1期,第99—107页。

钟晓华:《“全面二孩”政策实施效果的评价与优化策略——基于城市“双非”夫妇再生育意愿的调查》,《中国行政管理》2016年第7期,第127—131页。

钟紫凤、叶锋、邵乐文:《不同日常生活自理能力分级护理成本核算的研究》,《中华护理杂志》2009年第3期,第215—217页。

周海珍、杨馥忆:《长期护理保险定价模型比较与分析》,《财经论丛》2014 年第 8 期,第 44—50 页。

周建:《经济转型期中国农村居民预防性储蓄研究——1978—2003 年实证研究》,《财经研究》2005 年第 8 期,第 59—67 页。

周渭兵:《社会养老保险精算:理论、方法及其应用》,经济管理出版社 2004 年版,第 110—111 页。

周小川:《社会保障与企业盈利能力》,《经济社会体制比较》2000 年第 6 版,第 1—5 页。

周娅娜、林义、景鹏:《城镇职工基本养老金调整方案设计与检验》,《保险研究》2017 年第 9 期,第 5—16 页。

周一星:《城镇化速度不是越快越好》,《科学决策》2005 年第 8 期,第 30—33 页。

朱文娟、汪小勤、吕志明:《中国社会保险缴费对就业的挤出效应》,《中国人口资源与环境》2013 年第 1 期,第 137—142 页。

朱明宝、石智雷:《单独二孩政策有助于出生人口性别比的平衡吗?——来自湖北省家庭调查的证据》,《人口与发展》2015 年第 5 期,第 105—112 页。

住居广士主编:《日本介护保险》,张天民等译,中国劳动社会保障出版社 2009 年版。

庄亚儿、姜玉、王志理等:《当前我国城乡居民的生育意愿——基于 2013 年全国生育意愿调查》,《人口研究》2014 年第 3 期,第 3—13 页。

Almeida R., Carneiro P., "Enforcement of Labor Regulation and Informality," *American Economic Journal Applied Economics*, 2012, 4(3):64—89.

Anderson, Patricia M. and Bruce D.Meyer, "The Effects of the Unemployment Insurance Payroll Tax on Wages, Employment,

Claims and Denials," *Journal of Public Economics*, 2000, 78(1—2): 81—106.

Angelica P. Herrera, Jacqueline L. Angel, Carlos Díaz-Venegas, and Ronald J. Angel, "Estimating the Demand for Long-term Care Among Aging Mexican Americans: Cultural Preferences Versus Economic Realities," *Aging, Health, and Longevity in the Mexican-Origin Population*, 2012:259—276.

Annette E.Jäckle and Carmen A.Li, "Firm Dynamics and Institutional Participation: A Case Study on Informality of Micro Enterprises in Peru," *Economic Development and Cultural Change*, 2006, 54(3):557—578.

Anttonen A., Sipila J., "Restoring the Welfare Mix-approach the Ways of Producing Care," *Paper Presented to the European Conference of Sociology*, 1999.

Arjona R., "Optimal Social Security Taxation in Spain," FEDEA's Series Studies on Spanish Economy, 2000, No.80.

Au C.C. and Henderson J.V., "Are Chinese Cities Too Small?" *The Review of Economic Studies*, 2006, 73(3):549—576.

Bailey, Turner J., "Strategies to Reduce Contribution Evasion in Social Security Financing," *World Development*, 2001, 29(2): 385—393.

Baily M., "Some Aspects of Optimal Unemployment Insurance," *Journal of Public Economics*, 1978, 10:379—402.

Barro Robert, "Government Spending in A Simple Model of Endogenous Growth," *Journal of Political Economy*, 1990(98): 103—126.

Brittain John A., *The Payroll Tax for Social Security*, Washington, D.C. Brookings Institution, 1972.

Browning Martin, Timothy Crossley, "Unemployment Insurance Benifit Levels and Consumption Changes," *Journal of Public Economics*, 2001(80):1—23.

Burkhauser, Turner J.A., "Is the Social-Security Payroll Tax a Tax," *Public Finance Review*, 2010(3):253—267.

Caballero R.J., "Earnings Uncertainty and Aggregate Wealth Accumulation," *American Economic Review*, 1991, 81(4):859—871.

Cahuc P., Lehmann E., "Should Unemployment Benefits Decrease with the Unemployment Spell?" *Journal of Public Economic*, 2000, 77(1):135—153.

Calderon-Mejia, Marinescu I. E., "The Impact of Colombia's Pension and Health Insurance Systems on Informality," *Social Science Electronic Publishing*, 2011.

Carolien de Blok, Katrien Luijkx, Bert Meijboom and Jos Schols, "Improving Long-term Care Provision: towards Demand-based Care by Means of Modularity," *BMC Health Services Research*, 2010(10):278.

Castles, Leibfried S., et al., *The Oxford Handbook of the Welfare State*, Oxford University Press, 2010:569—580.

Colombo F., et al., "Help Wanted?: Providing and Paying for Long-Term Care, OECD Health Policy Studies," *OECD Publishing*, 2011.

Colombo F., Mercier J., "Help Wanted? Fair and Sustainable Financing of Long-term Care Services," *Applied Economic Perspectives and Policy*, 2012(2):316—332.

Comas-Herrera A., Wittenberg R., and Pickard L., "The

Long Road to Universalism? Recent Developments in the Financing of Long-term Care in England," *Social Policy & Administration*, 2010(4):375—391.

Cottani J., Demarco G., "The Shift to a Funded Social Security System: The Case of Argentina," *Nber Chapters*, 1998.

Cuesta Jose, Olivera Mauricio, "Social Security Distortion onto the Labor Market," *World Bank Policy Research Working Paper*, 2010, No.5390.

Doty P., Nanash P., and Racco N., "Long-Term Care Financing: Lessons from France," *The Milbank Quarterly*, 2015(2): 359—391.

Duarte, "Price Elasticity of Expenditure across Health Care Services," *Journal of Health Economics*, 2012, 31(6):824—841.

Edwards Sebastian, Edwards Alejandra Cox, "Economic Reforms and Labor Markets: Policy Issues and Lessons from Chile," *Economic Policy*, 2000, 15(30):183—228.

Ehrenburg R. G., Oaxaca R. L., "Unemployment Insurance, Duration of Unemployment and Subsequent Wage Gain," *American Economic Review*, 1976, 66(5):756—766.

Eichner M.J., "The Demand for Medical Care: What People Pay Does Matter," *American Economic Review*, 1998, 88(2):117—121.

Esping-Andersen G., *The Three Worlds of Welfare Capitalism*, Princeton University Press, 1990.

Evers A., Wintersberger H., "Shifts in the Welfare Mix: the Impact on Work, Social Services and Welfare Policies," *Eurosocial Vienna*, 1998.

Feldstein, "Banking, Budgets, and Pensions: Some Priorities

of Chinese Policy," Remarks Presented at the China Development Forum 2003 of the Development Research Center of the State Council of the People's Republic of China, 2003.

Feldstein, "Social Security, Induced Retirement and Aggregate Capital Accumulation," *Journal of Political Economy*, 1974, 82(5):905—926.

Feldstein, "The Optimal Level of Social Security Benefits," *The Quarterly Journal of Economics*, 1985, 100(2):303—320.

Feldstein, "The Welfare Loss of Excess Health Insurance," *Journal of Political Economy*, 1973, 81(2):251—280.

Feldstein, "Unemployment Compensation: Adverse Incentives and Distributional Anomalies," *National Tax Journal*, 1974(37): 231—244.

Gilbert N., "Remodeling Social Welfare," *Society*, 1998, 35(5):8—13.

Gillion C., Turner J., Bailey C., and Latulippe D., *Social Security Pensions: Development and Reform*, Geneva, Switzerland: International Labor Office, 2000.

Gruber Jonathan, Krueger A.B., "The Incidence of Mandated Employer-Provided Insurance: Lessons from Workers Compensation Insurance," *Tax Policy and the Economy*, 1991:34—55.

Gruber Jonathan, "The Consumption Smoothing Benefits of Unemployment Insurance," *American Economic Review*, 1997 (87):192—205.

Gruber Jonathan, "The Incidence of Mandated Maternity Benefits," *American Economic Review*, 1994, 84(3):622—641.

Gruber Jonathan, "The Incidence of Payroll Taxation:

Evidence from Chile," *Journal of Labor Economics*, 1997, 15(3): 72—101.

Guy Rolland Rasoanaivo, *Stochastic Modeling of Long-term Care Insurance*, University of Connecticut, 2001.

Haberman S., "Decrement Tables and the Measurement of Morbidity: I," *Journal of the Institute of Actuaries*, 1983:361—381.

Haberman S., "Decrement Tables and the Measurement of Morbidity: II," *Journal of the Institute of Actuaries*, 1984:73—86.

Hamermesh Daniel S., "New Estimates of the Incidence of Payroll Tax," *Southern Economic Journal*, 1979, 45 (4): 1208—1219.

Helms F., Czado C., and Gschlößl S., "Calculation of LTC Premiums Based on Direct Estimates of Transition Probabilities," *ASTIN Bulletin*, 2005, 35(2):455—469.

Holmlund, Bertil, "Payroll Taxes and Wage Inflation: The Swedish Experience," *Scandinavian Journal of Economics*, 1983, 85(1):1—15.

Hopenhayn H.A., Nicolini J.P., "Optimal Unemployment Insurance," *Journal of Political Economy*, 1997, 105(2):412—438.

Huei-Ru Lin, Tetsuya Otsubo, and Yuichi Imanaka, "Survival Analysis of Increases in Care Needs Associated with Dementia and Living Alone among Older Long-term Care Service Users in Japan," *BMC Geriatrics*, 2017, 17(1):182.

Ilija Batljan, Marten Lagergren, "Future Demand for Formal Long-term Care in Sweden," *European Journal of Ageing*, 2005, 2(3):216—224.

Jim Robinson, "A Long-term Care Status Transition Model,"

Bowles Symposium, 1996.

Junya Hamaaki, Yasushi Iwamoto, "A Reappraisal of the Incidence of Employer Contributions to Social Security in Japan," *Japanese Economic Review*, 2010, 61(3):427—441.

Karlsson M., Mayhew L., and Rickayzen B., "Long Term Care Financing in Four OECD Countries: Fiscal Burden and Distributive Effects," *Health Policy*, 2007, 80(1):0—134.

Kohei Komamura, Atsuhiro Yamada, "Who Bears the Burden of Social Insurance? Evidence from Japanese Health and Long-term Care Insurance Data," *Journal of the Japanese and International Economics*, 2004, 18(4):565—581.

Kowalski, Amanda E., "Estimating the Tradeoff Between Risk Protection and Moral Hazard with a Nonlinear Budget Set Model of Health Insurance," *International Journal of Industrial Organization*, 2015, 43(1):122—135.

Kraus M., Riedel M., Mot E., Willeme P., Rohrling G. and Czypionka T., *A Typology of Long-term Care Systems in Europe*, ENEPRI Research Report, 2010.

Kugler A., Kugler M., "Effects of Payroll Taxes on Employment and Wages: Evidence from the Columbian Social Security Reform," *Stanford Institute for Economic Policy Research Working Paper* 2002, No.134.

Kumler T., Verhoogen E., and Frias J., *Enlisting Workers in Monitoring Firms: Payroll Tax Compliance in Mexico*, Department of Economics Columbia University, 2012.

Lassila J., Valkonen T., "Pre-funding Expenditure on Health and Long-term Care under Demographic Uncertainty," *The Geneva*

Papers on Risk and Insurance-Issues and Practice, 2004, 29(4): 620—639.

Leland H.E., "Saving and Uncertainty: the Precautionary Demand for Saving," *Quarterly Journal of Economics*, 1968, 82(3): 465—473.

Li Zhigang, Wu Mingqin, "Estimating the Incidences of Recent Pension Reform in China: Evidence from 100 000 Manufactures," *Contemporary Economic Policy*, 2013, 31(2):332—344.

Louis D. Enoff, Roddy McKinnon, " Social Security Contribution Collection and Compliance: Improving Governance to Extend Social Protection," *International Social Security Review*, 2011, 64(4):99—119.

Malley J., Hancock R., Murphy M.J., et al., "The Effect of Lengthening Life Expectancy on Future Pension and Long-term Care Expenditure in England, 2007 to 2032," *Health Statistics Quarterly*, 2011, 52(1):33—61.

Manchester J., "Compliance in Social Security Systems Around the World," In Mitchell O.S., Myers R.J., and Young H.(Eds.), *Prospects for Social Security Reform*, Philadelphia: University of Pennsylvania Press, 1999:295—312.

Mares I., "The Sources of Business Interests in Social Insurance: Sectoral Versus National Differences," *World Politics*, 2003, 55(2):229—258.

Margaret Norris, *Policies and Reimbursement: Meeting the Need for Mental Health Care in Long-Term Care*, Geropsychology and Long Term Care, Springer US, 2010.

Matzek A.E., Stum M.S., "Are Consumers Vulnerable to Low

Knowledge of Long-term Care?" *Family & Consumer Sciences Research Journal*, 2010, 38(4):420—434.

Mcnamara P. E., Lee N., "Long-term Care Insurance Policy Dropping in the U.S. from 1996 to 2000: Evidence and Implications for Long-term Care Financing," *Geneva Papers on Risk & Insurance Issues & Practice*, 2004, 29(4):640—651.

Meyer Bruce D., "Unemployment Insurance and Unemployment Spells," *Econometrica*, 1990, 58(4):757—782.

Miyazawa K., Moudoukoutas P., and Yagi T., "Is Public Long-term Care Insurance Necessary?" *Journal of Risk & Insurance*, 2000, 67(2):249—264.

Modigliani F., "Life Cycle, Individual Thrift and the Wealth of Nations," *Nobel Prize in Economics Documents*, 1985, 234(4777): 704—712.

Murphy M., Martikainen P., *Demand for Long-term Residential Care and Acute Health Care by Older People in the Context of the Ageing Population of Finland*, Ageing, Care Need and Quality of Life, 2010:143—162.

Murphy, "The Impact of Unemployment Insurance Taxes on Wages," *Labour Economics*, 2007, 14(3):457—484.

Nielsen I., Nyland C., and Smith R., "Which Rural Migrants Receive Social Insurance in Chinese Cities? Evidence from Jiangsu Survey Data," *Global Social Policy*, 2005, 5(3):353—381.

Nielsen I., Smyth R., "Who Bear the Burden of Employer Compliance With Social Security Contribution? Evidence from Chinese Level Data," *China Economic Review*, 2008, 19(2):230—244.

Nyland C., Smyth R., and Zhu C.J., "What Determines the

Extent to Which Employer Will Comply with Their Social Security Obligations? Evidence from Chinese Firm-level Data," *Social Policy and Administration*, 2006, 40(2):196—214.

Nyland C., Thomoson S. B., and Zhu C. J., "Employer Attitudes Towards Social Insurance Compliance in Shanghai, China," *International Social Security Review*, 2011, 64(4):73—98.

Office of the Assistant Secretary for Planning and Evaluation Office of Disabilty, "Aging and Long-term Care Policy: Long-term Care Insurance," 2012.

Olivares-Tirado P., Tamiya N., Kashiwagi M., et al., "Predictors of the Highest Long-term Care Expenditures in Japan," *BMC Health Services Research*, 2011, 11(1):103.

Ooghe E., Schokkaert E. and Flechet J., "The Incidence of Social Security Contributions: An Empirical Analysis," *Empirica*, 2003, 31:81—106.

Peng R., Ling L., and He Q., "Self-rated Health Status Transition and Long-term Care Need, of the Oldest Chinese," *Health Policy*, 2010, 97(2—3):259—266.

Peter Fredriksson, Bertil Holmlund, "Optimal Unemployment Insurance in Search Equilibrium," *Journal of Labor Economic*, 2003, 19(1):370—399.

Petretto, "Optimal Social Health Insurance With Supplementary Private Insurance," *Journal of Health Economics*, 1999, 18(6): 727—745.

Raj Chetty, "A General Formula for the Optimal Level of Social Insurance," *Journal of Public Economics*, 2006, 90(10—11):1879—1901.

Raj Chetty, Emmanuel Saez, "Optimal Taxation and Social Insurance with Endogenous Private Insurance," *American Economic Journal: Economic Policy*, 2010, 2, 85—116.

Raj Chetty, "Moral Hazard vs. Liquidity and Optimal Unemployment Insurance," *Journal of Political Economy*, 2008, 116(2): 173—234.

Raj Chetty, "Optimal Unemployment Insurance When Income Effects Are Large," *Social Science Electronic Publishing*, 2004: 62—79.

Rose R.M., *Common Goals but Differet Roles: the State's Contribution to the Welfare Mix*, The Welfare State: East and West, Oxford University Press, 1986.

Rothschild M., Stiglitz J.E., "Equilibrium in Competitive Insurance Markets: An Essay in the Economics of Imperfect Information," *Quarterly Journal of Economics*, 1976, 90(4):629—649.

Samuelson P. A., "Optimum Social Security in a Life-cycle Growth Model," *International Economic Review*, 1975, 16(3): 539—544.

Skinner J., "Risk Income, Life Cycle Consumption and Precautionary Savings," *Journal of Monetary Economics*, 1988, 22(2):237—255.

Social Security Administration, *Social Security Programs Throughout the World: Europe*, SSA Publication, 2016:121—123.

Stanovnik T., "Contribution Compliance in Central and Eastern European Countries: Some Relevant Issues," *International Social Security Review*, 2004, 57(4):51—65.

Steven Shavell, Laurence Weiss, "The Optimal Payment of Unemployment Insurance Benefts Over Time," *Journal of*

Political Economy, 1979, 87(6):1347—1362.

Summers Lawrence H., "Some Simple Economics of Mandated Benefits," American Economic Association Papers and Proceedings, 1989, 79(2):177—183.

Tachibanaki Toshiaki, Yukiko Yokoyama, "The Estimation of the Incidence of Employer Contributions to Social Security in Japan," *Japanese Economic Review*, 2008, 59(1):75—83.

Teresa Cardoso, Mónica Duarte Oliveira, Ana Barbosa-Póvoa, and Stefan Nickel, "Modeling the Demand for Long-term Care Services under Uncertain Information," *Health Care Manag Sci*, 2012, 15(4):385—412.

"Transformations in Welfare and Social Pollicy," in Evers A. Wintersberger H.(ed), *Shifts in the Welfare Mix: the Impact on Work, Social Services and Welfare Policies*, Eurosocial, Vienna. 1998.

WHO, *Home-based and Long-term Care: Report of a WHO Study Group*, Geneva: World Health Organization, 2000.

WHO, *Key Policy Issues in Long-Term Care*, World Health Organization Collection on Long-Term Care, 2003:245—258.

Willard G. Manning, Joseph P. Newhouse, Naihua Duan, Emmet B.Keller, and Arleen Leibowitz, "Health Insurance and the Demand for Medical Care: Evidence from a Randomized Experiment," *The American Economic Review*, 1987, 77(3):251—277.

Willard G. Manning, Susan M. Marquis, "Health Insurance: The Tradeoff: Between Risk Pooling and Moral Hazard," *Journal of Health Economics*, 1996, 15(5):609—639.

Worrall P., Chaussalet T.J., "A Structured Review of Long-term Care Demand Modelling," *Health Care Management Science*, 2015, 18(2):173—194.

Zhang L., Zhao S. X., "Reinterpretation of China's Under-urbanization: A Systemic Perspertive," *Habitat International*, 2003, 27(3):459—483.

图书在版编目(CIP)数据

中国社会保险制度费率水平及调整研究/杨翠迎，
汪润泉，程煜著.—上海：上海人民出版社，2020
ISBN 978-7-208-16430-7

Ⅰ.①中… Ⅱ.①杨… ②汪… ③程… Ⅲ.①社会保
险制度-保险费率-研究-中国 Ⅳ.①F842.61

中国版本图书馆 CIP 数据核字(2020)第 061523 号

责任编辑 于力平 王舒娟
封面设计 傅惟本

中国社会保险制度费率水平及调整研究
杨翠迎 汪润泉 程 煜 著

出　　版 上海人民出版社
(200001 上海福建中路 193 号)
发　　行 上海人民出版社发行中心
印　　刷 上海商务联西印刷有限公司
开　　本 720×1000 1/16
印　　张 26.75
插　　页 4
字　　数 327,000
版　　次 2020 年 6 月第 1 版
印　　次 2020 年 6 月第 1 次印刷
ISBN 978-7-208-16430-7/F·2629
定　　价 98.00 元